보건진료직

기출문제 정복하기

8급 공무원 보건진료직
기출문제 정복하기

| 개정3판 | 발행 | 2025년 01월 10일 |
| 개정4판 | 발행 | 2026년 01월 09일 |

편 저 자 | 공무원시험연구소
발 행 처 | ㈜서원각
등록번호 | 1999-1A-107호
주　　소 | 경기도 고양시 일산서구 덕산로 88-45(가좌동)
교재주문 | 031-923-2051
팩　　스 | 031-923-3815
교재문의 | 카카오톡 플러스 친구[서원각]
홈페이지 | goseowon.com

▷ 이 책은 저작권법에 따라 보호받는 저작물로 무단 전재, 복제, 전송 행위를 금지합니다.
▷ 내용의 전부 또는 일부를 사용하려면 저작권자와 (주)서원각의 서면 동의를 반드시 받아야 합니다.
▷ ISBN과 가격은 표지 뒷면에 있습니다.
▷ 파본은 구입하신 곳에서 교환해드립니다.

PREFACE
이 책의 머리말

모든 시험에 앞서 가장 중요한 것은 출제되었던 문제를 풀어봄으로써 그 시험의 유형 및 출제 경향, 난도 등을 파악하는 데에 있다. 즉, 최단시간 내 최대의 학습효과를 거두기 위해서는 기출문제의 분석이 무엇보다도 중요하다는 것이다.

8급 공무원 기출문제 정복하기 – 보건진료직'은 이를 주지하고 그동안 시행된 기출문제를 과목별로, 시행처와 시행연도별로 깔끔하게 정리하여 담고 문제마다 상세한 해설과 함께 관련 이론을 수록한 군더더기 없는 구성으로 기출문제집 본연의 의미를 살리고자 하였다.

수험생은 본서를 통해 변화하는 출제경향을 파악하고 학습의 방향을 잡아 단기간에 최대의 학습효과를 거둘 수 있을 것이다.

> 8급 공무원 최근 기출문제 시리즈는 기출문제 완벽분석을 책임진다. 그동안 시행된 국가직·지방직 및 서울시 기출문제를 연도별로 수록하여 매년 빠지지 않고 출제되는 내용을 파악하고, 다양하게 변화하는 출제경향에 적응하여 단기간에 최대의 학습효과를 거둘 수 있도록 하였다. 또한 상세하고 꼼꼼한 해설로 기본서 없이도 효율적인 학습이 가능하도록 하였으며, 모의고사 방식으로 구성하여 최종적인 실력점검이 될 수 있도록 하였다.

8급 공무원 시험의 경쟁률이 해마다 점점 더 치열해지고 있다. 이럴 때일수록 기본적인 내용에 대한 탄탄한 학습이 빛을 발한다. 수험생 모두가 자신을 믿고 본서와 함께 끝까지 노력하여 합격의 결실을 맺기를 희망한다.

STRUCTURE
이 책의 특징 및 구성

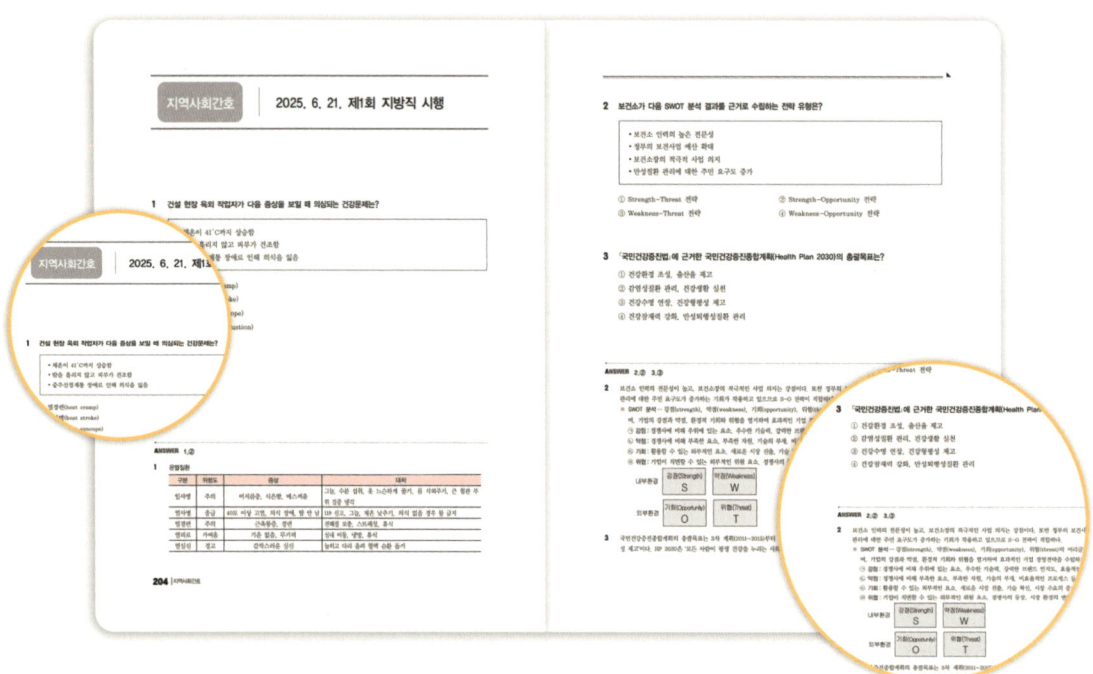

최신 기출문제분석

최신의 최다 기출문제를 수록하여 기출 동향을 파악하고, 학습한 이론을 정리할 수 있습니다. 기출문제들을 반복하여 풀어봄으로써 이전 학습에서 확실하게 깨닫지 못했던 세세한 부분까지 철저하게 파악, 대비하여 실전대비 최종 마무리를 완성하고, 스스로의 학습상태를 점검할 수 있습니다.

상세한 해설

상세한 해설을 통해 한 문제 한 문제에 대한 완전학습을 가능하도록 하였습니다. 정답을 맞힌 문제라도 꼼꼼한 해설을 통해 다시 한 번 내용을 확인할 수 있습니다. 틀린 문제를 체크하여 내가 취약한 부분을 파악할 수 있습니다.

CONTENT
이 책의 차례

01 지역사회간호

2017. 6. 17.	제1회 지방직 시행	8
2017. 12. 16.	지방직 추가선발 시행	19
2018. 5. 19.	제1회 지방직 시행	28
2019. 2. 23.	제1회 서울특별시 시행	40
2019. 6. 15.	제1회 지방직 시행	56
2019. 6. 15.	제2회 서울특별시 시행	67
2020. 6. 13.	제1회 지방직 시행	78
2020. 6. 13.	제2회 서울특별시 시행	89
2021. 6. 5.	제1회 지방직 시행	99
2021. 6. 5.	제1회 서울특별시 시행	109
2022. 2. 26.	제1회 서울특별시 시행	122
2022. 4. 30.	지방직 8급 간호직 시행	133
2022. 6. 18.	제2회 서울특별시 시행	146
2022. 6. 18.	제1회 지방직 시행	158
2023. 6. 10.	제1회 지방직 시행	172
2023. 6. 10.	제1회 서울시특별시 시행	183
2024. 6. 22.	제1회 지방직 시행	194
2025. 6. 21.	제1회 지방직 시행	204

02 공중보건

2010. 5. 22.	제1회 지방직 시행	2
2011. 5. 14.	제1회 지방직 시행	11
2012. 5. 12.	제1회 지방직 시행	19
2014. 6. 28.	서울특별시 시행	29
2015. 6. 13.	서울특별시 시행	43
2016. 6. 25.	서울특별시 시행	52
2017. 3. 18.	제1회 서울특별시 시행	61
2017. 6. 24.	제2회 서울특별시 시행	70
2018. 6. 23.	제2회 서울특별시 시행	80
2019. 6. 15.	제2회 서울특별시 시행	90
2020. 6. 13.	제2회 서울특별시 시행	103
2021. 6. 5.	제1회 서울특별시 시행	115
2022. 2. 26.	제1회 서울특별시 시행	127
2022. 6. 18.	제1회 지방직 시행	140
2023. 6. 10.	제1회 지방직 시행	149
2023. 6. 10.	제1회 서울특별시 시행	162
2024. 6. 22.	제1회 지방직 시행	175
2024. 6. 22.	제2회 서울특별시 시행	183
2025. 6. 21.	제1회 지방직 시행	191
2025. 6. 21.	제1회 서울특별시 시행	199

01 지역사회간호

지역사회간호 | 2017. 6. 17. 제1회 지방직 시행

1 지역사회 사정 시 자료 수집에 대한 설명으로 옳지 않은 것은?

① 참여관찰법은 주민들의 자발적 참여 정도를 파악할 수 있다.
② 공공기관의 연보 및 보고서 등 이차 자료를 활용할 수 있다.
③ 간접법은 자료 수집 기간이 길고 비용이 많이 든다.
④ 기존 자료의 타당성이 문제될 때 직접법을 활용한다.

2 보건교육 방법 중 집단토의(group discussion)에 대한 설명으로 옳지 않은 것은?

① 모든 학습자가 토의의 목적을 이해해야 효과적이다.
② 교육자는 적극적으로 토의에 개입한다.
③ 타인의 의견을 존중하고 양보함으로써 사회성을 높인다.
④ 학습자는 능동적으로 학습에 참여할 수 있다.

ANSWER 1.③ 2.②

1 ③ 간접법은 공공기관의 보고서, 통계자료, 회의록 등을 이용하는 방법으로 즉시 활용이 가능하고 직접법에 비해 비용이 적게 든다.

2 집단토의는 5~10명 정도의 집단 내 참가자들이 특정 주제에 대해 자유롭게 상호의견을 교환하는 방법이다.
② 교육자는 사회자 역할로 적극적으로 토의에 개입하지 않는다.

3 「감염병의 예방 및 관리에 관한 법률」상 특별자치도지사 또는 시장·군수·구청장이 관할 보건소를 통하여 필수예방접종을 실시하여야 하는 질병만을 모두 고른 것은?

┌───┐
│ ㉠ 디프테리아   ㉡ 풍진   │
│ ㉢ 폐렴구균   ㉣ C형 간염   │
└───┘

① ㉠, ㉡
② ㉠, ㉡, ㉢
③ ㉡, ㉢, ㉣
④ ㉠, ㉡, ㉢, ㉣

ANSWER 3.②

3 특별자치시장·특별자치도지사 또는 시장·군수·구청장은 다음 각 호의 질병에 대하여 관할 보건소를 통하여 필수예방접종을 실시하여야 한다〈감염병의 예방 및 관리에 관한 법률 제24조(필수예방접종) 제1항〉.
㉠ 디프테리아
㉡ 폴리오
㉢ 백일해
㉣ 홍역
㉤ 파상풍
㉥ 결핵
㉦ B형간염
㉧ 유행성이하선염
㉨ 풍진
㉩ 수두
㉪ 일본뇌염
㉫ b형헤모필루스인플루엔자
㉬ 폐렴구균
㉭ 인플루엔자
ⓐ A형간염
ⓑ 사람유두종바이러스 감염증
ⓒ 그룹 A형 로타바이러스 감염증
ⓓ 그 밖에 질병관리청장이 감염병의 예방을 위하여 필요하다고 인정하여 지정하는 감염병

4 다음 표에 제시된 대장암 선별 검사의 민감도[%]는?

구분		대장암		합계
		유	무	
대장암 선별 검사	양성	80	30	110
	음성	20	870	890
합계		100	900	1,000

① $\frac{80}{100} \times 100$

② $\frac{870}{900} \times 100$

③ $\frac{80}{110} \times 100$

④ $\frac{870}{890} \times 100$

5 보건소에 대한 설명으로 옳은 것은?

① 「보건의료기본법」에 따라 시·군·구별로 1개씩 설치한다.
② 보건복지부로부터 인력과 예산을 지원받는다.
③ 매 5년마다 지역보건의료계획을 수립한다.
④ 관할 구역 내 보건의료기관을 지도 및 관리한다.

ANSWER 4.① 5.④

4 민감도란 감별검사에서 질병이 있는 사람이 양성으로 나올 확률
따라서 $\frac{검사양성자\ 수}{대장암\ 환자\ 수} \times 100 = \frac{80}{100} \times 100 = 80(\%)$

5 ① 보건소의 설치는 「지역보건법」 및 동법 시행령에서 규정하고 있다.
② **지방보건조직의 이원화**: 보건소의 기술지도·감독은 보건복지부에서, 행정지도·인력·예산은 행정안전부에서 담당한다.
③ 지역보건의료계획은 4년마다 수립한다.

6 「감염병의 예방 및 관리에 관한 법률」 제2조 제8호에 따른 세계보건기구 감시 대상 감염병만을 모두 고른 것은?

> ㉠ 두창 ㉡ 폴리오
> ㉢ 중증급성호흡기증후군(SARS) ㉣ 콜레라

① ㉠, ㉢
② ㉠, ㉡, ㉣
③ ㉡, ㉢, ㉣
④ ㉠, ㉡, ㉢, ㉣

7 지역사회간호사업 기획에 대한 설명으로 옳지 않은 것은?

① 우선순위를 고려하여 자원을 배분한다.
② 기획 과정에 이해관계자의 참여를 배제한다.
③ 미래를 예측하여 필요한 활동을 결정한다.
④ 환경요건의 변화에 따라 계획된 활동을 변경한다.

ANSWER 6.④ 7.②

6 「감염병의 예방 및 관리에 관한 법률」 제2조 제8호에 따른 세계보건기구 감시대상 감염병의 종류는 다음과 같다.
㉠ 두창
㉡ 폴리오
㉢ 신종인플루엔자
㉣ 중증급성호흡기증후군(SARS)
㉤ 콜레라
㉥ 폐렴형 페스트
㉦ 황열
㉧ 바이러스성 출혈열
㉨ 웨스트나일열

7 ② 기획 과정에 이해관계자의 참여를 촉진한다.

8 「의료급여법」상 수급권자에 해당하지 않는 사람은?

① 「재해구호법」에 따른 이재민으로서 보건복지부장관이 의료급여가 필요하다고 인정한 사람
② 「의사상자 등 예우 및 지원에 관한 법률」에 따라 의료급여를 받는 사람
③ 「입양특례법」에 따라 국내에 입양된 20세 미만의 아동
④ 「국민기초생활 보장법」에 따른 의료급여 수급자

9 사회생태학적 모형을 적용한 건강증진사업에서 건강 영향 요인별 전략의 예로 옳지 않은 것은?

① 개인적 요인 – 개인의 지식·태도·기술을 변화시키기 위한 교육
② 개인간 요인 – 친구, 이웃 등 사회적 네트워크의 활용
③ 조직 요인 – 음주를 감소시키기 위한 직장 회식문화 개선
④ 정책 요인 – 지역사회 내 이벤트, 홍보, 사회 마케팅 활동

ANSWER 8.③ 9.④

8 수급권자〈의료급여법 제3조 제1항〉
  ㉠ 「국민기초생활 보장법」에 따른 의료급여 수급자
  ㉡ 「재해구호법」에 따른 이재민으로서 보건복지부장관이 의료급여가 필요하다고 인정한 사람
  ㉢ 「의사상자 등 예우 및 지원에 관한 법률」에 따라 의료급여를 받는 사람
  ㉣ 「입양특례법」에 따라 국내에 입양된 18세 미만의 아동
  ㉤ 「독립유공자예우에 관한 법률」, 「국가유공자 등 예우 및 지원에 관한 법률」 및 「보훈보상대상자 지원에 관한 법률」의 적용을 받고 있는 사람과 그 가족으로서 국가보훈부장관이 의료급여가 필요하다고 추천한 사람 중에서 보건복지부장관이 의료급여가 필요하다고 인정한 사람
  ㉥ 「무형유산의 보전 및 진흥에 관한 법률」에 따라 지정된 국가무형유산의 보유자(명예보유자를 포함)와 그 가족으로서 국가유산청장이 의료급여가 필요하다고 추천한 사람 중에서 보건복지부장관이 의료급여가 필요하다고 인정한 사람
  ㉦ 「북한이탈주민의 보호 및 정착지원에 관한 법률」의 적용을 받고 있는 사람과 그 가족으로서 보건복지부장관이 의료급여가 필요하다고 인정한 사람
  ㉧ 「5·18민주화운동 관련자 보상 등에 관한 법률」 제8조에 따라 보상금등을 받은 사람과 그 가족으로서 보건복지부장관이 의료급여가 필요하다고 인정한 사람
  ㉨ 「노숙인 등의 복지 및 자립지원에 관한 법률」에 따른 노숙인 등으로서 보건복지부장관이 의료급여가 필요하다고 인정한 사람
  ㉩ 그 밖에 생활유지 능력이 없거나 생활이 어려운 사람으로서 대통령령으로 정하는 사람

9 ④ 지역 내 이벤트, 홍보, 사회 마케팅 활동은 지역사회 요인별 전략의 예에 해당한다. 정책 요인별 전략으로는 법률, 정책, 예산배정 등이 있다.

10 제1차 국제건강증진회의(캐나다 오타와)에서 건강증진 5대 활동 전략이 발표되었다. 다음 글에 해당하는 전략은?

> • 보건의료 부문의 역할은 치료와 임상서비스에 대한 책임을 넘어서 건강증진 방향으로 전환해야 한다.
> • 건강증진의 책임은 개인, 지역사회, 보건전문인, 보건의료기관, 정부 등이 공동으로 분담한다.

① 보건의료서비스의 방향 재설정
② 건강 지향적 공공정책의 수립
③ 지지적 환경 조성
④ 지역사회활동의 강화

11 보건사업의 우선순위를 결정하기 위해 사용되는 BPRS(Basic Priority Rating System)에 대한 설명으로 옳은 것은?

① 사용자의 주관적 판단을 배제하는 것이 가능하다.
② 문제의 크기는 건강 문제로 인한 경제적 손실에 따라 결정된다.
③ 문제의 심각성은 건강문제를 가진 인구 비율에 따라 결정된다.
④ 사업의 추정 효과가 우선순위 결정에 영향을 미친다.

ANSWER 10.① 11.④

10 제시된 내용은 보건의료서비스의 방향 재설정과 관련된 설명이다.
  ※ 오타와 헌장의 건강증진 5대 활동 전략
    ㉠ 건강 지향적 공공정책의 수립
    ㉡ 건강지향적(지지적) 환경 조성
    ㉢ 지역사회활동의 강화
    ㉣ 개인의 기술 개발
    ㉤ 보건의료서비스의 방향 재설정

11 ④ BPRS 방식은 (A+2B)×C 공식에 따라 점수를 계산하여 우선순위를 결정한다.
    A : 문제의 크기(건강문제를 가진 인구 비율, 만성질환 유병률, 급성질환 발병률 등)
    B : 문제의 심각도(긴급성, 중증도, 경제적 손실, 타인에게 미치는 영향 등)
    C : 사업의 추정효과(사업의 최대효과와 최소효과 추정 등)
① 사용자의 주관적 판단에 의거하여 우선순위를 결정하기도 한다.
② 경제적 손실은 문제의 심각도와 관련된다.
③ 건강문제를 가진 인구 비율은 문제의 크기와 관련된다.

12 「산업안전보건법 시행규칙」상 근로자 일반건강진단의 실시 횟수가 옳게 짝지어진 것은?

	사무직 종사 근로자	그 밖의 근로자
①	1년에 1회 이상	1년에 1회 이상
②	1년에 1회 이상	1년에 2회 이상
③	2년에 1회 이상	1년에 1회 이상
④	2년에 1회 이상	1년에 2회 이상

13 다음 글에서 설명하는 작업환경관리의 기본 원리는?

> 유해 화학 물질을 다루기 위해 원격조정용 장치를 설치하였다.

① 격리 ② 대치
③ 환기 ④ 개인보호구

14 우리나라 가족 기능의 변화 양상에 대한 설명으로 옳지 않은 것은?

① 산업화로 인하여 소비단위로서의 기능이 증가하였다.
② 학교 등 전문 교육기관의 발달로 교육 기능이 축소되고 있다.
③ 사회보장제도의 축소로 인하여 가족구성원 간의 간병 기능이 확대되고 있다.
④ 건강한 사회 유지를 위한 애정적 기능은 여전히 중요하다.

ANSWER 12.③ 13.① 14.③

12 사업주는 상시 사용하는 근로자 중 <u>사무직에 종사하는</u> 근로자(공장 또는 공사현장과 같은 구역에 있지 않은 사무실에서 서무·인사·경리·판매·설계 등의 사무업무에 종사하는 근로자를 말하며, 판매업무 등에 직접 종사하는 근로자는 제외)에 대해서는 <u>2년에 1회 이상</u>, 그 밖의 근로자에 대해서는 <u>1년에 1회 이상</u> 일반건강진단을 실시하여야 한다〈산업안전보건법 시행규칙 제197조(일반건강진단의 주기 등) 제1항〉.

13 작업환경관리의 기본 원리
  ㉠ 대치: 변경의 의미로써 공정변경, 시설변경, 물질변경 등이 있다.
  ㉡ 격리: 작업장과 유해인자 사이에 물체, 거리, 시간 등을 격리하는 원리이다.
  ㉢ 환기: 오염된 공기를 작업장으로부터 제거하고 신선한 공기로 치환하는 원리이다.
  ㉣ 교육 및 훈련: 관리자, 기술자, 감독자, 작업자를 교육·훈련하여 관리하는 원리이다.
  ㉤ 작업환경의 정비

14 ③ 사회보장제도의 확대로 인하여 가족구성원 간의 간병 기능이 축소되고 있다.

15 다음 A지역의 성비유형 및 성비는?

> 2016년 A지역에 남아 90명과 여아 100명이 출생하였다.

① 1차 성비, $\frac{90}{100} \times 100$

② 1차 성비, $\frac{100}{90} \times 100$

③ 2차 성비, $\frac{90}{100} \times 100$

④ 2차 성비, $\frac{100}{90} \times 100$

16 가족 사정 방법에 대한 설명으로 옳은 것은?

① 가족 참여를 배제하여 객관성을 유지한다.
② 취약한 가구원은 사회지지도의 가장 바깥 원에 표시한다.
③ 가구원의 개인별 문제에 초점을 맞춘다.
④ 가족의 다양성과 변화성에 대한 인식을 가지고 접근한다.

ANSWER 15.③ 16.④

15 출생 시 성비는 2차 성비로 $\frac{남아}{여아} \times 100 = \frac{90}{100} \times 100 = 90(\%)$이다.

※ 1차 성비는 태아일 때의 성비를 말한다.

16 ① 가족이 사정에서부터 전 간호 과정에 참여한다.
② 취약한 가구원은 사회지지도의 가장 안쪽 원에 표시한다.
③ 개구원의 개인별 문제보다 가족 전체에 초점을 맞춘다.

17 다음 표에 제시된 전향성 코호트 연구 결과에서 위험요인의 질병발생에 대한 기여위험도(attributable risk)는?

구분		질병		합계
		유	무	
위험 요인	유	a	b	$a+b$
	무	c	d	$c+d$
합계		$a+c$	$b+d$	$a+b+c+d$

① $\dfrac{a}{a+b} - \dfrac{c}{c+d}$ ② $\dfrac{b}{a+b} - \dfrac{d}{c+d}$

③ $\dfrac{a}{a+c} - \dfrac{b}{b+d}$ ④ $\dfrac{c}{a+c} - \dfrac{d}{b+d}$

18 「의료법」상 의료기관에 대한 설명으로 옳지 않은 것은?

① 의료기관은 의원급 의료기관, 조산원, 병원급 의료기관으로 구분한다.
② 전문병원 지정은 병원급 의료기관을 대상으로 한다.
③ 상급종합병원은 20개 이상의 진료과목을 갖추어야 한다.
④ 종합병원은 300개 이상의 병상을 갖추어야 한다.

ANSWER 17.① 18.④

17 기여위험도는 위험요소에 노출된 사람의 발병률과 노출되지 않은 사람의 발병률 사이의 산술적인 수의 차이로 $\dfrac{a}{a+b} - \dfrac{c}{c+d}$ 로 구한다.

18 ④ 종합병원은 100개 이상의 병상을 갖추어야 한다〈의료법 제3조의3(종합병원) 제1항 제1호〉.

19 제5차 국민건강증진종합계획(HP2030)의 정책 효과를 측정하기 위해 설정한 대표 지표가 아닌 것은?
[기출변형]

① 모성사망비
② 영아사망률
③ 연평균 노동시간
④ 미성년자 음주율

ANSWER 19.④

19 제5차 국민건강증진종합계획(HP2030) 대표지표

중점과제	대표지표
금연	성인남성/여성 현재흡연율
절주	성인남성/여성 고위험음주율
영양	식품 안정성 확보 가구분율
신체활동	성인남성/여성 유산소 신체활동 실천율
구강건강	영구치(12세) 우식 경험률
자살예방	자살사망률, 남성/여성 자살사망률
치매	치매안심센터의 치매환자 등록 · 관리율
중독	알코올 사용장애 정신건강 서비스 이용률
지역사회 정신건강	정신건강 서비스이용률
암	성인남성/여성(20~74세) 암 발생률
심뇌혈관질환	성인남성/여성 고혈압 · 당뇨병 유병률 급성 심근경색증 환자의 발병 후 3시간 미만 응급실 도착 비율
비만	성인남성/여성 비만 유병률
손상	손상사망률
감염병 예방 및 관리	신고 결핵 신환자율
감염병 위기 대비대응	MMR 완전접종률
기후변화성질환	기후보건영향평가 평가체계 구축 및 운영
영유아	영아사망률
아동 · 청소년	고등학교 남학생/여학생 현재흡연율
여성	모성사망비
노인	노인 남성/여성의 주관적 건강인지율
장애인	성인 장애인 건강검진 수검률
근로자	연간 평균 노동시간
군인	군 장병 흡연율
건강정보 이해력 제고	성인남성/여성 적절한 건강정보이해능력 수준

20 블룸(Bloom)의 심리운동 영역에 해당하는 학습목표는?

① 대상자는 운동의 장점을 열거할 수 있다.
② 대상자는 지도자의 지시에 따라 맨손체조를 실시할 수 있다.
③ 대상자는 만성질환 관리와 운동 효과를 연관시킬 수 있다.
④ 대상자는 운동이 자신에게 매우 이롭다고 표현한다.

ANSWER 20.②

20 블룸의 학습목표 분류
 ㉠ 인지적 영역:주로 안다는 일과 관계되는 기초적인 정신적·지적 과정 / 지식(암기 – 이해 – 적용 – 분석 – 종합 – 평가
 ㉡ 정의적 영역:흥미나 태도에 관련되는 과정 / 감수 – 반응 – 가치화 – 조직화 – 성격화
 ㉢ 심리·운동 영역:신체적 행위를 통한 신체적 능력과 기능을 발달시키는 것과 연관된 영역 / 지각 – 태세 – 지시에 따른 반응 – 기계화 – 복합 외적 반응 – 적응 – 창조
 ※ 블룸(Bloom)의 심리 운동적 영역
  ㉠ 관찰이 가능하므로 학습목표의 확인과 측정 용이
  ㉡ 복합성의 수준이 증가함에 따라 심리운동 영역의 수준도 증가
  ㉢ 심리운동 영역이 높아질수록 신체적 기술을 좀 더 효과적으로 수행
  ㉣ 지각:감각기관을 통해 대상, 질 또는 관계를 알아가는 과정
   예) 노인들은 운동 시범자가 보이는 근력운동을 관찰한다.
  ㉤ 태세:특정 활동이나 경험을 위한 준비
   예) 노인들은 운동을 하기 위해 필요한 고무 밴드를 하나씩 집어 든다.
  ㉥ 지시에 따른 반응:교육자의 안내 하에 학습자가 외형적인 행위를 하는 것으로 활동에 앞서 반응할 준비성과 적절한 반응을 선택
   예) 노인들은 운동시범자의 지시에 따라 고무 밴드를 이용한 운동을 한다.
  ㉦ 기계화:학습된 반응이 습관화되어 학습자는 행동수행에 자신감이 있으며 상황에 따라 습관적으로 행동
   예) 노인들은 음악을 들으며 스스로 운동을 한다.
  ㉧ 복합 외적 반응:복합적이라고 여겨지는 운동 활동의 수행을 의미, 고도의 기술이 습득되고 최소한의 시간과 에너지 활동을 수행
   예) 노인들은 집에서 TV를 보면서 고무 밴드를 이용한 운동을 능숙하게 실행한다.
  ㉨ 적응:신체적 반응이 새로운 문제 상황에 대처하기 위해 운동 활동을 변경
   예) 노인들은 고무 밴드가 없는 노인 회관에서 고무 밴드 대신 긴 타월을 이용하여 운동을 한다.

지역사회간호 | 2017. 12. 16. 지방직 추가선발 시행

1 (가), (나)에 해당하는 지역사회간호사의 역할은?

> (가) 간호직 공무원 A씨는 지체장애인 B씨의 대사증후군 관리 방안을 수립하기 위해 영양사, 운동치료사와 팀회의를 실시하였다. 회의 결과, B씨는 복부비만, 고혈압, 당뇨가 심각한 수준이지만 장애로 인해 보건소 방문이 어려우므로 가정방문을 실시하기로 하였다.
> (나) 가정방문을 실시한 A씨는 B씨에게 식이조절을 포함한 대사증후군 관리 방법을 설명하였다.

	(가)	(나)
①	협력자	교육자
②	협력자	의뢰자
③	연구자	의뢰자
④	연구자	교육자

ANSWER 1.①

1 지역사회 간호사의 역할
- ⊙ 일차보건의료 제공자: 지역사회 내 개인이나 가족이 보건의료서비스에 쉽게 접근할 수 있도록 하는 필수적인 건강관리 서비스를 제공
- ⓒ 직접간호 제공자: 특별한 요구가 있는 집단을 파악하고 이를 해결하는 데 필요한 간호를 제공
- ⓒ 교육자: 대상자 스스로 자신을 돌볼 수 있는 능력과 스스로 건강정보와 적절한 보건의료자원을 이용할 수 있는 능력을 갖도록 교육
- ⓔ 대변자(옹호자): 동등하고 인간적인 보건의료를 받을 권리를 보장하기 위해 보건의료제도나 보건지식이 적은 소비자들의 입장을 지지하고 대변
- ⓜ 관리자: 가족의 간호를 감독하고 시행되고 있는 업무량을 관리하며, 건강 관리실 또는 학교 보건실을 운영하는 등 지역사회 보건사업 계획을 수립
- ⓗ 협력자: 전문의료인이나 보건의료인력과 동반자적 관계를 구축하고 업무를 협력적으로 추진
- ⓢ 연구자: 실무에서 간호문제를 도출하고 연구하며 연구결과를 간호실무에 적용
- ⓞ 변화촉진자: 건강과 관련된 의사결정을 할 때 바람직하고 효과적인 방향으로 변화를 가져오도록 도와 건강문제에 대처하는 능력을 증진
- ⓩ 상담자: 지역사회의 건강문제를 의료기관, 지역사회 타 기관들과 그 외 지역사회 주민에게 영향을 줄 수 있는 사람과 상담
- ⓧ 평가자: 시행된 간호활동이 지역사회 주민에게 미친 효과를 평가 사업진행, 사업결과, 효율적 방안 모색
- ⓙ 정보수집자 및 보존자: 자료수집, 간호진단, 연구를 위한 정보를 과학적인 접근 방법을 통하여 수집·보존
- ⓣ 알선자: 지역사회 자원에 대한 목록 및 업무 내용을 숙지하여 대상자가 지역사회 자원을 적절히 활용할 수 있게 알선

2 치매예방사업의 구조·과정·결과 평가를 실시하고자 할 때 구조평가를 위해 요구되는 자료는?

① 치매 조기검진 이수율
② 치매예방교육 참여율
③ 치매예방사업 담당자 수
④ 치매예방 캠페인 만족도

3 가족간호 사정도구에 대한 설명으로 옳은 것은?

① 외부체계도 - 가족 내부 구성원의 상호관계와 밀착관계만을 알 수 있다.
② 가족밀착도 - 가족구성원의 결혼, 이혼, 사망, 질병력과 같은 중요한 사건을 점선으로 도식화한다.
③ 가족생활사건 - 가족의 역사 중에서 중요하다고 생각되는 사건들을 시간 순으로 열거한 것이다.
④ 사회지지도 - 가장 취약한 가족구성원을 중심으로 부모·형제, 친구와 직장동료, 기관 등 외부와의 상호작용을 그린 것이다.

4 가족간호과정에 대한 설명으로 옳지 않은 것은?

① 문제가 있는 가구원만을 대상으로 사정한다.
② 가족의 문제점뿐만 아니라 강점도 함께 사정한다.
③ 간호사가 전화면담을 통해 가족으로부터 직접 얻은 자료는 일차자료이다.
④ 정상가족이라는 고정관념을 버리고 가족의 다양성과 변화성에 대한 인식을 가진다.

ANSWER 2.③ 3.④ 4.①

2 구조평가는 보건의료시설, 의료기구·기관의 조직형태에 관한 평가로, 행정절차, 재정적 지원, 인력배치, 관리 스타일, 시설이나 장비의 유용성에 중점을 두고 평가한다.

3 가족간호 사정도구
　㉠ **가족구조도(가계도)** : 가족구성원의 결혼, 이혼, 사망, 질병력과 같은 중요한 사건을 도식화한다.
　㉡ **가족밀착도** : 가족 내부 구성원의 상호관계와 밀착관계를 이해할 수 있다.
　㉢ **외부체계도** : 가족과 외부의 다양한 상호작용을 한눈에 파악할 수 있다.
　㉣ **사회지지도** : 가장 취약한 가족구성원을 중심으로 부모·형제, 친구와 직장동료, 기관 등 외부와의 상호작용을 그린 것이다.
　㉤ **가족연대기** : 가족의 역사 중에서 중요하다고 생각되는 사건들을 시간 순으로 열거한 것이다.

4 ① 가족간호과정은 가족 구성원 전체를 대상으로 한다.

5 보건의료체계의 특성 중 괄호 안에 들어갈 내용으로 옳은 것은?

> 자유방임형과 사회주의형 보건의료체계를 비교하였을 때, (   )은(는) 사회주의형보다 자유방임형 보건의료체계에서 일반적으로 높다.

① 의료서비스 수혜의 형평성
② 의료서비스의 균등 분포
③ 의료서비스의 포괄성
④ 의료서비스 선택의 자유

6 베티 뉴만(Betty Neuman)의 건강관리체계이론에서 일차예방에 해당하는 것은?

① 저항선을 강화함으로써 기본구조를 보호하는 활동
② 기본구조가 파괴되었을 때 발생 가능한 문제를 예방하기 위한 재교육
③ 스트레스원을 제거하거나 유연방어선을 강화하기 위한 보건교육
④ 스트레스원이 정상방어선을 침입하여 증상이 나타났을 때 문제의 조기발견

ANSWER 5.④ 6.③

5 자유방임형과 사회주의형 보건의료체계의 비교
　㉠ 자유방임형 : 의료공급(민간), 재원조달(민간)
　　• 국민이 의료인이나 의료기관을 선택할 자유가 최대한 부여
　　• 의료기관도 자유경쟁 원칙하에 운영
　　• 의료서비스의 질적 수준이 높음
　　• 의료인에게 충분한 재량권 부여
　　• 의료의 수준이나 자원이 지역적으로나 사회계층간 불균형
　　• 의료자원의 비효율적인 활용 등으로 의료비가 매우 높음
　㉡ 사회주의형 : 의료공급(공공), 재원조달(공공)
　　• 의료자원과 의료서비스의 균등분포, 국민에게 균등한 의료이용의 기회제공
　　• 국민은 의료인이나 의료기관 선택할 자유 없음
　　• 거주 지역별 담당의사가 담당하므로 지속적이고 포괄적인 의료서비스 제공
　　• 국가가 보건의료공급을 기획하므로 의료자원의 낭비를 막음
　　• 의료서비스 질이나 효율 증진에 대한 동기 미약
　　• 관료체제에 따른 경직성

6 베티 뉴만의 건강관리체계이론
　㉠ 일차예방 : 스트레스의 원인 제거·약화, 유연방어선 및 정상방어선 강화
　㉡ 이차예방 : 저항선 강화, 나타나는 반응에 대한 조기발견 및 정확한 처치
　㉢ 삼차예방 : 기본구조 손상 시 기본구조의 재구성을 돕는 활동

7 「지역보건법」상 보건소의 기능 및 업무 중 '지역주민의 건강증진 및 질병예방·관리를 위한 지역보건의료서비스 제공'에 포함되지 않는 것은?

① 감염병의 예방 및 관리
② 모성과 영유아의 건강유지·증진
③ 건강 친화적인 지역사회 여건 조성
④ 가정 및 사회복지시설 등을 방문하여 행하는 보건의료사업

8 브라이언트(Bryant)의 보건사업 우선순위 결정기준 사용 시 고려해야 할 내용만을 모두 고른 것은?

> ㉠ 만성질환 유병률
> ㉡ 지역주민의 높은 관심
> ㉢ 만성질환으로 인한 사망률
> ㉣ 보건사업의 기술적 해결가능성

① ㉠, ㉡
② ㉢, ㉣
③ ㉠, ㉡, ㉢
④ ㉠, ㉡, ㉢, ㉣

ANSWER 7.③ 8.④

7 보건소의 기능 및 업무〈지역보건법 제11조 제1항〉
㉠ 건강 친화적인 지역사회 여건의 조성
㉡ 지역보건의료정책의 기획, 조사·연구 및 평가
㉢ 보건의료인 및 「보건의료기본법」 제3조 제4호에 따른 보건의료기관 등에 대한 지도·관리·육성과 국민보건 향상을 위한 지도·관리
㉣ 보건의료 관련기관·단체, 학교, 직장 등과의 협력체계 구축
㉤ 지역주민의 건강증진 및 질병예방·관리를 위한 다음의 지역보건의료서비스의 제공
 • 국민건강증진·구강건강·영양관리사업 및 보건교육
 • 감염병의 예방 및 관리
 • 모성과 영유아의 건강유지·증진
 • 여성·노인·장애인 등 보건의료 취약계층의 건강유지·증진
 • 정신건강증진 및 생명존중에 관한 사항
 • 지역주민에 대한 진료, 건강검진 및 만성질환 등의 질병관리에 관한 사항
 • 가정 및 사회복지시설 등을 방문하여 행하는 보건의료 및 건강관리사업
 • 난임의 예방 및 관리

8 브라이언트의 보선사업 우선순위 결정의 4요인은 유병률, 심각성, 주민 관심도, 관리 난이도이다.

9 학교보건법령상 학교 환경위생 기준을 충족하지 못한 것은?

① 소음 : 40dB(교사 내)   ② 인공조명 : 150 lux(교실 책상면 기준)
③ 비교습도 : 50%   ④ 이산화탄소 : 550ppm(교실)

10 2016년도 신생아 및 영아 사망 수를 나타낸 표에서 알파인덱스(α-index)를 비교할 때, 건강수준이 가장 높은 경우는?

사망 수(명) \ 구분	A	B	C	D
신생아 사망 수	5	5	10	10
영아 사망 수	10	6	15	11

① A   ② B
③ C   ④ D

11 지역사회간호사의 방문활동 원리에 대한 설명으로 옳은 것은?

① 하루에 여러 곳을 방문하는 경우 면역력이 높은 대상자부터 방문한다.
② 방문횟수는 인력, 시간, 예산, 자원, 대상자의 건강상태 등을 고려하여 결정한다.
③ 개인정보보호를 위해 방문간호사의 신분을 대상자에게 밝히지 않는다.
④ 지역사회 자원 연계는 방문간호사 활동 영역이 아니므로 수행하지 않는다.

ANSWER 9.② 10.④ 11.②

9 ② 교실의 조명도는 책상면을 기준으로 300럭스 이상이 되도록 할 것
① 교사 내의 소음은 55dB(A) 이하로 할 것
③ 비교습도는 30퍼센트 이상 80퍼센트 이하로 할 것
④ 이산화탄소 1,000ppm 이하(교사 및 급식시설)

10 α-index는 생후 1년 미만의 사망수(영아 사망수)를 생후 28일 미만의 사망수(신생아 사망수)로 나눈 값이다. 유아 사망의 원인이 선천적 원인만이라면 값은 1에 가깝다. 따라서 D의 건강수준이 가장 높다.

11 ① 하루에 여러 곳을 방문하는 경우 면역력이 낮은 대상자부터 방문한다.
③ 방문간호사는 자신의 신분을 대상자에게 밝혀야 한다.
④ 방문간호사는 알선자로서 지역사회 자원 연계 역할을 수행한다.

12 세계보건기구(WHO)에서 제시한 일차보건의료 접근법에 대한 설명으로 옳지 않은 것은?

① 지역사회의 능동적, 적극적 참여가 이루어지도록 한다.
② 지역사회가 쉽게 받아들일 수 있는 방법으로 사업이 제공되어야 한다.
③ 지역적, 지리적, 경제적, 사회적 요인으로 인하여 이용에 차별이 있어서는 안 된다.
④ 국가에서 제공하는 보건의료서비스이므로 무상으로 제공하는 것을 원칙으로 한다.

13 지역사회 간호사업 평가절차 중 가장 먼저 해야 할 것은?

① 평가자료 수집
② 평가기준 설정
③ 설정된 목표와 현재 상태 비교
④ 목표 도달 정도의 판단과 분석

14 다음 글에서 설명하는 지표는?

> • 한 여성이 현재의 출산력이 계속된다는 가정 하에서 가임 기간 동안 몇 명의 여자 아이를 출산하는가를 나타낸 값이다.
> • 단, 태어난 여자 아이가 가임 연령에 도달할 때까지의 생존율은 고려하지 않는다.

① 합계출산율
② 총재생산율
③ 순재생산율
④ 유배우출산율

ANSWER 12.④ 13.② 14.②

12 세계보건기구의 일차보건의료 접근법(4A)
　㉠ Accessible(접근성) : 대상자가 쉽게 이용 가능해야 한다.
　㉡ Acceptable(수용가능성) : 지역사회가 쉽게 받아들일 수 있는 방법으로 사업이 제공되어야 한다.
　㉢ Available(주민참여) : 지역사회의 능동적, 적극적 참여가 이루어지도록 한다.
　㉣ Affordable(지불부담능력) : 지불능력에 맞는 보건의료수가로 사업이 제공되어야 한다.

13 지역사회 간호사업 평가절차는 평가대상 및 기준설정→평가자료 수집→설정된 목표와 현재 상태 비교→목표 도달 정도의 판단과 분석→재계획으로 이루어진다.

14 제시된 내용은 총재생산율에 대한 설명이다.

15 노인장기요양보험법령상 장기요양보험제도에 대한 설명으로 옳은 것은?

① 등급 판정기준은 장기요양 1등급(최중증)에서 장기요양 3등급(경증)까지이다.
② 단기보호, 신체활동 지원 용구 제공, 방문간호, 주·야간 보호는 재가급여에 해당된다.
③ 치매를 진단받은 45세의 장기요양보험가입자는 장기요양 인정을 위한 신청 자격이 없다.
④ 재원은 요양서비스 이용자의 본인 부담금만으로 충당되므로 자유기업형 방식이다.

16 병원체의 감염력과 병원력에 대한 산출식으로 옳은 것은?

총감수성자(N = 1,000)				(단위 : 명)
감염자(n = 250)				
무증상 감염자 (n = 150)	현성 감염자(n = 100)			사망자 (n = 4)
	경미한 증상자 (n = 70)	중증도 증상자 (n = 20)	심각한 증상자 (n = 6)	

① 감염력 = (100/250) × 100
② 감염력 = (100/1000) × 100
③ 병원력 = (100/250) × 100
④ 병원력 = (100/1000) × 100

ANSWER 15.② 16.③

15 ① 등급 판정기준은 장기요양 1~5등급, 장기요양 인지지원등급으로 구분된다.
③ 장기요양보험가입자 또는 그 피부양자로서, 65세 미만의 치매·뇌혈관성질환 등 대통령령으로 정하는 노인성 질병을 가진 자는 장기요양인정을 위한 신청 자격이 있다.
④ 장기요양보험제도는 장기요양보험료와 국가·지방자치단체의 부담금을 재원으로 한다.

16 감염력과 병원력
㉠ 감염력(infectivity)
- 병원체가 숙주에 침입하여 숙주에 질병 혹은 면역 등의 반응을 야기하는 것
- 병원체가 숙주에 침입하여 감염을 일으킬 수 있는 최소량의 병원체 수
- 감염력 = $\frac{감염자\ 수}{감수성자\ 수} \times 100$

㉡ 병원력(pathogenicity)
- 병원체가 감염된 숙주에서 질병을 일으키는 힘
- 감염된 모든 사람들에 대한 환자 수, 현성증상을 발현하게 하는 정도
- 병원력 = $\frac{환자\ 수}{감염자\ 수} \times 100$

17 「산업안전보건법 시행규칙」상 다음에서 설명하는 것은? [기출변형]

> 특수건강진단대상업무로 인하여 해당 유해인자로 인한 것이라고 의심되는 직업성 천식, 직업성 피부염, 그 밖에 건강장해 증상을 보이거나 의학적 소견이 있는 근로자에 대하여 사업주가 실시하는 건강진단

① 임시건강진단 ② 수시건강진단
③ 특수건강진단 ④ 배치전건강진단

18 오존(O_3)에 대한 설명으로 옳지 않은 것은?

① 무색의 기체로 식물에 나쁜 영향을 미친다.
② 바람이 적고 태양광선이 강할 때 농도가 높아진다.
③ 자동차 배기가스에 함유된 질소산화물이 원인물질 중 하나이다.
④ 대기환경보전법령상 '오존 주의보'의 발령기준은 오존농도가 0.5ppm 이상일 때이다.

ANSWER 17.② 18.④

17 제시된 내용은 「산업안전보건법 시행규칙」 제205조(수시건강진단 대상 근로자 등)에서 규정하고 있는 수시건강진단에 대한 설명이다.
※ 산업안전보건법(제130조, 제131조)
　㉠ 임시건강진단 : 다음의 어느 하나에 해당하는 경우에 특수건강진단 대상 유해인자 또는 그 밖의 유해인자에 의한 중독 여부, 질병에 걸렸는지 여부 또는 질병의 발생 원인 등을 확인하기 위하여 법 제131조 제1항에 따른 고용노동부령으로 정하는 경우에 따라 사업주가 실시하는 건강진단을 말한다.
　　• 같은 부서에 근무하는 근로자 또는 같은 유해인자에 노출되는 근로자에게 유사한 질병의 자각·타각증상이 발생한 경우
　　• 직업병 유소견자가 발생하거나 여러 명이 발생할 우려가 있는 경우
　　• 그 밖에 지방고용노동관서의 장이 필요하다고 판단하는 경우
　㉡ 특수건강진단 : 다음의 어느 하나에 해당하는 근로자의 건강관리를 위하여 사업주가 실시하는 건강진단을 말한다.
　　• 고용노동부령으로 정하는 유해인자에 노출되는 업무에 종사하는 근로자
　　• 근로자건강진단 실시 결과 직업병 유소견자로 판정받은 후 작업 전환을 하거나 작업장소를 변경여 해당 판정의 원인이 된 특수건강진단대상업무에 종사하지 아니하는 사람으로서 해당 유해인자에 대한 건강진단이 필요하다는 의사의 소견이 있는 근로자
　㉢ 배치전건강진단 : 특수건강진단대상업무에 종사할 근로자에 대하여 배치 예정업무에 대한 적합성 평가를 위하여 사업주가 실시하는 건강진단을 말한다.

18 ④ 오존 주의보 발령기준은 '기상조건 등을 고려하여 해당지역의 대기자동측정소 오존농도가 0.12ppm 이상인 때'이다. 0.5ppm 이상일 때에는 중대경보를 발령한다.

19 가족 관련 이론에 대한 설명으로 옳은 것은?

① 가족체계이론 – 가족은 구성원 개개인들의 특성을 합한 것 이상의 실체를 지닌 집합체이다.
② 상징적 상호작용이론 – 생애주기별 발달과업을 어느 정도 성취했는가를 중심으로 가족건강을 평가한다.
③ 구조·기능주의이론 – 가족 내 개인의 역할과 역할기대에 따른 상호작용을 중시하는 미시적 접근법을 사용한다.
④ 가족발달이론 – 사회 전체의 요구에 가족의 사회화 기능이 어느 정도 부합되는지 거시적 관점에서 접근한다.

20 범이론 모형(Transtheoretical Model)에 대한 설명으로 옳은 것은?

① 관심단계(contemplation stage) – 1개월 이내에 건강행위를 변화시키기 위한 계획을 세우는 단계이다.
② 준비단계(preparation stage) – 건강행위 변화에 대한 장점과 단점을 파악하고 행위변화를 망설이는 단계이다.
③ 자아해방(self-liberation) – 자신의 건강행위를 변화시킬 수 있다고 결심하고 주변 사람에게 결심을 말하는 것이다.
④ 환경재평가(environmental reevaluation) – 건강행위 변화를 촉진하기 위해 다른 사람과 자조모임을 형성하는 것이다.

ANSWER 19.① 20.③

19 ② 가족발달이론에 대한 설명이다.
③ 상징적 상호작용이론에 대한 설명이다.
④ 구조·기능주의이론에 대한 설명이다.

20 ① 준비단계에 대한 설명이다.
② 관심단계에 대한 설명이다.
④ 환경재평가는 개인의 습관 존재 유무가 자신의 사회적 환경에 어떻게 영향 미치는지 정서적·인지적으로 사정하고 고려하는 과정이다.

지역사회간호 | 2018. 5. 19. 제1회 지방직 시행

1 질병군별 포괄수가제에 대한 설명으로 옳지 않은 것은?

① 진료의 표준화를 유도할 수 있다.
② 과잉진료 및 진료비 억제의 효과가 있다.
③ 진료비 청구를 위한 행정 사무가 간편하다.
④ 의료인의 자율성을 보장하여 양질의 서비스 제공이 가능하다.

2 취약가족 간호대상자 중 가족 구조의 변화로 발생한 것이 아닌 것은?

① 만성질환자 가족
② 한부모 가족
③ 별거 가족
④ 이혼 가족

ANSWER 1.④ 2.①

1 질병군별 포괄수가제는 의료의 질적 서비스 저하 우려, 의료원가 보상 미흡, 복잡한 중증환자에 대한 포괄수가 적용 무리, 조기 퇴원 문제, 많은 진료건수로 건강보험공단 재정에 부정적인 영향 등의 문제점이 제기된다.
  ※ **질병군별 포괄수가제** … 질병군별 중증도에 따라 이미 정해진 정액의 진료비를 의료행위 항목별로 따지지 않고 포괄하여 계산하는 치료비 결정방식이다.

2 만성질환자 가족은 기능적 취약 가족이다.
  ※ 취약가족의 종류
    ㉠ 구조적 취약: 한부모 가족, 이혼 가족, 별거 가족, 독거노인 가족 등
    ㉡ 기능적 취약: 저소득 가족, 실직자 가족, 만성 및 말기 질환자 가족 등
    ㉢ 상호작용 취약: 학대 부모 가족, 비행 청소년 가족, 알코올·약물 중독 가족 등
    ㉣ 발달단계 취약: 미숙아 가족 등

3 다음 ㉠에 해당하는 지역사회 유형은? [기출변형]

> 「지역보건법 시행령」 제8조(보건소의 추가 설치)
> ① 법 제10조 제1항 단서에 따라 보건소를 추가로 설치할 수 있는 경우는 다음 각 호의 어느 하나에 해당하는 경우로 한다.
>   1. 해당 시·군·구의 인구가 (㉠)을 초과하는 경우
>   2. 해당 시·군·구의 「보건의료기본법」에 따른 보건의료기관 현황 등 보건의료 여건과 아동·여성·노인·장애인 등 보건의료 취약계층의 보건의료 수요 등을 고려하여 보건소를 추가로 설치할 필요가 있다고 인정되는 경우

① 50만 명
② 40만 명
③ 30만 명
④ 10만 명

ANSWER 3.③

3 보건소의 추가 설치 ⋯ 법 제10조 제1항 단서에 따라 보건소를 추가로 설치할 수 있는 경우는 다음 각 호의 어느 하나에 해당하는 경우로 한다〈지역보건법 시행령 제8조 제1항〉.
㉠ 해당 시·군·구의 인구가 30만 명을 초과하는 경우
㉡ 해당 시·군·구의 「보건의료기본법」에 따른 보건의료기관 현황 등 보건의료 여건과 아동·여성·노인·장애인 등 보건의료 취약계층의 보건의료 수요 등을 고려하여 보건소를 추가로 설치할 필요가 있다고 인정되는 경우

※ 지역사회 유형
  ㉠ 구조적 지역사회
    • 집합체 : 사람이 모인 이유와 관계없이 '집합' 그 자체
    • 대면 공동체 : 가장 기본이 되는 공동체로 지역사회의 기본적인 집단
    • 생태학적 공동체 : 지리적 특성, 기후, 자연환경 등 동일한 생태학적 문제를 공유하는 집단
    • 지정학적 공동체 : 지리적, 법적인 경계로 구분된 지역사회
    • 조직 : 일정한 환경 아래 특정한 목표를 추구하며 일정한 구조를 가진 사회단위
    • 문제해결 공동체 : 문제를 정의할 수 있고, 문제를 공유하며, 해결할 수 있는 범위 내에 있는 구역
  ㉡ 기능적 지역사회
    • 요구 공동체 : 주민들의 일반적인 공통문제 및 요구에 기초를 두고 있는 공동체
    • 자원 공동체 : 어떤 문제를 해결하기 위한 자원의 활용범위로 모인 집단
  ㉢ 감정적 지역사회
    • 소속 공동체 : 동지애와 같은 정서적 감정으로 결속된 감성적 지역사회
    • 특수흥미 공동체 : 특수 분야에 서로 같은 관심과 목적을 가지고 관계를 맺는 공동체

4 보건교육방법의 토의 유형 중 심포지엄(symposium)에 대한 설명으로 옳은 것은?

① 일명 '팝콘회의'라고 하며, 기발한 아이디어를 자유롭게 제시하도록 하는 방법이다.
② 참가자 전원이 상호 대등한 관계 속에서 정해진 주제에 대해 자유롭게 의견을 교환하는 방법이다.
③ 전체를 여러 개의 분단으로 나누어 토의시키고 다시 전체 회의에서 종합하는 방법이다.
④ 동일한 주제에 대해 전문가들이 다양한 의견을 발표한 후 사회자가 청중을 공개토론 형식으로 참여시키는 방법이다.

5 여름휴가차 바닷가에 온 40대 여성이 오징어와 조개류 등을 생식하고 다음 날 복통, 설사와 미열을 호소하며 병원을 방문하여 진료를 받았다. 이 경우 의심되는 식중독의 특징은?

① 7~8월에 주로 발생하며, 원인균은 포도상구균이다.
② 화농성질환을 가진 조리사의 식품 조리과정에서 발생한다.
③ 감염형 식중독으로 가열해서 먹을 경우 예방이 가능하다.
④ 독소형 식중독으로 신경마비성 증상이 나타나 치명률이 높다.

ANSWER 4.④ 5.③

4 ① 브레인스토밍에 대한 설명이다.
② 원탁토의에 대한 설명이다.
③ 버즈토의에 대한 설명이다.

5 오징어와 조개류 등은 표피나 아가미, 내장 등을 충분히 세척·가열하지 않고 섭취할 경우 장염비브리오균에 감염될 수 있다.

6 건강행위에 영향을 미치는 요인을 개인의 특성과 경험, 행위와 관련된 인지와 감정으로 설명하였으며, 사회인지이론과 건강신념모델에 기초하여 개발된 이론은?

① 계획된 행위이론
② 건강증진모형
③ 범이론 모형
④ PRECEDE-PROCEED 모형

ANSWER 6.②

6 Pender의 건강증진모형

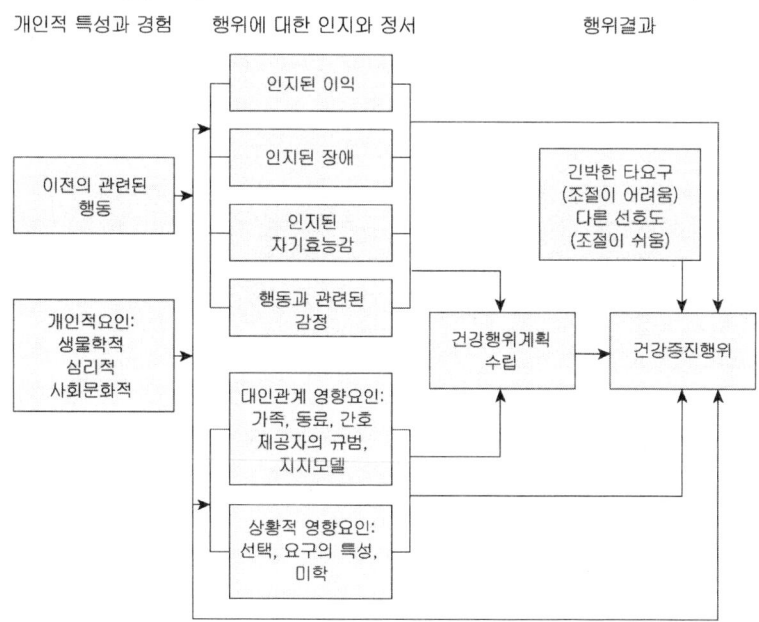

7 리벨과 클라크(Leavell & Clark)는 질병의 자연사에 따른 예방적 수준을 제시하였다. 질병의 자연사 중 초기병변단계(불현성감염기)에 해당하는 예방적 조치는?

① 보건교육 ② 조기진단
③ 예방접종 ④ 재활훈련

8 대량 환자가 발생한 재난현장에서 중증도 분류표(triage tag)의 4가지 색상에 대한 분류로 옳은 것은?

① 황색 – 경추를 제외한 척추 손상
② 녹색 – 대량 출혈로 매우 낮은 혈압
③ 적색 – 30분 이상 심장과 호흡의 정지
④ 흑색 – 경증 열상 혹은 타박상

ANSWER 7.② 8.①

7 질병의 자연사와 예방단계(Leavell & Clark)

질병의 과정	예비적 조치	예방차원
비병원성기(무병기)	건강증진, 환경위생, 영양개선	1차적 예방
초기병원성기(전병기)	특수예방, 예방접종	
불현성감염기(증병기)	조기진단, 조기치료	2차적 예방
발현성질환기(진병기)	악화방지를 위한 치료	
회복기(정병기)	재활훈련, 사회복귀	3차적 예방

8 재난현장 중증도 분류(triage tag)
㉠ 흑색 : 사망자
㉡ 적색 : 긴급환자(긴급이송을 하지 않으면 생명이 위험한 사람)
㉢ 황색 : 응급환자(조금 늦어도 생명에 지장이 없는 사람)
㉣ 녹색 : 비응급환자

9 다음 그림은 A초등학교 100명의 학생 중 B형 간염 항원 양성자 15명의 발생분포이다. 4월의 B형 간염 발생률(%)은? (단, 소수점 둘째 자리에서 반올림 함)

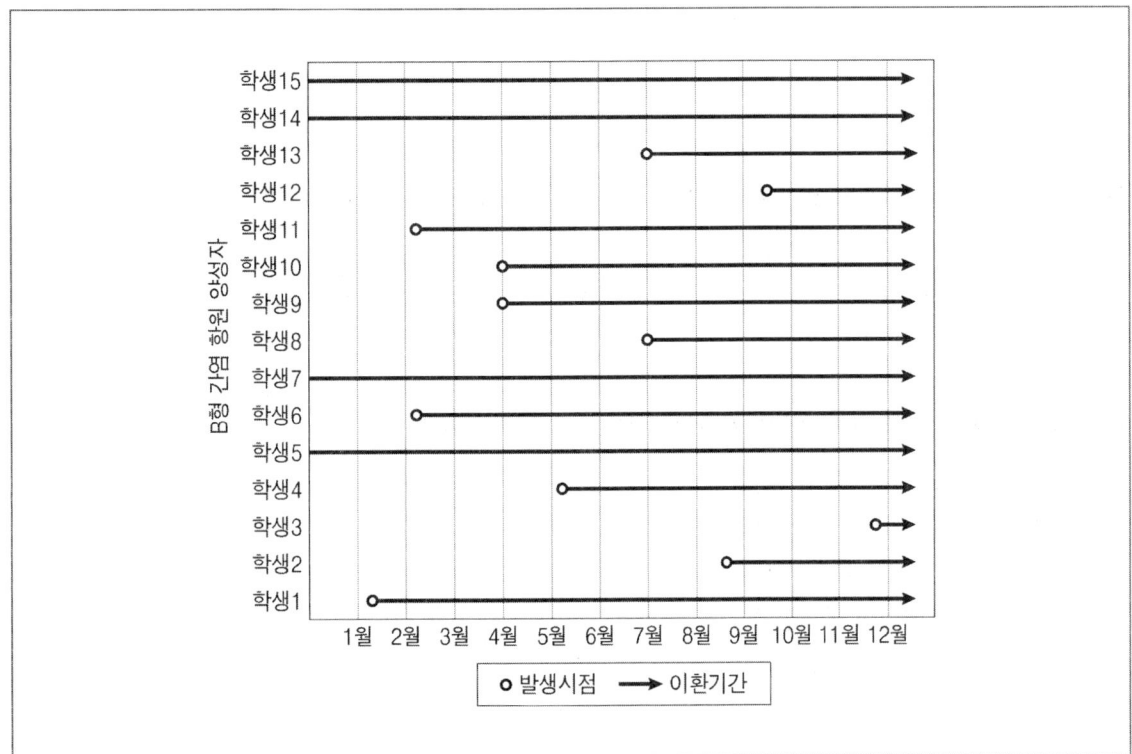

① 2.0
② 9.0
③ 2.2
④ 9.7

ANSWER 9.③

9 발생률 = $\frac{신환환수}{중앙인구수 - 면역력인구수 \text{ 또는 } 기존환자수} \times 100 = \frac{2}{100-7} \times 100 ≒ 2.15$ (소수점 둘째 자리에서 반올림) → 2.2

10 보건사업의 우선순위 결정기준 중 BPRS 계산 후 사업의 실현가능성 여부를 판단하는 기준으로 사용되는 것은?

① Bryant
② PATCH
③ MAPP
④ PEARL

11 지역주민의 건강증진을 위하여 '지역보건의료계획'을 수립하고 시행하도록 한 근거가 되는 법은?

①「보건소법」
②「지역보건법」
③「국민건강보험법」
④「국민건강증진법」

12 지역 주민의 건강문제를 파악하기 위한 2차 자료 수집 방법은?

① 독거노인을 대상으로 실시한 면담
② 지역 주민의 보건사업 요구도 조사
③ 지역 주민의 행사에 참여하여 관찰
④ 통계청에서 제공한 생정통계 활용

ANSWER 10.④ 11.② 12.④

10 BPRS 계산 후 실현 가능성 여부를 판단하는 기준으로 FEARL을 주로 사용한다. PEARL 값은 0 또는 1로, 각 항목의 점수를 모두 곱하여 평가 항목 중 하나라도 불가의 판정을 받으면 사업은 시작될 수 없다.
  ⊙ P(propriety, 적절성) : 해당 기관의 업무범위에 해당하는가?
  ⓒ E(economic feasibility, 경제적 타당성) : 문제를 해결하는 것이 경제적으로 의미가 있는가?
  ⓒ A(acceptability, 수용성) : 지역사회나 대상자들이 사업을 수용할 것인가?
  ⓔ R(resources, 자원의 이용 가능성) : 사업에 이용할 재원이나 자원이 있는가?
  ⓜ L(legality, 적법성) : 법에 저촉되는 내용은 없는가?

11 지역보건의료계획의 수립 등〈지역보건법 제7조 제1항〉 … 시·도지사 또는 시장·군수·구청장은 지역주민의 건강 증진을 위하여 다음의 사항이 포함된 지역보건의료계획을 4년마다 수립하여야 한다.
  ⊙ 보건의료 수요의 측정
  ⓒ 지역보건의료서비스에 관한 장기·단기 공급대책
  ⓒ 인력·조직·재정 등 보건의료자원의 조달 및 관리
  ⓔ 지역보건의료서비스의 제공을 위한 전달체계 구성 방안
  ⓜ 지역보건의료에 관련된 통계의 수집 및 정리

12 1차 자료는 연구자가 자신의 연구목적에 따라 원하는 자료를 직접 수집한 자료인 반면 2차 자료는 다른 연구자나 문헌 등의 자료를 활용하여 가공한 자료이다.

13 72세 할머니가 치매를 진단받은 남편의 간호요령에 대해 알고 싶다고 말하였다. 이에 해당하는 브래드쇼(Bradshaw)의 교육 요구는?

① 규범적 요구
② 내면적 요구
③ 외향적 요구
④ 상대적 요구

14 「지역보건법」상 보건소의 기능 및 업무에 해당하지 않는 것은?

① 보건의료 관련기관·단체, 학교, 직장 등과의 협력체계 구축
② 국민건강증진·구강건강·영양관리사업 및 보건교육
③ 정신건강증진 및 생명존중에 관한 사항
④ 기후변화에 따른 국민건강영향평가

ANSWER 13.③ 14.④

13 브래드쇼의 요구 유형

요구 유형	내용
규범적 요구	• 보건의료전문가에 의해 정의되는 요구 • 교육대상자의 주관적 느낌이나 생각과 차이가 있을 수 있다.
내면적 요구	• 대상자 스스로가 느끼는 요구 • 전문가 판단에 따른 규범적 요구와 차이가 있을 수 있다.
외향적 요구	자신의 건강문제에 대해 다른 사람에게 호소하거나 행동으로 나타내는 경우
상대적 요구	목표인구와 타 집단을 비교하거나, 전체 집단의 평균과 비교하였을 때 평균보다 높거나 낮음으로써 확인된 문제

14 보건소의 기능 및 업무〈지역보건법 제11조 제1항〉
㉠ 건강 친화적인 지역사회 여건의 조성
㉡ 지역보건의료정책의 기획, 조사·연구 및 평가
㉢ 보건의료인 및 「보건의료기본법」 제3조 제4호에 따른 보건의료기관 등에 대한 지도·관리·육성과 국민보건 향상을 위한 지도·관리
㉣ 보건의료 관련기관·단체, 학교, 직장 등과의 협력체계 구축
㉤ 지역주민의 건강증진 및 질병예방·관리를 위한 다음 각 목의 지역보건의료서비스의 제공
 • 국민건강증진·구강건강·영양관리사업 및 보건교육
 • 감염병의 예방 및 관리
 • 모성과 영유아의 건강유지·증진
 • 여성·노인·장애인 등 보건의료 취약계층의 건강유지·증진
 • 정신건강증진 및 생명존중에 관한 사항
 • 지역주민에 대한 진료, 건강검진 및 만성질환 등의 질병관리에 관한 사항
 • 가정 및 사회복지시설 등을 방문하여 행하는 보건의료 및 건강관리사업
 • 난임의 예방 및 관리

15 다음과 같은 지역사회간호의 시대적 흐름과 관련한 설명으로 옳은 것은?

> (개) 1900년 이전 : 방문간호시대
> (내) 1900년 ~ 1960년 : 보건간호시대
> (대) 1960년 이후 : 지역사회간호시대

① (개) - 한국에서 로선복(Rosenberger)이 태화여자관에 보건사업부를 설치하여 모자보건사업을 실시하였다.
② (내) - 라론드(Lalonde) 보고서의 영향을 받아 건강생활실천을 유도하는 건강증진사업이 활성화되었다.
③ (내) - 릴리안 왈드(Lillian Wald)가 가난하고 병든 사람들을 간호하기 위하여 뉴욕 헨리가에 구제사업소를 설립하였다.
④ (대) - 미국에서 메디케어(Medicare)와 메디케이드(Medicaid)의 도입 이후 가정간호가 활성화되었다.

16 지역사회간호과정을 적용하여 비만여성 운동프로그램을 실시한 경우, 계획단계에서 이루어진 내용으로 옳은 것은?

① 비만여성 운동프로그램 참여율에 대한 목표를 설정하였다.
② 여성의 운동부족과 비만문제를 최우선 순위로 설정하였다.
③ 여성의 비만이 건강에 미치는 영향을 조사하였다.
④ 여성의 비만 유병률을 다른 지역과 비교하였다.

ANSWER 15.④ 16.①

15 ④ 1965년 → (대)
① 1923년 → (내)
② 1974년 → (대)
③ 1893년 → (개)

16 사정 → 진단 → 계획 → 수행 → 평가 중 계획단계에서 실시하는 내용은 ①이다.
②③④ 사정단계
※ 지역사회 간호과정

사정	진단	계획	수행	평가
• 자료수집 • 자료요약	• 자료분석 • 간호진단 • 간호사업의 기준과 지침 확인 • 우선순위 결정	• 목적과 목표 설정 • 간호방법과 수단선택 • 수행계획 • 평가계획	• 필요한 지식과 기술 선정 • 의뢰 • 수행의 장애 요인 인식 • 계획된 활동 수행(조직, 감시, 감독)	• 평가실행 • 평가범주 • 평가절차

17 다음에 해당하는 지역사회 간호사정의 자료 분석 단계는?

> • 부족하거나 더 필요한 자료가 없는지 파악한다.
> • 다른 지역의 자료나 과거의 통계자료 등을 비교한다.

① 분류　　　　　　　　　② 요약
③ 확인　　　　　　　　　④ 결론

18 우리나라 의료보장제도에 대한 설명으로 옳은 것은?

① 1977년 전국민 의료보험이 실시되었다.
② 국민건강보험 가입은 국민의 자발적 의사에 따라 선택한다.
③ 사회보험 방식의 국민건강보험과 공공부조 방식의 의료급여 제도를 운영하고 있다.
④ 국민건강보험 적용대상자는 직장가입자, 지역가입자와 피부양자, 의료급여 수급권자이다.

ANSWER 17.③　18.③

17 자료 분석 단계

단계	내용
분류	서로 연관성 있는 것끼리 분류
요약	분류된 자료를 근거로 지역사회의 특성을 요약
비교·확인	수집된 자료에 대한 재확인, 과거와의 비교, 다른 지역과의 비교
결론	수집된 자료의 의미 파악, 지역사회의 건강요구 및 구체적 문제 결론

18 ① 전국민 의료보험이 실시된 것은 1989년이다.
　　② 국민건강보험은 강제가입이 원칙이다.
　　④ 의료급여 수급권자는 공공부조에 해당한다.

19 방문간호사가 K 씨 가족을 방문하여 가족간호사정을 실시하였다. 다음의 사정도구에 대한 설명으로 옳은 것은?

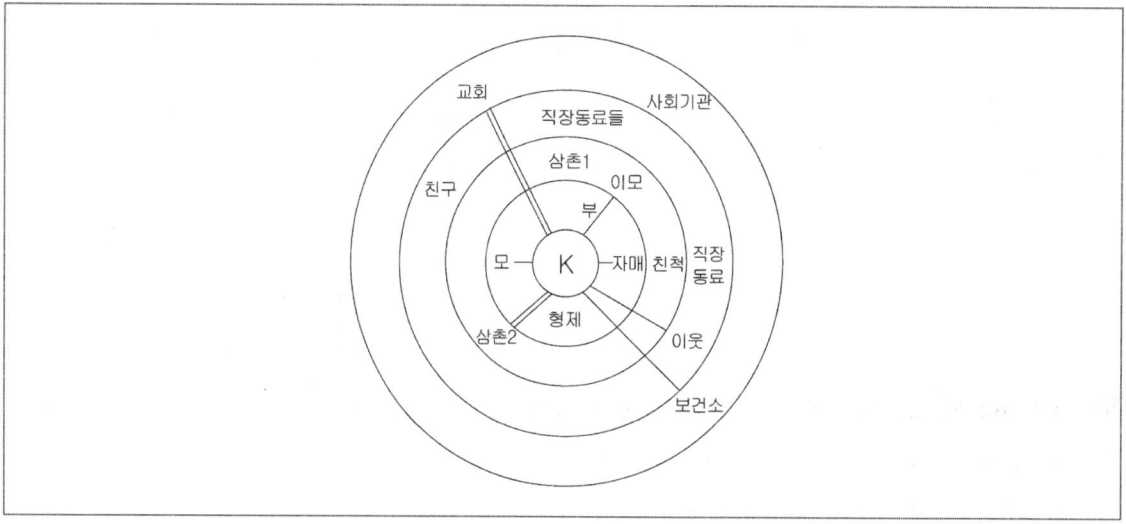

① K 씨와 가족 내·외부 간의 지지 정도를 확인할 수 있다.
② K 씨의 가족과 외부체계 간의 자원 흐름을 파악할 수 있다.
③ K 씨의 가족구성원 간의 상호관계와 친밀도를 도식화한 것이다.
④ K 씨의 가족구성원의 구조를 한눈에 볼 수 있도록 도식화한 것이다.

ANSWER 19.①

19 제시된 사정도구는 사회지지도로, 가장 취약한 가족구성원을 중심으로 부모·형제, 친구와 직장동료, 기관 등 외부와의 상호작용을 그린 것이다.
② 외부체계도
③ 가족밀착도
④ 가족구조도

20 다음의 인구 현황 표에 따라 산출한 지표에 대한 설명으로 옳은 것은?

구분(세)	인구 수(명)
0 ~ 14	200
15 ~ 49	300
50 ~ 64	200
65 ~ 74	200
75 이상	100
계	1,000

① 노령화 지수는 30으로 유년인구 100명에 대해 노년인구가 30명임을 뜻한다.
② 노인인구 구성 비율은 20%로 총인구 100명에 대해 노인인구가 20명임을 뜻한다.
③ 노년부양비는 60으로 생산가능인구 100명이 노년인구 60명을 부양한다는 뜻이다.
④ 유년부양비는 20으로 생산가능인구 100명이 유년인구 20명을 부양한다는 뜻이다.

ANSWER 20.③

20 노년부양비 $= \dfrac{65세\ 이상\ 인구수}{15\text{~}64세\ 인구수} \times 100 = \dfrac{300}{500} \times 100 = 60$으로 생산가능인구 100명이 노년인구 60명을 부양한다는 뜻이다.

① 노령화 지수 $= \dfrac{65세\ 이상\ 인구수}{0\text{~}14세\ 인구수} \times 100 = \dfrac{300}{200} \times 100 = 150$으로 유년인구 100명에 대해 노년인구가 150명임을 뜻한다.

② 노인인구 구성 비율 $= \dfrac{65세\ 이상\ 인구수}{전체\ 인구} \times 100 = \dfrac{300}{1,000} \times 100 = 30\%$로 총인구 100명에 대해 노인인구가 30명임을 뜻한다. → 초고령 사회

④ 유년부양비는 $= \dfrac{0\text{~}14세\ 인구수}{15\text{~}64세\ 인구수} \times 100 = \dfrac{200}{500} \times 100 = 40$으로 생산가능인구 100명이 유년인구 40명을 부양한다는 뜻이다.

지역사회간호 | 2019. 2. 23. 제1회 서울특별시 시행

1 우리나라 보건의료제도에 대한 설명으로 가장 옳지 않은 것은?

① 민간보건의료조직이 다수를 차지한다.
② 환자가 자유롭게 의료제공자를 선택할 수 있다.
③ 국민의료비가 지속적으로 증가하고 있다.
④ 예방중심의 포괄적인 서비스가 제공되고 있다.

2 「후천성면역결핍증 예방법」상 후천성면역결핍증으로 사망한 사체를 검안한 의사 또는 의료기관은 이 사실을 누구에게 신고하여야 하는가?

① 보건소장
② 시 · 도지사
③ 질병관리청장
④ 보건복지부장관

ANSWER 1.④ 2.①

1 우리나라 보건의료제도는 예방보다 치료중심의 서비스가 제공되고 있다.

2 감염인을 진단하거나 감염인의 사체를 검안한 의사 또는 의료기관은 보건복지부령으로 정하는 바에 따라 24시간 이내에 진단 · 검안 사실을 관할 보건소장에게 신고하고, 감염인과 그 배우자(사실혼 관계에 있는 사람을 포함한다) 및 성 접촉자에게 후천성면역결핍증의 전파 방지에 필요한 사항을 알리고 이를 준수하도록 지도하여야 한다. 이 경우 가능하면 감염인의 의사(意思)를 참고하여야 한다〈후천성면역결핍증 예방법 제5조(의사 또는 의료기관 등의 신고) 제1항〉.

3 우리나라 노인장기요양보험에 관한 설명으로 가장 옳은 것은?

① 국민건강보험 재정에 구속되어 있어서 재정의 효율성을 제고할 수 있다.
②「국민건강보험법」에 의하여 설립된 기존의 국민건강보험공단을 관리운영기관으로 하고 있다.
③ 재원은 수급대상자의 본인부담금 없이 장기요양 보험료와 국가 및 지방자치단체 부담으로 운영된다.
④ 수급 대상자는 65세 이상의 노인 또는 65세 미만의 자로서 치매, 뇌혈관성질환, 파킨슨병 등 노인성 질병을 가진 자 중 6개월 이상 병원에 입원하고 있는 노인이다.

4 지난 1년간 한 마을에 고혈압 환자가 신규로 40명이 발생하였다. 마을 주민 중 이전에 고혈압을 진단받은 환자는 200명이다. 마을 전체 주민이 1,000명이라면 지난 1년간 고혈압 발생률은?

① 4%
② 5%
③ 20%
④ 24%

ANSWER 3.② 4.②

3 ① 국민건강보험 재정에 구속되지 않아 장기요양급여 운영에 있어 재정의 효율성을 제고할 수 있다.
③ 노인장기요양보험법 제40조에서 본인부담금을 규정하고 있다.
④ 장기요양인정을 신청할 수 있는 자는 노인 등(65세 이상의 노인 또는 65세 미만의 자로서 치매·뇌혈관성질환 등 대통령령으로 정하는 노인성 질병을 가진 자)으로서, 장기요양보험가입자 또는 그 피부양자이거나「의료급여법」에 따른 수급권자의 자격을 갖추어야 한다. 등급판정위원회는 신청인이 해당 신청자격요건을 충족하고 <u>6개월 이상 동안 혼자서 일상생활을 수행하기 어렵다</u>고 인정하는 경우 심신상태 및 장기요양이 필요한 정도 등 대통령령으로 정하는 등급판정기준에 따라 수급자로 판정한다.

4 발생률 = $\dfrac{\text{새로 발생한 인구수}}{\text{건강한 인구수}} \times 100 = \dfrac{40}{1,000-200} \times 100 = 5\%$

5 B구의 보건문제에 대해 BPRS 우선순위 결정방법에 따라 우선순위를 선정하려고 한다. 1순위로 고려될 수 있는 보건문제는?

보건문제	평가항목		
	문제의 크기	문제의 심각도	사업의 추정효과
높은 비만율	4	3	2
높은 흡연율	3	7	2
높은 암 사망률	2	8	1
높은 고혈압 유병률	3	6	5

① 높은 비만율
② 높은 흡연율
③ 높은 암 사망률
④ 높은 고혈압 유병률

ANSWER 5.④

5 BPRS(Basic Priority Rating System)는 보건사업의 우선순위 결정에서 가장 널리 활용되고 있는 방법으로, 건강문제의 크기, 문제의 심각도, 사업의 추정효과가 우선순위 결정의 기준이 된다.

$$BPR = (문제의\ 크기 + 2 \times 문제의\ 심각도) \times 사업의\ 추정효과$$

- 높은 비만율 = $(4 + 2 \times 3) \times 2 = 20 \rightarrow$ 3순위
- 높은 흡연율 = $(3 + 2 \times 7) \times 2 = 34 \rightarrow$ 2순위
- 높은 암 사망률 = $(2 + 2 \times 8) \times 1 = 18 \rightarrow$ 4순위
- 높은 고혈압 유병률 = $(3 + 2 \times 6) \times 5 = 75 \rightarrow$ 1순위

6 Duvall의 가족발달이론에서 첫 아이의 연령이 6~13세인 가족의 발달과업으로 가장 옳은 것은?

① 부부관계를 재확립한다.
② 세대 간의 충돌에 대처한다.
③ 가족 내 규칙과 규범을 확립한다.
④ 서로의 친척에 대한 이해와 관계를 수립한다.

ANSWER 6.③

6 Duvall의 가족발달이론

단계		발달과업
제1단계	결혼한 부부 (부부 확립기, 무자녀)	• 가정의 토대 확립하기 • 공유된 재정적 체재 확립하기 • 누가, 언제, 무엇을 할 것인가에 대해 상호적으로 수용 • 가능한 유형 확립하기 • 미래의 부모역할에 대해 준비하기 • 의사소통 유형 및 인간관계의 확대에 대해 준비
제2단계	아이를 기르는 가정 (첫아이 출산~30개월)	• 가사의 책임분담 재조정 및 의사소통의 효율화 • 영아를 포함하는 생활유형에 적응하기 • 경제적 비용 충족시키기
제3단계	학령 전 아동이 있는 가정 (첫아이 2.5세~6세)	• 확대되는 가족이 요구하는 공간과 설비를 갖추는 데 필요한 비용 충당하기 • 가족구성원들 사이의 의사소통유형에 적응하기 • 변화하는 가족의 욕구충족에 대한 책임에 적응하기
제4단계	학동기 아동이 있는 가정 (첫아이 6세~13세)	• 아동의 활동을 충족시키고 부모의 사생활 보장하기 • 재정적 지급능력 유지하기 • 결혼생활을 유지하기 위해 노력하기 • 아동의 변화하는 발달적 요구에 효과적으로 대응하기
제5단계	10대 아이가 있는 가정 (첫아이 13세~20세)	• 가족구성원들의 다양한 요구에 대비하기 • 가족의 금전문제에 대처하기 • 모든 가족구성원들이 책임 공유하기 • 성인들의 부부관계에 초점 맞추기 • 청소년과 성인 사이의 의사소통 중재하기
제6단계	자녀를 결혼시키는 가정 (첫아이가 독립부터 마지막아이 독립까지)	• 가정의 물리적 설비와 자원 재배치하기 • 자녀가 가정을 떠날 때 책임 재활당하기 • 부부관계의 재정립 • 자녀의 결혼을 통하여 새로운 가족구성원을 받아들임으로써 가족범위 확대시키기
제7단계	중년 부모기 (부부만이 남은 가족~은퇴기까지)	• 텅 빈 보금자리에 적응하기 • 부부 사이의 관계를 계속해서 재조정하기 • 조부모로서의 생활에 적응하기 • 은퇴 및 신체적 노화에 적응하기
제8단계	가족의 노화기 (은퇴 후~사망)	• 배우자의 죽음에 적응하기 • 타인, 특히 자녀에 대한 의존에 대처하기 • 경제적 문제에서의 변화에 적응하기 • 임박한 죽음에 적응하기

7 보건소의 방문건강관리사업 사례관리를 받기로 동의한 대상자의 건강위험요인을 파악하였다. 다음 중 정기 관리군으로 고려될 대상자는?

① 허약노인 판정점수가 6점인 75세 여성
② 당화혈색소 6.5%이면서 흡연 중인 77세 남성
③ 수축기압 145mmHg이면서 비만인 67세 여성
④ 뇌졸중 등록자로 신체활동을 미실천하는 72세 남성

ANSWER 7.④

7 방문건강관리사업 대상자군 분류 및 군별 세부 기준
   ㉠ **집중관리군** : 건강위험요인 및 건강문제가 있고 증상조절이 안 되는 경우(3개월 이내 8회 이상 건강관리 서비스 실시)
   • 수축기압 140mmHg 이상 또는 이완기압 90mmHg 이상
   • 수축기압 140mmHg 이상 또는 이완기압 90mmHg 이상이고, 흡연 · 고위험 음주 · 비만 · 신체활동 미실천 중 2개 이상의 건강행태 개선이 필요
   • 당화혈색소 7.0% 이상 또는 공복혈당 126mg/dℓ 이상 또는 식후혈당 200mg/dℓ 이상
   • 당화혈색소 7.0% 이상 또는 공복혈당 126mg/dℓ 이상 또는 식후혈당 200mg/dℓ 이상이고, 흡연 · 고위험 음주 · 비만 · 신체활동 미실천 중 2개 이상의 건강행태 개선이 필요
   • 관절염, 뇌졸중, 암 등록자로 흡연 · 고위험 음주 · 비만 · 신체활동 미실천 중 2개 이상의 건강 행태 개선이 필요
   • 임부 또는 분만 8주 이내 산부, 출생 4주 이내 신생아, 영유아, 다문화가족
   • 만 65세 이상 노인 중 판정점수가 4~12점
   • 북한이탈주민으로 감염성 질환이 1개 이상 이거나, 흡연 · 고위험 음주 · 비만 · 신체활동 미실천 중 2개 이상의 건강행태 개선이 필요
     ※ 암 대상자로 암 치료 종료 후 5년이 경과되지 아니한 경우
   ㉡ **정기관리군** : 건강위험요인 및 건강문제가 있고 증상이 있으나 조절이 되는 경우(3개월마다 1회 이상 건강관리 서비스 실시)
   • 수축기압이 120~139mmHg 또는 이완기압이 80~89mmHg
   • 수축기압이 120~139mmHg 또는 이완기압이 80~89mmHg이고, 흡연 · 고위험 음주 · 비만 · 신체활동 미실천 중 1개 이상의 건강행태 개선이 필요
   • 공복혈당이 100~125mg/dℓ 또는 식후혈당이 140~199mg/dℓ
   • 공복혈당이 100~125mg/dℓ 또는 식후혈당이 140~199mg/dℓ이고 흡연 · 고위험 음주 · 비만 · 신체활동 · 미실천 중 1개 이상의 건강행태 개선이 필요
   • 북한이탈주민으로 흡연 · 고위험 음주 · 비만 · 신체활동 미실천 중 1개 이상의 건강행태 개선이 필요
     ※ 암 대상자로 암 치료 종료 후 5년이 경과되지 아니한 경우
   ㉢ **자기역량지원군** : 건강위험요인 및 건강문제가 있으나 증상이 없는 경우(6개월마다 1회 이상 건강관리 서비스 실시)
   • 수축기압이 120mmHg 미만이고, 이완기압이 80mmHg 미만
   • 수축기압이 120mmHg 미만이고, 이완기압이 80mmHg 미만이고 흡연 · 고위험 음주 · 비만 · 신체활동 미실천 중 1개 이상의 건강행태 개선이 필요
   • 당화혈색소가 7.0% 미만 또는 공복혈당 100mg/dℓ 미만 또는 식후혈당 140mg/dℓ 미만
   • 당화혈색소가 7.0% 미만 또는 공복혈당 100 mg/dℓ 미만 또는 식후혈당 140mg/dℓ 미만이고, 흡연 · 고위험 음주 · 비만 · 신체활동 미실천 중 1개 이상의 건강행태 개선이 필요
   • 질환은 없으나 흡연 · 고위험 음주 · 비만 · 신체활동 미실천 중 1개 이상의 건강행태 개선이 필요
     ※ 기타 집중관리군과 정기관리군에 해당되지 않는 경우

8 상수의 정수 과정으로 가장 옳은 것은?

① 폭기 – 침전 – 여과 – 소독
② 여과 – 침사 – 소독 – 침전
③ 여과 – 침전 – 침사 – 소독
④ 침전 – 폭기 – 여과 – 소독

9 국가암검진 사업에 포함되는 암 종류별 대상자와 검진 주기에 대한 설명으로 가장 옳은 것은?

① 위암 : 50세 이상 남녀, 2년
② 대장암 : 50세 이상 남녀, 1년
③ 유방암 : 40세 이상 여성, 1년
④ 간암 : 50세 이상의 남녀 중 간암발생 고위험군, 6개월

ANSWER 8.④ 9.②

8 상수의 정수 과정은 침전→폭기→여과→소독의 4과정을 거친다.
㉠ 침전
- 보통침전 : 유속을 늦추고 12시간 체류시켜, 색도, 탁도, 세균수 감소
- 약품침전 : 응집제를 넣어 침전

㉡ 폭기 : CO_2, CH_4, H_2S, NH_4 등과 O_2를 교환

㉢ 여과
- 완속여과 : 영국식, 보통침전을 사용
- 급속여과 : 미국식, 약품친전을 이용

㉣ 소독 : 염소소독, 오존소독

9 국가암검진 프로그램

암종	검진대상	검진주기	검진방법
위암	40세 이상 남녀	2년	기본검사 : 위내시경검사 (단, 위내시경검사를 실시하기 어려운 경우 위장조영검사를 선택적으로 시행)
간암	40세 이상 남녀 간암발생 고위험군 (간경변증이나 B형 간염 바이러스 항원 또는 C형 간염바이러스 항체 양성으로 확인된 자)	6개월	간초음파검사 + 혈청알파태아단백검사
대장암	50세 이상 남녀	1년	분변잠혈반응검사(FOBT) : 이상소견 시 대장내시경검사 (단, 대장내시경을 실시하기 어려운 경우 대장이중조영검사 선택적 시행)
유방암	40세 이상 여성	2년	유방촬영술
자궁경부암	20세 이상 여성	2년	자궁경부세포검사(Pap smear)
폐암	54세 이상 74세 이하의 남녀 중 폐암 발생 고위험군	2년	저선량흉부CT

10 보건소 방문간호사가 최근 당뇨를 진단받은 세대주의 가정을 방문하여 〈보기〉와 같은 자료를 수집하였다. 이를 활용하여 가족밀착도를 작성하고자 할 때, 가장 옳은 것은?

〈보기〉
가족구성원 : 세대주(남편) : 55세, 회사원, 당뇨
　　　　　　배우자(아내) : 50세, 가정주부
　　　　　　아들 : 26세, 학생, 알레르기성 비염
　　　　　　딸 : 24세, 학생
취약점을 가지고 있는 구성원 : 세대주
가족밀착도 : 남편 – 아내 : 서로 친밀한 관계
　　　　　　아버지 – 아들 : 친밀감이 약한 관계
　　　　　　아버지 – 딸 : 매우 밀착된 관계
　　　　　　어머니 – 아들 : 갈등이 심한 관계
　　　　　　어머니 – 딸 : 서로 친밀한 관계
　　　　　　아들 – 딸 : 갈등이 있는 관계

① 세대주는 O로 표시하였다.
② 세대주를 중심에 배치하였다.
③ 기호 안에 가족 내 위치와 나이를 기록하였다.
④ 아버지와 아들과의 관계는 점선으로 표시하였다.

ANSWER 10.③

10 주어진 〈보기〉를 바탕으로 가족밀착도를 작성하면 다음과 같다.

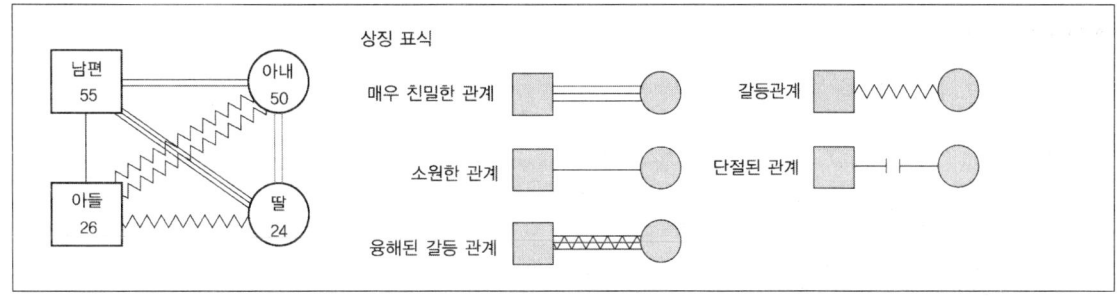

① 세대주는 남편으로 □로 표시한다.
② 가족밀착도는 누구 하나를 중심으로 하기보다는 가족 구성원을 동등하게 분산하여 배치한다.
④ 아버지와 아들의 관계는 친밀감이 약한 관계로 실선 한 줄로 표시한다.

11 가족이 경험할 수 있는 문제와 각 단계에서 있을 수 있는 문제상황에 대한 효율적인 결정을 하기 위하여 정보를 알고 평가하는 데 도움을 주며, 이에 대처할 수 있는 능력을 키워주는 것으로, 가족들이 문제에 부딪혔을 때 쉽게 적응 할 수 있도록 하는 간호수행 방법은?

① 조정
② 계약
③ 의뢰
④ 예측적 안내

ANSWER 11.④

11 문제는 예측적 안내에 대한 설명이다. 예측적 안내의 핵심은 가족들이 경험할 수 있는 문제들을 예측하여 대처할 수 있는 능력을 키우는 것에 있다.
　※ **간호수행** … 수립된 간호계획을 실시하는 것으로 가족 지지, 교육 및 상담, 간호활동 수행 등이 있다.
　　㉠ **예측적 안내** : 가족들이 경험할 수 있는 문제들을 예측하여 대처할 수 있는 능력을 키움
　　㉡ **가족 건강상담** : 자신의 문제인식, 해결방안을 찾음
　　㉢ **가족 건강교육(보건교육)** : 시범, 사례연구, 가족 집담회, 역할극
　　㉣ **직접 간호 제공** : 전문지식에 근거한 간호 행위 제공
　　㉤ **의뢰** : 복합적 문제 발생 시, 여러 전문인력의 도움 필요 시
　　㉥ **가족의 자원 강화** : 경제적, 물리적, 인적 자원의 재배치 및 지지 강화
　　㉦ **스트레스 관리**

12 「재난 및 안전관리 기본법」상 〈보기〉에서 제시된 업무는 재난관리 중 어느 단계에 해당하는가?

〈보기〉
- 재난관리자원의 비축 및 관리
- 재난안전통신망의 구축 및 운영
- 재난현장 긴급통신수단의 마련
- 재난분야 위기관리 매뉴얼 작성 및 운용
- 안전기준의 등록 및 심의

① 재난예방단계　　　　　　　　② 재난대비단계
③ 재난대응단계　　　　　　　　④ 재난복구단계

ANSWER 12.②

12 「재난 및 안전관리 기본법」 제5장 재난의 대비에는 다음의 내용이 규정되어 있다.
　㉠ 재난관리자원의 관리(제34조)
　㉡ 재난현장 긴급통신수단의 마련(제34조의2)
　㉢ 국가재난관리기준의 제정·운용 등(제34조의3)
　㉣ 기능별 재난대응 활동계획의 작성·활용(제34조의4)
　㉤ 재난분야 위기관리 매뉴얼 작성·운용(제34조의5)
　㉥ 다중이용시설 등의 위기상황 매뉴얼 작성·관리 및 훈련(제34조의6)
　㉦ 안전기준의 등록 및 심의 등(제34조의7)
　㉧ 재난안전통신망의 구축·운영(제34조의8)
　㉨ 재난대비훈련 기본계획 수립(제34조의9)
　㉩ 재난대비훈련 실시(제35조)

13 제시된 시나리오를 활용하여 학습에 대한 동기유발, 학습자의 자발적 참여와 자율성, 능동적 태도 및 문제 해결능력이 강화되어 새로운 상황에 대한 효과적인 대처가 가능하도록 교육하는 데 근거가 되는 교육방법과 교육이론을 옳게 짝지은 것은?

① 역할극 – 행동주의 학습이론
② 분단토의 – 인지주의 학습이론
③ 강의 – 인본주의 학습이론
④ 문제중심학습법 – 구성주의 학습이론

14 〈보기〉는 어떠한 역학적 연구방법에 대한 설명이다. 이 연구방법에 해당하는 것은?

〈보기〉
심뇌혈관질환의 유병을 예방하고자 비만한 대상자를 두 개의 집단으로 할당한 후 한쪽 집단에만 체중 관리를 시키고 나머지는 그대로 둔 이후에 두 집단 간의 심뇌혈관 질환의 유병을 비교하였다.

① 코호트 연구
② 단면적 연구
③ 환자 – 대조군 연구
④ 실험 연구

ANSWER 13.④ 14.④

13 문제중심학습(PBL, Problem-Based Learning) … 문제를 활용하여 학습자 중심으로 학습을 진행하는 교육방법으로 구성주의적 교육관과 자기주도적 학습이라는 원칙 하에서 새롭게 등장한 교육방법이다.

14 실험이란 통제된 상황에서 한 가지 또는 그 이상의 변인을 조작하여 이에 따라 변화되는 현상을 객관적으로 관찰하는 것을 말한다. 실험 연구는 어떤 현상의 확인 내지는 존재를 증명하고, 두 이론적 변인 간의 인과관계를 확립하는 것을 주목적으로 한다. 〈보기〉에서는 심뇌혈관질환과 비만의 인과관계를 확인하기 위하여 실험군과 대조군을 비교하고 있다.

※ 실험 연구의 특징
  ㉠ 변인들 간의 인과관계를 규명할 수 있는 가장 강력한 연구방법
  ㉡ 양적연구 중 가장 숙련된 기술과 전문적 경험을 요구하는 연구
  ㉢ 실험조건의 계획적인 조작과 통제의 정도가 실험의 성패를 좌우

15 제5차 국민건강증진종합계획(HP2030)의 중점과제와 대표지표가 옳게 연결되지 않은 것은? [기출변형]

① 자살예방 – 자살 사망률(인구 10만 명당)

② 노인 – 노인 치매 유병률

③ 신체활동 – 성인 유산소 신체활동 실천율

④ 구강건강 – 영구치(12세) 우식 경험률

ANSWER 15.②

15 제5차 국민건강증진종합계획(HP2030) 중점과제별 대표지표

중점과제	대표지표
금연	성인 현재흡연율
절주	성인 고위험음주율
영양	식품 안전성 확보 가구분율
신체활동	성인 유산소 신체활동 실천율
구강건강	영구치(12세) 우식 경험률
자살예방	자살 사망률(인구 10만 명당)
치매	치매안심센터의 치매환자 등록·관리율
중독	알코올 사용장애 정신건강 서비스 이용률
지역사회 정신건강	정신건강 서비스 이용률
암	성인 암 발생률(인구 10만 명당)
심뇌혈관질환	성인 고혈압 유병률, 성인 당뇨병 유병률, 급성 심근경색증 환자의 발병 후 3시간 미만 응급실 도착 비율
비만	성인 비만 유병률
손상	손상사망률(인구 10만 명당)
감염병 예방 및 관리	신고 결핵 신환자율(인구 10만 명당)
감염병 위기 대비 대응	MMR 완전접종률
기후변화성 질환	기후보건영향평가 평가체계 구축 및 운영
영유아	영아사망률(출생아 1천 명당)
아동·청소년	고등학생 현재흡연율
여성	모성사망비(출생아 10만 명당)
노인	노인의 주관적 건강인지율
장애인	성인 장애인 건강검진 수검률
근로자	연간 평균 노동시간
군인	군 장병 흡연율
건강정보 이해력 제고	성인 적절한 건강정보이해능력 수준

16 Betty Neuman의 건강관리체계이론의 구성요소 중 '유연방어선'에 대한 설명으로 가장 옳은 것은?

① 대상체계가 스트레스원에 의해 기본구조가 침투되는 것을 보호하는 내적요인들이다.
② 개인의 일상적인 대처유형, 삶의 유형, 발달단계와 같은 행위적 요인과 변수들의 복합물이다.
③ 저항선 바깥에 존재하며, 대상자의 안녕상태 혹은 스트레스원에 대해 정상범위로 반응하는 상태를 말한다.
④ 외적변화에 방어할 잠재력을 가지고 환경과 상호작용 하며, 외부자극으로부터 대상체계를 일차로 보호하는 쿠션과 같은 기능을 한다.

ANSWER 16.④

16 유연방어선은 기본구조를 둘러싼 선 중 가장 바깥에 위치하는 것으로, 외적 변화에 방어할 잠재력을 가지고 환경과 상호작용하여 수시로 변화하는 역동적 구조이다. 유연방어선은 외부자극으로부터 대상 체계를 일차로 보호하는 쿠션 같은 기능을 한다. 즉, 외부 자극이나 변화에 신속하게 축소되거나 확장되는 등 대처함으로써 스트레스원이 정상방어선을 침범하지 못하도록 완충적 역할을 한다.

※ Betty Neuman의 건강관리체계이론
　㉠ 일차예방 : 스트레스의 원인 제거·약화, 유연방어선 및 정상방어선 강화
　㉡ 이차예방 : 저항선 강화, 나타나는 반응에 대한 조기발견 및 정확한 처치
　㉢ 삼차예방 : 기본구조 손상 시 기본구조의 재구성을 돕는 활동

17 「지역보건법」상 보건소의 기능 및 업무를 〈보기〉에서 모두 고른 것은?

〈보기〉
㉠ 건강 친화적인 지역사회 여건의 조성
㉡ 지역보건의료정책의 기획, 조사·연구 및 평가
㉢ 국민보건 향상을 위한 지도·관리
㉣ 보건의료 관련기관·단체, 학교, 직장 등과의 협력 체계 구축

① ㉠, ㉡
② ㉢, ㉣
③ ㉠, ㉡, ㉢
④ ㉠, ㉡, ㉢, ㉣

ANSWER 17.④

17 보건소의 기능 및 업무〈지역보건법 제11조 제1항〉
㉠ 건강 친화적인 지역사회 여건의 조성
㉡ 지역보건의료정책의 기획, 조사·연구 및 평가
㉢ 보건의료인 및 「보건의료기본법」 제3조 제4호에 따른 보건의료기관 등에 대한 지도·관리·육성과 국민보건 향상을 위한 지도·관리
㉣ 보건의료 관련기관·단체, 학교, 직장 등과의 협력체계 구축
㉤ 지역주민의 건강증진 및 질병예방·관리를 위한 다음의 지역보건의료서비스의 제공
  • 국민건강증진·구강건강·영양관리사업 및 보건교육
  • 감염병의 예방 및 관리
  • 모성과 영유아의 건강유지·증진
  • 여성·노인·장애인 등 보건의료 취약계층의 건강유지·증진
  • 정신건강증진 및 생명존중에 관한 사항
  • 지역주민에 대한 진료, 건강검진 및 만성질환 등의 질병관리에 관한 사항
  • 가정 및 사회복지시설 등을 방문하여 행하는 보건의료 및 건강관리사업
  • 난임의 예방 및 관리

18 「지역보건법」의 내용으로 가장 옳지 않은 것은?

① 보건소는 매년 지역 주민을 대상으로 지역사회 건강 실태조사를 실시한다.
② 보건소장은 관할 보건지소, 건강생활지원센터, 보건 진료소의 직원 및 업무에 대하여 지도·감독한다.
③ 지역보건의료기관의 전문인력의 자질향상을 위한 기본교육훈련 기간은 1주이다.
④ 보건복지부장관은 지역보건의료기관의 기능을 수행하는 데 필요한 각종 자료 및 정보의 효율적 처리와 기록·관리 업무의 전자화를 위하여 지역보건의료정보시스템을 구축·운영할 수 있다.

19 지역사회간호사의 역할 중 지역사회의 포괄적인 보건 사업을 이끌어 개인, 가족, 지역사회가 건강을 위해 적합한 의사결정을 내리도록 도와주는 역할에 해당 하는 것은?

① 변화촉진자
② 지도자
③ 교육자
④ 옹호자

ANSWER 18.③ 19.①

18 교육훈련의 대상 및 기간 … 법 제16조 제3항에 따른 교육훈련 과정별 교육훈련의 대상 및 기간은 다음 각 호의 구분에 따른다 〈지역보건법 시행령 제19조〉.
  ㉠ 기본교육훈련 : 해당 직급의 공무원으로서 필요한 능력과 자질을 배양할 수 있도록 신규로 임용되는 전문인력을 대상으로 하는 3주 이상의 교육훈련
  ㉡ 직무 분야별 전문교육훈련 : 보건소에서 현재 담당하고 있거나 담당할 직무 분야에 필요한 전문적인 지식과 기술을 습득할 수 있도록 재직 중인 전문인력을 대상으로 하는 1주 이상의 교육훈련

19 간호사의 역할
  ㉠ 돌봄제공자 : 대상자의 존엄성을 지키면서 대상자를 신체·심리적으로 돕는다.
  ㉡ 의사소통자 : 대상자, 가족, 기타 건강전문인들, 지역사회인들과 의사소통한다.
  ㉢ 교육자 : 대상자가 건강을 회복하거나 유지하는 데 필요한 건강관리를 학습하도록 돕는다.
  ㉣ 옹호자 : 대상자의 요구와 바람을 표현해 주고 대상자의 권리를 행사하도록 보호한다.
  ㉤ 상담자 : 지적·정서적·심리적 지지를 제공한다.
  ㉥ 변화촉진자 : 대상자의 행동 변화가 필요하다고 판단될 때 의도한 방향으로 변화를 유도하는 것이다.
  ㉦ 지도자 : 특별한 목적을 달성하기 위해 공동으로 작업하는 타인에게 영향을 미치는 것이다.
  ㉧ 관리자 : 질적 간호를 제공하기 위해 다른 건강요원들과 지도·감독하며 간호수행 현장을 관리한다.

20 다음과 같은 연령별 내국인 인구를 가진 지역사회의 인구구조에 대한 설명으로 가장 옳은 것은?

연령(세)	인원(명)
0~14	200
15~24	200
25~34	150
35~44	200
45~54	250
55~64	200
65~74	150
75세 이상	150
계	1,500

① 고령사회이다.
② 노년부양비는 50.0%이다.
③ 노령화지수는 150.0%이다.
④ 유년부양비는 50.0%이다.

ANSWER 20.③

20 노령화지수 = $\frac{고령(65세\ 이상)\ 인구}{유소년(14세\ 이하)\ 인구} \times 100 = \frac{300}{200} \times 100 = 150\%$

① 유엔은 고령인구 비율이 7%를 넘으면 고령화사회, 14%를 넘으면 고령사회, 20% 이상이면 초고령사회로 분류한다. 해당 지역사회는 고령인구가 전체인구의 $\frac{300}{1,500} \times 100 = 20\%$로 초고령사회이다.

② 노년부양비 = $\frac{고령(65세\ 이상)\ 인구}{생산가능인구(15~64세)} \times 100 = \frac{300}{1,000} \times 100 = 30\%$

④ 유년부양비 = $\frac{유년층(0~14세)\ 인구}{생산가능인구(15~64세)} \times 100 = \frac{200}{1,000} \times 100 = 20\%$

지역사회간호 | 2019. 6. 15. 제1회 지방직 시행

1 우리나라 제5차 국민건강증진종합계획(Health Plan 2030)의 총괄목표는? [기출변형]

① 안전한 보건환경과 건강생활 실천
② 건강수명 연장과 건강형평성 제고
③ 예방중심 상병관리와 만성퇴행성질환 감소
④ 생애주기별 건강관리와 의료보장성 강화

2 「농어촌 등 보건의료를 위한 특별조치법 시행령」상 보건진료 전담공무원 의료행위의 범위는? [기출변형]

① 급성질환자의 요양지도 및 관리
② 고위험 고령 임산부의 제왕절개
③ 질병·부상상태를 판별하기 위한 진찰·검사
④ 거동이 불편한 지역주민에 대한 응급수술

ANSWER 1.② 2.③

1 제5차 HP2030의 목표는 4차와 마찬가지로 '건강수명연장과 건강형평성 제고'로 선정하였다. 이번 계획에는 2030년까지 건강수명을 73.3세로 연장하며, 건강수명 격차를 7.6세 이하로 낮추는 것을 목표로 정했다.

2 보건진료 전담공무원의 의료행위의 범위〈농어촌 등 보건의료를 위한 특별조치법 시행령 제14조(보건진료 전담공무원의 업무) 제1항〉
㉠ 질병·부상상태를 판별하기 위한 진찰·검사
㉡ 환자의 이송
㉢ 외상 등 흔히 볼 수 있는 환자의 치료 및 응급 조치가 필요한 환자에 대한 응급처치
㉣ 질병·부상의 악화 방지를 위한 처치
㉤ 만성병 환자의 요양지도 및 관리
㉥ 정상분만 시의 분만 도움
㉦ 예방접종
㉧ ㉠부터 ㉦까지의 의료행위에 따르는 의약품의 투여

3 PRECEDE-PROCEED 모형에서 강화요인(reinforcing factors)은?

① 개인의 기술 및 자원
② 대상자의 지식, 태도, 신념
③ 보건의료 및 지역사회 자원의 이용 가능성
④ 보건의료 제공자의 반응이나 사회적 지지

4 사망 관련 통계지표에 대한 설명으로 옳은 것은?

① 비례사망지수는 특정 연도 전체 사망자 중 특정 원인으로 인한 사망자 비율을 산출하는 지표이다.
② α-index는 특정 연도의 신생아 사망수를 영아 사망수로 나눈 값으로 신생아 건강관리사업의 기초자료로 유용하다.
③ 치명률은 어떤 질병이 생명에 영향을 주는 위험도를 보여주는 지표로 일정 기간 동안 특정 질병에 이환된 자 중 그 질병에 의해 사망한 자를 비율로 나타낸 것이다.
④ 모성사망비는 해당 연도에 사망한 총 여성 수 중 같은 해 임신·분만·산욕 합병증으로 사망한 모성수 비율을 산출하는 지표이다.

ANSWER 3.④ 4.③

3 PRECEDE-PROCEED Model
㉠ 성향요인(predisposing factors) : 행위를 초래하거나 행위의 근거가 되는 요인으로 보건교육 계획에 유용한 요인(지식, 태도, 신념, 가치, 자기효능 등)이다.
㉡ 촉진요인(enabling factors) : 개인이나 집단으로 하여금 행위를 하도록 촉진하는 것(접근성, 개인의 기술, 보건의료나 지역사회자원의 이용가능성)이다.
㉢ 강화요인(reinforcing factors) : 행위가 계속되거나 중단하게 하는 요인(보상, 벌칙 등)이다.

4 ① 비례사망지수(PMI, Proportional Mortality indicator)는 연간 총 사망수에 대한 50세 이상의 사망자수를 퍼센트(%)로 표시한 지수이다.
② α-index는 생후 1년 미만의 사망 수(영아사망 수)를 생후 28일 미만의 사망 수(신생아사망 수)로 나눈 값이다. α-index의 값이 1에 가까울수록 유아사망의 원인이 선천적인 것이므로 그 지역의 보건의료수준이 높은 것을 의미한다. 값이 클수록 신생아기 이후의 영아사망이 크기 때문에 영아 사망에 대한 예방 대책이 필요하다.
④ 모성사망비는 해당 연도의 출생아 수에 대하여 동일 연도 임신기간 동안 사망한 여성 전체수를 나타낸 값이다. 모성사망률은 해당 연도의 가임기 여성 수에 대하여 동일 연도 임신기간 동안 사망한 여성 전체수를 나타낸 값이다.

5 뢰머(Roemer)의 matrix형 분류에서 다음 글이 설명하는 보건의료체계는?

> 민간의료 시장이 매우 강력하고 크며 정부 개입은 미미하다. 보건의료비 지출의 절반 이상을 환자 본인이 부담하며, 보건의료는 개인의 책임이 된다.

① 복지지향형 보건의료체계
② 포괄적보장형 보건의료체계
③ 자유기업형 보건의료체계
④ 사회주의계획형 보건의료체계

ANSWER 5.③

5 뢰머의 보건의료체계 유형별 특징
　㉠ **자유기업형**: 미국, 의료보험 실시 전의 우리나라
　　• 정부의 개입을 최소화하고 수요·공급 및 가격을 시장에 의존한다.
　　• 보건의료비에 대해 개인 책임을 강조하는 입장으로 민간보험 시장이 발달하였으며, 시장의 이윤추구를 통해 효율성을 제고한다.
　　• 의료의 남용 문제가 발생할 수 있다.
　㉡ **복지국가형**: 프랑스, 독일, 스웨덴, 스칸디나비아 등
　　• 사회보험이나 조세를 통해 보건의료서비스의 보편적 수혜를 기본 요건으로 한다.
　　• 민간에 의해 보건의료서비스를 제공하지만 자유기업형과 다르게 질과 비용 등의 측면에서 정부가 개입·통제할 수 있다.
　　• 보건의료서비스의 형평성이 보장되지만, 보건의료비 상승의 문제가 발생할 수 있다.
　㉢ **저개발국가형**: 아시아, 아프리카 등 저개발국
　　• 전문인력 및 보건의료시설이 부족하여 전통의료나 민간의료에 의존한다.
　　• 국민의 대다수인 빈곤층의 경우 공적부조 차원에서 보건의료서비스가 이루어진다.
　㉣ **개발도상국형**: 남미, 아시아 일부 지역
　　• 자유기업형 + 복지국가형의 혼합형태 또는 사회주의국형을 보인다.
　　• 경제개발의 성공으로 국민들의 소득이 증가하여 보건의료서비스에 대한 관심이 증가했다.
　　• 경제개발 논리에 밀려 보건의료의 우선순위가 낮고, 사회보험이 근로자 중심의 형태를 보인다.
　㉤ **사회주의국형**: 구 소련, 북한, 쿠바 등
　　• 국가가 모든 책임을 지는 사회주의 국가로 보건의료 역시 국유화하여 국가가 관장한다.
　　• 형평성이 보장되지만 보건의료서비스 수준과 생산성이 떨어진다.
　　• 넓은 의미에서 볼 때 뉴질랜드, 영국도 이 유형으로 볼 수 있다.

6 다음 글에서 업무수행 적합여부 판정구분에 해당하는 것은?

> 분진이 심한 사업장에서 근무 중인 근로자가 건강진단결과 폐질환 유소견자로 발견되어 업무수행 적합여부를 평가한 결과 '다'로 판정되었다.

① 건강관리상 현재의 조건하에서 작업이 가능한 경우
② 일정한 조건(환경개선, 보호구착용, 건강진단주기의 단축 등)하에서 현재의 작업이 가능한 경우
③ 건강장해의 악화 또는 영구적인 장해의 발생이 우려되어 현재의 작업을 해서는 안되는 경우
④ 건강장해가 우려되어 한시적으로 현재의 작업을 할 수 없는 경우(건강상 또는 근로조건상의 문제가 해결된 후 작업복귀 가능)

7 다음 글에 해당하는 타당성은?

> • 보건소 건강증진업무 담당자는 관내 흡연청소년을 대상으로 금연프로그램을 기획하고, 목표달성을 위한 각종 방법을 찾아낸 후에 사업의 실현성을 위하여 다음의 타당성을 고려하기로 하였다.
> • 대상 청소년들이 보건소가 기획한 금연프로그램에 거부감 없이 참여하고, 금연전략을 긍정적으로 수용할 것인지를 확인하였다.

① 법률적 타당성
② 기술적 타당성
③ 사회적 타당성
④ 경제적 타당성

ANSWER 6.④ 7.③

6 업무수행 적합여부 판정구분

구분	판정
가	건강관리상 현재의 조건하에서 작업이 가능한 경우
나	일정한 조건(환경개선, 보호구착용, 건강진단주기의 단축 등) 하에서 현재의 작업이 가능한 경우
다	건강장해가 우려되어 한시적으로 현재의 작업을 할 수 없는 경우(건강상 또는 근로조건상의 문제가 해결된 후 작업복귀 가능)
라	건강장해의 악화 또는 영구적인 장해의 발생이 우려되어 현재의 작업을 해서는 안 되는 경우

7 전략의 대상이 되는 흡연청소년들이 거부감 없이 참여하고 긍정적으로 수용할 것인지에 대해 확인하는 것이므로, 선량한 풍속 및 기타 사회질서에 위반함 없이 사회적으로 타당한지 점검하는 것과 연결된다.

8 다음 글에 해당하는 오렘(Orem)의 간호체계는?

> • 가정전문간호사는 오렘(Orem)의 이론을 적용하여 수술 후 조기 퇴원한 노인 대상자에게 간호를 제공하려고 한다.
> • 노인 대상자는 일반적인 자가간호요구는 충족할 수 있으나 건강이탈시의 자가간호요구를 충족하기 위한 도움이 필요한 상태이다.

① 전체적 보상체계
② 부분적 보상체계
③ 교육적 체계
④ 지지적 체계

ANSWER 8.②

8 오렘의 간호체계 … 자가간호요구를 충족시키고 자가간호 역량을 조절하여 결손을 극복하도록 돕는 간호상황에서 환자를 이해 처방하고 설계하고 직접간호를 제공하는 체계적인 간호활동
  ㉠ 전체적 보상체계 : 환자의 모든 욕구를 충족시켜줘야 하는 경우 환자가 자가간호를 수행하는데 있어 아무런 활동적 역할을 수행하지 못하는 상황
  ㉡ 부분적 보상체계 : 개인 자신이 일반적인 자가간호요구는 충족시킬 수 있으나 건강이탈 요구를 충족시키기 위해서는 도움이 필요
  ㉢ 교육지지적 보상체계 : 환자가 자가간호를 수행할 수 있으나 지식이나 기술 획득을 위한 도움을 필요로 하는 경우

9 PATCH(Planned Approach To Community Health) 모형에서 우선순위를 설정하는 평가 기준은?

① 경제성, 자원 이용 가능성
② 건강문제의 중요성, 변화 가능성
③ 문제해결 가능성, 주민의 관심도
④ 건강문제의 심각도, 사업의 추정효과

10 우리나라의 일차보건의료에 대한 설명으로 옳지 않은 것은?

① 「지역보건법」 제정으로 일차보건의료 시행에 대한 제도적 근거를 마련하였다.
② 보건복지부장관이 실시하는 24주 이상의 직무교육을 받은 간호사는 보건진료 전담공무원직을 수행할 수 있다.
③ 읍·면 지역 보건지소에 배치된 공중보건의사는 보건의료 취약지역에서 일차보건의료 사업을 제공하였다.
④ 정부는 한국보건개발연구원을 설립하여 일차보건의료 시범사업을 실시한 후 사업의 정착을 위한 방안들을 정책화하였다.

ANSWER 9.② 10.①

9 PATCH(Planned Approach To Community Health) … 1980년대 미국 CDC(질병관리본부)에서 건강증진 및 질병예방 프로그램의 계획 및 수행을 위해 개발한 것으로 지역사회 단위의 건강문제 우선순위 확인, 건강문제 목표설정, 특정 인구집단의 보건요구도 측정에 활용한다. 우선순위를 설정하는 평가 기준은 건강문제의 중요성과 변화 가능성이다.

10 1980년 「농어촌 보건의료를 위한 특별조치법」 제정으로 일차보건의료가 최초로 법제화 되면서, 농어촌 등 벽지에 보건진료소를 설치해 보건진료원을 배치하는 것과 보건소, 보건지소에 공중보건의를 배치할 수 있는 기틀을 마련하였다.]
※ 1978년 알마아타 선언으로 알려진 일차보건의료는 국가보건의료의 필수 부분이며 사회 개발이 추구해야 할 으뜸가는 목적인 건강의 향상을 달성하고 사회정의를 실현하는 중요한 전략적 방법으로 알려져 있다.

11 다음 글에서 청소년의 약물남용 예방교육에 적용된 보건교육 방법은?

> 청소년들이 실제 상황 속의 약물남용자를 직접 연기함으로써 약물남용 상황을 분석하여 해결방안을 모색하고, 교육자는 청소년의 가치관이나 태도변화가 일어날 수 있도록 하였다.

① 시범 ② 역할극
③ 심포지엄 ④ 브레인스토밍

12 다음은 1년간의 K사업장 현황이다. 강도율(severity rate)은?

> - 근로자수 : 1,000명
> - 재해자수 : 20명
> - 손실작업일수 : 1,000일
> - 재해건수 : 20건
> - 근로시간수 : 2,000,000시간

① 0.5 ② 1
③ 10 ④ 20

ANSWER 11.② 12.①

11 역할극은 학습자가 실제 상황 속 인물로 등장하여 그 상황을 분석하고 해결방안을 모색한다.

12 강도율은 재해발생률을 표시하는 방법 중 하나로, 재해규모의 정도를 표시한다. 1,000 노동시간당의 노동손실일수를 나타낸 것으로, '총근로손실일수 ÷ 총근로시간수 × 1,000'으로 산출한다. 따라서 K사업장의 강도율은 1,000 ÷ 2,000,000 × 1,000 = 0.5이다.

13 다음 글에서 설명하는 SWOT 분석의 요소는?

> 보건소에서 SWOT 분석을 실시한 결과 해외여행 증가로 인한 신종감염병 유입과 기후 온난화에 따른 건강문제 증가가 도출되었다.

① S(Strength)
② W(Weakness)
③ O(Opportunity)
④ T(Threat)

14 다음 글에서 설명하는 평가 유형은?

> 사업의 단위 목표량 결과에 대해서 사업을 수행하는 데 투입된 인적 자원, 물적 자원 등 투입된 비용이 어느 정도인가를 산출하는 것이다.

① 투입된 노력에 대한 평가
② 목표달성 정도에 대한 평가
③ 사업의 적합성 평가
④ 사업의 효율성 평가

ANSWER 13.④ 14.④

13 SWOT 분석 … 내부 환경과 외부 환경을 분석하여 강점(strength), 약점(weakness), 기회(opportunity), 위협(threat) 요인을 규정하고 이를 토대로 경영 전략을 수립하는 기법
　㉠ SO전략(강점-기회 전략) : 강점을 살려 기회를 포착
　㉡ ST전략(강점-위협 전략) : 강점을 살려 위협을 회피
　㉢ WO전략(약점-기회 전략) : 약점을 보완하여 기회를 포착
　㉣ WT전략(약점-위협 전략) : 약점을 보완하여 위협을 회피

14 투입된 비용 대비 효과를 따지는 것은 효율성과 관련된 것이다.

15 다음 사례에 적용한 간호진단 분류체계는?

> - 임신 36주된 미혼모 K 씨(29세)는 첫 번째 임신 때 임신성 당뇨가 있어 분만이 어려웠던 경험이 있었다. 현재 두 번째 임신으로 병원에 다니고 싶으나 경제적인 여건이 좋지 않아 산전 관리를 받은 적이 없다.
> - 문제분류체계
>   - 영역 : 생리적 영역
>   - 문제 : 임신
>   - 수정인자 : 개인의 실제적 문제(산전관리 없음, 임신성 당뇨의 경험 있음)
>   - 증상/징후 : 임신 합병증에 대한 두려움, 산전 운동/식이의 어려움

① 오마하(OMAHA) 분류체계
② 가정간호(HHCCS) 분류체계
③ 국제간호실무(ICNP) 분류체계
④ 북미간호진단협회(NANDA) 간호진단 분류체계

ANSWER 15.①

15 오마하 문제분류체계 … 지역사회 보건사업소에서 간호대상자의 문제를 체계적으로 분류하기 위하여 1975년부터 오마하 방문간호사협회와 미국 국립보건원에서 개발하였다.
㉠ 1단계 : 간호실무영역을 환경, 심리사회, 생리, 건강관련행위의 4영역으로 구분
㉡ 2단계 : 44개의 간호진단으로 구분
㉢ 3단계 : 2개의 수정인자 세트로 구성(개인 · 가족/건강증진 · 잠재적 건강문제 · 실제적 건강문제)
㉣ 4단계 : 보건의료제공자에 의하여 관찰된 객관적 증상과 대상자나 보호자에 의해 보고된 주관적 증후로 구성

16 다음 사례에서 설명하는 고온장해와 보건관리자의 처치를 옳게 짝 지은 것은?

> 40세의 건설업 근로자 A 씨는 38℃의 덥고 습한 환경에서 장시간 일하던 중 심한 어지러움증을 호소하면서 쓰러졌다. 발한은 거의 없고 피부가 건조하였으며 심부체온은 41.5℃였다.

① 열경련 - 말초혈관의 혈액 저류가 원인이므로 염분이 없는 수분을 충분하게 공급한다.
② 열피로 - 고온에 의한 만성 체력소모가 원인이므로 따뜻한 커피를 마시지 않도록 한다.
③ 열쇠약 - 지나친 발한에 의한 염분소실이 원인이므로 시원한 곳에 눕히고 충분한 수분을 공급한다.
④ 열사병 - 체온조절중추의 장애가 원인이므로 체온을 낮추기 위해 옷을 벗기고 찬물로 몸을 닦는다.

17 노인장기요양보험법령상 다음 사례에 적용할 수 있는 설명으로 옳은 것은?

> 파킨슨병을 진단받고 1년 이상 혼자서 일상생활을 수행할 수 없는 60세의 의료급여수급권자인 어머니를 가정에서 부양하는 가족이 있다.

① 어머니는 65세가 되지 않았기 때문에 노인 장기요양 인정 신청을 할 수 없다.
② 의사의 소견서가 있다면 등급판정 절차 없이도 장기요양서비스를 받을 수 있다.
③ 의료급여수급권자의 재가급여에 대한 본인일부부담금은 장기요양급여비용의 100분의 20이다.
④ 장기요양보험가입자의 자격관리와 노인성질환예방사업에 관한 업무는 국민건강보험공단에서 관장한다.

ANSWER 16.④ 17.④

16 **열사병(Heat Stroke)** … 고온, 다습한 환경에 노출될 때 갑자기 발생해 심각한 체온조절장애를 일으킨다. 중추신경계통의 장해, 전신의 땀이 배출되지 않음으로 인해 체온상승(직장온도 40도 이상) 등을 일으키며, 생명을 잃기도 한다. 태양광선에 의한 열사병은 일사병이라고도 하며 우발적이거나 예기치 않게 혹심한 고온 조건에 노출될 경우 잘 발생한다. 열사병은 체온조절중추의 장애가 원인이므로 체온을 낮추기 위해 옷을 벗기고 찬물로 몸을 닦는다.

17 ① 어머니는 65세 미만이지만 파킨슨병을 앓고 있으므로 노인 장기요양 인정 신청을 할 수 있다.
② 의사의 소견서가 있어도 등급판정 절차 없이는 장기요양서비스를 받을 수 없다. 공단은 장기요양인정 신청의 조사가 완료된 때 조사결과서, 신청서, 의사소견서, 그 밖에 심의에 필요한 자료를 등급판정위원회에 제출하여야 한다.
③ 의료급여수급권자의 재가급여에 대한 본인부담금은 장기요양급여비용의 100분의 15이다. 시설급여에 대한 본인부담금이 장기요양급여비용의 100분의 20이다.

18 「감염병의 예방 및 관리에 관한 법령」상 감염병에 대한 설명으로 옳은 것은? [기출변형]

① 탄저는 국내 유입이 우려되는 해외 유행 감염병으로 제4급 감염병이다.
② 간흡충증은 유행여부를 조사하기 위하여 표본감시 활동이 필요한 제4급 감염병이다.
③ 말라리아는 생물테러감염병 또는 치명률이 높거나 집단 발생의 우려가 커서 발생 또는 유행 즉시 신고하여야 하고, 음압격리와 같은 높은 수준의 격리가 필요한 1급 감염병이다.
④ 제3급감염병이란 전파가능성을 고려하여 발생 또는 유행 시 24시간 이내에 신고하여야 하고, 격리가 필요한 다음의 감염병을 말한다.

19 모기가 매개하는 감염병이 아닌 것은?

① 황열
② 발진열
③ 뎅기열
④ 일본뇌염

20 체계이론에 근거한 가족에 대한 설명으로 옳은 것은?

① 가족구성원은 사회적 상호작용을 통해 상징에 대한 의미를 해석하고 행동한다.
② 가족은 내·외부 환경과 지속적으로 교류하고, 변화와 안정 간의 균형을 통해 성장한다.
③ 가족은 처음 형성되고 성장하여 쇠퇴할 때까지 가족생활주기의 단계별 발달과업을 가진다.
④ 가족기능은 가족구성원과 사회의 요구를 충족하는 것으로 애정·사회화·재생산·경제·건강관리 기능이 있다.

ANSWER 18.② 19.② 20.②

18 ① 탄저는 생물테러감염병 또는 치명률이 높거나 집단 발생의 우려가 커서 발생 또는 유행 즉시 신고하여야 하고, 음압격리와 같은 높은 수준의 격리가 필요한 제1급 감염병이다.
③ 말라리아는 그 발생을 계속 감시할 필요가 있어 발생 또는 유행 시 24시간 이내에 신고하여야 하는 감염병인 3급 감염병에 해당한다.
④ 제3급감염병이란 그 발생을 계속 감시할 필요가 있어 발생 또는 유행 시 24시간 이내에 신고하여야 하는 감염병을 말한다. 다만, 갑작스러운 국내 유입 또는 유행이 예견되어 긴급한 예방·관리가 필요하여 질병관리청장이 보건복지부장관과 협의하여 지정하는 감염병을 포함한다. 전파가능성을 고려하여 발생 또는 유행 시 24시간 이내에 신고하여야 하고, 격리가 필요한 감염병은 제2급 감염병이다.

19 발진열 … 리켓치아(Rickettsia typhi) 감염에 의한 급성 발열성 질환으로, 매개충의 병원소는 설치류나 야생동물이며 쥐벼룩을 매개로 주로 전파된다.

20 체계이론 … 가족을 구성원 개개인들의 특성을 합한 것 이상의 실체를 지닌 집합체로 가정한다. 따라서 가족은 내·외부 환경과 지속적으로 교류하고, 변화와 안정 간의 균형을 통해 성장한다고 본다.

지역사회간호 | 2019. 6. 15. 제2회 서울특별시 시행

1 지역사회간호사업 수행단계에서 계획대로 사업이 진행되고 있는지를 확인하기 위한 활동으로, 업무수행을 관찰하거나 기록을 검사하여 문제를 파악하고 문제의 원인을 찾는 활동에 해당하는 것은?

① 조정
② 의뢰
③ 감시
④ 감독

2 제2급 감염병에 속하지는 않으나, 국가예방접종에 포함된 감염병으로 옳게 짝지어진 것은? [기출변형]

① 폐렴구균 - 결핵
② 결핵 - A형 간염
③ 일본뇌염 - 인플루엔자
④ B형 헤모필루스 인플루엔자 - A형 간염

ANSWER 1.③ 2.③

1 업무수행을 관찰하거나 기록을 검사하여 문제를 파악하고 문제의 원인을 찾는 활동은 감시활동으로 사업이 진행되고 있는지를 확인하기 위해서 필요하다.

※ 지역사회 간호과정

사정	진단	계획	수행	평가
• 자료수집 • 자료요약	• 자료분석 • 간호진단 • 간호사업의 기준과 지침 확인 • 우선순위 결정	• 목적과 목표 설정 • 간호방법과 수단선택 • 수행계획 • 평가계획	• 필요한 지식과 기술 선정 • 의뢰 • 수행의 장애 요인 인식 • 계획된 활동 수행(조정, 감시, 감독)	• 평가실행 • 평가범주 • 평가절차

2 국가예방접종 대상 감염병은 디프테리아, 폴리오, 백일해, 홍역, 파상풍, 결핵, B형간염, 유행성이하선염, 풍진, 수두, 일본뇌염, b형헤모필루스인플루엔자, 폐렴구균, 인플루엔자, A형간염, 사람유두종바이러스 감염증, 그룹 A형 로타바이러스 감염증 등이다. 이중 "제2급 감염병"은 결핵, 수두, 홍역, 콜레라, 장티푸스, 파라티푸스, 세균성이질, 장출혈성대장균감염증, A형간염, 백일해, 유행성이하선염, 풍진, 폴리오, 수막구균 감염증, b형 헤모필루스인플루엔자, 폐렴구균 감염증, 한센병, 성홍열, 반코마이신내성황색포도알균(VRSA) 감염증, 카바페넴내성장내세균속균종(CRE) 감염증, E형간염이 해당된다.

3 「먹는물관리법」과 「먹는물 수질기준 및 검사 등에 관한 규칙」에 따른 수돗물의 수질 기준으로 가장 옳지 않은 것은?

① 납은 수돗물 1L당 0.01mg을 넘지 아니할 것
② 비소는 수돗물 1L당 0.01mg을 넘지 아니할 것
③ 수은은 수돗물 1L당 0.01mg을 넘지 아니할 것
④ 암모니아성 질소는 수돗물 1L당 0.5mg을 넘지 아니할 것

4 「재난 및 안전관리 기본법」에 따른 사회재난에 해당하지 않는 것은?

① 소행성 등 자연우주물체의 추락으로 인해 발생한 재해
② 「감염병의 예방 및 관리에 관한 법률」에 따른 감염병으로 인한 피해
③ 「미세먼지 저감 및 관리에 관한 특별법」에 따른 미세먼지로 인한 피해
④ 「가축전염병 예방법」에 따른 가축전염병의 확산으로 인한 피해

ANSWER 3.③ 4.①

3 건강상 유해영향 무기물질에 관한 기준〈먹는물 수질기준 및 검사 등에 관한 규칙 별표1 참조〉
  ㉠ 납은 0.01mg/L를 넘지 아니할 것
  ㉡ 불소는 1.5mg/L(샘물·먹는샘물 및 염지하수·먹는염지하수의 경우에는 2.0mg/L)를 넘지 아니할 것
  ㉢ 비소는 0.01mg/L(샘물·염지하수의 경우에는 0.05mg/L)를 넘지 아니할 것
  ㉣ 셀레늄은 0.01mg/L(염지하수의 경우에는 0.05mg/L)를 넘지 아니할 것
  ㉤ 수은은 0.001mg/L를 넘지 아니할 것
  ㉥ 시안은 0.01mg/L를 넘지 아니할 것
  ㉦ 크롬은 0.05mg/L를 넘지 아니할 것
  ㉧ 암모니아성 질소는 0.5mg/L를 넘지 아니할 것
  ㉨ 질산성 질소는 10mg/L를 넘지 아니할 것
  ㉩ 카드뮴은 0.005mg/L를 넘지 아니할 것
  ㉪ 붕소는 1.0mg/L를 넘지 아니할 것(염지하수의 경우에는 적용하지 아니한다)
  ㉫ 브롬산염은 0.01mg/L를 넘지 아니할 것(수돗물, 먹는샘물, 염지하수·먹는염지하수, 먹는해양심층수 및 오존으로 살균·소독 또는 세척 등을 하여 음용수로 이용하는 지하수만 적용한다)
  ㉬ 스트론튬은 4mg/L를 넘지 아니할 것(먹는염지하수 및 먹는해양심층수의 경우에만 적용한다)
  ㉭ 우라늄은 30㎍/L를 넘지 않을 것[수돗물(지하수를 원수로 사용하는 수돗물을 말한다), 샘물, 먹는샘물, 먹는염지하수 및 먹는물공동시설의 물의 경우에만 적용한다]

4 사회재난…화재·붕괴·폭발·교통사고(항공사고 및 해상사고를 포함한다)·화생방사고·환경오염사고·다중운집인파사고 등으로 인하여 발생하는 대통령령으로 정하는 규모 이상의 피해와 국가핵심기반의 마비, 「감염병의 예방 및 관리에 관한 법률」에 따른 감염병 또는 「가축전염병예방법」에 따른 가축전염병의 확산, 「미세먼지 저감 및 관리에 관한 특별법」에 따른 미세먼지, 「우주개발 진흥법」에 따른 인공우주물체의 추락·충돌 등으로 인한 피해

5 부모와 32개월 남아 및 18개월 여아로 이루어진 가족은 Duvall의 가족생활 주기 8단계 중 어디에 해당되며, 이 단계의 발달과업은 무엇인가?

① 양육기 – 임신과 자녀 양육 문제에 대한 배우자 간의 동의
② 학령전기 – 가정의 전통과 관습의 전승
③ 양육기 – 자녀들의 경쟁 및 불균형된 자녀와의 관계에 대처
④ 학령전기 – 자녀들의 사회화 교육 및 영양관리

ANSWER 5.④

5 Duvall의 가족발달이론

단계		발달과업
제1단계	결혼한 부부 (부부 확립기, 무자녀)	• 가정의 토대 확립하기 • 공유된 재정적 체재 확립하기 • 누가, 언제, 무엇을 할 것인가에 대해 상호적으로 수용 • 가능한 유형 확립하기 • 미래의 부모역할에 대해 준비하기 • 의사소통 유형 및 인간관계의 확대에 대해 준비
제2단계	아이를 기르는 가정 (첫아이 출산~30개월)	• 가사의 책임분담 재조정 및 의사소통의 효율화 • 영아를 포함하는 생활유형에 적응하기 • 경제적 비용 충족시키기
제3단계	학령 전 아동이 있는 가정 (첫아이 2.5세~6세)	• 확대되는 가족이 요구하는 공간과 설비를 갖추는 데 필요한 비용 충당하기 • 가족구성원들 사이의 의사소통유형에 적응하기 • 변화하는 가족의 욕구충족에 대한 책임에 적응하기
제4단계	학동기 아동이 있는 가정 (첫아이 6세~13세)	• 아동의 활동을 충족시키고 부모의 사생활 보장하기 • 재정적 지급능력 유지하기 • 결혼생활을 유지하기 위해 노력하기 • 아동의 변화하는 발달적 요구에 효과적으로 대응하기
제5단계	10대 아이가 있는 가정 (첫아이 13세~20세)	• 가족구성원들의 다양한 요구에 대비하기 • 가족의 금전문제에 대처하기 • 모든 가족구성원들이 책임 공유하기 • 성인들의 부부관계에 초점 맞추기 • 청소년과 성인 사이의 의사소통 중재하기
제6단계	자녀를 결혼시키는 가정 (첫아이가 독립부터 마지막아이 독립까지)	• 가정의 물리적 설비와 자원 재배치하기 • 자녀가 가정을 떠날 때 책임 재활당하기 • 부부관계의 재정립 • 자녀의 결혼을 통하여 새로운 가족구성원을 받아들임으로써 가족범위 확대시키기
제7단계	중년 부모기 (부부만이 남은 가족~은퇴기까지)	• 텅 빈 보금자리에 적응하기 • 부부 사이의 관계를 계속해서 재조정하기 • 조부모로서의 생활에 적응하기 • 은퇴 및 신체적 노화에 적응하기
제8단계	가족의 노화기 (은퇴 후~사망)	• 배우자의 죽음에 적응하기 • 타인, 특히 자녀에 대한 의존에 대처하기 • 경제적 문제에서의 변화에 적응하기 • 임박한 죽음에 적응하기

6 우리나라 사회보장제도에 대한 설명으로 가장 옳은 것은?

① 산재보험은 소득보장과 함께 의료보장을 해주는 사회보험이다.
② 의료급여는 저소득층의 의료보장을 위한 사회보험에 해당한다.
③ 건강보험은 공공부조로 공공적 특성을 가지며 강제성을 띤다.
④ 노인장기요양보험은 공공부조로 재원조달은 국고지원으로 이루어진다.

7 Bloom은 학습목표 영역을 세 가지로 분류하였다. 다음 중 다른 종류의 학습목표 영역에 해당하는 것은?

① 대상자들은 담배 속 화학물질인 타르와 니코틴이 건강에 미치는 영향을 비교하여 설명할 수 있다.
② 대상자들은 흡연이 건강에 미치는 해로운 영향을 5가지 말할 수 있다.
③ 대상자들은 흡연이 자신이나 가족들에게 매우 해로우므로 금연을 하는 것이 긍정적인 행위라고 말한다.
④ 대상자들은 자신이 직접 세운 금연 계획의 실천 가능성이 얼마나 되는지 평가할 수 있다.

ANSWER 6.① 7.③

6 ② 의료급여는 저소득층의 의료보장을 위한 공공부조에 해당한다.
③ 건강보험은 사회보험으로 공공적 특성을 가지며 강제성을 띤다.
④ 노인장기요양보험은 사회보험으로 재원조달은 장기요양보험료와 국가 및 지방자치단체 부담금, 그리고 수급자가 부담하는 본인부담금으로 이루어진다.

7 ①②④ 인지적 영역
③ 정의적 영역
※ 블룸의 학습목표 분류
　㉠ 인지적 영역 : 주로 안다는 일과 관계되는 기초적인 정신적·지적 과정
　㉡ 정의적 영역 : 흥미나 태도에 관련되는 과정
　㉢ 심리·운동 영역 : 신체적 행위를 통한 신체적 능력과 기능을 발달시키는 것과 연관된 영역

8 어떤 사업장에서 근로자 건강진단을 실시하여 다음과 같은 결과가 나왔다. 이에 대한 설명으로 가장 옳은 것은?

건강관리구분		단위(명)
A		2000
C	C_1	200
	C_2	300
D	D_1	20
	D_2	150
계		2670

① 일반 질병으로 진전될 우려가 있어 추적관찰이 필요한 근로자는 300명이다.
② 직업성 질병의 소견을 보여 사후관리가 필요한 근로자는 200명이다.
③ 일반 질병의 소견을 보여 사후관리가 필요한 근로자는 20명이다.
④ 직업성 질병의 소견을 보여 사후관리가 필요한 근로자는 150명이다.

ANSWER 8.①

8 건강관리구분 판정

건강관리구분			기준
A		정상자	건강관리상 사후관리가 불필요
C	C_1	직업성 질병 요관찰자	직업성 질병으로 진전될 우려가 있어 추적조사 등 관찰이 필요
	C_2	일반 질병 요관찰자	일반 질병으로 진전될 우려가 있어 추적관찰이 필요
D	D_1	직업성 질병 유소견자	직업성 질병의 소견이 있어 사후관리가 필요
	D_2	일반 질병 유소견자	일반 질병의 소견이 있어 사후관리가 필요

9 관할지역에서 탄저로 죽은 소가 발견되었다는 신고를 받은 읍장이 취해야 할 행동으로 가장 옳은 것은?

① 즉시 보건소장에게 신고
② 즉시 시장·군수·구청장에게 신고
③ 즉시 보건소장에게 통보
④ 즉시 질병관리청장에게 통보

10 지역사회간호사업의 평가계획에 대한 설명으로 가장 옳은 것은?

① 평가의 객관성을 최대한 유지하기 위해 사업의 내부 최고책임자를 포함한다.
② 평가자, 시기, 범주, 도구의 구체적인 계획은 사업평가시에 작성한다.
③ 평가도구의 타당성은 평가하고자 하는 내용을 올바르게 평가하는 것을 의미한다.
④ 평가계획은 사업 시작전 단계, 사업 수행 단계, 사업 종결 단계에서 수시로 가능하다.

ANSWER 9.④ 10.③

9 인수공통감염병의 통보 …「가축전염병예방법」제11조 제1항 제2호에 따라 신고를 받은 국립가축방역기관장, 신고대상 가축의 소재지를 관할하는 시장·군수·구청장 또는 시·도 가축방역기관의 장은 같은 법에 따른 가축전염병 중 다음 각 호의 어느 하나에 해당하는 감염병의 경우에는 즉시 질병관리청장에게 통보하여야 한다〈감염병의 예방 및 관리에 관한 법률 제14조 제1항〉.
  ㉠ 탄저
  ㉡ 고병원성조류인플루엔자
  ㉢ 광견병
  ㉣ 그 밖에 대통령령으로 정하는 인수공통감염병

10 ① 평가의 객관성을 최대한 유지하기 위해 사업의 외부 최고책임자를 포함한다.
② 평가자, 시기, 범주, 도구의 구체적인 계획은 사업계획 시에 작성한다.
④ 평가계획은 사업 시작 전 단계에서 수립한다.

11 임신 22주인 산모 A 씨는 톡소플라즈마증으로 진단 받았다. A씨가 취할 수 있는 행위로 가장 옳은 것은?

① 법적으로 인공임신중절수술 허용기간이 지나 임신을 유지하여야 한다.
② 인공임신중절수술 허용기간은 지났지만 톡소플라즈마증은 태아에 미치는 위험이 높기 때문에 본인과 배우자 동의하에 인공임신중절수술을 할 수 있다.
③ 인공임신중절수술을 할 수 있는 기간이지만 톡소플라즈마증은 태아에 미치는 위험이 낮기 때문에 임신을 유지하여야 한다.
④ 인공임신중절수술을 할 수 있는 기간이고 톡소플라즈마증은 태아에 미치는 위험이 높기 때문에 본인과 배우자 동의하에 인공임신중절수술을 할 수 있다.

12 〈보기〉의 (   )안에 들어갈 말은?

〈보기〉
모성사망 측정을 위해 개발된 지표 중 가장 많이 사용되는 지표인 모성사망비는 해당 연도 (   ) 10만 명당 해당 연도 임신, 분만, 산욕으로 인한 모성사망의 수로 산출한다.

① 여성
② 출생아
③ 사망 여성
④ 가임기 여성

ANSWER 11.④ 12.②

11 톡소플라즈마증 … 충의 일종인 톡소포자충(Toxoplasma gondii)의 감염에 의해 일어나며, 여성이 임신 중에 감염될 경우 유산과 불임을 포함하여 태아에 이상을 유발할 수 있는 인수공통 전염병이다. 임신 22주는 인공임신중절수술을 할 수 있는 기간이므로 톡소플라즈마증 진단을 받았다면 인공임신중절수술을 할 수 있다.

12 모성사망비 … 해당 연도의 출생아 수에 대하여 동일 연도 임신기간 동안 사망한 여성 전체수를 나타낸 값이다. 모성사망률은 해당 연도의 가임기 여성 수에 대하여 동일 연도 임신기간 동안 사망한 여성 전체수를 나타낸 값이다.

13 세계보건기구(WHO)에서 제시한 일차보건의료의 특성에 대한 설명으로 가장 옳지 않은 것은?

① 지역사회의 적극적 참여를 통해 이루어져야 한다.
② 지역사회의 지불능력에 맞는 보건의료수가로 제공되어야 한다.
③ 지리적, 경제적, 사회적으로 지역주민이 이용하는 데 차별이 있어서는 안 된다.
④ 자원이 한정되어 있으므로 효과가 가장 높은 사업을 선별하여 제공해야 한다.

14 〈보기〉에서 설명하고 있는 학습이론은?

〈보기〉
학습이란 외적인 환경을 적절히 조성하여 학습자의 행동을 변화시키는 것으로 학습자에게 목표된 반응이 나타날 때, 즉각적인 피드백과 적절한 강화를 사용하도록 한다. 또한, 학습목표의 성취를 위하여 필요한 학습과제를 하위에서 상위로 단계별로 제시하고 반복연습의 기회를 제공한다.

① 구성주의 학습이론
② 인본주의 학습이론
③ 인지주의 학습이론
④ 행동주의 학습이론

ANSWER 13.④ 14.④

13 세계보건기구(WHO)에서 제시한 일차보건의료의 필수요소(4A)
  ㉠ 접근성(Accessible) : 지리적, 경제적, 사회적으로 지역주민이 이용하는 데 차별이 있어서는 안 된다.
  ㉡ 주민참여(Available) : 지역사회의 적극적 참여를 통해 이루어져야 한다.
  ㉢ 수용가능성(Acceptable) : 주민이 쉽게 받아들일 수 있는 방법으로 제공해야 한다.
  ㉣ 지불부담능력(Affordable) : 지역사회의 지불능력에 맞는 보건의료수가로 제공되어야 한다.

14 행동주의 학습이론 … 학습을 경험이나 관찰의 결과로 유기체에게서 일어나는 비교적 영속적인 행동의 변화 또는 행동잠재력의 변화로 정의 내린다. 학습자는 환경의 자극에 대해 수동적으로 반응하는 존재로, 즉각적인 피드백과 적절한 강화가 요구되며 반복학습을 강조한다.

15 규칙적 운동 미실천과 고혈압 발생과의 관련성을 알아보기 위하여 코호트 연구를 실시하여 다음과 같은 자료를 얻었다. 운동 미실천과 고혈압 발생에 대한 상대위험비는?

〈단위 : 명〉

	고혈압 발생	고혈압 없음	계
규칙적 운동 미실천	100	400	500
규칙적 운동 실천	500	2500	3000
계	600	2900	3500

① 1.15
② 1.20
③ 1.25
④ 1.30

16 우리나라의 제5차 국민건강증진종합계획(Health Plan 2030)의 총괄목표에 해당하는 것은? [기출변형]

① 삶의 질 향상, 건강수명 연장
② 건강형평성 제고, 사회물리적 환경조성
③ 삶의 질 향상, 사회물리적 환경조성
④ 건강수명 연장, 건강형평성 제고

ANSWER 15.② 16.④

15 상대위험비(relative risk) … 특정 위험요인에 노출된 사람들의 발생률과 그렇지 않은 집단 간의 발생률을 비교하는 것으로, 의심되는 요인에 폭로된 집단에서의 특정 질병 발생률을 의심되는 요인에 폭로되지 않은 집단에서의 특정 질병 발생률로 나눈 값이다. 따라서 〈보기〉에 따른 운동 미실천과 고혈압 발생에 대한 상대위험비는

$$\frac{\frac{100}{500}}{\frac{500}{3,000}} = \frac{300,000}{250,000} = 1.2 \text{이다.}$$

16 제5차 HP2030의 목표는 4차와 마찬가지로 '건강수명연장과 건강형평성 제고'로 선정하였다. 이번 계획에는 2030년까지 건강수명을 73.3세로 연장하며, 건강수명 격차를 7.6세 이하로 낮추는 것을 목표로 정했다.

17 지역사회 통합건강증진사업의 특징은?

① 사업 산출량 지표를 개발하여 모든 지역에 적용함으로써 객관적으로 지역 간 비교가 가능하다.
② 기존 건강증진사업이 분절되어 운영되었던 것에 비해 사업을 통합하여 지역특성 및 주민수요 중심으로 서비스를 제공한다.
③ 모든 지역에서 동일한 사업을 수행할 수 있도록 중앙에서 표준화된 사업계획이 제공된다.
④ 사업별로 재원을 구체적으로 배분하여 일정 정해진 사업을 지역에서 수행하도록 하여 중앙정부의 목표에 집중하도록 한다.

18 〈보기〉에서 우리나라 공공보건사업의 발전 순서를 바르게 나열한 것은?

〈보기〉
㉠ 보건소 기반 전국 방문건강관리사업 시행
㉡ 우리나라 전 국민을 위한 의료보험 실행
㉢ 국민건강증진법 제정으로 바람직한 건강행태 고취를 위한 토대 마련
㉣ 농어촌 보건의료를 위한 특별조치법 제정으로 일차 보건의료서비스 제공

① ㉠ → ㉡ → ㉢ → ㉣
② ㉣ → ㉡ → ㉢ → ㉠
③ ㉡ → ㉢ → ㉠ → ㉣
④ ㉣ → ㉡ → ㉠ → ㉢

ANSWER 17.② 18.②

17 지역사회 통합건강증진사업 … 지자체가 지역사회 주민을 대상으로 실시하는 건강생활실천 및 만성질환 예방, 취약계층 건강관리를 목적으로 하는 사업을 통합하여 지역특성 및 주민 수요에 맞게 기획·추진하는 사업을 말한다. 기존 전국을 대상으로 획일적으로 실시하는 국가 주도형 사업방식에서 지역여건에 맞는 사업을 추진할 수 있도록 지자체 주도방식으로 개선하였다.

※ 기존 국고보조사업과 지역사회 통합건강증진사업 비교

기존 국고보조사업	지역사회 통합건강증진사업
• 사업내용 및 방법 지정 지침	• 사업범위 및 원칙 중심 지침
• 중앙집중식·하향식	• 지방분권식·상향식
• 지역여건에 무방한 사업	• 지역여건을 고려한 사업
• 산출중심의 사업 평가	• 과정, 성과중심의 평가
• 분절적 사업수행으로 비효율	• 보건소 내외 사업 통합·연계 활성화

18 ㉣ 농어촌 보건의료를 위한 특별조치법 제정 : 1980년
㉡ 전 국민 의료보험 실행 : 1989년
㉢ 국민건강증진법 제정 : 1995년
㉠ 전국 방문건강관리사업 시행 : 2007년

19 〈보기〉에서 설명하는 실내오염 물질은?

〈보기〉
- 지각의 암석 중에 들어있는 우라늄이 방사성 붕괴 과정을 거친 후 생성되는 무색, 무취, 무미의 기체임
- 토양과 인접한 단독주택이나 바닥과 벽 등에 균열이 많은 오래된 건축물에 많이 존재함
- 전체 인체노출 경로 중 95%는 실내 공기를 호흡할 때 노출되는 것임
- 지속적으로 노출되면 폐암을 유발함

① 라돈
② 오존
③ 폼알데하이드
④ 트리클로로에틸렌

20 만성질환 환자를 둔 가족의 역할갈등을 해결하기 위하여, 가족구성원 간의 상호작용, 친밀감 정도 및 단절관계를 가장 잘 파악할 수 있는 사정도구는?

① 가족구조도
② 가족밀착도
③ 외부체계도
④ 사회지지도

ANSWER 19.① 20.②

19 라돈(radon, Rn)은 방사선을 내는 원자번호 86번의 원소이다. 색, 냄새, 맛이 없는 기체로 공기보다 약 8배 무겁다. 라돈은 지각을 구성하는 암석이나 토양 중에 천연적으로 존재하는 우라늄(^{238}U)과 토륨(^{232}Th)의 방사성 붕괴에 의해서 만들어진 라듐(^{226}Ra)이 붕괴했을 때에 생성된다. 폐암의 원인 중 하나이다.

20 가족사정도구

구분	특징
가족구조도	3대 이상의 가족구성원 정보 파악
가족밀착도	현재 동거하고 있는 가족구성원들 간의 밀착관계와 상호관계 이해
외부체계도	다양한 외부체계와 가족구성원과의 관계를 나타냄
사회지지도	가족의 내외적 상호작용을 나타냄. 취약구성원을 중심으로 가족과 외부체계와의 관계를 파악할 수 있음
가족연대기	가족의 역사 중 가장 중요한 사건들을 순서대로 기술함. 건강 관련 사건 파악

지역사회간호 | 2020. 6. 13. 제1회 지방직 시행

1 다음 글에 해당하는 우리나라 지방보건행정 조직은?

- 지역보건법령에 근거하여 설치함
- 보건소가 없는 읍·면·동마다 1개씩 설치할 수 있음
- 진료 서비스는 없으나 지역주민의 만성질환 예방 및 건강한 생활습관 형성을 지원함

① 보건지소
② 보건진료소
③ 정신건강복지센터
④ 건강생활지원센터

2 베티 뉴만(Betty Neuman)의 건강관리체계이론에 대한 설명으로 옳은 것은?

① 역할 기대는 스트레스원 중 외적 요인에 해당한다.
② 저항선은 유연방어선보다 바깥에 위치하면서 대상 체계를 보호한다.
③ 유연방어선을 강화시키는 활동은 일차예방에 해당한다.
④ 정상방어선은 기본구조 내부에 위치하면서 대상 체계를 보호한다.

ANSWER 1.④ 2.③

1 지방자치단체는 보건소의 업무 중에서 특별히 지역주민의 만성질환 예방 및 건강한 생활습관 형성을 지원하는 건강생활지원센터를 대통령령으로 정하는 기준에 따라 해당 지방자치단체의 조례로 설치할 수 있다〈지역보건법 제14조(건강생활지원센터의 설치)〉.
   ※ 법 제14조에 따른 건강생활지원센터는 읍·면·동(보건소가 설치된 읍·면·동은 제외한다)마다 1개씩 설치할 수 있다〈지역보건법 시행령 제11조(건강생활지원센터의 설치)〉.

2 베티 뉴만의 건강관리체계이론
   ㉠ 일차예방 : 스트레스의 원인 제거·약화, 유연방어선 및 정상방어선 강화
   ㉡ 이차예방 : 저항선 강화, 나타나는 반응에 대한 조기발견 및 정확한 처치
   ㉢ 삼차예방 : 기본구조 손상 시 기본구조의 재구성을 돕는 활동

3 보건소 절주 프로그램의 과정 평가지표는?

① 프로그램 참여율
② 금주 실천율
③ 프로그램 예산의 적정성
④ 음주 관련 질환에 대한 지식 수준의 변화

4 다음 글에 해당하는 범이론적 모형(Transtheoretical model)의 건강행위 변화단계는?

> 저는 담배를 10년간 피웠더니 폐도 좀 안 좋아진 것 같고 조금만 활동을 해도 너무 힘이 들어요. 요즘 아내와 임신에 관해 얘기하고 있어서 담배를 끊기는 해야 할 것 같은데, 스트레스가 너무 많아서 어떻게 해야 할지 모르겠어요. 그래도 태어날 아기를 생각해서 앞으로 6개월 안에는 금연을 시도해볼까 해요.

① 계획 전 단계(precontemplation stage)
② 계획 단계(contemplation stage)
③ 준비 단계(preparation stage)
④ 행동 단계(action stage)

ANSWER 3.① 4.②

3 참여율 파악은 과정 평가에 해당한다.

4 범이론적 모형의 변화 6단계
  ㉠ 무관심 단계(계획 전 단계): 6개월 이내에 행동 변화의 의지가 없는 단계이다. 자신의 문제를 인지하지 못하거나 과소평가, 회피가 나타난다.
  ㉡ 관심단계(계획단계): 문제를 인식하고 6개월 이내에 문제를 해결하고자 하는 의도는 있고 구체적인 계획은 없다.
  ㉢ 준비단계: 행위 변화 의도와 행동을 결합시킨 단계로 구체적인 실행계획이 잡혀 있는 단계이다. 1개월 내에 건강행동을 하겠다는 의도가 있다.
  ㉣ 실행(행동)단계: 행동 시작 후 6개월 이내로 행동 변화가 실행되는 단계이다.
  ㉤ 유지단계: 실행단계에서 시작한 행위 변화를 최소한 6개월 이상 지속하여 생활의 일부분으로 정착하는 단계이다.
  ㉥ 종결단계: 재발의 위험이 없는 단계로 종결단계 없이 유지단계로 끝나는 경우가 많다.

5 교육부의 「학교 감염병 예방·위기대응 매뉴얼(2024)」에 따르면, 평상시 학교에서 감염병 유증상자를 처음 발견하여 감염병 여부를 확인하는 시점까지의 단계는? [기출변형]

① 예방 단계
② 대응 제1단계
③ 대응 제2단계
④ 대응 제3단계

6 가족 이론에 대한 설명으로 옳지 않은 것은?

① 구조-기능이론 : 가족 기능을 위한 적절한 가족 구조를 갖춤으로써 상위체계인 사회로의 통합을 추구한다.
② 가족발달이론 : 가족생활주기별 과업 수행 정도를 분석함으로써 가족 문제를 파악할 수 있다.
③ 가족체계이론 : 가족 구성원을 개별적으로 분석함으로써 가족 체계 전체를 이해할 수 있다.
④ 상징적 상호작용이론 : 가족 구성원 간 상호작용이 개인 정체성에 영향을 주므로 내적 가족 역동이 중요하다.

ANSWER 5.② 6.③

5 대응단계의 기간 및 후속조치

단계	상황	시작 시점	종료 시점	후속 조치
대응 제1단계	감염병 유증상자 존재	유증상자 발견	의료기관 진료 결과 감염병 (의심) 환자 발생을 확인	→ 대응 제2단계
			감염병이 아닌 것으로 확인	→ 예방단계
대응 제2단계	의료기관으로부터 확인 받은 감염병 (의심)환자 존재	의료기관 진료 결과 감염병 (의심)환자 발생 확인	추가 (의심)환자 발생 확인을 통해 유행의심 기준을 충족	→ 대응 제3단계
			기존 (의심)환자가 완치되고 추가 (의심)환자가 미발생	→ 예방단계
대응 제3단계	감염병 (의심)환자 2명 이상 존재	추가 (의심)환자 발생 확인을 통해 유행의심 기준 충족	기존의 모든 (의심)환자가 완치되고 추가 (의심)환자가 미발생	→ 복구단계

6 가족체계이론 … 가족은 구성원 개개인들의 특성을 합한 것 이상의 실체를 지닌 집합체이다.

7 MATCH(Multi-level Approach to Community Health) 모형의 단계별 활동으로 옳지 않은 것은?

① 목적 설정 단계 – 행동요인 및 환경요인과 관련된 목적을 설정한다.
② 중재 계획 단계 – 중재의 대상과 접근 방법을 결정한다.
③ 프로그램 개발 단계 – 사업의 우선순위가 높은 인구집단을 선정한다.
④ 평가 단계 – 사업의 과정, 영향, 결과에 대해 평가한다.

ANSWER 7.③

7 MATCH(Multiple Approach to Community Health) 모형 … '목적/목표설정 → 중재 계획 → 프로그램 개발 → 실행 → 평가'의 5단계
㉠ 목적/목표설정
 • 건강상태 목적(목표) 선정
 • 선순위 목적(목표) 선정
 • 건강 행위요인과 관련된 목적(목표) 선정
 • 환경요인과 관련된 목적(목표) 선정
㉡ 중재 계획
 • 중재 목표 파악 : 파악중재활동의 목표가 되는 중재대상 결정
 • 중재 목표 선정 : 1단계에서 파악된 건강행동 요인, 환경적 요인, 중재 대상을 조합하여 목표 선정
 • 중재 목표를 이루기 위한 매개변인(지식, 태도, 기술 등) 파악
 • 중재 접근방법 선정 : 중재 목표의 수준에 맞게 중재 활동의 종류를 선택
㉢ 프로그램 개발 : 각 프로그램의 내용적인 구성요소 등 프로그램 개발과 관련된 내용을 상세하게 기술하는 단계
㉣ 실행
 • 변화 채택을 위한 계획안을 작성하고 자원활동 준비
 • 변화를 위한 요구, 준비 정도, 환경적인 지지조건 등에 대한 사안 개발
 • 중재가 효과적이라는 증거 수집
 • 중재를 통한 변화를 지지하여 줄 수 있는 사회적 지도자나 기관 단체를 파악
 • 사회적인 의사 결정권이 있는 사람들과 협조 관계 유지
 • 프로그램 수행자들을 모집, 업무 훈련, 수행 업무 모니터 및 지지할 수 있는 시스템 개발
㉤ 평가
 • 과정평가 : 중재기획과 과정에 대한 유용성, 실제 수행에 대한 정도와 질, 프로그램 수행 후 즉시 나타난 교육적인 효과 등
 • 영향평가 : 보건프로그램의 단기적인 결과로 지식, 태도, 기술을 포함한 중간 효과와 행동 변화 또는 환경적인 변화를 포함
 • 결과평가 : 장기적인 보건프로그램 효과 측정

8 부양비에 대한 설명으로 옳은 것은?

① 유년부양비는 생산인구에 대한 0~14세 유년인구의 백분비이다.
② 노년부양비 15%는 전체 인구 100명당 15명의 노인을 부양하고 있음을 의미한다.
③ 부양비는 경제활동인구에 대한 비경제활동인구의 백분비이다.
④ 비생산인구수가 동일할 때 생산인구수가 증가할수록 부양비가 증가한다.

9 다음 글에서 설명하는 학습이론은?

- 보상이나 처벌이 행동의 지속이나 소멸에 영향을 줌
- 개인 고유의 내적 신념과 가치를 무시하는 경향이 있음
- 즉각적인 회환은 학습 향상에 효과적임

① 인지주의
② 행동주의
③ 인본주의
④ 구성주의

ANSWER 8.① 9.②

8 ② 노년부양비 15%는 생산인구 100명당 15명의 노인을 부양하고 있음을 의미한다.
③ 부양비는 생산인구에 대한 비생산인구의 백분비이다.
④ 비생산인구수가 동일할 때 생산인구수가 증가할수록 부양비는 감소한다.

9 **행동주의 학습이론** … 학습을 경험이나 관찰의 결과로 유기체에게서 일어나는 비교적 영속적인 행동의 변화 또는 행동잠재력의 변화로 정의 내린다. 학습자는 환경의 자극에 대해 수동적으로 반응하는 존재로, 즉각적인 피드백과 적절한 강화가 요구되며 반복학습을 강조한다.

10 지역사회간호사의 역할에 대한 설명으로 옳지 않은 것은?

① 조정자(coordinator) - 대상자의 행동이 바람직한 방향으로 변화되도록 유도하는 역할
② 의뢰자(refer agent) - 문제해결을 위해 대상자를 적절한 지역사회 자원이나 기관에 연결해주는 역할
③ 사례관리자(case manager) - 대상자의 욕구를 충족시키고 자원을 비용-효과적으로 사용하도록 유도하는 역할
④ 사례발굴자(case finder) - 지역사회 인구 집단 중 서비스가 필요한 개인 및 특정 질환 이환자를 발견하는 역할

11 김씨 가계도(genogram)에 대한 설명으로 옳지 않은 것은?

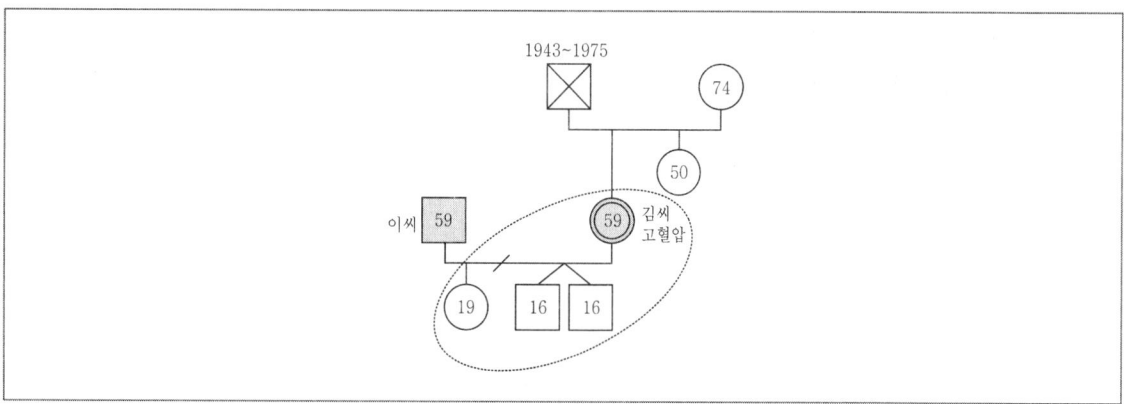

① 김씨는 남편과 이혼한 상태이다.
② 김씨의 아버지는 사망한 상태이다.
③ 김씨의 자녀는 2남 1녀이다.
④ 김씨의 두 아들은 쌍둥이이다.

ANSWER 10.① 11.①

10 조정자(coordinator) … 조정이란 가능한 최대의 유효한 방법으로 대상자의 요구를 충족시키는 최선의 서비스를 조직하고 통합하는 과정을 말한다. 사례관리자와는 다르게 조정자는 다른 건강관리 전문가가 수행한 간호를 계획하지 않는다.

11 김씨는 남편과 별거 상태이다.

12 Petak의 재난관리 과정 중 완화·예방단계에 해당하는 활동은?

① 생필품 공급
② 부상자의 중증도 분류
③ 위험지도 작성
④ 이재민의 거주지 지원

13 듀발(Duvall)의 가족생활주기 중 진수기 가족이 성취해야 하는 발달과업은?

① 가족계획
② 은퇴와 노화에 대한 적응
③ 자녀의 사회화와 학업 성취 격려
④ 자녀의 출가에 따른 부모 역할 적응

ANSWER 12.③ 13.④

12 Petak의 재난관리 과정 4단계
  ㉠ 1단계 : 재해의 완화와 예방
   • 재난관리책임기관의 장의 재난 예방조치
   • 국가기반시설의 지정 및 관리
   • 개발규제나 건축기준, 안전기준 등 법규의 마련
   • 위험성 분석 및 위험 지도 작성 등
  ㉡ 2단계 : 재해의 대비와 계획
  ㉢ 3단계 : 재해의 대응
  ㉣ 4단계 : 재해 복구

13 듀발의 가족생활주기 8단계 중 진수기 가족 단계
  ㉠ 첫 자녀 결혼부터 막내 결혼까지 자녀들이 집을 떠나는 단계
  ㉡ 부부관계의 재조정
  ㉢ 늙어가는 부모들의 부양과 지지
  ㉣ 자녀들의 출가에 따른 부모의 역할 적응
  ㉤ 성인이 된 자녀와 자녀의 배우자와의 관계 확립, 재배열

14 지역별 비례사망률에 대한 설명으로 옳지 않은 것은?

(단위 : 명)

지역	당해 연도 특정 원인별 사망자수		당해 연도 총사망자수	당해 연도 총인구수
	결핵	폐암		
A	8	16	400	10,000
B	5	10	500	8,000
C	15	18	1,000	15,000

① 폐암의 비례사망률은 A 지역이 가장 높다.
② 폐암의 비례사망률은 A 지역이 B 지역보다 2배 높다.
③ 결핵의 비례사망률은 A 지역이 가장 높다.
④ 결핵의 비례사망률은 A 지역이 C 지역보다 2배 높다.

15 지역사회 간호사업의 평가에 대한 설명으로 옳지 않은 것은?

① 평가 계획은 사업 수행 단계 전에 수립하여야 한다.
② 평가의 계획 단계부터 주요 이해당사자를 배제한다.
③ 평가 결과는 차기 간호사업 기획에 활용한다.
④ 사업의 목표 달성 정도를 파악하기 위해 효과성 평가를 실시한다.

ANSWER 14.④ 15.②

14 A 지역 결핵의 비례사망률 $\frac{8}{400} \times 100 = 2\%$

C 지역 결핵의 비례사망률 $\frac{15}{1000} \times 100 = 1.5\%$

결핵의 비례사망률은 A 지역이 C 지역보다 약 1.3배 높다.

15 지역사회 간호사업 평가절차는 평가대상 및 기준설정→평가자료 수집→설정된 목표와 현재 상태 비교→목표 도달 정도의 판단과 분석→재계획으로 이루어진다.

16 면허 또는 자격증 관련 실태와 취업상황을 보건복지부장관에게 신고하여야 하는 의료인력만을 모두 고르면?

| ⊙ 간호사 | ⓒ 한의사 |
| ⓒ 간호조무사 | ⓔ 임상병리사 |

① ⊙, ⓒ
② ⓒ, ⓔ
③ ⊙, ⓒ, ⓒ
④ ⊙, ⓒ, ⓒ, ⓔ

17 BPRS(Basic Priority Rating System)를 적용할 때, 우선순위가 가장 높은 건강 문제는?

건강 문제	평가항목		
	건강 문제의 크기 (0~10)	건강 문제의 심각도 (0~10)	사업의 추정 효과 (0~10)
①	5	5	7
②	5	6	6
③	6	5	5
④	7	5	5

ANSWER 16.④ 17.①

16 ⊙ 간호사 : 간호사란 간호학을 전공하는 대학이나 전문대학에서 간호교육을 이수하고 국시원에서 시행하는 간호사 시험에 합격하고 보건복지부장관이 발급하는 면허를 받은 자를 말한다.
ⓒ 한의사 : 한의사란 한의사 응시자격을 갖춘 자가 국시원에서 시행하는 한의사 시험에 합격한 후, 보건복지부장관의 면허를 받은 자를 말한다.
ⓒ 간호조무사 : 간호조무사란 고등학교 이상 학력자가 1,520시간의 간호조무사 교육을 이수하고 보건의료인국가시험원에서 시행하는 간호조무사 국가시험에 합격한 후 보건복지부장관의 자격인정을 받은 자를 말한다.
ⓔ 임상병리사 : 임상병리사란 임상병리사 면허에 상응하는 보건의료에 관한 학문을 전공하는 대학·산업대학 또는 전문대학을 졸업한 자가 국시원에서 시행하는 임상병리사 시험에 합격한 후, 보건복지부장관의 면허를 발급받은 자를 말한다.

17 BPRS 방식은 (A+2B)×C 공식에 따라 점수를 계산하여 우선순위를 결정한다.
A 문제의 크기(건강문제를 가진 인구 비율, 만성질환 유병률, 급성질환 발병률 등)
B 문제의 심각도(긴급성, 중증도, 경제적 손실, 타인에게 미치는 영향 등)
C 사업의 추정효과(사업의 최대효과와 최소효과 추정 등)
⊙ 사용자의 주관적 판단에 의거하여 우선순위를 결정하기도 한다.
ⓒ 경제적 손실은 문제의 심각도와 관련된다.
ⓒ 건강문제를 가진 인구 비율은 문제의 크기와 관련된다.

18 다음 ㉠, ㉡에 들어갈 용어로 옳게 짝 지은 것은?

> (㉠) - 감염병 일차 환자(primary case)에 노출된 감수성자 중 해당 질병의 잠복기 동안에 발병한 사람의 비율
>
> (㉡) - 병원체가 현성 감염을 일으키는 능력으로, 감염된 사람 중 현성 감염자의 비율

	㉠	㉡
①	평균 발생률	병원력
②	평균 발생률	감염력
③	이차 발병률	병원력
④	이차 발병률	감염력

ANSWER 18.③

18 ㉠ 이차발생률: 집단의 감수성이 있는 사람들 중에서 해당 병원체의 최장잠복기내에 발병하는 환자의 비율
㉡ 병원력
• 병원체가 감염된 숙주에서 질병을 일으키는 힘
• 감염된 모든 사람들에 대한 환자 수, 현성증상을 발현하게 하는 정도

19 다음 글에서 설명하는 「산업재해보상보험법」상 보험급여는?

> 업무상 사유로 부상을 당하거나 질병에 걸린 근로자에게 요양으로 취업하지 못한 기간에 대하여 지급하되, 1일당 지급액은 평균임금의 100분의 70에 상당하는 금액으로 한다. 다만, 취업하지 못한 기간이 3일 이내이면 지급하지 아니한다.

① 요양급여
② 장해급여
③ 간병급여
④ 휴업급여

20 Smilkstein이 개발한 가족기능 평가도구(Family APGAR)의 평가영역이 아닌 것은?

① 가족의 적응 능력(adaptation)
② 가족 간의 성숙도(growth)
③ 가족 간의 애정 정도(affection)
④ 가족이 가진 자원의 크기(resource)

ANSWER 19.④ 20.④

19 ① 요양급여는 근로자가 업무상의 사유로 부상을 당하거나 질병에 걸린 경우에 그 근로자에게 지급한다. 하지만 그 부상 또는 질병이 3일 이내의 요양으로 치유될 수 있으면 요양급여를 지급하지 아니한다〈산업재해보상보험법 제40조(요양급여) 제1항 및 제3항〉.
② 근로자가 업무상의 사유로 부상을 당하거나 질병에 걸려 치유된 후 신체 등에 장해가 있는 경우에 그 근로자에게 지급한다. 장해등급에 따라 장해보상연금 또는 장해보상일시금으로 하되, 그 장해등급의 기준은 대통령령으로 정한다〈산업재해보상보험법 제57조(장해급여) 제1항 및 제2항〉.
③ 요양급여를 받은 사람 중 치유 후 의학적으로 상시 또는 수시로 간병이 필요하여 실제로 간병을 받는 사람에게 지급한다 〈산업재해보상보험법 제61조(간병급여) 제1항〉.

20 가족기능 영역 5가지 평가항목
㉠ 가족의 적응능력(Adaptation) : 가족위기 때 문제 해결을 위한 내·외적 가족자원 활용 능력의 정도
㉡ 가족 간의 동료의식 정도(Partnership) : 가족 구성원끼리 동반자 관계에서 의사결정을 하고 서로 지지하는 정도
㉢ 가족 간의 성숙도(Growth) : 가족 구성원 간의 상호지지와 지도를 통한 신체적·정서적 충만감을 달성하는 정도
㉣ 가족 간의 애정 정도(Affection) : 가족 구성원 간의 돌봄과 애정적 관계
㉤ 문제해결(Resolve) : 가족 구성원들이 다른 구성원의 신체적·정서적 지지를 위해 서로 시간을 내어주는 정도

지역사회간호

2020. 6. 13. 제2회 서울특별시 시행

1 〈보기〉에 나타난 지역사회간호사의 역할로 가장 옳은 것은?

〈보기〉
코로나19(COVID-19) 사태에서 사회적 약자들이 방치되는 것을 방지하기 위해 지역사회의 차상위계층, 기초생활수급자, 독거노인, 신체장애인에 전화를 걸어 호흡기 등의 건강상태와 정신건강 상태를 확인하였다.

① 상담자
② 사례관리자
③ 교육자
④ 변화촉진자

2 A간호사는 지역 보건소에 처음 발령을 받고 주민센터 동장님을 만나 지역사회 건강 문제에 대한 의견을 물어보았다. 이때의 자료수집 방법으로 가장 옳은 것은?

① 정보원 면담
② 설문지 조사
③ 차창 밖 조사
④ 참여관찰

ANSWER 1.② 2.①

1 사례관리자 … 지역사회에 거주하고 있는 고위험군을 발굴하여 대상자의 문제를 사정, 계획, 수행, 평가하고 지역사회 내의 다양한 보건의료서비스로 연계시켜 준다.
2 정보원 면담 … 지역사회의 공식 · 비공식 지역지도자의 면담을 통해 자료를 수집하는 방법이다.

3 간호사는 금연 교육 프로그램을 기획하고 학습목표를 기술하였다. 블룸(Bloom)의 인지적 학습 목표에 따를 때, 가장 높은 수준에 해당하는 것은?

① 대상자는 심장질환과 니코틴의 작용을 관련지어 말할 수 있다.
② 대상자들은 자신들이 계획한 금연계획을 실천가능성에 따라 평가한다.
③ 대상자들은 흡연으로 인한 증상과 자신에게서 나타나는 증상을 비교한다.
④ 대상자들은 금연방법을 참고하여 자신의 금연계획을 작성한다.

4 「학교보건법」에 근거한 학교의 장의 업무로 가장 옳지 않은 것은?

① 학생 건강검사 결과 질병에 감염된 학생에 대하여 질병의 치료에 필요한 조치를 하여야 한다.
② 학생 정신건강 상태를 검사한 결과 필요하면 해당 학생에 대해 의료기관을 연계하여야 한다.
③ 안전사고를 예방하기 위하여 학생에 대한 안전교육 및 그 밖에 필요한 조치를 하여야 한다.
④ 학생이 새로 입학한 날로부터 180일 이내에 시장·군수 또는 구청장에게 예방접종증명서를 발급받아 예방접종을 모두 받았는지를 검사한 후 이를 교육정보시스템에 기록하여야 한다.

ANSWER 3.② 4.④

3 Bloom이 제시한 인지적 영역 학습목표의 수준을 낮은 수준부터 높은 수준으로 나열하면 지식→이해→적용→분석→종합→평가이다.

4 초등학교와 중학교의 장은 학생이 새로 입학한 날부터 90일 이내에 시장·군수 또는 구청장에게 예방접종증명서를 발급받아 예방접종을 모두 받았는지를 검사한 후 이를 교육정보시스템에 기록하여야 한다〈학교보건법 제10조 제1항〉.

5 〈보기〉는 보건소에서 실시하는 방문건강관리사업의 일부이다. 이에 해당하는 사례관리의 단계로 가장 옳은 것은?

> 〈보기〉
> • 전문 인력의 판단과 팀 구성에 따라 건강관리서비스 내용 조정
> • 서신발송, 전화, 방문, 내소, 자원연계 실시

① 요구사정
② 목표설정 및 계획수립
③ 대상자 선정 및 등록
④ 개입 및 실행

6 작업환경 관리의 기본원리 중 대치에 해당하는 것은?

① 교대근무를 실시하도록 한다.
② 페인트를 분무하던 것을 전기이용 흡착식 분무로 한다.
③ 개인용 위생보호구를 착용하도록 한다.
④ 인화물질이 든 탱크 사이에 도랑을 파서 제방을 만든다.

ANSWER 5.④ 6.②

5 사례관리의 과정
 ㉠ 사정단계 : 다학제 팀이 함께 사정하여 문제를 확인한다.
 ㉡ 계획단계 : 확인된 문제의 해결을 위한 구체적인 개입 계획과 평가계획을 세운다.
 ㉢ 수행단계 : 문제의 우선순위에 따라 실제 대상자에게 필요한 다양한 자원을 활용한다. 지역사회 자원을 이용한 새로운 사회적 지지망을 구축한다.
 ㉣ 평가단계 : 대상자에게 제공된 서비스, 대상자의 변화 등을 고려하여 사례관리의 효과성과 효율성을 분석하고 피드백을 제공한다.

6 작업환경 관리의 기본원리
 ㉠ 대치 : 변경의 의미로써 공정변경, 시설변경, 물질변경 등이 있다.
 ㉡ 격리 : 작업장과 유해인자 사이에 물체, 거리, 시간 등을 격리하는 원리이다.
 ㉢ 환기 : 오염된 공기를 작업장으로부터 제거하고 신선한 공기로 치환하는 원리이다.
 ㉣ 교육 및 훈련 : 관리자, 기술자, 감독자, 작업자를 교육·훈련하여 관리하는 원리이다.
 ㉤ 작업환경의 정비

7 〈보기〉에서 설명하는 의료비 지불제도로 가장 옳은 것은?

〈보기〉
- 진단, 치료, 투약과 개별행위의 서비스를 총합하여 의료행위를 한 만큼 보상하는 방식이다.
- 서비스 행위에 대한 보상을 일단 점수로 받고, 그 점수들을 일정비율에 의해서 금액으로 환산하여 의료비 총액을 계산하는 방법인 점수제의 형태로 많이 사용된다.
- 종류로는 시장기능에 의해 수가가 결정되는 관행수가제와 정부와 보험조합의 생산원가를 기준으로 계산한 후 의료수가를 공권력에 의해 강제 집행하는 제도수가제가 있다.
- 장점으로 의료인의 자율성 보장, 양질의 서비스 제공을 들 수 있다.

① 인두제
② 봉급제
③ 행위별수가제
④ 총액예산제(총괄계약제)

8 UN에서 발표한 새천년개발목표(Millennium Development Goals, MDGs)에 해당하지 않는 것은?

① 절대빈곤 및 기아 퇴치
② 모든 사람의 건강한 삶을 보장하고 웰빙을 증진
③ 보편적 초등교육 실현
④ 지속가능한 환경의 확보

ANSWER 7.③ 8.②

7 ① 인두제:등록환자수 또는 실이용자수를 기준으로 일정액을 보상받는 방식이다.
② 봉급제:서비스의 양이나 제공받는 사람의 수에 상관없이 일정 기간에 따라 보상받는 방식이다.
④ 총액예산제(총괄계약제):지불자 측(보험자)과 진료자 측이 사전에 일정 기간 동안의 진료보수 총액에 대한 계약을 체결하고, 계약된 총액범위 내에서 의료서비스를 이용하는 제도이다.

8 UN의 새천년 개발목표
㉠ 절대빈곤 및 기아퇴치
㉡ 보편적 초등교육 실현
㉢ 양성평등 및 여성능력의 고양
㉣ 유아사망률 감소
㉤ 모성보건 증진
㉥ AIDS 등의 질병 퇴치
㉦ 지속가능한 환경 확보
㉧ 개발을 위한 글로벌 파트너십 구축

9 〈보기〉와 같은 인구 구조를 가진 지역사회의 2020년 6월 13일 현재 인구 구조를 나타내는 지표 값으로 가장 옳은 것은?

〈보기〉

〈단위 : 명〉

연령(세)	남	여	계
0-14	700	900	1600
15-64	1600	1600	3200
65 이상	700	700	1400
계	3000	3200	6200

- 2020년 6월 13일 현재

① 유년부양비는 (1600/6200)×100이다.
② 노년부양비는 (1400/1600)×100이다.
③ 2차 성비는 (3200/3000)×100이다.
④ 3차 성비는 (3000/3200)×100이다.

ANSWER 9.④

9 3차 성비는 현재 인구의 성비이다. 성비 = $\frac{남자수}{여자수} \times 100$

① 유년부양비 = $\frac{0 \sim 14세 인구수}{15 \sim 64세 인구수} \times 100$

② 노년부양비 = $\frac{65세 이상 인구수}{15 \sim 64세 인구수} \times 100$

③ 2차 성비는 출생 시의 성비이다.

10 〈보기〉에서 설명하는 가족건강사정도구로 가장 옳은 것은?

〈보기〉
가족 중 가장 취약한 구성원을 중심으로 부모형제관계, 친척관계, 친구와 직장동료 등 이웃관계, 그 외 지역사회와의 관계를 그려봄으로써 취약 가족구성원의 가족 하위체계뿐만 아니라 가족 외부체계와의 상호작용을 파악할 수 있다.

① 외부체계도
② 사회지지도
③ 가족밀착도
④ 가계도

11 〈보기〉에서 설명하는 지구온난화 및 기후변화 대비 협약으로 가장 옳은 것은?

〈보기〉
2015년에 채택되었으며 지구 평균온도 상승폭을 산업화 이전 대비 2℃ 이상 상승하지 않도록 합의

① 몬트리올 의정서
② 바젤협약
③ 파리협약
④ 비엔나협약

ANSWER 10.② 11.③

10 ① 외부체계도 : 가족과 외부와의 다양한 상호작용을 한눈에 파악할 수 있도록 한 것이다.
③ 가족밀착도 : 가족을 이해함에 있어 가족의 구조뿐만 아니라 구조를 구성하고 있는 관계의 본질을 파악한다.
④ 가계도 : 가족구조도로 가족 전체의 구성과 구조를 한눈에 볼 수 있도록 고안된 그림(도식화)으로 3세대 이상에 걸친 가족구성원에 관한 정보와 그들 간의 관계를 도표로 기록하는 방법이다.

11 ① 몬트리올 의정서 : 오존층 파괴물질인 염화불화탄소(CFCs)의 생산과 사용을 규제하려는 목적에서 제정한 협약이다.
② 바젤협약 : 유해폐기물의 국가 간 교역통제협약이다.
④ 비엔나협약 : 오존층 보호를 위한 국제협약이다.

12 〈보기〉에서 설명하는 작업환경에서의 건강장애로 가장 옳은 것은?

〈보기〉

옥외 작업환경에서 격심한 육체노동을 지속하는 경우 일어나는 현상이다. 중추성 체온조절 기능장애로서, 체온 방출 장애가 나타나 체내에 열이 축적되고 뇌막혈관의 충혈과 뇌 내 온도 상승에 의해 발생한다. 땀을 흘리지 못하여 체온이 41~43℃까지 급격히 상승하여 혼수상태에 이를 수 있으며, 피부 건조가 나타나게 된다.

① 열피로(heat exhaustion)
② 열경련(heat cramp)
③ 열사병(heat stroke)
④ 열실신(heat syncope)

13 〈보기〉에 제시된 우리나라 지역사회간호 관련 역사를 시간순으로 바르게 나열한 것은?

〈보기〉

(가) 「산업안전보건법」의 제정으로 보건담당자인 간호사가 상시근로자 300명 이상인 사업장에 배치되었다.
(나) 「노인장기요양보험법」의 제정으로 노인장기요양사업이 활성화되었다.
(다) 「국민건강증진법」이 제정되어 지역사회 간호사의 역할이 더욱 확대되는 계기가 되었다.
(라) 「의료법」의 개정으로 전문간호사 영역이 신설되어 가정, 보건, 노인, 산업 등의 지역사회 실무가 강화되었고, 이후 13개 분야로 확대되었다.

① (가)-(나)-(다)-(라)
② (가)-(다)-(라)-(나)
③ (나)-(다)-(라)-(가)
④ (다)-(가)-(라)-(나)

ANSWER 12.③ 13.②

12 열사병(heat stroke) … 고온, 다습한 환경에 노출될 때 갑자기 발생해 심각한 체온조절장애를 일으킨다. 중추신경계통의 장해, 전신의 땀이 배출되지 않음으로 인해 체온상승(직장온도 40도 이상) 등을 일으키며, 생명을 잃기도 한다. 태양광선에 의한 열사병은 일사병이라고도 하며 우발적이거나 예기치 않게 혹심한 고온 조건에 노출될 경우 잘 발생한다. 열사병은 체온조절중추의 장애가 원인이므로 체온을 낮추기 위해 옷을 벗기고 찬물로 몸을 닦는다.

13 (가) 1981년
(다) 1995년
(라) 2003년
(나) 2007년

14 지역사회 간호과정에서 목표 설정 시 고려해야 할 사항으로 가장 옳지 않은 것은?

① 추상성
② 관련성
③ 성취가능성
④ 측정가능성

15 SWOT 분석의 전략을 옳게 짝지은 것은?

① SO 전략-다각화 전략
② WO 전략-공격적 전략
③ ST 전략-국면전환 전략
④ WT 전략-방어적 전략

ANSWER 14.① 15.④

14 목표설정기준
  ㉠ **구체성**: 목표는 구체적으로 기술하여야 한다.
  ㉡ **측정가능성**: 목표는 측정 가능하여야 한다.
  ㉢ **적극성&성취가능성**: 목표는 진취적이면서 성취 가능한 현실적인 것이어야 하나, 별다른 노력 없이도 달성되는 소극적인 목표는 안 된다.
  ㉣ **연관성**: 사업목적 및 문제해결과 직접 관련성이 있어야 한다. 즉, 해당 건강문제와 인과관계가 있어야 한다.
  ㉤ **기한**: 목표달성의 기한을 밝혀야 한다.

15 ① SO 전략-공격적 전략
  ② WO 전략-국면전환 전략
  ③ ST 전략-다각화 전략

16 〈보기〉에서 설명하는 학습이론으로 가장 옳은 것은?

〈보기〉

학습이란 개인이 이해력을 얻고 새로운 통찰력 혹은 더 발달된 인지구조를 얻는 적극적인 과정이다. 이러한 학습은 동화와 조절을 통해 이루어진다. 동화란 이전에 알고 있던 아이디어나 개념에 새로운 아이디어를 관련시켜 통합하는 것이다. 학습자는 자신의 인지구조와 일치하는 사건을 경험할 때는 끊임없이 동화되며 학습하지만 새로운 지식이나 사건이 이미 갖고 있는 인지구조와 매우 달라서 동화만으로 적응이 어려울 때는 조절을 통해 학습하고 적응한다.

① 구성주의 학습이론
② 인본주의 학습이론
③ 인지주의 학습이론
④ 행동주의 학습이론

17 1952년 영국 런던에서 대기오염으로 대규모의 사상자를 발생시킨 주된 원인물질은?

① SO_2(아황산가스)
② CO_2(이산화탄소)
③ O_3(오존)
④ NO_2(이산화질소)

18 고혈압에 대한 2차 예방 활동으로 가장 옳은 것은?

① 금연
② 체중조절
③ 직장 복귀
④ 고혈압 검진

ANSWER 16.③ 17.① 18.④

16 인지주의 학습이론 … 학습이란 학습자가 기억 속에서 학습사태에서 일어나는 여러 가지 사상에 관한 정보를 보존하고 조직하는 인지구조를 형성함으로써 일어나는 현상이다.

17 1952년에 영국 런던에서 1만 2천 명이 사망하는 대기오염 사건이 있었다. '그레이트 스모그'로 알려진 런던 스모그 대기오염 사건이다. 주된 원인물질은 아황산가스였다.

18 2차 예방 … 질병의 조기발견 및 조기치료를 목표로 질병의 전구기·잠복기의 증상 등의 사정과 병원을 중심으로 하는 환자간호를 제공

19 흡연과 뇌졸중 발생의 관계를 알아보기 위해 환자-대조군 연구를 실시하여 〈보기〉와 같은 결과를 얻었다. 흡연과 뇌졸중 발생 간의 교차비(odds ratio)는?

〈보기〉

〈단위: 명〉

		뇌졸중		계
		유	무	
흡연	유	30	70	100
	무	10	90	100
계		40	160	200

① $(30 \times 70)/(10 \times 90)$
② $(30 \times 10)/(70 \times 90)$
③ $(30 \times 100)/(10 \times 100)$
④ $(30 \times 90)/(70 \times 10)$

20 보건사업 평가유형과 그에 대한 설명을 옳게 짝지은 것은?

① 내부평가 - 평가결과에 대한 신뢰성 문제가 제기될 수 있다.
② 외부평가 - 보건사업의 고유한 특수성을 잘 반영하여 평가할 수 있다.
③ 질적평가 - 수량화된 자료를 이용한 통계적 분석을 주로 한다.
④ 양적평가 - 평가기준의 신뢰성과 객관성을 보장받기 어렵다.

ANSWER 19.④ 20.①

19 교차비 … 질병이 있는 경우 위험인자 유무의 비와 질병이 없는 경우 위험인자 유무의 비의 비를 말한다. 환자-대조군 연구에서 주로 사용하며, 통계분석에서 수학적인 장점이 있다.

20 내부평가 … 보건사업에 관련된 인사가 내부적으로 보건사업을 평가하는 것이다. 내부평가는 형성평가에 적합하며 평가자가 사업의 내용을 속속들이 알고 있기 때문에 외부평가에 비해 정확할 수는 있으나, 이해관계가 얽혀 있어 객관적이고 공정한 태도로 평가하기 어려운 경우가 많으며, 처음에 의도하지는 않았지만 결과적으로 나타난 효과들을 간과하기 쉽다는 단점이 있다.

지역사회간호 | 2021. 6. 5. 제1회 지방직 시행

1 A 지역의 노년부양비(%)는?

연령(세)	A 지역 주민 수(명)
0~14	100
15~64	320
65 이상	80

① 16
② 20
③ 25
④ 30

2 고혈압관리프로그램을 평가할 경우 평가도구의 신뢰도를 확보하기 위한 질문은?

① 혈압계를 동일인에게 반복 사용할 때 일정한 값을 갖는가
② 설문항목이 응답하기에 수월한가
③ 혈압계 구입비용이 경제적인가
④ 설문지는 고혈압관리 목표를 제대로 측정하고 있는가

ANSWER 1.③ 2.①

1 노년부양비 = 65세 이상 인구수 / 15~64세 인구 수 × 100
2 신뢰도 … 평가도구가 믿을 만한가? 즉 측정하고자 하는 내용을 정확하게, 오차 없이 측정할 수 있는가를 말한다.

3 다음에 해당하는 근로자의 건강관리구분은?

> 직업성 질병으로 진전될 우려가 있어 추적검사 등 관찰이 필요한 근로자

① C_1
② C_2
③ D_1
④ D_2

4 다음에 해당하는 근로자 건강진단은?

> • 근로자는 법적 유해인자에 노출된 작업을 하고 있다.
> • 근로자는 직업성 천식 증상을 호소하였다.
> • 이에 사업주는 건강진단 실시를 계획하고 있다.

① 수시건강진단
② 일반건강진단
③ 임시건강진단
④ 배치전건강진단

ANSWER 3.① 4.①

3 근로자 건강관리구분

건강관리구분		의미
A	건강인(정상)	건강관리상 사후관리가 필요없는 자
C_1	직업병 요관찰자	직업성 질병으로 진전될 우려가 있어 추적검사 등 관찰이 필요한 자
C_2	일반질병 요관찰자	일반질병으로 진전될 우려가 있어 추적관찰이 필요한자
D_1	직업병 유소견자	직업성 질병의 소견을 보여 사후관리가 필요한 자
D_2	일반질병 유소견자	일반질병의 소견을 보여 사후관리가 필요한 자
R	제2차 건강진단 대상자	일반건강진단에서의 질환의심자
U	판정 불가	퇴직 등의 사유로 건강관리구분을 판정할 수 없는 근로자

4 수시건강진단 … 급성으로 발병하거나 정기적 건강진단으로는 발견하기 어려운 직업성 질환을 조기진단하기 위해 시행함
  ㉠ 대상자 : 특수 건강진단 대상업무로 인하여 유해인자에 의한 직업성 천식, 직업성 피부염, 그 밖에 건강장애를 의심하게 하는 증상을 보이거나 의학적 소견이 있는 근로자
  ㉡ 실시 항목
    • 특수 건강진단 대상 유행인자 : 특수 건강진단 항목에 준함
    • 직업성 천식, 직업성 피부질환

5 지역사회에서 활동하고 있는 인력과 법적근거를 바르게 연결한 것은?

① 보건진료 전담공무원 －「지역보건법」
② 보건관리자 －「의료급여법」
③ 보건교육사 －「국민건강증진법」
④ 가정전문간호사 －「노인복지법」

6 다음에서 설명하는 개념은?

> 감수성이 있는 집단에서 감염성이 있는 한 명의 환자가 감염가능기간 동안 직접 감염시키는 평균 인원 수

① 발생률
② 집단면역
③ 유병률
④ 기본감염재생산수

7 우리나라 사회보험이 아닌 것은?

① 노인장기요양보험
② 의료급여
③ 국민연금
④ 산업재해보상보험

ANSWER 5.③ 6.④ 7.②

5
① 보건진료 전담공무원 : 농어촌 보건의료를 위한 특별조치법
② 보건관리자 : 산업안전보건법
④ 가정전문간호사 : 의료법

6
① 발생률 : 질병에 걸릴 확률 혹은 위험도를 직접 추정 가능하게 하는 측정
② 집단면역 : 지역사회 혹은 집단에 병원체가 침입하여 전파하는 것에 대한 집단의 저항성을 나타내는 지표
③ 유병률 : 어떤 시점 혹은 일정기간 동안에 특정 시점 혹은 기간의 인구 중 존재하는 환자의 비율
④ 기본감염재생산수 : 한 인구집단 내에서 특정 개인으로부터 다른 개인으로 질병이 확대되어 나가는 잠재력

7 사회보험의 종류

소득보장	의료보장	노인요양
산재보험 연금보험 고용보험 상병수당	건강보험 산재보험	노인장기요양보험

8 다음 (가)에 들어갈 장기요양서비스는?

> - 장기요양등급을 인정받은 A 노인은 치매를 앓고 있으며 종일 신체활동 및 가사활동의 지지가 필요하다.
> - A 노인을 부양하고 있는 아들부부가 3일간 집을 비워야 하는 상황이다.
> - 이 기간 동안 A 노인을 돌볼 다른 가족이 없어 아들 부부는 ⎡ (가) ⎤를(을) 이용하고자 한다.

① 방문요양
② 주·야간보호
③ 단기보호
④ 방문간호

9 지역사회간호활동 중 2차 예방에 대한 설명으로 옳은 것은?

① 보건교사가 여성 청소년의 자궁경부암 예방접종률을 높이기 위해 가정통신문 발송
② 보건소 간호사가 결핵환자에게 규칙적인 결핵약 복용 지도
③ 방문건강관리 전담공무원이 재가 뇌졸중 환자의 재활을 위해 운동요법 교육
④ 보건소 간호사가 지역주민을 대상으로 흡연이 신체에 미치는 영향에 대해 교육

ANSWER 8.③ 9.②

8 노인장기요양보험법
① 방문요양: 장기요양요원이 수급자의 가정 등을 방문하여 신체활동 및 가사활동 등을 지원하는 장기요양 급여
② 주·야간보호: 하루 중 일정한 시간동안 장기요양기관에 보호하여 신체활동 지원 및 심신기능의 유지 향상을 위한 교육, 훈련 등을 제공하는 장기요양급여
③ 단기보호: 일정기간 동안 장기요양기관에 보호하여 신체활동 지원 및 심신기능의 유지 향상을 위한 교육, 훈련 등을 제공하는 장기요양급여
④ 방문간호: 수급자의 가정 등을 방문하여 간호, 진료의 보조, 요양에 관한 상담 또는 구강위생 등을 제공하는 장기요양급여

9 지역사회 간호활동
㉠ 1차 예방: 건강유지 및 증진, 질병예방을 목표로 하는 환경위생 및 보존, 식수보존, 주거환경, 식품관리, 예방접종, 영양개선 등의 활동
㉡ 2차 예방: 질병의 조기발견 및 조기치료를 목표로 질병의 전구기·잠복기의 증상 등의 사정과 병원을 중심으로 하는 환자 간호를 제공
㉢ 3차 예방: 기능의 극대화, 재활을 목표로 하는 치료를 통한 기능회복 및 장애의 최소화를 위한 활동

10 다음에 해당하는 역학적 연구방법은?

> • 초등학교에서 식중독 증상을 보이는 학생군과 식중독 증상을 보이지 않는 학생군을 나누어 선정한다.
> • 식중독 유발 의심요인을 조사하고, 식중독 유발 의심요인과 식중독 발생과의 관계를 교차비(odds ratio)를 산출하여 파악한다.

① 코호트 연구
② 실험역학 연구
③ 기술역학 연구
④ 환자-대조군 연구

11 다음은 오마하(Omaha) 문제분류체계의 수준에 따른 사례이다. ㈎에 들어갈 용어는?

영역	문제	㈎	증상/징후
생리적	전염성 상태	지역사회, 실제적	감염 발열 양성의 감별검사

① 초점
② 판단
③ 구성요소
④ 수정인자

ANSWER 10.④ 11.④

10 ① 코호트 연구: 같은 특성을 지닌 집단을 말하는 것으로, 건강한 사람을 대상으로 조사하고자 하는 여러 특성을 지닌 소집단으로 나누어 시간이 경과함에 따라 달라지는 각 집단에서의 질병발생률을 비교·관찰하는 방법
② 실험역학 연구: 일반적으로 역학적 연구에서의 마지막 단계의 연구로써, 질병의 원인이나 건강증진, 질병예방 등에 관여하는 요인을 인위적으로 변동시켜보고 이로 인한 영향을 분석하는 방법
③ 기술역학 연구: 건강 수준, 질병양상에 대해 있는 그대로의 상황을 관찰·기록한다. 발생한 사건을 단순하게 세어서 관찰집단 전체에서의 비율로 계산하여 사건이 발생한 대상자의 인적 속성·시간적 속성·자연적 속성별 빈도와 비율에 따라 분류하며, 각 변수별로 나타나는 분포의 차이가 유의한 것인지 통계적 검증방법을 이용
④ 환자-대조군 연구: 연구하고자 하는 이환된 집단과 질병이 없는 군을 선정하여 질병발생과 관련이 있다고 의심되는 요인들과 질병발생과의 원인관계를 규명하는 연구방법

11 오마하 문제분류체계
① 1단계: 영역분류(4영역)
② 2단계: 문제(42개)
③ 3단계: 수정인자
④ 4단계: 증상/징후(378개)

12 다음에 해당하는 학습이론은?

> 채소를 먹으면 어머니에게 보상을 받았던 학습경험을 통해 편식을 하는 아동이 자발적으로 채소를 먹게 되었다.

① 구성주의 학습이론
② 인지주의 학습이론
③ 인본주의 학습이론
④ 행동주의 학습이론

ANSWER 12.④

12 행동주의 학습이론이란 학습은 환경에서 일어나는 행위변화가 관찰되는 상황에서 새로운 건강습관이 결정될 때 이루어진다. 주위 사람들의 어떤 행동이나 그 결과에 대해 격려나 보상 및 처벌을 주느냐에 따라 행동의 지속이나 소멸이 나타난다.
① 구성주의 학습이론: 자신의 개인적인 경험에 근거해서 독특하고 개인적인 해석을 내리는 능동적이며 개인적인 과정을 의미하는 학습이론. 지식이란 인간이 처한 상황의 맥락 안에서 사전 경험에 의해 개개인의 마음에 재구성하는 것이라고 주장한다.
② 인지주의 학습이론: 학습이란 학습자가 기억 속에서 학습사태에서 일어나는 여러 가지 사상에 관한 정보를 보존하고 조직하는 인지구조를 형성함으로써 일어나는 현상이다. 학습은 본질적으로 내적인 사고과정의 변화이기에 개인이 환경으로부터 받은 자극이나 정보를 어떻게 지각하고 해석하고 저장하는가에 관심을 둔다.
③ 인본주의 학습이론: 심리학에 근본을 두고 있으며 학습은 개인이 주위 환경과의 능동적인 상호작용을 통하여 자아성장과 자아실현을 이루는 과정이다. 학습자가 자발적인 사람이기 때문에 교육자의 역할은 학습자의 요청에 반응하는 것이며 교사는 촉진자, 조력자, 격려자가 되어야 한다.

13 재난관리를 위해 대피소 운영, 비상의료지원, 중증도 분류가 이루어지는 단계는?

① 예방단계
② 대비단계
③ 대응단계
④ 복구단계

14 교육중심 비만예방관리사업 시 보건사업평가 유형에 따른 내용으로 옳은 것은?

① 구조평가: 투입된 인력의 종류와 수, 교육 횟수, 교육실의 넓이
② 과정평가: 교육 내용의 질, 교육 일정 준수, 사업 참여율
③ 적합성평가: 사업 만족도, 목표 달성도, 교육 인력의 전문성
④ 결과평가: 비만율 변화 정도, 사업 예산 규모, 사업 요구도의 크기

ANSWER 13.③ 14.②

13 Petak의 4단계 재난과정

예방 및 완화단계	• 어떠한 위험이 있는지를 살펴보고 위험이 발견되었을 때 어떻게 할 것인가를 결정하는 것이다. • 위험지도의 작성이나 위험 요인을 줄여 재난발생의 가능성을 낮추는 프로그램을 수행하는 단계
대비단계	• 재난발생 가능성이 높은 경우 비상시에 대비한 계획을 수립하거나 재난사태 발생에 대한 대응능력을 유지하는 과정이다. • 즉 비상시 효과적인 대응을 하기위해 취해지는 준비활동이다.
대응단계	• 재난발생 직전 도중 직후에 인명을 구조하고 재난피해를 최소화하여 복구효과를 증진시키기 위한 단계로 가장 중요한 과정이다. • 재해에 의해 나타나는 문제에 대한 즉각적인 조치를 하는 시기이다.
복구단계	• 재해의 모든 측면이 회복되는 단계 • 영향을 받은 지역은 물리적, 환경적, 경제적, 사회적 안정이 어느 정도 성취되는 시기이다.

14 Donabedian 3가지 평가범주

투입평가(구조평가)	장소, 기구, 도구, 물품, 인력, 예산
진행평가(과정평가)	• 대상자의 적절성 • 프로그램 참여율 • 교재의 적절성
결과평가	• 효과(지식변화, 행위변화, 사업목표 달성) • 효율: 사업으로 인해 변화된 결과 • 대상자 및 간호사의 만족도

15 다음에서 설명하는 지역사회 간호활동은?

> - 목표를 향하여 계획대로 진행되고 있는지 관련 기록을 감사한다.
> - 도구소독법, 물품의 비축, 상병자 간호, 보건교육 등 업무가 원활하게 수행되는지 관찰한다.
> - 지역사회 주민들과의 대화를 통해 주민의 요구와 사업이 부합되는지 파악한다.

① 조
② 옹호
③ 감독
④ 사례관리

16 가족사정도구에 대한 설명으로 옳은 것은?

① 가계도 : 3대 이상에 걸친 가족구성원에 관한 정보와 이들의 관계를 도표로 기록하는 방법으로 복잡한 가족 형태를 한눈에 볼 수 있다.
② 가족밀착도 : 가족과 이웃, 외부 기관 등과의 상호관계와 밀착 정도를 도식화한 것이다.
③ 사회지지도 : 가족 중 부부를 중심으로 부모, 형제, 친척, 친구, 직장 동료와 이웃 및 지역사회의 지지 정도와 상호작용을 파악할 수 있다.
④ 가족생활사건 : 가족의 역사 중에서 가족에게 영향을 주었다고 생각되는 중요한 사건들을 순서대로 열거하고, 가족에게 미친 영향을 파악하는 것이다.

ANSWER 15.③ 16.①

15 지역사회 간호사의 관리자(감독) 역할…가족의 간호를 감독하며 업무량을 관리하고 건강관리실, 보건실을 운영하거나 지역사회 보건계획을 수립하고 있다.

16 가족사정도구
　㉠ **가족구조도(가계도)** : 3세대 이상에 걸친 가족구성원에 관한 정보와 그들 간의 관계를 도표로 기록하여 복잡한 가족유형의 형태를 한눈에 볼 수 있도록 한 도구로 가계도를 그리는 방법
　㉡ **가족밀착도** : 현재 동거하고 있는 가족구성원들 간의 밀착관계와 상호관계를 이해하는 데 도움
　㉢ **외부체계도** : 가족관계와 외부체계와의 관계를 그림으로 나타내는 도구로 가족의 에너지 유출과 유입을 관찰할 수 있고 가족 구성원들에게 영향을 미치는 스트레스원을 찾는 데 도움을 준다.
　㉣ **가족연대기** : 가족의 역사 중에서 개인에게 영향을 주었다고 생각되는 중요한 사건을 순서대로 열거한 것으로 개인의 질환과 중요한 사건의 관련성을 추구하려 할 때 사용한다.
　㉤ **가족생활 사건** : 가족이 최근에 경험한 일상사건의 수를 표준화한 가족생활 사건도구를 사용하여 가족에게 일어나는 문제가 스트레스와 관련된 문제인지, 특정한 스트레스에 잘못된 대처로 인하여 더욱 악화되고 있는지의 여부를 확인하는데 사용된다.

17 위암 조기발견을 위한 위내시경 검사의 특이도에 대한 설명으로 옳은 것은?

① 위암이 없는 검사자 중 위내시경 검사에서 음성으로 나온 사람의 비율
② 위암이 있는 검사자 중 위내시경 검사에서 양성으로 나온 사람의 비율
③ 위내시경 검사에서 음성인 사람 중 위암이 없는 사람의 비율
④ 위내시경 검사에서 양성인 사람 중 위암이 있는 사람의 비율

18 다음에서 설명하는 보건사업기획 모형은?

- 보건사업전략이 생태학적인 여러 차원에 단계적으로 영향을 주도록 고안되었다.
- 질병이나 사고에 대한 위험요인과 예방방법이 알려져 있고 우선순위가 정해져 있을 때 적합한 방법이다.

① PATCH (planned approach to community health)
② MATCH (multi-level approach to community health)
③ MAPP (mobilizing for action through planning and partnerships)
④ NIBP (needs/impact-based planning)

ANSWER 17.① 18.②

17 특이도 … 질병에 걸리지 않은 사람이 음성으로 나올 확률이다. 특이도 = 검사음성자 수 / 총 비환자 수
18 MATCH 모형 … 지역사회보건사업 전략을 생태학적인 여러 차원에서 단계적으로 영향을 주도록 고안된 모형으로 개인의 행동과 환경에 영향을 주는 요인들을 개인에서부터 조직, 지역사회, 국가 등의 여러 수준으로 나누어 지역사회보건사업을 기획한다.

19 다음에 해당하는 오렘(Orem) 이론의 자가간호요구는?

> 당뇨로 진단받아 투약 중인 대상자가 식후 혈당이 420 mg/dl였고, 합병증 예방 및 식이조절에 대하여 궁금해 하고 있다.

① 생리적 자가간호요구
② 건강이탈 자가간호요구
③ 발달적 자가간호요구
④ 일반적 자가간호요구

20 행위별수가제에 대한 설명으로 옳은 것은?

① 진료비 청구 절차가 간소하다.
② 치료보다 예방적 서비스 제공을 유도한다.
③ 양질의 의료 행위를 촉진한다.
④ 의료비 억제효과가 크다.

ANSWER 19.② 20.③

19 오렘의 자가간호요구
　㉠ 일반적 자가간호요구: 인간의 기본적인 욕구를 충족시키는 행동으로 공기, 물, 음식섭취, 배설, 활동과 휴식, 고립과 사회적 사회작용, 생명과 위험으로부터의 예방, 정상적인 삶 등의 자가간호요구
　㉡ 발달적 자가간호요구: 인간의 발달과정과 생의 주기의 다양한 단계동안 생기는 임신, 미숙아 출생, 가족 사망 등과 같이 성장발달과 관련된 상황에서 필요로 하는 자가간호 요구를 의미한다.
　㉢ 건강이탈시 자가간호요구: 질병이나 상해 등으로 개인의 자가간호 능력이 영구적, 일시적으로 손상되었을 때 인간은 자가간호 제공자에게 환자로 위치가 바뀌는 데 이때 필요한 의학적 치료를 가지고 참여하는 것

20 행위별수가제 … 의사의 진료행위마다 일정한 값을 정하여 진료비를 결정하는 것으로 가장 흔한 방식
　㉠ 장점: 의사의 재량권이 커지고 양질의 서비스를 충분히 제공할 수 있다.
　㉡ 단점
　　• 과잉진료, 의료남용의 우려
　　• 의료비 상승우려
　　• 행정적으로 복잡함
　　• 의료인, 보험자 간의 마찰요인
　　• 보건의료 수준과 자원이 지역적, 사회 계층적으로 불균등 분포

지역사회간호 | 2021. 6. 5. 제1회 서울특별시 시행

1 UN의 지속가능개발목표(Sustainable Development Goals : SDGs)에 대한 설명으로 가장 옳은 것은?

① 2000년 유엔 새천년 정상회의에서 제시된 목표이다.
② 제시된 의제(agenda)는 개도국에만 해당되어 보편성이 부족하다.
③ 경제·사회 문제에 국한되어 환경이나 사회 발전에 대한 변혁성이 부족하다.
④ 정부와 시민사회, 민간기업 등 모든 이해관계자들이 참여하는 파트너십을 강조한다.

2 우리나라 노인장기요양보험제도에 대한 설명으로 가장 옳은 것은?

① 노인장기요양보험사업의 보험자는 보건복지부이다.
② 치매진단을 받은 45세 장기요양보험 가입자는 요양인정 신청을 할 수 없다.
③ 장기요양급여는 시설급여와 현금급여를 우선적으로 제공하여야 한다.
④ 국민건강보험공단은 장기요양보험료와 건강보험료를 각각의 독립회계로 관리하여야 한다.

ANSWER 1.④ 2.④

1 UN 지속가능개발목표
　㉠ 2015년 UN 총회에서 UN의 후속 의제로 2030년까지 추진해야 할 지속가능발전목표로 17개 목표를 발표하였다.
　㉡ 구성 : 17개 목표 + 169개 세부목표
　㉢ 보편성 : 개도국 중심이나 선진국도 대상
　㉣ 변혁성 : 경제성장, 기후변화 등 경제, 사회, 환경, 통합고려
　㉤ 포용성 : 정부, 시민사회, 민간기업 등 모든 이해관계자 참여

2 노인장기요양보험
　㉠ 대상자 : 65세 이상의 노인 또는 65세 미만의 자로서 치매, 뇌혈관성 질환 등 대통령령으로 정하는 노인성 질병을 가진자
　㉡ 장기요양급여는 재가급여를 우선적으로 제공한다.
　㉢ 공단은 장기요양보험료와 건강보험료를 구분하여 고지하여야 한다.
　㉣ 보험자는 국민건강보험공단이다.

3 진료비 지불제도에 대한 설명으로 가장 옳지 않은 것은?

① 포괄수가제는 경영과 진료의 효율화를 가져오고, 과잉진료와 의료서비스 오남용을 억제한다.
② 행위별수가제는 환자에게 양질의 고급 의료서비스 제공이 가능하고, 신의료기술 및 신약개발 등에 기여한다.
③ 인두제는 과잉진료 및 과잉청구가 발생하고, 결과적으로 국민의료비가 증가한다.
④ 봉급제는 서비스의 양이나 제공받는 사람의 수에 관계없이 일정한 기간에 따라 보상받는 방식으로 진료의 질적 수준 저하가 초래된다.

4 보건사업의 우선순위 결정방법 중 PATCH(Planned Approach To Community Health)에서 사용된 평가기준으로 옳은 것은?

① 문제의 수용성, 적법성
② 문제의 해결가능성, 심각도
③ 문제의 크기, 사업의 추정효과
④ 문제의 중요성, 변화 가능성

ANSWER 3.③ 4.④

3 ③의 내용은 행위별수가제에 대한 설명이다.
※ 인두제 … 의사에게 등록된 환자 또는 사람 수에 따라서 진료비가 지불되는 방법

장점	• 진료의 계속성이 증대되어 비용이 상대적으로 저렴하며 예방에 치중하게 된다. • 행정적 업무절차가 간편하다.
단점	• 환자의 선택권이 제한 • 서비스 양을 최소화하는 경향이 있다. • 환자의 후송, 의뢰가 증가한다.

4 PATCH(Planned Approach To Community Health) … 1980년대 미국 CDC(질병관리본부)에서 건강증진 및 질병예방 프로그램의 계획 및 수행을 위해 개발한 것으로 지역사회 단위의 건강문제 우선순위 확인, 건강문제 목표설정, 특정 인구집단의 보건요구도 측정에 활용한다. 우선순위를 설정하는 평가 기준은 건강문제의 중요성과 변화 가능성이다.

5 〈보기〉에 해당하는 법률은?

> 〈보기〉
> 이 법은 보건소 등 지역보건의료기관의 설치·운영에 관한 사항과 보건의료 관련기관·단체와의 연계·협력을 통하여 지역보건의료기관의 기능을 효과적으로 수행하는 데 필요한 사항을 규정함으로써 지역보건의료정책을 효율적으로 추진하여 지역주민의 건강 증진에 이바지함을 목적으로 한다.

① 「보건의료기본법」
② 「지역보건법」
③ 「의료법」
④ 「농어촌 등 보건의료를 위한 특별조치법」

6 우리나라의 가정간호사업에 대한 설명으로 가장 옳지 않은 것은?

① 「지역보건법」을 근거로 전문간호사에 의해 제공된다.
② 국민건강보험을 재원으로 민간 및 국공립 의료기관이 운영한다.
③ 입원대체서비스로 환자와 가족의 편의성을 고려하고 의료비 부담을 경감시키기 위함이다.
④ 산모 및 신생아, 수술 후 조기퇴원환자, 뇌혈관질환 등 만성질환자, 주치의가 의뢰한 환자 등을 대상으로 한다.

ANSWER 5.② 6.①

5 지역보건법 … 보건소 설치·운영에 관한 규정과 목적에 대한 내용이 해당된다.
6 가정간호사업은 의료법을 근거로 전문간호사에 의해 제공된다.

7 뉴만(Neuman B.)의 건강관리체계이론에서 〈보기〉가 설명하는 개념으로 가장 옳은 것은?

〈보기〉
- 신체의 면역체계를 예로 들 수 있음
- 기본구조를 둘러싸고 있는 몇 개의 점선원
- 효과적으로 작동하면 대상체계는 유지되나 비효과적으로 작동하면 사망할 수 있음
- 대상자가 스트레스원에 저항하여 기본구조를 지킬 수 있도록 돕는 자원이나 내적요인

① 저항선
② 정상방어선
③ 유연방어선
④ 에너지 자원

8 알마아타 선언에서 제시한 일차보건의료 서비스의 내용으로 가장 옳은 것은?

① 공공주택 공급사업
② 백혈병 치료제 공급사업
③ 심뇌혈관질환 관리사업
④ 지역사회 건강문제 예방교육

ANSWER 7.① 8.④

7 뉴만의 건강관리체계이론

기본구조	• 인간이 생존하기 위한 필수적인 구조 • 모든 개체가 공통적으로 가지고 있는 요소 • 정상체온의 범위, 유전인자의 구조, 신체기관의 구조
저항선	• 기본구조를 보호하는 최후의 요인 • 신체의 면역체계 • 스트레스원에 의하여 무너지게 되면 기본구조가 손상받게 된다. • 생명이나 존재에 위협을 받게 된다. • 저항선 파괴 시 증상이 발현된다.
정상방어선	• 한 대상체계가 오랫동안 유지해 온 평형상태로서 어떤 외적인 자극이나 스트레스원에 대해 나타나는 정상적 반응의 범위를 말한다. • 개인이 가지고 있는 지식, 태도, 문제해결능력, 대처능력, 발달단계와 같은 행위적 요소와 신체상태, 유전적 요인 등 변수들의 복합물이라 할 수 있다.
유연방어선	• 환경과 상호작용하여 시시각각으로 변하는 역동적 구조 • 외부자극이나 변화에 대하여 신속하게 축소되거나 확장되는 것 • 대처함으로써 스트레스원이 유연방어선을 거쳐 정상방어선까지 침범하지 못하도록 완충역할을 한다.

8 알마아타 선언 일차보건의료 서비스 내용은 일차 보건의료이므로 예방교육이 해당된다.

9 사회생태학적 모형에서 제시하는 건강결정요인 중, 〈보기〉에 해당하는 것은?

〈보기〉
개인이 소속된 학교나 직장에서의 구성원의 행동을 제약하거나 조장하는 규칙이나 규제

① 개인 요인(Intrapersonal factors)
② 개인 간 요인(Interpersonal factors)
③ 조직 요인(Institutional factors)
④ 지역사회 요인(Community factors)

10 지역사회 간호문제를 파악하기 위한 자료수집 방법 중 직접법에 해당하는 것은?

① 인구센서스 자료를 통해 지역의 인구증가율 정도를 파악하였다.
② 공공기관의 보고서를 통해 지역의 복지기관의 유형과 수를 파악하였다.
③ 지역의 행사, 의식에 참여하여 주민들의 규범이나 권력구조를 파악하였다.
④ 지역 내 의료기관 통계자료를 통해 병원 입원 및 외래환자의 상병 유형을 파악하였다.

ANSWER 9.③ 10.③

9 사회생태학적 모형

개인적 차원전략	개인의 지식, 믿음, 태도, 기질을 변화시키기 위해 교육, 상담, 유인제공 등의 전략 사용
개인 간 수준의 전략	가족, 친구, 직장동료, 이웃 등 개인에게 영향을 미칠 수 있는 사람들을 함께 관리함 멘토활용, 동료활용, 자조집단 활용
조직차원의 전략	개별 학교나 직장과 같은 조직에 대한 접근은 조직개발이론과 조직관계 이론에 근거를 두고 수행함
지역차원의 전략	건강박람회, 걷기대회, 홍보, 사회마케팅, 환경개선, 규범 개선

10 2차 자료(간접정보 수집)수집 방법 … 공공기관의 보고서, 통계자료, 회의록, 조사자료, 건강기록 등이 해당된다.

11 〈보기〉는 특정 연도의 A, B 국가의 연령대별 사망현황이다. 이에 대한 해석으로 가장 옳은 것은?

〈보기〉

〈단위 : 명〉

연령(세)	A 국가	B 국가
0~9	30	30
10~19	40	50
20~29	120	100
30~39	200	150
40~49	150	120
50~59	300	300
60세 이상	360	450
총 사망자 수	1,200	1,200

① A 국가의 비례사망지수는 0.625이다.
② B 국가의 건강수준은 A 국가보다 높다.
③ A 국가와 B 국가의 비례사망지수는 모두 0.5 미만이다.
④ 비례사망지수가 낮을수록 건강수준이 높은 것을 의미한다.

12 감염성 질환에서 해당 병원체의 감염력 및 전염력을 측정하는 데 가장 유용한 지표는?
① 발생률
② 유병률
③ 일차발병률
④ 이차발병률

ANSWER 11.② 12.④

11 비례사망지수 … 연간 총 사망수에 대한 50세 이상의 사망자수를 퍼센트(%)로 표시한 지수. 즉 비례사망지수가 낮다는 것은 일찍 사망하는 사람이 많다는 것을 의미하기 때문에 결국 건강수준이 낮다는 것을 의미한다.
  ㉠ A 국가 비례사망지수 : 660/1200 × 1000 = 550
  ㉡ B 국가 비례사망지수 : 750/1200 × 1000 = 625
  즉 건강수준은 B국가가 A국가 보다 높다는 것을 의미한다.

12 2차발병률 … 발단 환자를 가진 가구의 감수성이 있는 가구원 중에서 이 병원체의 최장 잠복기간 내에 환자와 접촉하여 질병으로 진전된 환자의 비율

13 〈보기〉에서 설명하는 계획된 행위이론의 구성개념으로 가장 옳은 것은?

> 〈보기〉
> 최근 당뇨 진단을 받은 환자에게 의사가 당뇨식이를 실천할 것을 권유하였고, 환자는 의사의 권고를 수용하고 따르려 한다.

① 태도
② 행위신념
③ 주관적 규범
④ 지각된 행위통제

14 산업재해 통계지표로 옳은 것은?

① 강도율=(손실노동일수/연근로시간수)×1,000
② 도수율=(재해건수/상시근로자수)×1,000
③ 건수율=(재해건수/연근로시간수)×1,000,000
④ 평균작업손실일수=작업손실일수/연근로시간수

ANSWER 13.③ 14.①

13 계획된 행위이론 … 개인의 의지와 행동에 영향을 주는 개인이 통제할 수 없는 요인들을 설명하려고 합리적 행위이론에 행동통제 인식을 추가했다. 개인의 특정 행동은 그 행동을 하겠다는 의도에 의해 결정되며 의도에 영향을 미치는 핵심요인은 행동에 대한 태도, 주관적 근거, 행동 통제 인식이다.

14

도수율	재해건수 / 연 근로시간 수 × 1,000,000
강도율	손실작업일수 / 연 근로시간 수 × 1,000
건수율	재해건수 / 평균 실근로자 수 × 1,000
평균작업손실일수	작업손실 일수 / 재해건수 × 1,000

15 국제간호협의회(International Council of Nurses: ICN)에서 제시한 간호사의 재난간호역량 중 〈보기〉에 있는 영역을 포함하는 것은?

> 〈보기〉
> 지역사회 관리, 개인과 가족 관리, 심리적 관리, 취약인구집단 관리

① 예방 역량
② 대비 역량
③ 대응 역량
④ 복구/재활 역량

ANSWER 15.③

15 재난관리단계별 간호활동

재난관리단계	간호실무
예방/완화단계	위기 감지 및 원인 제거활동
대비/준비 단계	• 비상훈련, 자원비출 • 안전문화의식 고취, 대피소 지정 • 전문요원의 양성 • 재난대책위원회 참여, 재난신고체계 확립 • 병원 재난계획 준비 및 지속적인 훈련
대응단계	• 현장 진료소 설치 운영 • 중증도 분류 • 현장진료소에서의 응급처치 • 병원의 재난대응 • 급성스트레스반응 관리 • 감염관리
복구단계	• 요구도 사정 • 이재민에 대한 집단구호 • 구호요원의 소진 예방 • 심리적 지지

16 흡연과 폐암과의 인과관계를 추정하기 위해 코호트 연구를 실시하여 〈보기〉와 같은 결과를 얻었다. 흡연으로 인한 폐암의 상대위험비(relative risk)는?

〈보기〉

〈단위 : 명〉

흡연 여부	폐암발생 여부 계		계
	O	×	
O	100	900	1,000
×	10	990	1,000
계	110	1,890	2,000

① (100/10)/(900/990)
② (100/1,000)/(10/1,000)
③ (100/900)/(10/990)
④ (100/110)/(900/1,890)

ANSWER 16.②

16 상대위험비(비교위험도)
  ㉠ 특정 위험요인에 노출된 사람들의 발생률과 노출되지 않은 사람들의 발생률을 비교하는 것을 말한다.
  ㉡ 상대위험비가 클수록 노출되었던 원인이 병인으로 작용할 가능성도 커지며, 상대위험비가 1에 가까울수록 의심되는 위험요인과 질병과의 연관성은 적어진다.
  ㉢ 상대위험비 = $\dfrac{\text{비노출군에서의 질병 발생률}}{\text{위험요인에 노출된 군에서의 질병 발생률}}$

17 제5차 국민건강증진종합계획(Health Plan 2030)에 해당하는 내용을 〈보기〉에서 모두 고른 것은?

〈보기〉
㉠ 적용대상을 [온 국민]에서 [모든 사람]으로 확대하였다.
㉡ 총괄목표는 건강수명연장과 건강형평성 제고이다.
㉢ 정신건강관리가 새로운 분과(사업영역)로 설정되어 자살예방, 치매, 중독, 지역사회 정신건강 등의 중점과제가 포함되었다.
㉣ 국가와 지역사회의 정책수립에서 주요 건강요인인 경제적 수준 향상을 사업의 기본원칙으로 한다.

① ㉠, ㉡
② ㉡, ㉢
③ ㉠, ㉡, ㉢
④ ㉡, ㉢, ㉣

ANSWER 17.③

17 국민건강증진종합계획(Health plan 2030) 기본틀
 ㉠ 모든 사람이 평생건강을 누리는 사회
 ㉡ 모든 사람 : 성, 계층, 지역 간 건강형평성 확보, 적용대상을 모든 사람으로 확대
 ㉢ 평생 건강을 누리는 사회 : 출생부터 노년까지 전 생애주기에 걸친 건강권 보장, 정부를 포함한 사회 전체를 포괄함
 ㉣ 주제 : 건강수명 연장, 건강형평성 제고
 ㉤ 원칙
  • 국가와 지역사회의 모든 정책 수립에 건강을 우선적으로 반영한다.
  • 보편적인 건강수준의 향상과 건강형평성 제고를 함께 추진한다.
  • 모든 생애과정과 생활터에 적용한다.
  • 건강친화적인 환경을 구축한다.
  • 누구나 참여하여 함께 만들고 누릴 수 있도록 한다.
  • 관련된 모든 부문이 연계하고 협력한다.
 ㉥ 6개 영역
  • 건강생활 실천
  • 정신건강 관리
  • 비감염성질환 예방관리
  • 감염 및 환경성질환 예방관리
  • 인구집단별 건강관리
  • 건강친화적 환경구축

18 지역사회 주민을 대상으로 고혈압관리사업을 하고 있다. 평가를 위해서 '대상자의 프로그램 만족도'를 평가하였다면, 이에 해당하는 것은?

① 구조평가
② 과정평가
③ 결과평가
④ 산출평가

ANSWER 18.②

18 Donabedian 3가지 평가범주

투입평가(구조평가)	장소, 기구, 도구, 물품, 인력, 예산
진행평가(과정평가)	• 대상자의 적절성 • 프로그램 만족도 • 프로그램 참여율 • 교재의 적절성
결과평가(영향평가)	• 효과(지식변화, 행위변화, 사업목표 달성) • 효율 : 사업으로 인해 변화된 결과 • 대상자 및 간호사의 만족도

19 「학교건강검사규칙」상 건강검진의 내용으로 가장 옳지 않은 것은?

① 척추는 척추옆굽음증(척추측만증)을 검사한다.
② 고등학교 1학년 여학생은 혈액검사 중 혈색소검사를 한다.
③ 시력측정은 안경 등으로 시력을 교정한 경우에는 교정시력을 검사한다.
④ 초등학교 4학년과 중학교 1학년 및 고등학교 1학년 학생 중 비만인 학생은 허리둘레와 혈압을 검사한다.

ANSWER 19.④

19 건강검진 항목 및 방법

검진항목		검진방법
척추		척추옆굽음증(척추측만증 검사)
눈	시력측정	- 공인시력표에 의한 검사 - 오른쪽과 왼쪽의 눈을 각각 구별하여 검사 - 안경 등으로 시력을 교정한 경우에는 교정시력을 검사
	안질환	결막염, 눈썹찔림증, 사시 등 검사
귀	청력	- 청력계 등에 의한 검사 - 오른쪽과 왼쪽의 귀를 각각 구별하여 검사
	귓병	중이염, 바깥귀길염(외이도염) 등 검사
콧병		코곁굴염(부비동염), 비염 등 검사
목병		편도선비대·목부위림프절비대·갑상샘비대 등 검사
피부병		아토피성피부염, 전염성피부염 등 검사
구강	치아상태	충치, 충치발생위험치아, 결손치아(영구치로 한정) 검사
	구강상태	치주질환(잇몸병)·구내염 및 연조직질환, 부정교합, 구강위생상태 등 검사
병리검사 등	소변	요컵 또는 시험관 등을 이용하여 신선한 요를 채취하며, 시험지를 사용하여 측정(요단백·요잠혈 검사)
	혈액	1회용 주사기나 진공시험관으로 채혈하여 다음의 검사 - 혈당(식전에 측정), 총콜레스테롤, 고밀도지단백(HDL) 콜레스테롤, 중성지방, 저밀도지단백(LDL) 콜레스테롤 및 간 세포 효소(AST·ALT)[1] - 혈색소[2]
	결핵[3]	흉부 X-선 촬영 및 판독
	혈압	혈압계에 의한 수축기 및 이완기 혈압
허리둘레[1]		줄자를 이용하여 측정
그 밖의 사항		위 항목 외에 담당의사가 필요하다고 판단하여 추가하는 항목(검진비용이 추가되지 않는 경우로 한정)

※ 특정항목 검사 대상
  1) 초등학교 4학년, 중학교 1학년, 고등학교 1학년 학생 중 비만인 학생
  2) 고등학교 1학년 여학생
  3) 중학교 1학년, 고등학교 1학년 학생

20 예방접종을 통해 집단의 면역수준이 높아져 주변 사람들이 감염병에 걸릴 가능성이 감소하는 현상을 설명하는 보건의료서비스의 사회경제적 특성으로 가장 옳은 것은?

① 외부효과
② 의사유인 수요
③ 수요와 치료의 확실성
④ 노동집약적 대인서비스

ANSWER 20.①

20 보건의료서비스의 사회경제적 특성
  ⊙ 생활필수품으로서의 보건의료
  ⓒ 비영리성
  ⓒ 소비자 무지(정보의 비대칭성)
  ⓔ 질병(의료수요)의 불확실성, 불규칙성
  ⓜ 치료 및 산출의 불확실성
  ⓗ 수요와 공급의 시간적 불일치
  ⓢ 경쟁제한(공급의 독점성 및 비탄력성)
  ⓞ 공공재적 성격
  ⓩ **외부효과** : 각 개인의 자의적 행동이 타인에게 파급되는 좋은 혹은 나쁜 효과로서의 결과를 말한다(예 : 예방접종, 치료를 통한 감염성 질환에 면역이 되는 경우).
  ⓩ 우량재(가치재)
  ⓚ 소비적 요소와 투자적 요소의 혼재
  ⓔ 노동집약적인 인적 서비스
  ⓟ 공동생산물로서의 보건의료와 교육

지역사회간호 | 2022. 2. 26. 제1회 서울특별시 시행

1 방문간호사가 노인과 그 가족을 대상으로 월 2회씩 총 6회차 허약예방교육을 매회 30분씩 계획하고 있다. 학습목표를 설정할 때, 심리운동영역에 해당하는 것은?

① 허약의 기본특성에 대해서 열거할 수 있다.
② 단백질 섭취의 중요성을 3가지 이상 설명할 수 있다.
③ 단백질이 풍부한 요리방법을 정확하게 시범보일 수 있다.
④ 허약노인에 대한 차별행동을 대상자 스스로 삼갈 수 있다.

ANSWER 1.③

1 ①② 인지 영역
　④ 정의 영역
　※ Bloom의 학습 목표 분류
　　㉠ **인지 영역**: 지식의 증가와 그 정보를 이용하는 능력의 증가를 보이는 것을 말한다.
　　㉡ **정의 영역(정서학습)**: 느낌이나 정서의 내면화가 이루어지면서 대상자의 성격과 가치체계가 통합되는 것을 의미한다.
　　㉢ **심리운동영역(심동적 학습)**: 지식이 늘어남에 따라 신체적 반응을 나타내는 것으로 신경 및 근육의 조정을 필요로 하는 기술을 발휘하는 것을 말한다.

2 〈보기〉에서 (가)와 (나)에 해당하는 내용을 옳게 짝지은 것은?

〈보기〉
(가)은/는 가족 내 가장 취약한 가구원을 중심으로 가족 내부뿐 아니라 외부와의 상호작용을 확인할 수 있는 도구이다. 이를 작성하려면 가족 구성원과 외부체계가 포함되는 다섯 개의 원을 이용하는데 두 번째 원에는 (나)을/를 표시한다.

	(가)	(나)
①	사회지지도	동거가족
②	외부체계도	직계가족
③	외부체계도	동거가족
④	사회지지도	직계가족

3 모자보건지표 중 한 명의 여성이 가임기간(15 ~ 49세) 동안 낳을 것으로 예상되는 평균 출생아 수에 해당하는 것은?

① 총재생산율
② 순재생산율
③ 합계출산율
④ 일반출산율

ANSWER 2.① 3.③

2 사회지지도 … 가족 중 가장 취약한 구성원을 중심으로 가족 내 부모, 형제, 친척 및 친구, 직장동료와 이웃 등의 지역사회의 지지 정도와 상호작용을 파악할 수 있는 도구이다. 작성 시 가족을 면담하여 우선적 간호중재가 제공되어야하는 취약한 가족구성원을 선정하고 다섯 개의 원을 그린 후 가장 안쪽에는 선정된 가족구성원을 그리고, 두 번째 원에는 동거가족, 세 번째 원에는 친척, 네 번째 원에는 이웃과 친구 또는 직장동료, 다섯 번째 원에는 선정된 가족 구성원과 관련 있는 지역사회 자원을 그린다. 관계가 친밀할 경우 두 개의 선으로 지지선을 그리고, 물질적 지지와 정서적 지지는 서로 다른 색깔로 구분하며, 지지의 방향은 화살표를 활용하여 작성할 수 있다.

3 합계출산율은 가임여성(19 ~ 45세) 1명이 평생 동안 낳을 것으로 예상되는 출생아수를 나타낸 지표로서 연령별 출산율의 총합이며, 출산력의 수준을 나타내는 대표적 지표이다.
① **총재생산율**: 한 세대의 가임여성과 다음세대의 가임여성을 직접 비교함으로 인구성장의 잠재적 개념을 측정하는 개념이다.
② **순재생산율**: 어느 세대의 어머니가 된 여자의 수에 대한 다음세대에 어머니가 될 여자의 수의 비율에 각각 임신할 수 있는 동안 사망으로 감소되는 것을 반영한 비율이다.
④ **일반출산율**: 특정 1년간의 총출생아수를 해당 연도의 15 ~ 49세(가임기간) 여자 연앙인구로 나눈 수치이다.

4 의료기관에서 시행되는 가정간호사업과 보건소 방문건강관리사업, 노인장기요양보험제도에 의한 방문간호사업에 대한 설명으로 가장 옳지 않은 것은?

① 보건소 방문건강관리사업은 「지역보건법」을 법적근거로 한다.
② 장기요양등급 판정 결과 5등급인 자는 보건소 방문건강관리사업의 대상자이다.
③ 간호사가 노인장기요양보험에서 제공하는 방문간호를 실시하였을 때 수가산정 기준은 1회 방문당 급여 제공시간에 따라 정해진다.
④ 의료기관 가정간호사업의 서비스 제공자는 가정전문간호사이다.

5 〈보기〉에서 설명하는 지역사회 기능으로 가장 옳은 것은?

〈보기〉
- 사회를 구성하는 조직원 간에 관련된 기능으로, 지역사회가 유지되기 위하여 사회의 구성원 사이에 서로가 믿음과 신뢰를 바탕으로 상호 존중한다.
- 구성원 상호 간 결속력과 사명감이 필요하며 주민 공동의 문제해결을 위하여 공동으로 노력하는 활동이 포함된다.

① 경제적 기능
② 사회화 기능
③ 사회통제 기능
④ 사회통합 기능

ANSWER 4.② 5.④

4 보건소 방문건강관리사업의 대상자는 건강관리서비스 이용이 어려운 사회, 문화, 경제적 건강취약계층 및 65세 이상 독거노인, 75세 이상 노인부부 가구 중심이며 모든 서비스는 기초생활수급자 및 차상위계층을 우선적으로 제공하며 노인장기요양등급판정자는 제외한다.
※ 노인장기요양보험제도 … 2008년 7월 1일부터 시행되기 시작하였으며, 노인 본인이나 돌보는 가족들의 소득수준과 상관없이 65세 이상의 노인 또는 64세 이하라도 치매, 중풍, 파킨슨병 등 노인성 질병으로 6개월 이상 기간 동안 혼자서 일상생활을 수행하기 어려운 사람은 누구나 급여대상이 된다. 장기요양인정 신청은 건강보험가입자(피부양자포함)인 경우 자동적으로 장기요양보험 대상이 되므로 별도의 가입절차는 필요하지 않다. 수급자 받을 수 있는 급여의 종류로는 재가급여(방문간호, 방문요양, 방문목욕, 주·야간 보호, 단기보호, 기타 재가급여)와 시설급여, 특별현금급여가 있다.

5 ① 경제적 기능:필요한 재화나 서비스를 생산·분배·소비하는 과정과 관련된 기능이다.
② 사회화 기능:사회가 향유하는 지식과 사회적 가치 등을 지역사회 구성원들에게 전달하는 기능이다.
③ 사회통제 기능:지역사회가 구성원들에게 사회 규범에 순응하도록 하는 기능이다.
※ 지역사회의 기능 … 사회화 기능, 사회통제의 기능, 경제적 기능, 사회통합 또는 참여의 기능, 상부상조의 기능, 건강한 지역사회 기능으로 구분할 수 있다. 이중 사회통합 또는 참여의 기능은 지역사회 유지를 위해 지역사회의 결속력과 사기를 높이고 주민의 공동문제를 해결하기 위해 공동 노력하는 활동들이 포함된다.

6 서울특별시 D구는 PRECEDE – PROCEED 모형에 근거하여 성인인구집단의 비만예방을 위한 건강증진사업을 계획하고자 한다. 교육 및 생태학적 사정단계에서 교육 전략 구성을 위해 건강행위에 영향을 주는 요인 중 가능요인(Enabling Factors)으로 활용할 수 있는 지표로 가장 옳은 것은?

① 비만 유발요인에 대한 지식정도
② 신체활동을 격려해주는 가족의 지지
③ 과일과 채소 섭취를 증가시킬 수 있는 자신감
④ 집에서 가까운 지불가능한 운동센터의 개수

7 지역사회간호사가 방문간호 대상자에게 오렘(Orem)의 자가간호이론을 적용하고자 할 때 〈보기〉에서 대상자의 간호요구는?

〈보기〉
김 씨(71세, 여성)는 독거노인으로 6개월 전 고혈압 진단을 받아 혈압약을 처방받았다. 현재 혈압이 180/100mmHg, 체질량지수(BMI)가 25이며, 가끔씩 두통과 어지러움을 호소하고 있으나, 증상이 있을 때만 약을 복용하고 있으며, 식이요법이나 운동 등을 실천하지 않고 있다.

① 일반적 자가간호요구
② 발달적 자가간호요구
③ 보상체계적 자가간호요구
④ 건강이탈 자가간호요구

ANSWER 6.④ 7.④

6 Green의 PRECEDE –PROCEED모형 … 대상자 중심이 아니라 지역사회 전체를 대상으로 건강 및 건강행위, 사회적 생태학적 여러 측면들이 중요한 요소임을 강조하고 있다. 이중 3단계 교육적, 생태학적 사정 단계에서는 보건교육 내용을 설정하기 위한 단계인데 이때 성향(소인)요인과 촉진(가능)요인, 강화요인을 살펴본다. 가능요인이란 건강행위 수행을 가능하게 도와주는 요인으로서 보건의료 및 지역사회 자원의 이용가능성과 접근성, 시간적 여유, 개인의 기술과 개인 및 지역사회의 자원이 포함된다. 활용할 수 있는 지표로는 자원에서는 보건의료시설과 인력, 학교, 비용, 거리, 이용 가능한 교통수단과 사용가능한 시간이 있으며, 기술에서는 신체운동, 휴식요법, 의료기기 사용 등이 있다.

7 건강이탈 자가간호요구는 질병이나 상해 시 요구되는 것으로 자아상의 정립, 일상생활 과정의 변화, 건강이탈로 인한 치료에 대처하거나 새로운 생활의 적응과 관련되어 나타나는 요구이다.
① 일반적 자가간호요구 : 인간의 기본적인 욕구를 충족시키는 행동이다.
② 발달적 자가간호요구 : 인간의 발달과정과 생의 주기의 다양한 단계(임신, 출생, 가족사망 등)에서 특정하게 필요로 하는 자가간호요구이다.
③ 보상체계적 자가간호요구 : 간호사가 전적으로 환자를 위해 모든 것을 도와주는 전체적 보상체계와 부분적으로 자가간호를 시행해주는 부분적 보상체계가 있다.
※ 오렘(Orem)의 자가간호 이론 … 대상자인 인간을 생물학적, 사회적, 상징적으로 기능하는 하나의 통합된 개체로서 자기간호라는 행동 형태를 계속적인 자기유지와 자기조절을 수행하는 자기간호 요구를 지닌 자가간호 행위자로 보았다.

8 치명률이 높거나 집단 발생의 우려가 커서 발생 또는 유행 즉시 신고하여야 하고, 음압격리와 같은 높은 수준의 격리가 필요한 감염병에 해당하지 않는 것은?

① 두창
② 탄저
③ 유행성이하선염
④ 중증급성호흡기증후군(SARS)

9 세균성 식중독은 감염형과 독소형으로 분류된다. 감염형 식중독의 특징에 대한 설명으로 가장 옳은 것은?

① 잠복기가 비교적 길다
② 균이 사멸해도 발생할 수 있다.
③ 식품을 가열처리해도 예방효과가 낮다.
④ 세균이 증가할 때 발생하는 체외독소에 의해 발생한다.

ANSWER 8.③ 9.①

8 제1급감염병 … 생물테러감염병 또는 치명률이 높거나 집단 발생의 우려가 커서 발생 또는 유행 즉시 신고하여야 하고, 음압격리와 같은 높은 수준의 격리가 필요한 감염병으로서 두창, 탄저, 중증급성호흡기증후군(SARS), 에볼라바이러스병, 디프테리아, 신종인플루엔자 등이 있다.
유행성 이하선염은 제2급감염병으로 전파가능성을 고려하여 발생 또는 유행 시 24시간 이내에 신고하여야 하고, 격리가 필요한 감염병으로 결핵, 수두, 홍역, 콜레라, 장티푸스, 파라티푸스, 세균성이질, 유행성이하선염, 풍진 등이 포함된다.
①②④ 제1급감염병

9 ① 잠복기는 평균 16시간 이상이다.
②③ 75℃로 가열 후 바로 섭취할 수 있으며 저온 저장으로 미생물 생육을 억제할 수 있다.
④ 식품과 섭취한 미생물이 체내에서 증식되어 발생한다.
※ 독소형 식중독 … 세균의 독소로 오염된 음식물을 섭취할 경우 잠복기가 1 ~ 6시간이며, 세균을 섭취한 후 체내에서 독소가 만들어지는 경우는 8 ~ 16시간이다. 독소형 식중독의 원인균은 황색포도상구균, 바실루스세레우스균, 웰치균 등이고 감염형 식중독의 원인균은 병원성 대장균, 장염비브리오균, 살모넬라균, 시겔라균 등이 있다.

10 서울특별시 A구에서 노인인구를 위한 2022년도 신체활동증진사업 계획을 수립하고자 한다. 투입 – 산출모형에 따른 사업의 목표설정에서 산출목표에 해당하는 것은?

① A구 보건소 노인운동교실의 연간 참가인원을 1,200명으로 한다.
② A구 노인인구의 걷기실천율이 52%에서 60%로 증가한다.
③ A구 보건소 노인운동교실 공간설치로 예산 7,500천 원을 편성한다.
④ A구 노인인구의 중간강도 신체활동실천율이 43%에서 48%로 증가한다.

11 MAPP(Mobilizing for Action Planning and Partnership)모형을 활용하여 지역사회보건사업을 기획할 때 2단계에 해당하는 것은?

① 목표와 전략을 수립한다.
② 전략적 이슈를 확인한다.
③ 비전을 설정한다.
④ 지역사회 건강상태를 사정한다.

ANSWER 10.① 11.③

10 투입 – 산출모형에 따른 목표 분류
  ㉠ 투입 목표: 인력, 시설, 예산, 정보 등
  ㉡ 산출 목표: 이용건수, 사업건수, 교육건수 등
  ㉢ 결과 목표: 지식, 태도, 행동 변화, 수명 연장, 사망률 저하, 삶의 질 향상 등

11 ① 5단계
  ② 4단계
  ④ 3단계
  ※ MAPP모형의 단계

구분	내용
1단계	기획 성공을 위한 조직화 및 협력 체계 개발
2단계	비전 설정
3단계	• 지역사회 건강수준 사정 • 지역사회 핵심 주제 및 장점 사정 • 지역사회보건체계 사정 • 변화의 역량 사정
4단계	전략적 이슈 사정
5단계	목표와 전략 설정
6단계	순환적 수행

12 앤더슨(Anderson)이 제시하는 보건정책과정 중 정책당국이 심각성을 인정하여 해결해야 하는 정책문제를 선정하는 단계에 해당하는 것은?

① 정책의제 형성
② 정책결정
③ 정책집행
④ 정책평가

13 재난 관련 위험을 예방하고 위험 및 관련 재해로 인한 악영향을 최소화하기 위한 재난 단계의 활동에 해당하는 것은?

① 임시대피소 마련
② 중증도 분류 진료소 설치
③ 심리적 지지 프로그램
④ 안전점검 및 안전교육

ANSWER 12.① 13.④

12 Anderson의 보건정책과정

구분		내용
1단계	문제정의와 정책의제 형성	정책문제를 선정
2단계	정책 형성	실현가능한 대안들을 발전
3단계	정책 채택	권위있는 기관이 의결하거나 합법성을 부여
4단계	정책 집행	정부의 행정기구가 결정된 정책을 실행에 옮기는 단계
5단계	정책 평가	효과적이었는가에 대한 판단 및 성공이나 실패 원인을 파악하는 단계

13 재난과 관련된 위험을 예방하고, 위험 및 관련 재해로 인한 영향을 최소화하기 위한 재난 단계의 활동은 예방 및 완화 단계에 해당된다.
① 대비 및 준비 단계
② 대응 단계
③ 복구단계
※ 재난의 단계별 간호실무

단계	내용
예방 및 완화	위기 감지 및 원인 제거 활동
대비 및 준비	• 비상훈련 및 자원 비축 • 전문 요원 양성 • 안전문화 의식 고취 및 대피소 지정 • 재난대책위원회 참여 및 재난신고체계 확립 • 병원 재난계획 준비 및 지속적인 훈련
대응	• 진료소 설치 및 운영 • 중등도 분류 • 응급처치 급성스트레스 반응 및 감염 관리
복구	• 요구도 사정 • 심리적지지 • 이재민 집단 구호

14 검사방법의 타당도 지표에 대한 설명으로 가장 옳은 것은?

① 민감도는 해당 질병이 있는 사람의 검사 결과가 양성으로 나타나는 경우를 말한다.
② 특이도는 해당 질병이 없는 사람의 검사 결과가 양성으로 나타나는 경우를 말한다.
③ 위양성률은 질병이 없는 사람의 검사 결과가 음성으로 나타나는 경우를 말한다.
④ 위음성률은 질병이 있는 사람의 검사 결과가 양성으로 나타나는 경우를 말한다.

15 일차보건의료의 접근에 대하여 세계보건기구(WHO)가 제시한 필수요소(4A)로 가장 옳지 않은 것은?

① 수용 가능한 방법
② 최상의 의료서비스 제도
③ 지역주민의 참여
④ 쉽게 이용할 수 있는 높은 접근성

ANSWER 14.① 15.②

14 ② 특이도: 질병에 걸리지 않은 사람이 음성으로 나올 확률을 의미한다.
③ 위양성률: 질병이 없는 사람이 양성으로 나올 확률을 의미한다.
④ 위음성률: 질병이 있는 사람이 음성으로 나올 확률을 의미한다.
※ 타당도(정확도) … 검사법이 진단하고자 하는 질병의 유무를 얼마나 정확하게 측정하는가를 의미한다.

15 ① Acceptable
③ Active
④ Accessible
※ 세계보건기구(WHO)가 제시한 일차보건의료의 접근법 필수요소(4A)
  ㉠ Accessible: 접근 용이성
  ㉡ Acceptable: 수용가능성
  ㉢ Active: 적극적인 주민참여
  ㉣ Affordable: 지불부담능력

16 산업장 간호사가 작업장에서 보호구 착용을 하지 않고 유기용제에 노출되어 의식을 잃고 쓰러진 근로자를 발견하였을 때 적절한 응급처치로 가장 옳지 않은 것은?

① 유기용제가 묻은 옷을 벗긴다.
② 따뜻한 물이나 음료를 제공한다.
③ 근로자를 작업장 밖으로 옮긴다.
④ 호흡이 멎었을 때는 인공호흡을 실시한다.

17 상수도의 정수과정 중 완속여과법과 급속여과법에 대한 설명으로 가장 옳은 것은?

① 완속여과법은 보통침전법 후 사용되는 방법이다.
② 급속여과법은 사면대치의 청소방법을 사용한다.
③ 완속여과법은 여과 면적이 좁을 때 적당한 방법이다.
④ 급속여과법은 건설비는 많이 드나 경상비는 적게 든다.

ANSWER 16.② 17.①

16 유기용제 노출에 의해 의식을 잃고 쓰러진 경우에는 물이나 음료제공을 금지한다.
 ※ 그 외 유기용제 노출에 의한 응급처치
  ㉠ 유해물질이 있는 작업 장소로부터 환자를 옮겨 맑은 공기를 마실 수 있도록 한다.
  ㉡ 호흡이 멈추지 않도록 지속적인 인공호흡을 한다.
  ㉢ 의식장해가 있을 때에는 산소흡입을 시켜야하며, 이를 위해서는 급성중독을 일으킬 수 있는 밀폐작업장의 경우 응급용 산소공급 장치를 비치하는 것이 좋다.
  ㉣ 용제가 묻은 의복을 벗긴다.
  ㉤ 환자에게 체온 유지를 위해 담요를 덮는 등 보온과 안정에 유의한다.
  ㉥ 의식이 있는 환자에게는 따뜻한 물이나 커피를 마시게 한다.

17 물의 정수과정은 침전 – 폭기 – 여과 – 소독의 과정을 거친다. 이중 여과에서 완속여과법(보통침전법)과 급속여과법(약품 침전법)을 거치게 된다.
 ※ 완속여과법과 급속여과법
  ㉠ 완속여과법(보통침전법) : 유속을 늦추고 색도 및 탁도, 세균수를 감소시킨다.
  ㉡ 급속여과법(약품침전법) : 황산알미늄을 가하여 응집하여 고속침전을 하는 방법이다.

18 질병발생의 역학적 인과관계가 있다고 확정 짓는 조건으로 가장 옳은 것은?

① 요인에 대한 결과가 다른 집단에서는 다른 경향을 나타낸다.
② 어떤 요인이 특정 질병에만 관련을 보인다.
③ 원인적 요인이 우연히 일어날 수 있는 확률이 높다.
④ 질병요인의 노출을 제거했을 때 질병발생 위험이 증가한다.

19 제5차 국민건강증진종합계획(Health Plan 2030)에 제시된 인구집단별 건강관리의 대상과 대표지표를 옳게 짝지은 것은?

① 영유아 : 손상 사망률
② 근로자 : 연간 평균 노동시간
③ 노인 : 치매환자 등록률
④ 여성 : 비만 유병률

ANSWER 18.② 19.②

18 ① 다른 집단에서도 일정한 결과가 관찰된다.
③ 요인 노출과 질병 발생과의 시간적 선후관계가 있다
④ 노출감소나 소멸은 질병위험을 감소한다.
※ 원인적 연관성의 확정조건
  ㉠ 요인 노출과 질병발생과의 시간적 선후관계가 있다.
  ㉡ 연관성의 강도 : 비교위험도 또는 교차비로 측정 가능하다.
  ㉢ 용량 반응관계 : 노출량이 증가할수록 질병위험도 증가한다.
  ㉣ 결과의 반복성 : 다른 연구와 다른 집단에서도 일정한 결과가 관찰된다.
  ㉤ 기존 지식과의 일치도
  ㉥ 생물학적 개연성 : 동물실험으로 증명된다.
  ㉦ 노출중단 : 노출감소나 소멸은 질병위험을 감소시킨다.
  ㉧ 연관성의 특이성 : 한 요인이 특정질병에만 연관성을 보이는 경우이다.

19 제5차 국민건강증진종합계획(HP2030) 인구집단별 건강관리 대상과 대표지표

대상	대표지표
영유아	영아사망률(출생아 1천 명 당)
아동·청소년	고등학교 남학생/여학생 현재흡연율
여성	모성사망비(출생아 10만 명 당)
노인	노인 남성/여성의 주관적 건강인지율
장애인	성인 장애인 건강검진 수검률
근로자	연간 평균 노동시간
군인	군 장병 흡연율

20 「학교보건법 시행령」에서 명시한 보건교사의 직무를 〈보기〉에서 모두 고른 것은?

〈보기〉
㉠ 각종 질병의 예방처치 및 보건지도
㉡ 건강진단결과 발견된 질병자의 요양지도 및 관리
㉢ 응급을 요하는 자에 대한 응급처치
㉣ 학생과 교직원의 건강진단과 건강평가

① ㉠㉡
② ㉢㉣
③ ㉠㉡㉢
④ ㉠㉡㉢㉣

ANSWER 20.③

20 학교에 두는 보건교사의 직무〈학교보건법 시행령 제23조 제4항 제3호〉
㉠ 학교보건계획의 수립
㉡ 학교 환경위생의 유지·관리 및 개선에 관한 사항
㉢ 학생과 교직원에 대한 건강진단의 준비와 실시에 관한 협조
㉣ 각종 질병의 예방처치 및 보건지도
㉤ 학생과 교직원의 건강관찰과 학교의사의 건강상담, 건강평가 등의 실시에 관한 협조
㉥ 신체가 허약한 학생에 대한 보건지도
㉦ 보건지도를 위한 학생가정 방문
㉧ 교사의 보건교육 협조와 필요시의 보건교육
㉨ 보건실의 시설·설비 및 약품 등의 관리
㉩ 보건교육자료의 수집·관리
㉪ 학생건강기록부의 관리
㉫ 다음의 의료행위(간호사 면허를 가진 사람만 해당한다)
  • 외상 등 흔히 볼 수 있는 환자의 치료
  • 응급을 요하는 자에 대한 응급처치
  • 부상과 질병의 악화를 방지하기 위한 처치
  • 건강진단결과 발견된 질병자의 요양지도 및 관리
  • 위의 의료행위에 따르는 의약품 투여
㉬ 그 밖에 학교의 보건관리

지역사회간호 | 2022. 4. 30. 지방직 8급 간호직 시행

1 학습내용을 조직하는 일반적인 원리로 옳은 것은?

① 어려운 것에서 쉬운 것으로

② 구체적인 것에서 추상적인 것으로

③ 거리가 먼 것에서 직접적인 것으로

④ 모르는 것에서 알고 있는 것으로

ANSWER 1.②

1 ① 쉬운 것에서 어려운 것으로
③ 가까운 것에서 먼 것으로
④ 아는 것에서 모르는 것으로
※ 보건교육 계획 시 학습내용 조직법
  ㉠ 아는 것에서 모르는 것으로
  ㉡ 구체적인 것에서 추상적인 것으로
  ㉢ 쉬운 것에서 어려운 것으로
  ㉣ 전체적인 것에서 세부적인 것으로
  ㉤ 단순한 것에서 복잡한 것으로
  ㉥ 가까운 것에서 먼 것으로

2 세계보건기구(WHO)의 가족생활주기(family life cycle)에서 첫 자녀 독립부터 막내 자녀 독립까지의 시기에 해당하는 발달 단계는?

① 형성기(formation)
② 해체기(dissolution)
③ 축소기(contraction)
④ 확대완료기(completed extension)

3 모성사망비의 분모로 옳은 것은?

① 당해 연도의 중앙 인구
② 당해 연도의 출생아 수
③ 당해 연도의 모성 사망 수
④ 당해 연도의 15~49세 가임기 여성 수

ANSWER 2.③ 3.②

2 WHO는 첫 자녀의 독립부터 모든 자녀의 독립을 축소기라고 정의한다.
① 결혼부터 첫 자녀 출생까지를 일컫는다.
② 배우자가 사망한 후 혼자 남는 시기를 일컫는다.
④ 모든 자녀의 출생부터 첫 자녀의 독립까지를 일컫는다.
※ WHO와 듀발(Duvall)의 가족생활주기

WHO	듀발(Duvall)
• 형성기: 결혼부터 첫 자녀 출생까지 • 확대기: 첫 자녀 출생부터 막내 자녀 출생까지 • 확대완료기: 모든 자녀 출생 완료부터 첫 자녀의 독립까지 • 축소기: 첫 자녀 독립부터 모든 자녀 독립까지 • 해체기: 배우자가 사망한 후 혼자 남는 시기	• 신혼기: 결혼부터 첫 자녀 출생까지 • 양육기: 첫 자녀 출생부터 30개월까지 • 학령전기: 첫 자녀 30개월부터 6세까지 • 학령기: 첫 자녀 6세부터 13세까지 • 청소년기: 첫 자녀 13세부터 20세까지 • 진수기: 첫 자녀의 독립부터 모든 자녀 독립까지 • 중년기: 모든 자녀 독립부터 부부의 은퇴까지 • 노년기: 부부의 은퇴 후 사망

3 모성사망은 임신 또는 관련으로 인해 임신 중 또는 분만 후 42일(6주) 이내에 사망한 것으로 모성건강지표로 쓰인다. 모성사망비는 당해 연도 출생아 10만 명당 임신, 분만, 산욕으로 인한 모성사망의 수로 산출하며, 출생아수를 분모로 한다.

$$모성사망비 = \frac{당해 \; 연도 \; 임신 \cdot 분만 \cdot 산욕으로 \; 인한 \; 모성 \; 사망 \; 수}{당해 \; 연도 \; 출생아 \; 수} \times 100,000$$

4 다음에서 설명하는 가족사정도구는?

> • 가족구성원 전체를 둘러싼 외부환경과 가족구성원 사이의 상호작용을 명료하게 파악할 수 있다.
> • 가족에게 유용하거나 스트레스·갈등이 있는 외부체계를 파악할 수 있다.

① 가계도
② 생태도
③ 가족밀착도
④ 사회지지도

5 제5차 국민건강증진종합계획(health plan 2030)에서 '건강생활실천' 분과의 중점과제가 아닌 것은?

① 비만
② 영양
③ 절주
④ 구강건강

ANSWER 4.② 5.①

4 생태도(외부체계도)는 외부환경과 가족구성원 간의 다양한 상호작용을 한눈에 파악할 수 있으며 가족에게 유용한 체계나 스트레스 및 갈등이 발생하는 외부체계를 파악할 수 있다. 교류의 정도, 스트레스 등을 나타낸다.
① 가계도: 가족 구성원의 전체 구조를 한눈에 볼 수 있다. 부부를 중심으로 가족구성원의 관계를 기록한다. 일반적으로 이혼이나 별거, 사망 등을 기입하며 동거가족은 점선으로 표기한다.
③ 가족밀착도: 동거 중인 가족구성원 간의 상호관계 및 밀착관계를 도식화한 것이다. 전체적인 상호작용을 쉽게 파악할 수 있으며 점선이 아닌 실선으로 표기한다.
④ 사회지지도: 가족구성원 중 가장 취약한 구성원을 중심으로 친구, 이웃, 직장동료 등 지역사회 관계를 나타낸다. 가족 하위체계와 외부환경과의 상호작용을 파악할 수 있다.

5 비감염성질환 예방관리의 중점과제로, 비만을 포함하여 암, 심뇌혈관질환, 손상 등이 있다.
※ 건강생활실천분야의 중점과제 … 금연, 절주, 신체활동, 영양, 구강건강

6 다음에서 설명하는 로이(Roy) 적응이론의 자극 유형은?

> • 현재 상태에 영향을 미치는 개인의 신념, 태도, 성격, 과거 경험 등과 같은 특성을 의미한다.
> • 인간 행동에 간접적으로 영향을 미치는 요인이며, 대부분 측정이 어렵다.

① 초점자극
② 연관자극
③ 잔여자극
④ 조절자극

ANSWER 6.③

6 ① 주변인과의 갈등 등 변화가 요구되는 즉각적이면서도 직접적인 사건을 말한다.
② 근심걱정, 불안 등 현재 상태에서 영향을 주며 측정될 수 있는 자극으로, 초점자극에 의해 유발된다.
④ 호르몬 반응 등 생리적인 양상과 관련되어 무의식적으로 나타나는 기전을 조절자극이 아닌 조절기전이라고 한다.
※ 로이(Roy)의 적응이론 과정

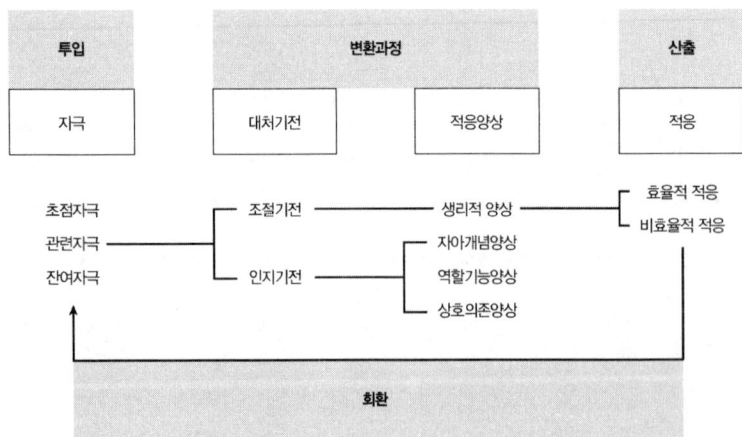

7 다음에 해당하는 자료는?

> • 유해 화학물질을 제조·수입하려는 자가 해당 물질에 대한 유해성 평가결과를 근거로 작성한 자료
> • 화학제품에 대한 정보, 구성 성분의 명칭 및 함유량, 유해성·위험성, 취급 및 저장 방법 등에 관한 자료

① 물질안전보건자료
② 노출평가분석자료
③ 산업재해평가자료
④ 작업환경측정자료

8 동일한 유해인자에 노출된 근로자들에게 유사한 질병의 증상이 발생하여 고용노동부장관의 명령으로 실시하는 건강진단은?

① 임시건강진단
② 일반건강진단
③ 특수건강진단
④ 배치전건강진단

ANSWER 7.① 8.①

7 **물질안전보건자료**(MSDS) … 화학물질 또는 이를 포함한 혼합물을 제조 및 수입하려는 자가 해당 물질에 대한 유해성 평가결과를 근거로 작성한 자료이다. 대상 물질을 양도 혹은 제공하는 자는 양도 혹은 제공받는 자에게 물질안전보건자료를 제공해야 한다. 물질안전보건자료는 제품명, 화학물질의 명칭 및 함유량, 안전 및 보건상의 취급주의사항, 건강 및 환경에 대한 유해성·물리적 위험성, 물리·화학적 특성 등 고용노동부령으로 정하는 사항으로 구성되어야 한다.

8 임시건강진단은 당해 근로자 본인 또는 동료 근로자들의 건강보호를 강구하기 위하여 실시한다. 동일 부서에 근무하는 근로자나 동일 유해인자에 노출되는 근로자에게 유사한 증상이 발생하는 경우, 집단발병이 우려되는 경우에 유해인자에 의한 중독, 질병의 이환 여부, 원인 등을 파악하기 위해서 고용노동부장관의 명령으로 사업주가 실시한다.
② **일반건강진단** : 일정한 주기로 모든 근로자에게 실시하는 건강진단이다.
③ **특수건강진단** : 유기용제 등 화학물질 취급자, 소음 및 광물성분진·목재분진 취급자, 석면분지 및 면분진을 포함한 그 외 취급자를 대상으로 직업성 질환을 조기에 발견하여 관리 또는 치료를 위해 실시한다.
④ **배치전건강진단** : 특수건강진단을 받아야 하는 대상이거나 법정 유해인자에 노출될 수 있는 부서로 배치될 시 실시하는 진단이다.

9 다음 제정 목적을 갖는 법률은?

> 보건의료에 관한 국민의 권리·의무와 국가 및 지방자치단체의 책임을 정하고 보건의료의 수요와 공급에 관한 기본적인 사항을 규정함으로써 보건의료의 발전과 국민의 보건 및 복지의 증진에 이바지함

① 「보건의료기본법」
② 「지역보건법」
③ 「공공보건의료에 관한 법률」
④ 「농어촌 등 보건의료를 위한 특별조치법」

10 다음에서 설명하는 사회인지이론의 구성개념은?

> • 행동을 성공적으로 수행할 수 있다는 신념을 말한다.
> • 수행경험, 대리경험, 언어적인 설득을 통해 높일 수 있다.

① 자기조절
② 결과기대
③ 대리강화
④ 자기효능감

ANSWER 9.① 10.④

9 ② 보건소 등 지역보건의료기관의 설치·운영에 관한 사항과 보건의료 관련 기관·단체와의 연계·협력을 통하여 지역보건의료기관의 기능을 효과적으로 수행하는 데 필요한 사항을 규정함으로써 지역보건의료정책을 효율적으로 추진하여 지역주민의 건강 증진에 이바지함을 목적으로 한다〈지역보건법 제1조(목적)〉.
   ③ 공공보건의료의 기본적인 사항을 정하여 국민에게 양질의 공공보건의료를 효과적으로 제공함으로써 국민보건의 향상에 이바지함을 목적으로 한다〈공공보건의료에 관한 법률 제1조(목적)〉.
   ④ 농어촌 등 보건의료 취약지역의 주민 등에게 보건의료를 효율적으로 제공함으로써 국민이 고르게 의료혜택을 받게 하고 국민의 보건을 향상시키는 데에 이바지함을 목적으로 한다〈농어촌 등 보건의료를 위한 특별조치법 제1조(목적)〉.

10 자기효능감은 주어진 행동을 성공적으로 할 수 있다는 개인의 신념으로 행위변화 시 우선적으로 필요한 구성이다. 수행경험, 대리경험, 언어적 설득, 생리적 상태에 대한 인식 등에 영향을 받는다.
   ① **자기조절**: 자신을 관찰하고 목표 행동을 분명히 한다. 행동의 기준을 정하고 그 기준에 따라 행동을 통제한다.
   ② **결과기대**: 어떠한 행동이 특정 행동을 야기할 것이라는 기대이다.
   ③ **대리강화**: 관찰학습, 자기규제행동 등이 환경의 영향하에서 이루어지는 것을 말한다.

11 지역보건법령상 지역보건의료계획에 대한 설명으로 옳은 것은?

① 시·도와 시·군·구에서 5년마다 계획을 수립한다.
② 보건복지부장관은 계획 시행에 필요한 경우에 보건의료 관련기관에 인력·기술 및 재정을 지원한다.
③ 보건복지부에서 심의를 받은 뒤 지방자치단체 의회에 보고하고 재심의를 받는다.
④ 시·도지사가 수립하는 계획은 의료기관 병상의 수요·공급에 관한 사항을 포함하여야 한다.

ANSWER 11.④

11 ① 시·도지사 또는 시장·군수·구청장은 지역주민의 건강 증진을 위하여 지역보건의료계획을 4년마다 수립하여야 한다〈지역보건법 제7조(지역보건의료계획의 수립 등) 제1항〉.
② 시·도지사 또는 시장·군수·구청장은 지역보건의료계획을 시행하는 데에 필요하다고 인정하는 경우에는 보건의료 관련기관·단체 등에 인력·기술 및 재정 지원을 할 수 있다〈지역보건법 제8조(지역보건의료계획의 시행) 제2항〉.
③ 특별자치시장·특별자치도지사 및 제3항에 따라 관할 시·군·구의 지역보건의료계획을 받은 시·도지사는 해당 위원회의 심의를 거쳐 시·도(특별자치시·특별자치도를 포함한다. 이하 이 조에서 같다)의 지역보건의료계획을 수립한 후 해당 시·도의회에 보고하고 보건복지부장관에게 제출하여야 한다〈지역보건법 제7조(지역보건의료계획의 수립 등) 제4항〉.

※ **지역보건의료계획 세부 내용**〈지역보건법 시행령 제4조 제1항〉
 ㉠ 지역보건의료계획의 달성 목표
 ㉡ 지역현황과 전망
 ㉢ 지역보건의료기관과 보건의료 관련기관·단체 간의 기능 분담 및 발전 방향
 ㉣ 보건소의 기능 및 업무의 추진계획과 추진현황
 ㉤ 지역보건의료기관의 인력·시설 등 자원 확충 및 정비 계획
 ㉥ 취약계층의 건강관리 및 지역주민의 건강 상태 격차 해소를 위한 추진계획
 ㉦ 지역보건의료와 사회복지사업 사이의 연계성 확보 계획
 ㉧ 의료기관의 병상(病床)의 수요·공급
 ㉨ 정신질환 등의 치료를 위한 전문치료시설의 수요·공급
 ㉩ 특별자치시·특별자치도·시·군·구 지역보건의료기관의 설치·운영 지원
 ㉪ 시·군·구 지역보건의료기관 인력의 교육훈련
 ㉫ 지역보건의료기관과 보건의료 관련기관·단체 간의 협력·연계
 ㉬ 그 밖에 시·도지사 및 특별자치시장·특별자치도지사가 지역보건의료계획을 수립함에 있어서 필요하다고 인정하는 사항

12 지역사회 건강사정을 위해 보건소 간호사가 마을 부녀회장을 심층 면담했을 때, 이에 해당하는 자료수집 방법과 자료의 특성을 옳게 짝 지은 것은?

	자료수집 방법	자료 특성
①	직접법	양적 자료
②	직접법	질적 자료
③	간접법	양적 자료
④	간접법	질적 자료

13 다음 내용에 근거하여 SWOT 분석 시 보건소 간호사가 세워야 할 전략은?

- 보건소 의료 인력의 지식수준과 기술적 역량이 높다.
- 지역사회에 신종감염병이 갑자기 급속도로 확산되고 있다.

① 약점 – 기회(WO) 전략
② 약점 – 위협(WT) 전략
③ 강점 – 기회(SO) 전략
④ 강점 – 위협(ST) 전략

ANSWER 12.② 13.④

12 지역사회의 공식 혹은 비공식 지역 지도자와의 면담을 통해 자료를 수집하는 방법을 직접법이라고 하며, 통계자료가 아닌 면담을 통해 문자, 영상, 음성 등으로 기록된 자료로 질적 자료가 된다.

13 강점–위협(ST) 전략은 다각화 전략으로 위협을 최소화하고 내부 강점을 사용하는 전략이다. 따라서 보건소 의료 인력의 높은 지식수준과 기술적 역량으로 지역사회에 급속도로 확산되고 있는 신종감염병에 대응하는 전략은 강점–위협(ST)이다.
① 약점–기회(WO) 전략 : 약점을 최소화하기 위해 외부의 기회를 활용하는 전략이다.
② 약점–위협(WT) 전략 : 외부의 위협을 피하고 내부 약점을 최소화하는 전략이다.
③ 강점–기회(SO) 전략 : 내부의 강점으로 외부의 기회를 극대화하는 전략이다.

14 Holmes와 Rahe의 '생의 변화 질문지(life change questionnaire)'를 이용한 가족사정방법에 대한 설명으로 옳은 것은?

① 가족과 가족구성원에게 발생했던 주요 사건을 시간 흐름에 따라 순서대로 기술한다.
② 최근 1년 동안 가족이 경험한 사건들을 생의 사건단위로 합산하여 질병 발생 가능성을 예측한다.
③ 가족이 문제를 해결하는 자가관리능력과 가족기능수준을 파악할 수 있다.
④ 가족의 발달 단계, 구조요인, 기능요인, 대처요인 등에 대한 면담 결과를 기록한다.

15 금연 사업에서 사회생태학적 모형(social ecological model)에 따른 수준별 중재의 예로 옳지 않은 것은?

① 개인 수준 - 금연 멘토링 시행
② 조직 수준 - 금연 사업장 운영
③ 지역사회 수준 - 금연 캠페인 시행
④ 정책 수준 - 담뱃세 인상

16 감염성 질병의 예방과 관리를 위해 숙주의 감수성을 감소시키는 방법은?

① 예방접종 실시
② 병원소의 검역 실시
③ 환경위생 관리 강화
④ 감염병의 격리 기간 연장

ANSWER 14.② 15.① 16.①

14 ① 가족연대기
③ 가족기능평가도구
④ 가족구조도
※ 생의 변화 질문지 … 가족 구성원들이 경험하는 표준화된 사건 목록에 점수를 부여하여 질병을 앓을 위험이 있는 구성원을 파악하기 위한 도구이다. 홈즈(Holmes), 라에(Rahe), 마쓰다(Masuda) 등에 의해 개발되었으며 경험한 사건의 변화 척도로 스트레스를 측정할 수 있다. 경험한 사건 단위가 높을수록 질병에 대한 감수성이 높다.

15 개인 수준에서는 개인에게 영향을 줄 수 있는 변수 즉, 지식, 민감도, 태도, 신념, 연령, 자존감 등이 해당된다.
※ 사회생태학적 모델
㉠ 개인 수준 : 개인에게 영향을 주는 변수(지식, 민감도, 태도, 신념, 연령, 자존감 등)
㉡ 개인 간 수준 : 동질감을 가질 수 있고 지지해주는 가족, 친구 등(공식 혹은 비공식적 사회관계망)
㉢ 조직 수준 : 조직 구성원의 행동에 영향을 미치는 조직 내 문화, 환경 등
㉣ 지역사회 수준 : 규범 및 지역사회 환경 등
㉤ 정책 수준 : 개인의 건강에 영향을 주는 정책 등

16 예방 및 관리를 위해 숙주의 감수성을 감소시키는 방법으로는 건강증진을 위한 예방접종, 식이관리, 보건교육, 예방적 치료, 개인위생 등이 실시되어야 한다.

17 다음에서 건강형평성 수준을 판단하기 위해 활용할 수 있는 지표만을 모두 고르면?

> ㉠ 지역별 암 발생률
> ㉡ 소득수준별 건강수명
> ㉢ 직업유형별 심뇌혈관 유병률
> ㉣ 교육수준별 유산소운동 실천율

① ㉠㉢
② ㉠㉡㉣
③ ㉡㉢㉣
④ ㉠㉡㉢㉣

ANSWER 17.④

17 보기는 제5차 국민건강증진종합계획(HP2030)에 대한 내용이다. HP2030은 보편적인 건강수준의 향상과 건강형평성을 제고하기 위한 정책으로, 세부사업 및 성과지표 선정 시 성별 분리지표를 설정하고 소득, 지역 등 사회적 결정요인에 따른 격차 감소를 고려한다.

구분	내용	구분	내용
금연	• 성인남성 현재흡연율(연령표준화) • 성인여성 현재흡연율(연령표준화)	감염병 위기 대비대응	MMR 완전접종률
금주	• 성인남성 고위험음주율(연령표준화) • 성인여성 고위험음주율(연령표준화)	기후 변화성 질환	기후보건영향평가 평가체계 구축 및 운영
영양	식품 안정성 확보 가구분율	영유아	영아사망률(출생아 1천 명당)
신체활동	• 성인남성 유산소 신체활동실천율(연령표준화) • 성인여성 유산소 신체활동실천율(연령표준화)	아동·청소년	• 고등학교 남학생 현재흡연율 • 고등학교 여학생 현재흡연율
구강건강	영구치(12세) 우식 경험률(연령표준화)	여성	모성사망비(출생아 10만 명당)
자살예방	• 자살사망률(인구 10만 명당) • 남성 자살사망률(인구 10만 명당) • 여성 자살사망률 8.9명 5.7명(인구 10만 명당)	노인	• 노인 남성의 주관적 건강인지율 • 노인 여성의 주관적 건강인지율
치매	치매안심센터의 치매환자 등록·관리율(전국 평균)	장애인	성인 장애인 건강검진 수검률
중독	알코올 사용 장애 정신건강 서비스 이용률	근로자	연간 평균 노동시간
지역사회 정신건강	정신건강 서비스 이용률	군인	군 장병 흡연율
암	• 성인남성(20 ~ 74세) 암 발생률(인구 10만 명당, 연령표준화) • 성인여성(20 ~ 74세) 암 발생률(인구 10만 명당, 연령표준화)	건강정보 이해력제고	• 성인남성 적절한 건강정보이해능력 수준 • 성인여성 적절한 건강정보이해능력 수준
심뇌혈관 질환	• 성인남성 고혈압 유병률(연령표준화) • 성인여성 고혈압 유병률(연령표준화) • 성인남성 당뇨병 유병률(연령표준화) • 성인여성 당뇨병 유병률(연령표준화) • 급성 심근경색증 환자의 발병 후 3시간 미만 응급실 도착 비율	손상	손상사망률(인구 10만 명당)
비만	• 성인남성 비만 유병률(연령표준화) • 성인여성 비만 유병률(연령표준화)	감염병 예방 및 관리	신고 결핵 신환자율(인구 10만 명당)

18 검사 도구의 민감도가 일정하고 특이도가 낮아질 때, 증가하는 것은?

① 진양성률
② 가양성률
③ 가음성률
④ 진음성률

19 다음에 해당하는 역학 연구 방법은?

> 흡연과 폐암 발생의 관계를 밝히기 위해, 2000년에 35 ~ 69세 성인 100만 명을 연구 대상자로 선정한 후 2020년까지 추적 관찰하였다. 그 결과 흡연자는 비흡연자보다 폐암 발생률이 8배 높았다.

① 단면조사 연구
② 실험 연구
③ 코호트 연구
④ 환자-대조군 연구

ANSWER 18.② 19.③

18 민감도 … 질병에 걸린 환자의 검사결과가 양성으로 나타나는 정도를 말한다. 진양성이 많고 가음성률이 적어야 높아진다. 특이도는 질병에 걸리지 않은 환자의 검사결과가 음성으로 나올 확률을 말한다. 따라서 민감도가 일정하고 특이도가 낮아질 때 가양성률이 증가한다.
※ 가양성률 … 질병에 걸리지 않았는데 양성으로 진달될 확률을 말한다.

19 코호트연구(전향적 연구)는 질환에 걸리지 않은 건강군을 모집단으로 하여 유해요인 집단과 나누어 장기간 관찰한 후 위험요인과 질병 발생의 상관관계를 연구한다.
① 단면조사 연구 : 일정 인구집단을 대상으로 조사 시점 혹은 단기간에 질병 유무 및 요인의 유무를 동시에 조사한다. 만성기관지염이나 각종 정신질환을 연구할 때 사용되는 방법이다.
② 실험 연구 : 관련 요인에 대한 의도적인 중재 후 대상자의 건강문제의 변화를 측정한다.
④ 환자-대조군 연구(후향적 연구) : 질병에 걸린 환자군과 질병에 걸리지 않은 대조군을 선정하여 질병 발생 요인과 원인관계를 규명한다. 현재 환자군이 과거에 어떤 요인에 노출되었는지 조사한다.

20 ㈎, ㈏에 들어갈 용어로 옳게 짝 지은 것은?

| ㈎ | - 조사 시점에 해당 지역에 주소를 둔 인구 |
| ㈏ | - 조사 시점에 해당 지역에 실제로 존재하는 인구 |

	㈎	㈏
①	상주 인구	현재 인구
②	현재 인구	상주 인구
③	종업지 인구	상주 인구
④	현재 인구	종업지 인구

ANSWER 20.①

20 귀속 인구(실제적 인구)는 시간 및 지역 등의 속성으로 분류하여 도시계획 등의 정책 기초자료로 활용한다.

구분	내용
상주 인구	거주지를 중심으로 조사 시점에 해당 지역에 거주하고 있는 인구집단을 모두 그 지역의 인구로 간주한다.
현재 인구	조사 시점에 현존하고 있는 인구 집단을 모두 그 지역의 인구로 간주한다.
법적 인구	법에 입각하여 조사 시점에 특정한 집단을 그 지역에 귀속시킨 인구로 간주한다. ⑩「선거법」에 따른 유권자 인구

지역사회간호 | 2022. 6. 18. 제2회 서울특별시 시행

1 1920년대 전국 각지의 선교회에서 본격적인 간호사업이 시작되었다. 태화여자관에 보건사업부를 설치하여 보건 사업을 이끌었던 인물과 중심사업으로 옳게 짝지은 것은?

① 로젠버거(Rosenberger), 모자보건사업
② 페베(Pheobe), 방문간호사업
③ 윌리엄 라스본(William Rathbone), 구역간호사업
④ 릴리안 왈드(Lillian Wald), 통합보건간호사업

ANSWER 1.①

1 1923년에 로젠버거(Rosenberger)와 한신광이 태화여자관에 보건사업부를 설치하여 모자보건사업 중심으로 임산부 위생, 아동 위생지도 등 감염병 예방과 환경위생사업을 실시했다.
② 페베(Pheobe)는 최초의 지역사회 가정방문 간호사이다.
③ 윌리엄 라스본(William Rathbone)은 1895년 영국에서 최초로 비종교적 방문간호사업을 실시했으며 1859년에 구역공중보건간호협회를 조직했다.
④ 릴리안 왈드(Lillian Wald)는 1893년 미국 빈민구호소에서 방문간호사업을 시작하였으며 1912년 공중보건간호사회를 발족하여 지역사회 중심의 보건 간호사 조직을 구성했다.

2 〈보기〉에서 설명하고 있는 지역사회간호사의 역할로 가장 옳은 것은?

〈보기〉
A시 지역사회간호사는 복합적인 건강문제를 가진 기초 생활 수급권자의 문제해결을 위하여 다학제적 팀 구성원 간의 협력적 활동을 계획하고 모니터링하였다. 보건소의 여러 가지 사업을 통합적으로 분석하여 서비스 제공에 중복, 결핍이 없는지를 확인하였다.

① 상담자(counselor)
② 변화촉진자(facilitator)
③ 옹호자(advocator)
④ 조정자(coordinator)

3 〈보기〉는 인구변천단계에 대한 그림이다. (A)~(D)에 해당하는 단계로 가장 옳은 것은?

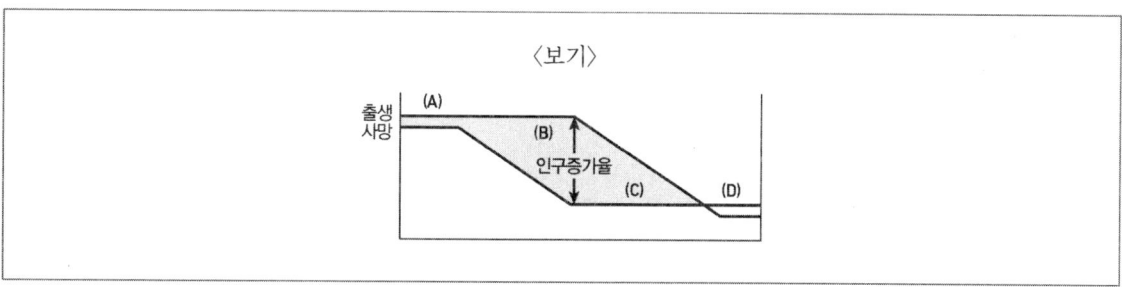

① (A) - 저위정지기
② (B) - 과도기적 성장단계
③ (C) - 고잠재적 성장단계
④ (D) - 확장기

ANSWER 2.④ 3.②

2 조정자(coordinator)는 건강관리 전달 중심 역할이다. 대상자에게 중복되는 서비스나 불충분한 서비스가 이루어지고 있는지를 확인하고 조정하여 대상자에게 충족되는 최선의 서비스가 제공되도록 한다.
① 상담자(counselor) : 대상자 중심의 역할이다. 전문적인 지식과 기술을 바탕으로 대상자가 자신의 건강문제를 이해하고 해결과정을 알도록 상담한다.
② 변화촉진자(facilitator) : 인간 중심의 역할이다. 대상자의 행동이 바람직한 방향으로 변화할 수 있도록 동기를 부여하고 촉진한다. 대상자의 의사결정과정에 영향력을 행사한다.
③ 옹호자(advocator) : 대상자 중심의 역할이다. 대상자가 자신의 이익을 위한 활동과 권리를 주장할 수 있도록 대상자의 입장을 대변한다.

3 과도기적 성장단계는 Thompson 분류 2단계에 해당한다. 다산소사형으로 인구폭증이 일어나는 단계이다.
① 저위정지기 : Blacker 분류 4단계에 해당한다. 출생률과 사망률이 최저에 달하는 인구증가 정지형이다.
③ 고잠재적 성장단계 : Thompson 분류 1단계에 해당한다. 다산다사형으로 출생률과 사망률이 모두 높다.
④ 확장기 : Blacker 분류 2, 3단계에 해당한다. 고출생률·저사망률 시기인 초기 확장기와 저출생률·저사망률 시기인 후기 확장기로 구분할 수 있다.

4 보건소 방문건강관리사업의 대상자 군 분류별 관리 내용으로 가장 옳은 것은?

① 정기관리군은 6개월마다 1회 이상 방문한다.
② 집중관리군은 3개월 이내 8회 이상 방문한다.
③ 자기역량지원군은 9개월마다 1회 이상 방문한다.
④ 건강관리지원군은 6개월 이내 8회 이상 방문한다.

5 사례관리의 원칙 중 대상자의 요구를 충족시킬 수 있도록 사후관리, 지지적 체계, 재평가 등의 서비스를 제공하는 것은?

① 포괄성(comprehensiveness)
② 통합성(integration)
③ 연속성(continuity)
④ 책임성(responsibility)

ANSWER 4.② 5.③

4 ① 3개월마다 1회 이상 방문한다.
③ 6개월마다 1회 이상 방문한다.
④ 해당사항이 없다.

5 연속성(continuity)은 사례에 따라 전 생애에 걸쳐 적절한 서비스를 제공하고 문제와 파생되는 고통 등을 관리해야 한다. 일회성으로 그치지 않고 대상자의 요구를 충족시키기 위해 포괄적인 서비스를 제공하는 것을 말한다. 대표적으로 퇴원 후 환자의 사후관리가 해당된다.
① **포괄성**(comprehensiveness) : 특정한 시점에서 대상자가 가지고 있는 다양한 욕구를 반영하여 전반적인 생활의 질 유지를 위해 다각적인 서비스를 제공하는 것을 말한다.
② **통합성**(integration) : 사례관리의 다양한 서비스 체계, 즉 분리된 서비스를 대상자 중심으로 연결시키는 것을 말한다.
④ **책임성**(responsibility) : 담당 대상자 관리 시 끝까지 책임지는 것을 말한다.

6 〈보기〉에 해당하는 보건교육 방법은?

〈보기〉
A보건소 간호사가 소수의 보건교육 대상자들에게 교육목표를 제시하고 교육지침을 알려준 다음, 대상자 스스로 자료를 수집하고 교육내용을 찾아서 자신의 건강문제를 이해하고, 해결방안을 찾아가도록 하였다.

① 플립러닝
② 블렌디드 러닝
③ 시뮬레이션
④ 프로젝트 학습

7 우리나라 감염병 위기경보 단계 중 〈보기〉에 해당하는 단계는?

〈보기〉
• 국내 유입된 해외 신종감염병의 제한적 전파
• 국내 원인불명·재출현 감염병의 지역사회 전파

① 관심(Blue) 단계
② 주의(Yellow) 단계
③ 경계(Orange) 단계
④ 심각(Red) 단계

ANSWER 6.④ 7.③

6 프로젝트 학습은 실제 상황에서 목적 달성하기 위한 활동으로, 문제중심의 학습법이다. 학습목표 달성을 위해 대상자 스스로 계획하고 수행하게 하여 학습에 대한 동기 유발 및 자주성과 책임감이 개발된다.
① 플립러닝: 온라인 선행학습 후 오프라인 강의를 통해 토론을 진행하는 학습법이다.
② 시뮬레이션: 실제와 유사한 환경에서 중요한 요소를 선별하여 실제 상황에 적용할 수 있는 능력을 향상시킨다.
③ 블렌디드 러닝: 오프라인 수업에서 온라인 자료(채점 관리 프로그램, 영상 자료 등)를 사용하는 등 다양한 형태가 가능한 온·오프라인 혼합형 학습법이다.

7 관심(Blue) 단계는 해외에 신종감염병이 발생했으나 국내엔 유입되지 않은 상태이다.
② 주의(Yellow) 단계: 해외 신종감염병이 국내에 유입되었으나 유행하지 않은 상태이다.
③ 경계(Orange) 단계: 국가 위기경보 단계에서 해외 신종감염병이 국내 유입 후 지역사회에 전파된 상태이다.
④ 심각(Red) 단계: 해외 신종감염병이 전국적으로 전파된 상태이다.

8 〈보기〉의 방법으로 수행한 연구방법으로 가장 옳은 것은?

> 〈보기〉
> 연구자는 다른 지역에 비해 A지역에서 높은 백혈병 유병률을 보이고 있음을 알고 관련요인을 파악하고자 하였다. 이에, 연구자는 백혈병 환자 30명을 선정하고, 환자와 동일한 특성을 지니었으나 백혈병이 없는 사람들 30명을 선정하여 관련요인을 비교하는 연구를 하였다. 연구결과 방사선 노출여부가 백혈병에 영향을 미침을 확인하였다.

① 위험요인의 노출수준을 정확히 측정할 수 있다.
② 연구대상자의 기억력에 의존하므로 정보편견의 위험이 크다.
③ 장기간 자료를 수집하기 때문에 비용이 많이 든다.
④ 한 번에 대상 집단의 건강문제 양상과 규모를 파악할 수 있다.

ANSWER 8.②

8 〈보기〉는 환자 – 대조군 연구 특성을 나타낸다. 정보편견의 위험이 있는 것은 환자 – 대조군 연구의 단점이다.
①③ 코호트 연구
④ 단면조사연구

9 프라이(Fry)의 보건의료체계 분류방식 중 〈보기〉에서 제시한 유형의 특징으로 가장 옳은 것은?

〈보기〉
- 국민보건 서비스형, 무료 의료서비스, 예방의학 강조
- 정치적으로는 자유민주주의를 채택하고 사회적으로는 사회보장을 중요시하는 국가에서 채택한다. 이 제도의 특징은 주로 정부에 의해 의료서비스가 포괄적으로 제공되고, 보건기획 및 보건의료자원의 효율적인 활용을 통해 의료서비스가 공평하게 무상으로 제공된다.

① 의료서비스의 균등성과 포괄성이 보장된다.
② 의료의 형평성과 효율성이 낮다.
③ 의료서비스의 질적 수준이 가장 높다.
④ 의료인에게 의료의 내용과 범위에 대한 재량권이 많다.

10 우리나라 국민건강보험제도에 대한 설명으로 가장 옳은 것은?

① 국내에 거주하는 모든 국민이 적용대상이다.
② 모든 가입자의 균등한 부담으로 재원을 조성한다.
③ 모든 가입자에게 보험료 부담 수준과 관계없이 균등한 급여를 제공한다.
④ 모든 직장가입자는 가입자와 사용자가 각각 보험금의 10분의 30씩 부담한다.

ANSWER 9.① 10.③

9 ② 의료의 형평성과 효율성은 높다.
③ 의료서비스의 질적수준이 가장 높은 것은 자유방임형이다.
④ 자유방임형일 때 해당된다.
※ 프라이(Fry)의 보건의료체계 분류 특징

자유방임형	사회보장형	사회주의형
• 대한민국, 미국, 프랑스 등 • 자유로운 의료기관 선택권 보장 • 높은 의료서비스 질과 의료기술의 발달 • 최소한의 정부개입으로 민간이 주도	• 영국 등 • 보건의료의 공공성 구현 • 조세에 의한 의료서비스 무료제공(균등성) • 정부와 사회의 주도	• 북한, 중국 등 • 형평성 보장 • 의료인 사기저하로 인한 의료 질 저하 • 국가주도

10 ① 건강보험과 의료급여로 구분되므로 모든 국민이 적용대상이 되지 않는다.
② 가입자 보험료는 차등부담이다.
④ 사립학교의 교원은 본인 50%, 학교 30%, 국가 20%씩 부담한다.

11 지역사회간호과정 중 〈보기〉에서 설명하는 지역사회 사정 유형으로 가장 옳은 것은?

> 〈보기〉
> - 지역사회 특정 부분에 초점을 두고 실시한다.
> - 다양한 영역에 대한 사정을 실시한다.
> - 정태성보다는 역동성을 고려하여 실시한다.
> - 어디에 중심을 둘 것인지에 따라 다양하게 정보를 수집할 수 있다.

① 포괄적 사정
② 친밀화 사정
③ 문제 중심 사정
④ 하위체계 사정

12 〈보기〉의 호 안에 들어갈 수로 옳은 것은?

> 〈보기〉
> 모성사망 측정을 위해 개발된 지표 중 가장 많이 사용되는 지표인 모성사망비는 특정 연도 출생아 (   ) 명당 같은 해 임신, 분만, 산욕으로 인한 모성사망자 수로 표시된다.

① 100
② 1,000
③ 10,000
④ 10,000

ANSWER 11.④ 12.④

11 하위체계 사정은 지역사회의 특정 부분(하위체계)에 초점을 두고 다양한 영역에 한정적으로 조사하는 방법이다.
① 포괄적 사정: 방법론에 근거하여 1차 자료를 생성하고 지역사회에 관련된 자료 전부를 찾아낸다.
② 친밀화 사정: 사업장이나 정부기관 등 직접 시찰하며 자원을 파악하는 방법으로 일정량의 자료를 직접 수집한다.
③ 문제 중심 사정: 아동보호, 노인보건 등 지역사회의 중요 문제에 초점을 두고 사정하는 방법이다. 전체 지역 사회와 관련되므로 하위체계 사정과는 상이하다.

12 모성사망비 … 모성사망 측정의 대표적인 지표로 해당 연도 출생아 10만 명당 임신, 분만 산욕으로 인한 모성사망의 수로 산출한다.

13 〈보기〉에서 설명하고 있는 이론으로 가장 옳은 것은?

〈보기〉
- 사회인지이론 및 기대 가치이론을 기초로 개발되었다.
- 건강행위에 영향을 미치는 요인을 개인의 특성과 경험, 행위와 관련된 인지와 감정으로 설명한다.
- 질병예방행동에 그치지 않고 건강을 강화하는 행위까지 확장되고 전 생애에 걸쳐 적용할 수 있다.

① PRECEDE-PROCEED 모형
② 건강증진 모형
③ 범이론적 모형
④ 합리적 행위이론

ANSWER 13.②

13 ① PRECEDE-PROCEED 모형: 교육·생태학적 접근을 통한 포괄적 기획모형이다. 사회적 진단, 역학적 진단과 행위 및 환경적 진단, 교육 및 조직·행태학적 진단, 행정·정책적 진단, 수행, 과정평가, 영향평가, 결과평가의 단계를 거친다.
③ 범이론적 모형: 행위변화의 단계 과정을 핵심으로 개인과 집단이 문제를 어떻게 수정하고 긍정적인 행위를 선택하는지에 대한 변화를 설명한다. 각 단계마다 서로 다른 중재를 요구한다. 계획 전 단계, 계획단계, 준비단계, 실행단계, 유지단계, 종결단계를 거친다.
④ 합리적 행위이론: 인간 행위의 직접적인 결정 요인은 행위 의도이며 태도와 주관적 규범에 의해 결정된다는 이론이다.

14 〈보기〉 유형의 가족건강사정도구에 대한 설명으로 가장 옳은 것은?

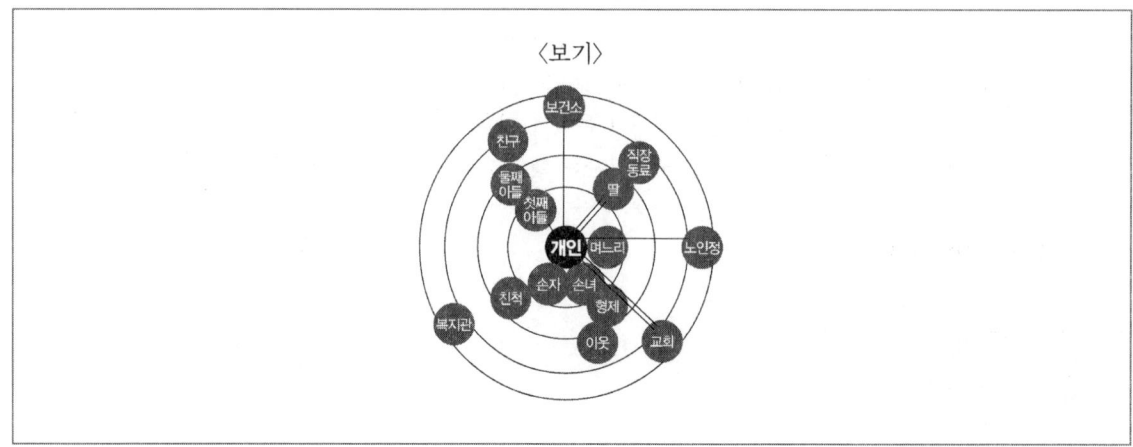

① 가족의 적응력, 협력성, 성장성, 애정성 등을 확인할 수 있다.
② 가족 구성원들과 외부체계와의 접촉, 지지, 스트레스를 파악할 수 있다.
③ 가족 구성원 중 한 명을 중심으로 가족, 친척, 이웃 및 지역사회의 지지를 파악할 수 있다.
④ 가족에 대한 정보를 도식화하여 가족의 질병력 및 상호관계를 확인할 수 있다.

ANSWER 14.③

14 〈보기〉의 유형은 사회지지도이다. 사회지지도는 가족 중 가장 취약한 구성원을 중심으로 지역사회관계를 그린다. 선을 이용하여 지지 정도를 표시하고 소원한 경우에는 선을 그리지 않는다. 보통은 1개, 친밀한 경우는 2개의 선을 그린다.
① 가족밀착도에 대한 설명이다.
② 외부체계도에 대한 설명이다.
④ 가계도에 대한 설명이다.

15 〈보기〉의 사례에서 나타나는 노인장기요양 급여의 종류는?

〈보기〉
노인장기요양 인정자인 갑(甲)씨는 자신의 집에 방문하여 자신의 신체활동과 가사를 지원하는 급여를 신청하였다.

① 방문요양
② 방문간호
③ 단기보호
④ 노인요양공동생활가정

16 〈보기〉는 유방 자가검진(BSE) 결과와 유방조직 검사 결과이다. 옳은 것은?

〈보기〉

BSE 결과	유방조직 검사결과		계
	양성	음성	
양성	45	15	60
음성	5	155	160
계	50	170	220

① 특이도 − 5/160
② 민감도 − 45/50
③ 양성 예측도 − 45/220
④ 음성 예측도 − 155/170

ANSWER 15.① 16.②

15 ② 방문간호: 간호사 등이 방문간호지시에 따라 가정에 방문하여 간호를 제공한다.
③ 단기보호: 일정 기간 동안 신체활동 지원 및 교육·훈련 등을 제공한다.
④ 노인요양공동생활가정: 10인 미만의 대상자를 보호할 수 있는 비교적 정원이 작은 곳이다.
※ 재가 급여의 종류
㉠ 방문요양: 장기요양요원이 대상자 가정 등을 방문하여 신체활동 및 가사활동을 지원한다.
㉡ 방문간호: 간호사 등이 방문간호지시에 따라 가정에 방문하여 간호를 제공한다.
㉢ 방문 목욕: 목욕설비를 갖춘 장비를 이용하여 대상자 가정 등에 방문하여 목욕을 제공한다.
㉣ 주야간 보호: 일정 시간 동안 신체활동 지원 및 교육·훈련 등을 제공한다.
㉤ 단기보호: 일정 기간 동안 신체활동 지원 및 교육·훈련 등을 제공한다.

16 ① 특이도: 질환에 걸리지 않은 사람에게 검사결과 음성으로 진단할 확률을 말하므로 155/170가 되어야 한다.
③ 양성예측도: 검사결과가 양성인 사람이 실제 질환자일 수 있는 확률이므로 45/60가 되어야 한다.
④ 음성예측도: 검사결과가 음성인 사람이 비질환자일 수 있는 확률이므로 155/160가 되어야 한다.

17 PATCH 모형에 대한 설명으로 가장 옳지 않은 것은?

① 건강증진과 질병예방 프로그램을 기획하기 위해 사용된다.
② 집단 및 지역사회 수준의 보건사업 기획 모형이다.
③ 3단계에서 중요성과 변화가능성을 기준으로 건강문제 우선순위를 선정한다.
④ 1단계에서 가장 먼저 대상 지역의 건강문제에 관한 자료를 수집하고 분석한다.

18 노년기 발달단계와 이를 고려한 보건교육기법으로 가장 옳은 것은?

① 지각능력이 저하되므로 시청각 자료를 지양한다.
② 기억 증강을 위하여 토론과 강의 중심으로 교육한다.
③ 테스트에 대한 불안감이 감소하므로 교육 중간 개별 질문을 한다.
④ 이전에 가지고 있던 상징이나 단어로 인해 새로운 학습에 혼돈이 있는 점을 고려한다.

ANSWER 17.④ 18.④

17 PATCH 모형 … 미국 질병관리본부의 보건사업 기획 지침서로 개발된 기획모형이다. 집단과 지역사회 수준의 보건사업 기획모형이다. 1단계 지역사회 조직화, 2단계 자료 수집 및 자료 분석, 3단계 건강문제 우선순위 설정, 4단계 포괄절 수행전략, 5단계 평가 과정을 거친다.

18 ① 지각능력이 저하되므로 빨강, 검정, 진회색 등의 시청각 자료를 더욱 활용해야 한다.
② 기억 증강을 위해 치매를 예방하는 프로그램(인지건강 프로그램 등)을 활용해야 한다.
③ 불안감이 증가하므로 질문을 삼간다.

19 〈보기〉에서 지역사회 간호사업의 평가절차를 순서대로 나열한 것은?

〈보기〉
㉠ 평가자료 수집
㉡ 재계획 수립
㉢ 설정된 목표와 현재 상태의 비교
㉣ 평가대상 및 기준 결정
㉤ 목표도달 정도의 판단과 분석

① ㉠→㉢→㉣→㉤→㉡
② ㉠→㉣→㉢→㉤→㉡
③ ㉣→㉠→㉢→㉤→㉡
④ ㉣→㉢→㉡→㉤→㉠

20 중재수레바퀴 모델 중 〈보기〉에 해당하는 중재활동으로 가장 옳은 것은?

〈보기〉
A구는 경제소득이 높은 도시지역이다. 간호사는 A구의 b동이 보건의료서비스 접근성이 낮은 곳이라는 것을 주목하고, b동 주민센터에 방문간호사 배치를 늘려 보건 의료서비스가 필요한 취약인구집단을 확인하고, 정보를 제공하고자 하였다.

① 사례관리
② 스크리닝
③ 아웃리치
④ 의뢰 및 추후관리

ANSWER 19.③ 20.③

19 '㉣ 평가대상 및 기준 결정→㉠ 평가자료수집→㉢ 설정된 목표와 현재 상태의 비교→㉤ 목표도달 정도의 판단과 분석→㉡ 재계획 수립' 순으로 진행된다.

20 아웃리치는 보건의료 서비스에 대한 접근성이 낮은 위험군이나 관심 인구집단에게 건강문제의 원인 및 문제해결 방법 등을 제공하는 것을 말한다.
① **사례관리**: 서비스를 조정하여 체계적으로 제공함으로써 중복이나 누락을 방지하고 지역사회 역량을 최적화하는 것을 말한다.
② **스크리닝**: 건강위험요인이나 증상이 없는 질병 상태의 개인을 찾는 것을 말한다.
④ **의뢰 및 추후관리**: 실제적, 잠재적 문제를 예방 또는 해결에 필요한 자원을 찾아 개인이나 가족, 집단, 전체 등이 활용할 수 있게 도움을 준다.
※ **중재수레바퀴모델** … 가정간호 학교보건 산업간호 등의 지역사회 간호영역의 200여 개 실무 시나리오에서 공통점 17개 중재를 선정하여 개인 및 집단, 전체에 적용되는 것이다.

| 지역사회간호 | 2022. 6. 18. 제1회 지방직 시행 |

1 가족 사정의 기본적인 원칙으로 옳은 것은?

① 가족의 문제점뿐만 아니라 강점도 동시에 사정한다.
② 정상 가족이라는 고정적 관점으로 가족 문제를 규명한다.
③ 가족구성원 중 한 명으로부터 자료를 수집하여 일관성을 유지한다.
④ 지역사회간호사가 사정단계부터 가족의 문제점과 중재 방법을 주도적으로 제시한다.

2 오타와 헌장에서 제시한 건강증진의 활동 영역 중 개인의 기술 개발(develop personal skills)의 예로 적절한 것은?

① 다중이용시설을 금연구역으로 지정하고 지도 단속하였다.
② 금연 의지가 있는 사람들을 모아 동아리를 만들어 지지하였다.
③ 청소년을 대상으로 흡연 권유를 거절하는 방법을 교육하였다.
④ 청소년에 대한 담배판매금지법을 만들어 시행하였다.

ANSWER 1.① 2.③

1 ② 고정관점을 가지면 안 된다.
③ 이중적인 정보가 있으므로 가족 구성원 모두에게 사정해야 한다.
④ 가족과 상의해야 한다.

2 ①④ 건강지향적인 공공정책 수립
② 지역사회의 활동 강화
※ 오타와 헌장 건강증진 5개 활동영역
  ㉠ 건강지향적인 공공정책 수립
  ㉡ 지원적인 환경조성
  ㉢ 지역사회의 활동 강화
  ㉣ 개인의 건강기술 개발
  ㉤ 보건의료서비스의 방향 재설정

3 보건소에서 과체중 중년 여성을 대상으로 8주간의 운동프로그램을 실시하였다. 간호과정의 사정단계 내용으로 옳은 것은?

① 체중감소율을 4주, 6주, 8주 후에 각각 평가하기로 하였다.
② 과체중 중년 여성이 다른 지역에 비해 얼마나 많은지 비교하였다.
③ 지역사회간호사가 운동프로그램을 실시하였다.
④ '프로그램 참여자의 20%가 체중이 감소한다'로 목표를 설정하였다.

ANSWER 3.②

3 ①④ 계획단계
③ 수행단계
※ 지역사회 간호과정
  ㉠ 사정: 자료 수집 및 분석, 건강문제 도출
  ㉡ 진단: 간호문제 도출 진단의 분류체계 우선순위 설정
  ㉢ 계획: 목표설정 및 수단 선택, 수행계획 및 평가계획
  ㉣ 수행: 사업의 수행
  ㉤ 평가: 평가 및 피드백

4 다음에서 설명하는 「감염병의 예방 및 관리에 관한 법률」상 감염병은?

> - 전파가능성을 고려하여 발생 또는 유행 시 24시간 이내에 신고하여야 하고, 격리가 필요한 감염병을 말한다. 다만, 갑작스러운 국내 유입 또는 유행이 예견되어 긴급한 예방·관리가 필요하여 질병관리청장이 보건복지부장관과 협의하여 지정하는 감염병을 포함한다.
> - 결핵, 수두, 홍역, 콜레라, 장티푸스 등을 포함한다.

① 제1급감염병
② 제2급감염병
③ 제3급감염병
④ 제4급감염병

ANSWER 4.②

4 ① 제1급감염병: 생물테러감염병 또는 치명률이 높거나 집단 발생의 우려가 커서 발생 또는 유행 즉시 신고하여야 하고, 음압격리와 같은 높은 수준의 격리가 필요한 감염병으로서, 에볼라바이러스병, 마버그열, 라싸열, 크리미안콩고출혈열, 남아메리카출혈열, 리프트밸리열, 두창, 페스트, 탄저, 보툴리눔독소증, 야토병, 신종감염병증후군, 중증급성호흡기증후군(SARS), 중동호흡기증후군(MERS), 동물인플루엔자 인체감염증, 신종인플루엔자, 디프테리아를 말한다.
③ 제3급감염병: 그 발생을 계속 감시할 필요가 있어 발생 또는 유행 시 24시간 이내에 신고하여야 하는 감염병을 말한다. 다만, 갑작스러운 국내 유입 또는 유행이 예견되어 긴급한 예방·관리가 필요하여 질병관리청장이 보건복지부장관과 협의하여 지정하는 감염병을 포함한다. 파상풍(破傷風), B형간염, 일본뇌염, C형간염, 말라리아, 레지오넬라증, 비브리오패혈증, 발진티푸스, 발진열(發疹熱), 쯔쯔가무시증, 렙토스피라증, 브루셀라증, 공수병(恐水病), 신증후군출혈열(腎症侯群出血熱), 후천성면역결핍증(AIDS), 크로이츠펠트-야콥병(CJD) 및 변종크로이츠펠트-야콥병(vCJD), 황열, 뎅기열, 큐열(Q熱), 웨스트나일열, 라임병, 진드기매개뇌염, 유비저(類鼻疽), 치쿤구니야열, 중증열성혈소판감소증후군(SFTS), 지카바이러스 감염증, 매독(梅毒)이 있다.
④ 제4급감염병: 제1급감염병부터 제3급감염병까지의 감염병 외에 유행 여부를 조사하기 위하여 표본감시 활동이 필요한 감염병으로, 인플루엔자, 회충증, 편충증, 요충증, 간흡충증, 폐흡충증, 장흡충증, 수족구병, 임질, 클라미디아감염증, 연성하감, 성기단순포진, 첨규콘딜롬, 반코마이신내성장알균(VRE) 감염증, 메티실린내성황색포도알균(MRSA) 감염증, 다제내성녹농균(MRPA) 감염증, 다제내성아시네토박터바우마니균(MRAB) 감염증, 장관감염증, 급성호흡기감염증, 해외유입기생충감염증, 엔테로바이러스감염증, 사람유두종바이러스 감염증이 있다.

5 다음 사례에서 가장 의심되는 식중독은?

- 지역사회 주민들이 회식 2~4시간 후 복통, 오심, 구토와 설사 등의 증상이 집단으로 발생하였으나, 38℃ 이상의 고열과 연하곤란, 시력저하 등의 신경계 증상은 보이지 않았다.
- 역학조사 결과 음식물 중 어패류 등 수산물은 없었고, 회식을 준비했던 조리사의 손가락에 화농성 상처가 있는 것으로 확인되었다.

① 살모넬라 식중독
② 보툴리누스 식중독
③ 장염 비브리오 식중독
④ (황색)포도상구균 식중독

6 다음 내용은 가이거와 다비드하이저(Giger & Davidhizar)가 개발한 횡문화사정 모형(Transcultural Assessment Model)에서 어떤 문화현상을 사정한 것인가?

- 억양과 발음을 확인한다.
- 침묵을 사용하는 경향을 파악한다.
- 터치하였을 때 불편감을 느끼는 정도를 파악한다.

① 환경통제
② 사회조직
③ 의사소통
④ 생물학적 차이

ANSWER 5.④ 6.③

5 ① 살모넬라 식중독: 살모넬라균에 오염된 식품을 먹음으로써 일어나는 식중독. 급성 위장염의 증상을 보이며, 심하면 구역질, 구토, 설사, 쇠약감, 고열 등이 나타난다.
② 보툴리누스 식중독: 공기가 차단된 상태에서 비위생적으로 처리된 식품을 두었을 경우에 보툴리누스균이 증식하는데, 이러한 식품을 먹었을 때 발생한다. 메스꺼움, 구토, 복통, 설사 등을 나타나며 발열은 나타나지 않는다.
③ 장염 비브리오 식중독: 세균 식중독. 생선류나 조개류를 여름철에 날것으로 먹으면 12~24시간 뒤에 발생한다. 복통, 구토, 설사, 미열 등의 증상을 나타낸다.

6 ① 환경통제: 내외적 통제위 척도를 사정한다.
② 사회조직: 결혼 유무나 현재 건강 상태를 사정한다.
③ 생물학적 차이: 일반적인 신체 사정을 시행한다.
※ 횡문화사정 모형(Transcultural Assessment Model)의 요소
  ㉠ 의사소통: 목소리 특징, 침묵 사용, 억양과 발음 확인, 의사소통 시 터치 사정
  ㉡ 공간: 편안한 정도 사정
  ㉢ 사회조직: 건강 상태 사정
  ㉣ 시간: 과거·현재·미래 중심, 시간에 관련된 사정
  ㉤ 환경통제: 내외적 통제위 척도 사정
  ㉥ 생물학적 차이: 일반적인 신체 사정

7 다음 설명에 해당하는 지표는?

> 지역 간 사망률 수준을 비교할 때 각 지역의 인구학적 특성의 차이가 사망률 수준에 영향을 미칠 수 있다. 이를 보정하기 위해 두 집단 간의 인구학적 특성의 차이를 통제하고 같은 조건으로 만들어 각 지역별로 한 개의 객관적 측정치를 산출한다.

① 조사망률
② 연령별사망률
③ 비례사망지수
④ 표준화사망률

8 진료비 지불제도의 장·단점에 대한 설명으로 옳은 것은?

① 총액계약제는 보험자와 의사단체 간의 계약 체결이 용이하나 과소진료의 가능성이 있다.
② 포괄수가제는 양질의 의료서비스가 제공되나 진료비 청구 방법이 복잡하다.
③ 인두제는 예방보다 치료중심의 의료서비스가 제공되나 의사가 중증질병 환자의 등록을 기피하는 경향이 높다.
④ 행위별수가제는 양질의 의료서비스가 제공되나 과잉진료로 의료비 증가가 우려된다.

ANSWER 7.④ 8.④

7 ① **조사망률**: 보통사망률이라고도 한다. 조사망률이 높으면 개도국, 낮으면 선진국이라고 할 수 있으나 그 나라의 건강 수준 외에 인구 성별이나 연령 등 인구학적 특성 차이에 의한 영향을 받으므로 인구집단의 사망수준을 비교하는 데 한계가 있다.
② **연령별사망률**: 한 해 동안 발생한 특정 연령의 사망자수를 해당 연도의 특정 연령군의 연중앙인구로 나눈 수치를 일컫는다.
③ **비례사망지수**: 같은 해에 발생한 50세 이상 사망자수를 토대로 구한 수치이다. 값이 클수록 그 지역의 건강수준이 좋다는 것을 의미한다.

8 ②④ 행위별 수가제의 경우 양질의 의료서비스가 제공된다.
① 과소진료의 가능성이 있으나 보험자와 의사단체 간 계약 체결이 혼란스럽고 복잡하다.
③ 치료보다 예방 중심의 서비스가 제공된다.

9 PATCH(Planned Approach to Community Health) 모형의 단계를 순서대로 바르게 나열한 것은?

> ㉠ 자료수집과 분석
> ㉡ 우선순위 선정
> ㉢ 지역사회 조직화(동원)
> ㉣ 포괄적인 중재안 개발
> ㉤ 평가

① ㉠→㉡→㉢→㉣→㉤
② ㉠→㉢→㉡→㉣→㉤
③ ㉢→㉠→㉡→㉣→㉤
④ ㉢→㉠→㉣→㉡→㉤

10 건강생활지원센터에 대한 설명으로 옳지 않은 것은?

① 「보건의료기본법」에 근거하여 설치한다.
② 읍·면·동(보건소가 설치된 읍·면·동은 제외)마다 1개씩 설치할 수 있다.
③ 센터장은 보건소장의 지휘·감독을 받아 건강생활지원센터의 업무를 관장한다.
④ 지역주민의 만성질환 예방 및 건강한 생활습관 형성을 지원한다.

ANSWER 9.③ 10.①

9 PATCH 모형 … 미국 질병관리본부의 보건사업 기획 지침서로 개발된 기획모형이다. 집단과 지역사회 수준의 보건사업 기획모형이다. 1단계 지역사회 조직화, 2단계 자료 수집 및 자료 분석, 3단계 건강문제 우선순위 설정, 4단계 포괄적 수행전략, 5단계 평가 과정을 거친다.

10 「지역보건법」에 근거하여 설치한다.
  ※ 건강생활지원센터 … 거주지 가까운 곳에서 전문가에게 건강 상담과 통합 건강증진서비스를 받을 수 있는 건강증진 전담기관으로, 건강상담과 건강증진 프로그램을 제공한다. 초기 슬로건은 "아쉽다 건강관리, 아! 쉽다 건강관리"이다.

11 「지역보건법」상 보건소의 기능 및 업무에 해당하는 것만을 모두 고르면?

> ㉠ 정신건강증진 및 생명존중에 관한 사항
> ㉡ 감염병의 예방 및 관리
> ㉢ 모성과 영유아의 건강 유지·증진
> ㉣ 난임의 예방 및 관리

① ㉠
② ㉡, ㉢
③ ㉠, ㉡, ㉢
④ ㉠, ㉡, ㉢, ㉣

ANSWER 11.④

11 보건소의 기능 및 업무〈지역보건법 제11조 제1항〉
　㉠ 건강 친화적인 지역사회 여건의 조성
　㉡ 지역보건의료정책의 기획, 조사·연구 및 평가
　㉢ 보건의료인 및 「보건의료기본법」 제3조 제4호에 따른 보건의료기관 등에 대한 지도·관리·육성과 국민보건 향상을 위한 지도·관리
　㉣ 보건의료 관련기관·단체, 학교, 직장 등과의 협력체계 구축
　㉤ 지역주민의 건강증진 및 질병예방·관리를 위한 다음의 지역보건의료서비스의 제공
　　• 국민건강증진·구강건강·영양관리사업 및 보건교육
　　• 감염병의 예방 및 관리
　　• 모성과 영유아의 건강유지·증진
　　• 여성·노인·장애인 등 보건의료 취약계층의 건강유지·증진
　　• 정신건강증진 및 생명존중에 관한 사항
　　• 지역주민에 대한 진료, 건강검진 및 만성질환 등의 질병관리에 관한 사항
　　• 가정 및 사회복지시설 등을 방문하여 행하는 보건의료 및 건강관리사업
　　• 난임의 예방 및 관리

12 A 산업체의 1년간 재해 관련 통계수치가 다음과 같을 때, 도수율(빈도율)은?

- 연 근로시간 수 : 100,000
- 재해자 수 : 10
- 재해 건수 : 4
- 근로손실일수 : 40

① 0.4
② 10
③ 40
④ 100

13 보건사업 기획에서 사용되는 NIBP(Needs Impact Based Planning)의 우선순위 결정 기준은?

① 건강문제의 크기와 건강문제의 심각성
② 건강문제의 크기와 해결방법의 효과
③ 건강문제의 중요성과 자원이용 가능성
④ 건강문제의 중요성과 주민의 관심도

ANSWER 12.③ 13.②

12 도수율 = $\dfrac{\text{재해건수}}{\text{근로시간수}} \times 1{,}000{,}000$

　　　= $\dfrac{4}{100{,}000} \times 1{,}000{,}000$

　　　= 40

13 NIBP(Needs Impact Based Planning) … 보건사업기획 과정으로 건강문제의 크기와 문제해결 방법의 효과를 기준으로 우선순위를 결정하며 CLEAR(지역사회 역량, 적법성, 효율성, 수용성, 자원이용가능성으로 판단하는 수행가능성)으로 보완한다.

14 B 지역의 지난 1년간 사망 관련 통계가 다음과 같을 때, α-index 값은?

구분	사망자 수(명)
생후 28일 미만	10
생후 28일부터 1년 미만	20

① $\dfrac{10}{20}$
② $\dfrac{20}{10}$
③ $\dfrac{10}{30}$
④ $\dfrac{30}{10}$

ANSWER 14.④

14 출생 ~ 28일(4주) = 신생아 사망률, 출생 ~ 1년 = 영아사망률 이므로
α-index = $\dfrac{\text{영아사망수}}{\text{신생아사망수}}$
= $\dfrac{30}{10}$

15 지역사회간호사가 PRECEDE－PROCEED 모형을 적용하여 만성질환과 관련된 건강행위에 영향을 주는 소인요인, 가능요인, 강화요인을 사정하였다면 이에 해당하는 진단(사정)단계는?

① 사회적 진단
② 역학적 진단
③ 교육 및 생태학적 진단
④ 행정적, 정책적 진단 및 중재설계

ANSWER 15.③

15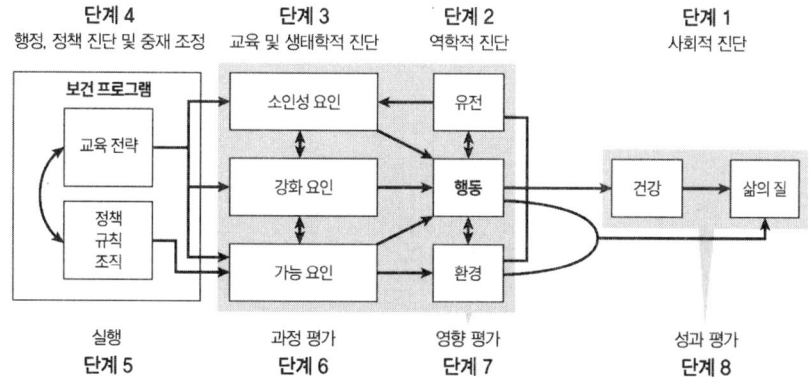

㉠ 1단계(사회적 진단)
• 삶의 질에 영향을 미치는 사회적 요인 규명(건강문제 제외)
• 객관적 사정 : 환경지표(대기환경), 사회적지표(실업률), 지역사회 관련한 대중매체 등
• 주관적 사정 : 주민의 반응·적응 정도
㉡ 2단계(역학적 진단) : 건강문제 규명, 생활양식 및 환경요인
㉢ 3단계(교육생태학적 진단)
• 보건교육 프로그램 설정
• 성향요인 : 지식이나 태도, 신념, 가치관 등 행위의 근거나 동기를 부여하는 인지·정서적 요인
• 촉진요인 : 자원의 이용 가능성, 접근성, 기술 등 건강행위 수행을 가능하게 도와주는 요인
• 강화요인 : 보상이나 칭찬, 처벌과 같이 긍정·부정적인 반응으로 행위를 지속시키거나 중단시키는 요인
㉣ 4단계(행정·정책적 진단) : PRECEDE에서 PROCEED로 진행되는 단계로, 건강증진 프로그램으로 전환시키기 위해 행정·정책적 사정이나 진단이 요구된다.
㉤ 5단계(실행) : 프로그램 개발 및 방안을 마련하여 수행하는 단계
㉥ 6단계(과정 평가) : 프로그램 실행이 제대로 잘 이루어졌는지 평가(단기 평가)
㉦ 7단계(영향 평가) : 행동, 환경적 요인의 변화와 성향·촉진·강화요인의 변화 평가
㉧ 8단계(결과 평가) : 초기에 사정된 건강상태와 삶의 질 변화 평가(장기 평가)

16 SWOT분석에서 강점-위협전략(ST전략)에 해당하는 것은?

① 불리한 환경을 극복하기 위한 신사업 개발
② 위협을 회피하기 위한 사업의 축소
③ 내부조직의 역량 강화를 위한 혁신 및 구조조정
④ 공격적인 사업영역 확대

17 지역사회간호의 역사적 사건들을 이른 것부터 순서대로 바르게 나열한 것은?

> ㉠ 「학교보건법」 제정
> ㉡ 「농어촌 등 보건의료를 위한 특별조치법」 제정
> ㉢ 전 국민 의료보험(현 국민건강보험) 시행
> ㉣ 노인장기요양보험제도 시행

① ㉠→㉡→㉢→㉣
② ㉠→㉡→㉣→㉢
③ ㉡→㉠→㉢→㉣
④ ㉡→㉠→㉣→㉢

ANSWER 16.① 17.①

16 다각화 전략으로 위협을 최소화하고 내부 강점을 사용하는 전략이다. 따라서 불리한 환경 극복을 위한 신사업 개발은 강점-위협(ST)이다.
② 외부의 위협을 피하고 내부 약점을 최소화하는 약점-위협(WT) 전략이다.
③ 약점을 최소화하기 위해 외부의 기회를 활용하는 약점-기회(WO) 전략이다.
④ 내부의 강점으로 외부의 기회를 극대화하는 강점-기회(SO) 전략이다.

17 1967년 「학교보건법」 제정→1980년 「농어촌 등 보건의료를 위한 특별조치법」 제정→1989년 전 국민 의료보험(현 국민건강보험) 시행→2008년 노인장기요양보험제도 시행(2007년 제정)이므로 '㉠→㉡→㉢→㉣' 순으로 나열해야 한다.

18 근로자의 업무상 재해에 대한 신속·공정한 보상과 재해근로자의 재활 및 사회복귀를 촉진하기 위한 보험시설 운영 등을 주요 목적으로 하는 기관은?

① 근로자건강센터
② 대한산업보건협회
③ 근로복지공단
④ 한국산업안전보건공단

ANSWER 18.③

18 ① 근로자건강센터: 건강관리가 취약한 50인 미만 소규모 사업장 노동자의 건강관리를 위해 설치되어 직종별 유해 요인 파악을 통한 전문 건강상담 등 다양한 건강 서비스를 지원하는 기관이다.
② 대한산업보건협회: 근로자 중심으로 1963년에 설립한 비영리기관이다. 건강진단, 쾌적한 작업환경 조성을 위한 작업환경측정과 근로자 건강을 관리하는 보건관리대행 업무를 수행하고 있다.
④ 한국산업안전보건공단: 산업재해 예방기술의 연구·개발과 보급, 산업안전보건 기술지도 및 교육, 안전·보건진단 등 산업재해 예방에 관한 사업을 수행하는 기관이다.

19 지역사회간호사가 고혈압관리 프로그램의 교육목표를 '대상자들은 정상혈압의 범위를 말할 수 있다'로 설정한다면 이는 블룸(Bloom)이 제시한 교육을 통한 변화영역 중 어느 영역에 해당하는가?

① 인지적 영역(cognitive domain)
② 정의적 영역(affective domain)
③ 심동적 영역(psychomotor domain)
④ 생리적 영역(physiological domain)

ANSWER 19.①

19 인지적 영역(cognitive domain)은 복잡성의 원칙(점점 복잡하고 어려운 지식으로 위계구분)에 따르며 지식, 이해, 적용, 분석, 종합, 평가 능력으로 구분된다. 질문은 인지적 영역 중 지식에 해당된다.
② 정의적 영역(affective domain) : 내면화의 원칙(이상향과 동일시하는 과정)에 따르며 감수, 반응, 가치화, 조직화, 인격화로 구분된다.
③ 심동적 영역(psychomotor domain) : 기능의 일상화 원칙에 따르며 지각, 태세, 유도반응, 기계화, 복합외현반응, 적응, 독창성으로 구분된다.
④ 생리적 영역(physiological domain) : 블룸(Bloom)의 교육목표에 해당되지 않는다.

※ 블룸(Bloom)의 교육목표

구분	내용
인지적 영역 (cognitive domain)	• 지식 : 사실이나 개념, 원리, 방법 등 이미 배운 내용을 기억하고 재생하는 능력 • 이해 : 지식을 바탕으로 의미를 파악하는 능력 • 적용 : 이미 배운 내용을 적용하여 해결하는 능력 • 분석 : 상호 간 조직 원리를 분석하고 발견하는 능력 • 종합 : 여러 가지 요소나 부분을 새로운 의미 체계가 성립되게 하는 능력 • 평가 : 주어진 자료의 가치를 판단하는 능력
정의적 영역 (affective domain)	• 감수 : 자극이나 활동에 주의를 기울이고 수용하는 능력 • 반응 : 자극이나 활동에 적극적으로 참여하고 만족을 얻는 능력 • 가치화 : 특정한 대상 혹은 활동 가치를 추구하여 행동으로 나타내는 능력 • 조직화 : 서로 다른 가치들을 비교·종합하여 일관된 체계를 형성하는 능력 • 인격화 : 일관성 있게 내면화되어 인격의 일부가 된 상태
심동적 영역 (psychomotor domain)	• 지각 : 주변 자극을 지각하고 해석하여 환경에 대처하는 능력 • 태세 : 행위를 위해 준비하는 단계 • 유도 반응 : 복잡한 기능을 배우는 초기 단계 • 기계화 : 습득된 행동이 습관이 되고 신뢰와 효율을 증진시키는 단계 • 복합외현반응 : 최소한의 에너지로 신속하고 부드럽게 행동하는 단계 • 적응 : 숙달된 행위를 수정시키거나 변화시키는 단계

20 고도비만인 C 씨가 가족들에게 "저 오늘부터 비만 탈출하겠습니다."라고 선언하는 것은 범이론 모형(Transtheoretical Model : TTM)의 어떤 변화과정에 해당하는가?

① 자기 해방(self liberation)
② 의식 고취(consciousness raising)
③ 자기 재평가(self reevaluation)
④ 사회적 해방(social liberation)

ANSWER 20.①

20 자기 해방(self liberation)은 스스로에게 행동 변화의 의지와 능력을 주위에 말하고 다니는 것을 말한다.
② 의식 고취(consciousness raising) : 행위 변화에 도움을 주는 정보나 조언 등을 찾아 습득하여 인식을 개선하는 것을 말한다.
③ 자기 재평가(self reevaluation) : 스스로를 인지·정서적으로 비교평가하며 동기 부여하는 것을 말한다.
④ 사회적 해방(social liberation) : 사회규범이 자신을 지지한다고 인식하며 사회적 장치를 발견하거나 대안을 제공하는 것을 말한다.

※ 범이론모형 … 개인별로 상이한 변화단계에 따라 차별화된 보건교육 필요성을 강조하는 이론이다. 계획이전단계(전숙고) → 계획 단계(숙고) → 준비 단계(준비) → 행동 단계(실행) → 유지 단계(유지) → 종료 단계(종료)를 거친다.

과정	내용
의식 고취	행위 변화에 도움을 주는 정보나 조언 등을 찾아 습득하여 인식을 개선하는 것
극적해소	부정적인 정서 해소와 이후에 나타나는 감정을 경험하고 표출하여 해소하는 것
환경 재평가	개인의 특정한 행동이 주변인에게 미치는 영향을 평가하고 인식하는 것
자기 재평가	스스로를 인지·정서적으로 비교평가하며 동기 부여하는 것
자기 해방	스스로에게 행동 변화의 의지와 능력을 주위에 말하고 다니는 것
역조건 형성	문제행동을 대처하는 건강한 행동을 학습하는 것
지원관계 형성	긍정적인 변화에 대한 지지와 관심, 신뢰, 라포형성, 작업 동맹 등
강화관리	개인의 변화 노력에 대한 적절한 보상을 제공하는 것
자극통제	문제행동을 촉진시키는 요인을 통제하거나 피하는 것
사회적 해방	사회규범이 자신을 지지한다고 인식하며 사회적 장치를 발견하거나 대안을 제공하는 것

지역사회간호 | 2023. 6. 10. 제1회 지방직 시행

1 다음에서 설명하는 보건교육 방법은?

> • 전체 학습자를 여러 개 소그룹으로 나누어 토론을 진행하고, 토론 후 전체 학습자가 다시 모여 토론한 결과를 요약 정리하여 결론을 낸다.
> • 참석 인원이 많아도 전체 의견을 교환할 수 있고 학습자들에게 참여 기회가 주어진다.

① 배심토의
② 심포지엄
③ 분단토의
④ 브레인스토밍

2 다음에 해당하는 작업환경 관리 방법은?

> 화재 예방을 위해 가연성 물질의 저장을 플라스틱 통에서 철제 통으로 바꾸었다.

① 대치
② 격리
③ 환기
④ 교육

ANSWER 1.③ 2.①

1 전체 학습자를 여러개의 소그룹으로 나누어 토론을 진행하고, 토론 후 전체 학습자가 정리하며 결론을 내는 것은 분단 토의 방법이다.
① 토의 주제에 대하여 상반되는 의견을 가진 전문가들이 의견을 발표하고, 질의응답을 통해 전체 토의를 진행하는 방법이다.
② 여러 전문가들이 다각도에서 의견을 발표하고 청중의 질문에 대답하는 방식으로 진행된다.
④ 한 그룹이 10~15분 동안 단기 토의를 진행하며 자유롭고 창의적인 아이디어를 내는 토의 방법이다.

2 변경의 의미로서 공정변경, 시설변경, 물질 변경 등을 말하며 저장 통을 바꾼 것은 대치에 해당한다.
② 작업장과 유해인자 사이에 물체, 거리, 시간 등을 격리하는 원리이다.
③ 오염된 공기를 작업장으로부터 제거하고 신선한 공기로 치환하는 원리이다.
④ 관리자, 기술자, 감독자, 작업자를 교육, 훈련하여 관리하는 원리이다.

3 성인이 되어 결혼해 출가한 첫 자녀, 그리고 부모와 동거하며 취업 중인 막내가 있는 가족의 발달과업은?

① 직업의 안정화
② 부부관계의 재조정
③ 자녀의 사회화 교육
④ 친척에 대한 이해와 관계 수립

4 다음 프로그램의 결과평가 지표에 해당하는 것은?

> A 지역의 보건소는 지역사회의 비만관리를 위해 성인을 대상으로 6개월간 걷기운동프로그램을 운영하였다.

① 걷기운동 참여자 수
② 프로그램 운영 간호사 수
③ 체중 감소자 수
④ 프로그램 운영횟수

ANSWER 3.② 4.③

3 진수기에 해당하며 이 시기에는 부부관계의 재조정, 노부모지지, 새로운 흥미 개발과 참여가 필요하다.
① 직업(수입)의 안정화는 청소년기에 해당한다.
③ 자녀들의 사회화가 필요한 것은 학령기에 해당한다.
④ 결혼에 적응하는 단계인 신혼기에 해당한다.
※ 듀발(Duvall)의 가족생활주기 8단계
  ㉠ 신혼기(결혼~첫 자녀 출생 전) : 건전한 부부관계를 수립하고 친척에 대한 이해관계 수립, 가족계획 등을 하는 시기
  ㉡ 양육기(첫 자녀의 출생~30개월) : 만족한 가족 형성을 하는 시기로 부모의 역할과 기능에 적응이 필요
  ㉢ 학령전기(첫 자녀가 30개월~6세) : 자녀들의 사회와 교육 및 영양 관리, 불균형된 자녀와의 관계 대처가 필요
  ㉣ 학령기(첫 자녀가 6세~13세) : 자녀들의 학업과 사회화 증진이 필요하며, 가족 내 규칙과 규범을 확립하는 시기
  ㉤ 청소년기(첫 자녀가 13~19세) : 안정된 수익, 결혼 관계의 유지 시기로 세대간 충돌 대처가 필요
  ㉥ 진수기(첫 자녀 결혼~막내 결혼) : 부부관계의 재조정, 노부모지지, 새로운 흥미의 개발과 참여가 필요
  ㉦ 중년기(자녀들 독립~은퇴) : 경제적으로 풍요롭고 출가한 자녀 가족과의 결속과 유대 확립이 필요
  ㉧ 노년기(은퇴~사망) : 배우자 상실, 은퇴, 건강문제, 사회적 지위 및 경제력 감소에 대한 대처가 필요

4 비만 관리가 목적이므로 체중 감소자 수가 결과평가 지표에 해당한다.
① 걷기운동 참여자 수는 투입 요소에 해당한다.
② 프로그램에 투입되는 인력으로 구조평가에 해당한다.
④ 프로그램의 진행 일정의 준수와 진행 수를 확인하는 것은 과정평가에 해당한다.

5 「농어촌 등 보건의료를 위한 특별조치법 시행령」상 보건진료 전담공무원이 근무지역에서 할 수 있는 의료행위만을 모두 고르면?

> ㉠ 만성병 환자의 요양지도 및 관리
> ㉡ 질병·부상의 악화 방지를 위한 처치
> ㉢ 질병·부상상태를 판별하기 위한 진찰·검사
> ㉣ 환자의 이송

① ㉠, ㉢
② ㉡, ㉣
③ ㉠, ㉡, ㉢
④ ㉠, ㉡, ㉢, ㉣

ANSWER 5.④

5 보건진료 전담공무원의 업무〈농어촌 등 보건의료를 위한 특별조치법 시행령 제14조〉
㉠ 보건진료 전담공무원의 의료행위의 범위는 다음과 같다.
- 질병, 부상상태를 판별하기 위한 진찰, 검사
- 환자의 이송
- 외상 등 흔히 볼 수 있는 환자의 치료 및 응급조치가 필요한 환자에 대한 응급처치
- 질병, 부상의 악화 방지를 위한 처치
- 만성병 환자의 요양지도 및 관리
- 정상분만 시의 분만 도움
- 예방접종
- 위의 의료행위에 따르는 의약품의 투여

㉡ 보건진료 전담공무원은 ㉠의 의료행위 외에 다음의 업무를 수행한다.
- 환경위생 및 영양개선에 관한 업무
- 질병예방에 관한 업무
- 모자보건에 관한 업무
- 주민의 건강에 관한 업무를 담당하는 사람에 대한 교육 및 지도에 관한 업무
- 그 밖에 주민의 건강증진에 관한 업무

6 (가), (나)에 해당하는 건강신념모형의 개념을 바르게 짝 지은 것은?

> (가) 흡연자는 비흡연자보다 폐암에 걸릴 가능성이 높다고 생각한다.
> (나) 폐암에 걸리면 다른 암보다 치료가 어렵고 사망확률이 높다고 생각한다.

	(가)	(나)
①	지각된 민감성	지각된 심각성
②	지각된 심각성	지각된 민감성
③	지각된 민감성	지각된 장애성
④	지각된 심각성	지각된 장애성

ANSWER 6.①

6. (가)는 어떤 건강 상태가 될 것이라는 가능성에 대한 생각이므로 지각된 민감성, 질병이 걸렸을 경우 심각하게 될 것인지에 대한 지각인 (나)는 지각된 심각성의 예시이다.
   ※ 건강 신념 모형은 인간의 행위가 개인이 그 목표에 대하여 생각하는 가치와 목표를 달성할 가능성에 대한 생각에 달려 있다고 가정하는 심리학과 행동이론을 기본으로 한다.
   ㉠ **지각된 민감성** : 어떤 건강상태가 될 것이라는 가능성에 대한 생각으로 개인의 실제 위험을 좀 더 일관성 있게 인지하도록 만든다.
   ㉡ **지각된 심각성** : 질병에 걸렸을 경우나 치료를 하지 않았을 경우 어느 정도 심각하게 될 것인지에 대한 지각으로 위험요인과 상황 결과를 세분화 한다.
   ㉢ **지각된 유익성** : 특정 행위를 하게 될 경우 얻을 수 있는 혜택에 대한 지각으로 결과의 심각성이나 위험을 감소시키기 위해 권고된 효능에 대한 개인의 믿음이다.
   ㉣ **지각된 장애성** : 특정 건강행위에 대한 부정적 지각이며, 어떤 행위를 취할 시에 거기에 들어가는 비용이나 위험성 등이 건강행위를 방해하게 된다는 것이다.
   ㉤ **자기효능감** : 주어진 행위가 어떤 성과를 끌어낼 것이라는 개인의 기재를 정의한 것으로 개인의 행동할 능력에 대한 신뢰이다.
   ㉥ 기타 변인

7 보건소에서 관리하는 신생아 대상 선천성대사이상검사 항목이 아닌 것은?

① 갑상선기능저하증
② 브루셀라증
③ 호모시스틴뇨증
④ 단풍당뇨증

8 다음 지역사회간호 활동에서 적용한 간호이론은?

> • 기본 구조와 에너지 자원의 상태를 사정한다.
> • 실제적 · 잠재적 스트레스원과 반응을 사정한다.
> • 저항선, 정상방어선, 유연방어선을 확인한다.
> • 스트레스원과 방어선과의 상호작용을 중심으로 간호진단을 기술한다.
> • 1차 · 2차 · 3차 예방활동을 초점으로 중재방법을 모색한다.

① 건강관리체계이론
② 자가간호이론
③ 교환이론
④ 적응이론

ANSWER 7.② 8.①

7 부르셀라증은 선천성대사이상질병이 아니라 감염병이다.
※ 신생아 대상 선천성대사이상 검사항목은 6종으로 페닐케톤뇨증, 갑상선기능저하증, 호모시스틴뇨증, 단풍당뇨증, 갈락토스혈증, 선천성부신과형성증이다.

8 기본구조, 저항선, 정상방어선, 유연방어선으로 되어있으며, 이 구조를 유지하기 위한 1, 2, 3차 예방 활동으로 중재방법을 모색하고 있다.
② 인간 내부에 자가간호를 위한 요구와 수행할 수 있는 역량을 동시에 가지고 있다고 보았으며, 자가간호결핍이 있는 사람에게 간호가 제공되어야 한다고 보았다.
③ 지역사회간호사와 주민 간 물질적, 비물질적 교환과정을 통해서 바람직한 상호관계가 이루어지도록 노력한다.
④ 인간이 하나의 체계로서 주위 환경으로부터 계속적으로 투입되는 자극을 받고 있으며, 이러한 자극에 대하여 내부의 과정인 대처기전을 활용하여 적응양상을 나타내고, 그 결과 반응을 나타낸다고 보고 있다.

9 다음은 지역사회간호사업 체계모형이다. (가)에 해당하는 것은?

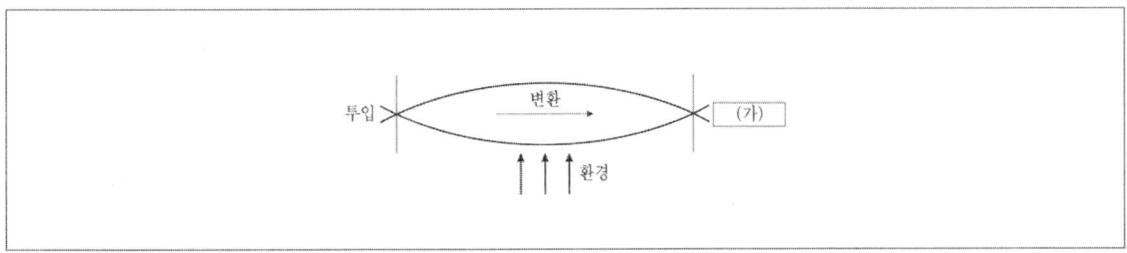

① 지역사회주민
② 지역사회간호과정
③ 지역사회 적정기능 수준 향상
④ 지역사회 물적 자원

10 다음 지표 중 분모가 '당해연도 연간 출생아수'가 아닌 것은?

① 영아사망률
② 저체중아 출생률
③ 모성사망비
④ 모성사망률

ANSWER 9.③ 10.④

9 (가)는 산출로 간호사업의 변환과정을 통해 나온 결과가 해당한다.
 ① 지역사회 주민은 간호사업에 투입되는 인적자원에 해당한다.
 ② 지역사회간호과정은 변환과정에 해당한다.
 ④ 지역사회 물적자원은 투입되는 자원에 해당한다.
 ※ 지역사회 체계
  ㉠ 투입: 체계가 활동하기 위한 에너지(물질, 정보)가 유입되는 과정
  ㉡ 변환: 체계 내에서 에너지, 물질, 정보를 사용하는 과정
  ㉢ 산출: 체계 내 보유하지 않는 에너지를 배출하는 과정, 변환을 통해 나온 결과

10 모성사망률은 임신, 분만, 산욕 합병증으로 인한 모성사망 수÷15~49세 가임기 여성 수×1,000으로 분모가 다르다.
 ① 영아사망률은 영아기 사망 수÷당해 연도 출생아 수×1,000이다.
 ② 저체중아 출생아 수÷당해 연도 출생아 수×1,000
 ③ 모성사망비는 임신, 분만, 산욕 합병증으로 인한 모성사망 수÷당해 연도 출생 수×100,000이다.

11 우리나라의 방문간호에 대한 설명으로 옳은 것은?

① 의료기관 가정간호의 목표는 지역사회 인구집단의 건강행태 개선이다.
② 「의료법 시행규칙」상 가정간호를 실시하는 의료기관의 장은 가정전문간호사를 2명 이상 두어야 한다.
③ 「지역보건법 시행규칙」상 방문건강관리 전담공무원이 되고자 하는 간호사는 2년 이상의 간호업무경력이 있어야 한다.
④ 노인장기요양보험법령상 방문간호급여는 급여제공 행위별 진료수가를 기준으로 급여비용을 산정한다.

12 BPRS(Basic Priority Rating System)를 적용했을 때 가장 먼저 해결해야 할 건강문제는?

	건강문제	문제의 크기	문제의 심각도	사업의 효과
①	높은 흡연율	8	6	4
②	높은 고위험 음주율	2	4	7
③	낮은 고혈압 인지율	4	8	5
④	낮은 신체활동 실천율	10	5	3

ANSWER 11.② 12.③

11 ① 의료기관의 가정간호는 입원의 대체 수단일 뿐이며 지역사회 인구집단의 건강 행태 개선을 목표하는 것은 보건소의 방문간호에 해당한다.
③ 간호업무경력 여부는 관계없다.
④ 행위별 진료수가가 아니라 방문당 제공 시간으로 산정한다.

12 (4+16)×5=100으로 가장 먼저 해결해야 한다.
① (8+12)×4=80으로 두 번째로 해결해야 한다.
② (2+8)×7=70으로 세 번째로 해결해야 한다.
④ (10+10)×3=60으로 마지막으로 해결해야 한다.
※ BPRS에서는 사업의 추정 효과, 문제의 심각도, 문제의 크기 순서로 우선순위에 영향을 미치며 "(문제의 크기+2(문제의 심각도))×사업의 효과"로 점수를 계산한다.

13 다음 환자-대조군 연구 결과에 대한 교차비는?

(단위 : 명)

오염원으로 의심되는 음식 섭취 여부	식중독 발생	
	예	아니오
예	240	360
아니오	40	460

① $\dfrac{360 \times 40}{240 \times 460}$

② $\dfrac{240 \times 460}{360 \times 40}$

③ $\dfrac{240(40+460)}{40(240+360)}$

④ $\dfrac{40(240+360)}{240(40+460)}$

14 가족밀착도를 이용하여 파악할 수 있는 정보가 아닌 것은?

① 가족의 생활사건
② 가족 간의 관계
③ 가족의 정서적 지지
④ 가족의 전체적인 상호작용

ANSWER 13.② 14.①

13 ② $(240 \times 460) \div (360 \times 40)$

※ 교차비 … 질병이 있는 경우 위험인자 유무의 비와 질병이 없는 경우 위험인자 유무의 비의 비를 말한다. 환자-대조군 연구에서 주로 사용하며, 통계분석에서 수학적인 장점이 있다.

14 가족의 생활사건은 가족연대기로 파악할 수 있다.
② 가족 간의 관계를 선으로 표시하기 때문에 파악할 수 있다.
③ 밀착 관계, 갈등 관계, 단절 등을 각각 다른 모양의 선으로 표시하여 정서적 관계를 알 수 있다.
④ 평소 가족이 알지 못하던 관계를 새롭게 조명해 볼 수 있고, 가족의 전체적인 상호작용을 바로 볼 수 있어 가족 간의 문제를 확인하기 용이하다는 장점이 있다.

15 의료급여에 대한 설명으로 옳지 않은 것은?

① 1종 수급권자와 2종 수급권자의 본인부담금은 차등 적용된다.
② 「국민기초생활 보장법」상 수급자가 아니면 의료급여 수급자가 될 수 없다.
③ 의료급여는 사회보장체계 중 공공부조에 해당된다.
④ 의료급여 관리사는 의료기관에서 2년 이상 근무한 경력을 가진 의료인이어야 한다.

ANSWER 15.②

15 「국민기초생활 보장법」에 따른 의료급여 수급자 이외에도 수급자가 될 수 있는 경우가 있다.
① 1종 수급권자와 2종 수급권자의 본인부담금은 차등적용 되며, 비급여 청구분은 전액 본인이 부담해야 한다.
③ 사회보장체계는 사회보험과 공공부조가 있으며 의료급여는 공공부조에 해당한다.
④ 의료급여 관리사는 의료기관에서 2년 이상 근무한 경력을 가진 의료인이어야 한다.
※ 수급권자〈의료급여법 제3조〉
　㉠ 이 법에 따른 수급권자는 다음 각 호와 같다.
　　• 「국민기초생활 보장법」에 따른 의료급여 수급자
　　• 「재해구호법」에 따른 이재민으로서 보건복지부장관이 의료급여가 필요하다고 인정한 사람
　　• 「의사상자 등 예우 및 지원에 관한 법률」에 따라 의료급여를 받는 사람
　　• 「국내입양에 관한 특별법」에 따라 입양된 18세 미만의 아동
　　• 「독립유공자예우에 관한 법률」, 「국가유공자 등 예우 및 지원에 관한 법률」 및 「보훈보상대상자 지원에 관한 법률」의 적용을 받고 있는 사람과 그 가족으로서 국가보훈부장관이 의료급여가 필요하다고 추천한 사람 중에서 보건복지부장관이 의료급여가 필요하다고 인정한 사람
　　• 「무형유산의 보전 및 진흥에 관한 법률」에 따라 지정된 국가무형유산의 보유자(명예보유자를 포함한다)와 그 가족으로서 국가유산청장이 의료급여가 필요하다고 추천한 사람 중에서 보건복지부장관이 의료급여가 필요하다고 인정한 사람
　　• 「북한이탈주민의 보호 및 정착지원에 관한 법률」의 적용을 받고 있는 사람과 그 가족으로서 보건복지부장관이 의료급여가 필요하다고 인정한 사람
　　• 「5·18민주화운동 관련자 보상 등에 관한 법률」 제8조에 따라 보상금등을 받은 사람과 그 가족으로서 보건복지부장관이 의료급여가 필요하다고 인정한 사람
　　• 「노숙인 등의 복지 및 자립지원에 관한 법률」에 따른 노숙인 등으로서 보건복지부장관이 의료급여가 필요하다고 인정한 사람
　　• 그 밖에 생활유지 능력이 없거나 생활이 어려운 사람으로서 대통령령으로 정하는 사람
　㉡ ㉠의 규정에 따른 수급권자의 인정 기준 등에 관한 사항은 보건복지부장관이 정하는 바에 따른다.
　㉢ ㉠에 따른 수급권자에 대한 의료급여의 내용과 기준은 대통령령으로 정하는 바에 따라 구분하여 달리 정할 수 있다.
　㉣ ㉠에 따른 수급권자에 대한 의료급여의 개시일 등에 관하여 필요한 사항은 대통령령으로 정한다.

16 취약가족의 분류 상 기능적으로 취약한 가족에 해당하는 것은?

① 학대 가족
② 한부모 가족
③ 미혼모 가족
④ 저소득 가족

17 Leavell과 Clark가 제시한 질병의 자연사 단계별 예방적 조치로 옳은 것은?

① 비병원성기 - 사례발견
② 불현성 감염기 - 집단검진
③ 발현성 감염기 - 환경위생
④ 회복기 - 개인위생

ANSWER 16.④ 17.②

16 저소득 가정은 기능적으로 취약한 가족에 해당한다.
① 가족 내 상호작용이 취약한 가족 유형으로는 폭력 가족, 비행 청소년 가족, 학대 가족 등이 있다.
② 한부모 가족은 구조적으로 취약한 가족에 해당한다.
③ 발달 단계의 취약 가족으로는 미숙아 가족, 미혼모 가족 등이 있다.

17 불현성 감염기는 2차 예방에 해당하며 집단 검진 등을 통하여 조기 발견하는 것이다.
① 비병원성기는 질병이 없는 건강한 상태를 유지하는 단계이다.
③ 발현성 감염기는 증상이 발현하는 감염기로 적절한 치료가 필요한 시기이다.
④ 회복기는 질병이 회복되거나 만성화된 상태로 재활이 필요한 단계이다.
※ Leavell&Clark의 질병의 자연사 단계
  ㉠ 비병원성기 : 질병이 없는 건강한 상태
  ㉡ 초기 병원성기 : 병원체의 자극을 받기 시작하는 단계
  ㉢ 불현성 감염기 : 자극을 통해 병리적 변화가 시작되는 단계
  ㉣ 발현성 감염기 : 증상이 발현하는 감염기
  ㉤ 회복기 : 질병이 회복되거나 만성화된 상태로 재활이 필요한 단계

18 보건의료체계 하부구조의 구성요소에서 보건의료자원 개발에 해당하는 것은?

① 외국 원조 ② 공공재원
③ 국가보건당국 ④ 보건의료지식

19 「지역보건법 시행령」상 지방자치단체장이 매년 보건소를 통하여 지역 주민을 대상으로 실시한 지역사회 건강실태조사 결과를 통보해야 하는 대상은?

① 행정안전부장관 ② 한국건강증진개발원장
③ 질병관리청장 ④ 보건복지부장관

20 다음 상황에서 우선적으로 취해야 할 조치는?

> 뜨거운 여름날 아스팔트 위에서 작업 중이던 근로자가 쓰러졌다. 확인 결과, 의식이 없고 체온은 41℃였으며 발한은 없다.

① 얼음물에 몸을 담근다. ② 1~2시간 정도 안정시킨다.
③ 가슴을 격렬하게 마찰해 준다. ④ 강심제를 투여한다.

ANSWER 18.④ 19.③ 20.①

18 보건의료지식은 보건의료자원 개발에 포함된다.
① 외국의 원조는 경제적 지원에 해당한다.
② 공공재원은 경제적 지원에 해당한다.
③ 국가보건당국은 자원의 조직적 배치에 해당한다.
※ 보건의료체계 하부구조의 구성요소
㉠ 보건의료자원 개발: 인력, 물자, 시설, 지식, 기술
㉡ 자원의 조직적 배치: 국가보건당국, 비정부기관, 정부기관 등
㉢ 보건의료제공: 예방, 치료, 재활
㉣ 경제적 지원: 공공재원 조달, 외국 원조, 고용주 등
㉤ 관리: 의사결정, 조정, 지도력 등

19 협조 요청을 받은 지방자치단체의 장은 매년 보건소(보건의료원을 포함한다. 이하 같다)를 통하여 지역 주민을 대상으로 지역사회 건강실태조사를 실시하여야 한다. 이 경우 지방자치단체의 장은 지역사회 건강실태조사의 결과를 질병관리청장에게 통보하여야 한다〈지역보건법 시행령 제2조(지역사회 건강실태조사의 방법 및 내용) 제2항〉.

20 열이 40℃ 이상으로 올라가는 것은 열사병이다. 얼음팩, 에어컨 등으로 체온을 낮춰주어야 한다.
② 일사병은 시원한 곳에서 안정을 취해야 한다.
③ 열사병은 체온을 관리해주는 간호가 중요하다.
④ 강심제 투여는 하지 않는다.

지역사회간호 | 2023. 6. 10. 제1회 서울특별시 시행

1 우리나라 지역사회 간호의 발달사에 대한 설명으로 가장 옳은 것은?

① 1956년 「보건소법」이 제정되면서 읍·면 단위의 무의촌에 보건진료소가 설치되었다.
② 1981년 「산업안전보건법」이 제정되면서 산업장 간호사가 보건관리자가 되었다.
③ 1995년 「국민건강증진법」이 제정되고 「보건소법」이 「지역보건법」으로 개정되었다.
④ 「노인장기요양보험법」이 2008년에 제정되었다.

2 <보기>에서 설명하고 있는 지역사회간호사의 주된 역할로 가장 옳은 것은?

<보기>
A보건소의 방문건강관리팀은 당뇨병을 앓고 있는 독거노인을 대상으로 혈당 관리, 복약지도, 영양상담 등의 서비스를 제공하는 프로그램을 추진하기 위해 방문간호사, 의사, 약사, 영양사, 사회복지사 등의 보건·의료 전문가들과 건강관리 서비스의 내용과 제공과정을 결정하는 회의를 시행하였다.

① 교육자(educator)
② 조정자(coordinator)
③ 협력자(collaborator)
④ 사례관리자(case manager)

ANSWER 1.③ 2.③

1 ① 1956년에 「보건소법」이 제정된 것은 맞으나 보건진료소 설치는 1980년에 이루어졌다.
② 「산업안전보건법」은 1981년 제정되었으며 보건관리자로 개칭한 것은 1990년이다.
④ 「노인장기요양보험법」이 제정된 것은 2007년이며 전면 실시가 2008년이다.

2 <보기>의 내용은 다른 보건·의료 전문가들과 협력을 통해 의사결정에 참여하며 지역사회간호를 제공하는 노력을 하고 있으므로 협력자 역할에 해당한다.
① 대상자의 교육 요구를 사정하고 보건교육을 계획-수행-결과 평가를 진행한다.
② 대상자에 관한 상태와 요구에 대해 다른 요원과 의사소통하며 사례관리 집담회를 연다.
④ 사례관리 대상자를 선정하여 사정-계획-수행-평가의 사례관리를 진행하는 역할이다.

3 노인장기요양보험의 방문간호에 대한 설명으로 가장 옳은 것은?

① 장기요양 5등급 판정을 받은 자는 신청할 수 없다.
② 의사의 지시서가 필요하지 않다.
③ 주된 인력은 가정전문간호사이다.
④ 건강보험가입자의 경우 장기요양급여비용의 15%를 본인이 부담한다.

4 일반정책에 비하여 보건의료정책이 갖는 특성에 대한 설명으로 가장 옳지 않은 것은?

① 효율성보다는 형평성이 강조된다.
② 시장경제원리를 적용함에 있어 한계가 있다.
③ 보건정책은 경제정책에 우선한다.
④ 국민들의 소득과 교육 수준이 향상되어 보건의료서비스에 대한 욕구가 증가하였다.

ANSWER 3.④ 4.③

3 건강보험 가입자는 재가급여는 15%, 시설급여는 20% 본인 부담한다〈노인장기요양보험법 시행령 제15조의 8(본인부담금)〉.
① 장기요양등급을 받은 수급자라면 모두 신청할 수 있다.
② 장기요양요원인 간호사 등이 의사, 한의사 또는 치과의사의 지시서에 따라 가정 등을 방문하여 간호, 진료의 보조, 요양에 관한 상담 또는 구강위생 등을 제공하는 장기요양급여가 방문간호이다.
③ 가정간호와 방문간호는 별개의 간호 방법이다. 가정전문간호사는 병원 가정간호팀에서 업무를 수행한다.

4 보건정책은 파급효과 범위가 넓으며 국가경쟁력과 관련되어 있다.
① 공공재적 성격을 띠므로 효율성보다는 형평성을 강조한다.
② 보건의료정책은 시장경제원리 적용에 한계가 있다.
④ 소득과 교육 수준이 향상되어 건강과 복지에 대한 관심이 높아져 보건의료서비스에 대한 욕구가 증가하였다.

5 지역사회 주민을 대상으로 금연사업을 계획하고 있다. 투입 – 산출 모형에 따라 목표를 설정할 때 산출목표에 해당하는 것은?

① 금연 클리닉을 4개소 설치한다.
② 금연 클리닉 상담인력을 8명 확보한다.
③ 성인 흡연율을 36%에서 32%로 낮춘다.
④ 금연 이동 클리닉을 6개월 간 8개 지역에 운영한다.

6 보건사업 기획에 대한 설명으로 가장 옳은 것은?

① 미션(mission)은 보건사업이 궁극적으로 달성하고자 하는 것에 대한 일반적 기술로서 건강한 지역사회에 대한 조직의 비전을 기초로 한다.
② 결과평가는 사업에 투입되는 자원의 적절성을 평가하는 것이다.
③ 단기목표는 대개 2~3개월 이내에 달성할 수 있는 목표로 행동의 변화 등을 측정한다.
④ 보건사업 평가의 지표 중 지역 사망률은 통제가능성이 낮은 지표이다.

ANSWER 5.④ 6.④

5 산출목표는 즉각적으로 확인할 수 있는 수치를 말한다. 6개월 동안 8개 지역에 클리닉을 운영한다는 것은 산출목표에 해당한다.
① 금연 클리닉 설치는 사업에 투입되는 구조적 자원이다.
② 상담 인력은 사업에 투입되는 자원이므로 투입목표에 해당한다.
③ 흡연율, 유병률 등은 사업의 장기적 목표로 결과목표에 해당한다.
※ 지역사회 간호평가의 범주
  ㉠ 투입된 노력에 대한 평가(구조평가)는 결과가 효과적으로 나타날 수 있는 노력과 자원의 투입에 대한 평가이다.
  ㉡ 사업진행에 대한 평가(과정평가)는 과정과 산출에 대한 평가가 있다.
  ㉢ 목표달성 정도에 대한 평가(결과평가)는 구체적 목표 달성을 평가하는 것으로 질적 평가와 양적 평가가 있다.

6 사망률은 관련된 요인이 다양하므로 통제 가능성이 낮은 지표이다.
① 미션은 절대 변하지 않는 사업의 궁극적 기술이며, 미션을 기초로 비전을 만든다.
② 투입되는 자원의 적절성을 평가하는 것은 구조평가이다.
③ 단기 목표는 2~3개월부터 2년 이내로 소요되며 지식, 신념, 태도 등의 변화를 측정한다.

7 〈보기〉에서 두 지역의 인구 현상을 설명한 것으로 옳은 것은?

〈보기〉

〈단위 : 명〉

지역	인구수			
	14세 이하	15~64세	65세 이상	총인구
A지역	3,500	2,500	4,000	10,000
B지역	2,000	8,000	10,000	20,000

① B지역은 A지역보다 총부양비가 높다.
② B지역은 A지역보다 노령화지수가 높다.
③ B지역은 A지역보다 유년부양비가 높다.
④ B지역은 A지역보다 노년부양비가 높다.

8 국가 암 관리 사업에서 2차 예방 수준의 지역사회 간호중재에 대한 설명으로 가장 옳은 것은?

① 의료 급여 수급권자가 무료로 국가 암 검진을 받도록 안내한다.
② 초등학생을 대상으로 간접흡연의 유해성을 교육한다.
③ 중학교 여학생에게 무료 자궁경부암 예방접종 사업 캠페인을 실시한다.
④ 암 환자를 위한 가정방문형 호스피스 사업을 추진한다.

ANSWER 7.② 8.①

7 노령화지수=65세 이상 인구÷0~14세 인구×100으로 A지역 114, B지역 500으로 B지역이 높다.
① 총부양비=(1~14세 인구+65세 이상 인구)÷15~64세 인구×100으로 A지역 300, B지역 150으로 A지역이 높다.
③ 유년부양비=0~14세 인구÷15~64세 인구×100으로 A지역 140, B지역 25로 A지역이 높다.
④ 노년부양비=65세 이상 인구÷15~64세 인구×100으로 A지역 160, B지역 125로 A지역이 높다.

8 질병의 조기 발견을 위해 국가 암 검진을 받는 것은 2차 예방에 해당한다.
② 건강에 위해 요인이 될 수 있는 간접흡연에 대해 교육하는 것은 1차 예방에 해당한다.
③ 예방접종을 통해 질병에 이환되는 것을 예방하는 것은 1차 예방에 해당한다.
④ 이미 질병이나 건강 문제가 있는 경우 합병증 예방과 재발 방지를 위해 노력하는 것은 3차 예방에 해당한다.
※ 타나힐(Tannahill)의 건강증진모형 예방단계
　㉠ 일차예방 : 건강위험요인을 감소시켜 질병이나 특정 건강문제가 발행하지 않도록 하는 것
　㉡ 이차예방 : 질병이나 건강문제를 조기 발견하여 예방하는 것
　㉢ 삼차예방 : 질병이나 건강문제로 인해 발생할 수 있는 합병증 예방과 재발 방지를 하는 것

9 방문건강관리 사업 대상자 중 정기관리군을 〈보기〉에서 모두 고른 것은?

〈보기〉
㉠ 북한이탈 주민으로 감염성 질환이 1개 있는 자
㉡ 암 대상자로 암 치료 종료 후 3년이 경과한 자
㉢ 뇌졸중 등록자로 신체활동 미실천자
㉣ 당화혈색소가 6.8%인 자
㉤ 출생 후 22일이 경과한 아기가 있는 다문화 가족

① ㉠, ㉣
② ㉡, ㉢
③ ㉡, ㉤
④ ㉢, ㉤

ANSWER 9.②

9 ㉡ 정기관리군에 해당하며, 암 등록자로 흡연, 고위험 음주, 비만, 신체활동 미실천 중 2개 이상의 건강 행태 개선이 필요할 경우는 집중관리군에 해당한다.
㉢ 정기관리군에 해당하며, 뇌졸중 등록자로 흡연, 고위험 음주, 비만, 신체활동 미실천 중 2개 이상의 건강 행태 개선이 필요할 경우는 집중관리군에 해당한다.
㉠ 북한이탈 주민은 감염성 질환이 1개 이상이거나, 흡연, 고위험 음주, 비만, 신체활동 미실천 중 2개 이상의 건강행태 개선이 필요할 경우 집중관리군에 해당한다.
㉣ 당화혈색소 7% 미만인 자는 자기역량지원군에 해당한다.
㉤ 출생 4주 이내의 신생아가 있는 다문화 가족은 집중관리군에 해당한다.
※ 방문건강관리 사업 대상자
  ㉠ **집중관리군** : 건강위험요인의 적극적 개선을 위하여 보건소 다분야 보건 · 의료 전문가 참여를 통한 전문적 건강관리 서비스 제공이 필요하다. 건강 문제가 있고 증상 조절이 안되는 경우가 해당한다.
  ㉡ **정기관리군** : 3개월마다 대상별 맞춤 건강 교육 및 상담, 정보제공을 한다.
  ㉢ **자기역량지원군** : 연 1회이상 대상별 맞춤 건강정보를 제공한다. 건강문제가 있으나 증상이 없는 경우에 해당한다.

10 가족 이론 중 〈보기〉에서 설명하는 이론은?

〈보기〉
가족구성원 간의 상호작용에 대한 개인의 중요성을 강조하고 가족의 역할, 갈등, 의사소통, 의사결정 등 가족의 내적인 과정에 초점을 두었다.

① 가족발달 이론
② 가족체계 이론
③ 구조기능주의 이론
④ 상징적 상호작용 이론

11 20~30대 여성을 대상으로 자궁경부암 예방접종률을 높이기 위한 보건교육을 건강신념모형(health belief model, HBM)에 따라 기획하고 있다. 구성요소 중에서 '행동의 계기'에 대한 설명으로 옳은 것은?

① 자궁경부암 예방접종으로 예상되는 건강효과를 제시한다.
② 자궁경부암에 걸려 수술, 항암치료, 방사선치료를 받은 어려움을 소개한다.
③ 자궁경부암 예방접종에 대한 퀴즈 이벤트를 실시한다.
④ 자궁경부암 예방접종을 잘 받을 수 있도록 자신감을 불어넣어 준다.

ANSWER 10.④ 11.③

10 가족을 서로 상호작용하는 인격체로 보고 접근하는 방식은 상징적 상호작용 이론에 해당한다.
　① 가족성장주기를 통해 가족의 발달을 분석하고, 가족과업과 어린이, 부모 그리고 가족의 역할기대와 가족성장주기를 통한 가족 변화를 조사하는 이론이다.
　② 개인보다는 가족 전체를 체계로 접근하는 방법이다.
　③ 가족의 사회적 기능과 사회와 가족 개개인을 위해 가족이 수행하는 기능을 중요시하는 이론이다.

11 대중매체 캠페인, 다른 사람의 조언, 의료진의 약속 카드, 지인의 질병 등을 통해 행동의 계기를 얻는다.
　① 예방접종의 효과를 제시함으로써 유익성을 지각한다.
　② 질병에 걸렸을 경우나 치료를 하지 않았을 경우에 심각하게 될 것인지에 대한 지각을 하게 하는 것이다.
　④ 예방접종을 잘 받을 수 있도록 지지하는 것은 개인이 행동할 능력에 대한 신뢰를 불어넣어 자기효능감을 높여준다.

12 제1차 국제 건강증진 회의(1986)에서 채택한 오타와 헌장의 건강증진 5대 활동요소 중 〈보기〉의 내용에 해당하는 것은?

〈보기〉
- 운동시설 이용료에 대해 소비세를 경감하도록 관련법을 개정하였다.
- 입법 조세 및 조직변화 등과 같은 다양하고 보완적인 접근방식이 결합되었다.

① 지지적인 환경 조성(create supportive environment)
② 건강한 공공정책 수립(build healthy public policy)
③ 지역사회 활동의 강화(strengthen community action)
④ 개인의 건강기술 개발(develop personal skills)

13 지역사회 간호진단의 우선순위 결정 기준 중 BPRS(Basic Priority Rating System)의 구성요소에 해당하는 것은?

① 문제의 중요성, 변화 가능성
② 문제의 크기, 문제의 심각성, 해결 가능성, 주민의 관심도
③ 대상자의 취약성, 문제의 심각성, 주민의 관심도
④ 문제의 크기, 문제의 심각성, 사업의 추정효과

ANSWER 12.② 13.④

12 입법, 조세 및 조직변화, 운동시설 이용료 소비세 경감을 위한 관련법 개정은 모두 건강 지향적 공공정책을 수립하는 것이다.
　① 건강증진을 즐겁고 유익한 생활을 위한 것으로 인식하는 지지적 환경 조성을 하는 것이다.
　③ 지역사회의 발전을 위하여 지원을 강화하는 것이다.
　④ 건강증진에 대한 지식과 정보를 통해 스스로 생활에 반영 및 유지할 수 있도록 하는 것이다.
　※ WHO 오타와 헌장(1986)의 건강한 생활환경을 조성하기 위한 5가지 요소
　　㉠ 건강 지향적 공공정책의 수립
　　㉡ 건강 지지적 환경 조성
　　㉢ 지역사회활동의 강화
　　㉣ 개개인의 기술개발
　　㉤ 보건의료서비스의 방향 재설정

13 BPRS에서는 사업의 추정 효과, 문제의 심각도, 문제의 크기 순서로 우선순위에 영향을 미친다.
　① 문제의 변화 가능성은 우선순위 결정 기준에 속하지 않는다.
　② 문제의 해결 가능성과 주민의 관심도는 BPRS의 구성요소가 아니다.
　③ BPRS에서는 대상자와 주민의 관심 정도는 우선순위에 영향을 미치는 요인이 아니라고 보았다.

14 A방문간호사는 지역주민을 대상으로 범이론모형(transtheoretical model, TTM)을 이용하여 고위험음주에 대한 중재를 하려고 한다. 〈보기〉가 설명하고 있는 변화과정은?

〈보기〉
스트레스 해소를 위하여 음주를 하고 있다면 스트레스 해소를 위해 음주 이외에 더 긍정적인 행동, 즉 운동이나 이완요법 등 음주를 대체할 다른 행위를 하도록 한다.

① 강화관리(contingency management)
② 역조건화(counterconditioning)
③ 자극조절(stimulus control)
④ 자기해방(self-liberation)

15 감염성 질환에 대한 설명으로 가장 옳은 것은?

① 발병력(pathogenicity)은 병원체가 숙주에 침입하여 숙주에 질병 혹은 면역 등의 반응을 일으키는 것을 말하며 병원력이라고도 한다.
② 어떤 질병의 기초감염재생산수(basic reproduction number, R0)가 12~18이라면, 이는 1명이 12~18명을 감염시킨다는 의미이다.
③ 수동면역은 이미 면역을 보유하고 있는 개인의 항체를 다른 개인에게 주는 방법으로서 수두와 같은 질환은 대부분 수동면역이 이루어진다.
④ 독력(virulence)은 병원체가 숙주에게 일으키는 질병의 위중 정도를 말하며 풍진 등의 병원체는 독력이 높다.

ANSWER 14.② 15.②

14 역조건화는 부정적 행동을 제거하기 위해 대체할 다른 긍정적 행위를 하도록 하는 것이다.
① 강화관리는 긍정적인 행위는 강화하고 부정적 행위는 처벌하는 중재법이다.
③ 환경 또는 경험을 재구축하여 문제자극이 덜 발생하도록 하는 것이 자극조절 중재법이다.
④ 신념에 근거하여 변화하고 실행할 수 있다는 믿음을 주는 것이다.
※ 범이론모형 … 횡이론적 변화단계 이론으로 개인의 행위에 영향을 주는 인적 요소가 어떤 것이 있는지에 초점을 두고 건강행위를 설명한다. 변화의 단계로는 계획(인식) 전 단계, 계획(인식) 단계, 준비단계, 행동단계, 유지단계로 5단계로 구분되었다.

15 기초감염재생산수는 한 사람이 직접 감염시키는 인원이다.
① 발병력과 병원력은 다른 개념이며, 병원체가 숙주에 병을 발생시키는 능력을 발병력이라고 한다.
③ 수두, 볼거리, 홍역 등은 능동면역에 속한다.
④ 풍진과 수두는 독력이 낮은 질병이다.

16 〈보기〉는 COVID-19의 선별을 위해 신속항원검사의 사용가능성을 판단하기 위한 자료이다. 옳은 것은?

〈보기〉

〈단위 : 명〉

		실시간 역전사 중합효소연쇄반응법(real-time RT-PCR)에 의한 COVID-19 확진		계
		양성	음성	
신속항원 검사결과	양성	180	80	260
	음성	20	720	740
계		200	800	1,000

① 민감도 − (180/260) ×100
② 특이도 − (720/790) ×100
③ 양성예측도 − (180/260) ×100
④ 음성예측도 − (720/800) ×100

ANSWER 16.③

16 양성예측도=(180÷260)×100
  ① 민감도=(180÷200)×100
  ② 특이도=(720÷800)×100
  ④ 음성예측도=(720÷740)×100

17 〈보기〉에서 설명하는 역학 연구방법으로 가장 옳은 것은?

〈보기〉
A지역사회간호사는 2023년 A지역 주민들을 대상으로 대사증후군 발생위험을 파악하기 위한 연구를 설계하였다. B병원에서 2010~2022년까지 2년 단위로 건강검진을 받은 주민 중, 2010년 대사증후군으로 진단받았거나 위험 요인이 있는 사람을 제외한 주민들의 건강검진 결과를 통해 2022년까지 대사증후군 발생 여부에 영향을 미치는 요인을 파악하였다.

① 단면조사 연구
② 환자-대조군 연구
③ 전향적 코호트 연구
④ 후향적 코호트 연구

18 「환경정책기본법 시행령」상 환경기준 중에서 대기환경의 기준 지표 항목에 해당하는 것은?

① 아황산가스, 일산화탄소, 이산화질소, 벤젠, 납
② 이산화탄소, 이산화질소, 초미세먼지, 오존, 벤젠
③ 포름알데하이드, 이산화탄소, 초미세먼지, 벤젠, 납
④ 아황산가스, 염화수소, 오존, 초미세먼지, 일산화탄소

ANSWER 17.④ 18.①

17 이미 질병이 발생한 상황에서 과거를 조사하여 관련 위험요인을 파악하는 조사 방법이므로 후향적 코호트 연구에 해당한다.
① 한 시점에서 한 모집단에 대한 유병 조사이며, 구체적인 가설을 증명하고 특정한 질병과 특정한 속성과의 관계를 유추하기 위하여 모집단을 대표하는 표본인구를 추출하여 정확한 방법으로 조사한다.
② 분석역학의 한 종류이며, 이미 특정 질병에 걸려 있는 환자군과 질병에 걸려 있지 않은 대조군을 선정하여 진행한다.
③ 실험자가 먼저 코호트를 구성하고 추적 관찰 조사하는 방법이다.

18 대기환경 기준 지표 항목은 아황산가스, 일산화탄소, 이산화질소, 미세먼지, 초미세먼지 오존, 납, 벤젠이다.
② 이산화탄소는 항목에 해당하지 않는다.
③ 포름알데히드는 수질 및 수생태계 기준 중 하천 항목에 해당한다.
④ 수소이온농도는 수질 및 수생태계 기준 중 생활환경 기준에 해당한다.

19 우리나라 재난안전관리에 대한 설명으로 가장 옳은 것은?

① 응급처치반은 재난현장에서 발생한 사상자를 검진하여 분류한 후 긴급·응급환자에 대한 응급처치를 담당한다.
② 재난예방 장기계획의 수립, 개발규제 및 건축기준 등 법규를 마련하는 것은 대비단계의 활동 내용이다.
③ 대규모의 재난 시 중앙재난안전대책본부장은 행정안전부장관이다.
④ 현장응급의료소의 인력은 응급의학 전문의를 포함한 의사 3명, 간호사 1명, 1급 응급구조사 5명 이상으로 편성한다.

20 A방문간호사는 당뇨를 진단받고 인슐린 자가 주사를 해야하는 김씨를 위하여 〈보기〉와 같은 목표를 설정 하였다. 학습목표의 영역과 수준을 옳게 짝지은 것은?

〈보기〉
대상자는 간호사가 행하는 인슐린 자가주사 시행 절차 중 일부를 자신이 해보겠다고 자원하여 표현한다.

① 심동적 영역, 태세
② 정의적 영역, 반응
③ 심동적 영역, 적응
④ 정의적 영역, 적용

ANSWER 19.③ 20.①

19 「재난 및 안전관리 기본법」 제14조 제3항에 의거하여 중앙대책본부의 본부장은 행정안전부장관이 된다.
① 응급처치반, 분류반, 이송반, 운영지원반이 있다. 환자 분류는 분류반에서 수행한다.
② 대비단계에서는 재난대응 계획, 비상경보체계, 통합대응체계, 비상통신망 구축 등의 활동을 한다.
④ 「긴급구조대응활동 및 현장지휘에 관한 규칙」 제20조 제9항에 의하여 현장응급의료소의 인력은 응급의학 전문의를 포함한 의사 3명, 간호사 또는 1급응급구조사 4명 및 지원요원 1명이상으로 편성한다.

20 〈보기〉는 인슐린 주사를 자가로 시행하기 위하여 준비를 하는 것이므로 심동적 영역의 태세에 해당한다.
② 반응은 교육자의 안내 하에 학습자가 외형적인 행위를 하는 것으로 활동에 앞서 반응할 준비성과 적절한 반응을 선택하는 것이다.
③ 신체적 반응이 새로운 문제 상황에 대처하기 위해 운동 활동을 변경하는 것을 적응이라고 한다.
④ 정의적 영역은 느낌이나 정서의 내면화가 깊어짐에 따라 대상자의 성격과 가치체계에 통합되어가는 과정을 말한다.
※ Bloom은 학습 목표를 인지적, 정의적, 심동적 영역으로 구분하였다.
　㉠ 인지적 영역 : 지식의 증가와 이를 활용하는 능력을 말하며, 지식, 이해, 적용, 분석, 종합, 평가로 분류한다.
　㉡ 정의적 영역 : 느낌이나 정서의 내면화가 깊어짐에 따라 대상자의 성격과 가치체계에 통합되어가는 과정을 말하며 감수, 반응, 가치화, 조직화, 성격화로 분류한다.
　㉢ 심동적 영역은 관찰이 가능하고 학습목표의 확인과 측정이 용이한 영역으로 심동적 역역이 높아질수록 신체기술을 좀 더 효과적으로 수행 가능하며 지각, 태세, 반응, 기계화, 복합 외적 반응, 적응으로 분류한다.

지역사회간호 | 2024. 6. 22. 제1회 지방직 시행

1 SWOT 분석에서 다음 내용에 해당하는 것은?

─〈보건소 간호사가 파악한 지역사회 현황〉─
- 대기오염, 기후 변화에 따른 건강문제 발생 증가
- 신종 감염병 대유행에 따른 국내 불안감 증대

① 강점　　　　　　　　　　② 약점
③ 기회　　　　　　　　　　④ 위협

2 프라이(Fry)의 분류에 따른 자유방임형 보건의료체계의 일반적인 특징은?

① 국민의료비 절감에 효과적이다.
② 지역 간, 사회계층 간 보건의료 자원 배분의 형평성이 높다.
③ 국민이 의료기관과 의료인을 선택할 수 있는 재량권이 높다.
④ 예방과 치료를 포함하는 포괄적 보건의료서비스가 최대한 제공된다.

ANSWER 1.④　2.③

1 대기오염과 기후 변화로 인한 건강문제 증가, 신종 감염병 대유행으로 인한 불안감 증대는 모두 외부 환경에서 발생하는 위협 요소에 해당한다.

2 자유방임형 보건의료체계에서는 개인이 의료기관과 의료인을 자유롭게 선택할 수 있는 재량권이 높다. 시장경쟁을 통한 자율적인 선택을 중시하는 체계의 특징이다.
　① 시장의 자율성을 기반으로 국민의료비 절감에 효과적이지 않고 의료비가 증가할 수 있다.
　② 시장의 논리에 따라 자원이 배분되므로 형평성이 낮아질 수 있다.
　④ 예방과 치료를 포괄적으로 제공하기보다는 개인의 선택과 지불 능력에 따라 의료서비스가 제공된다.

3 지역사회 간호사업 목표 기술 시 갖추어야 할 기준이 아닌 것은?

① 측정 가능성
② 추상성
③ 실현 가능성
④ 지역사회 문제와의 연관성

4 의료기관 가정간호에 대한 설명으로 옳지 않은 것은?

① 기본간호와 치료적 간호가 제공된다.
② 누구에게나 무료로 제공되는 서비스이다.
③ 가정간호를 실시하는 간호사는 가정전문간호사이어야 한다.
④ 대상자는 담당의사가 의뢰한 조기퇴원환자 등이다.

5 지역사회 간호사정 시 다음 설명에 해당하는 자료분석 단계는?

> A 지역 보건소 간호사는 수집한 정보를 서로 연관성 있는 항목끼리 묶어 범주화하였다.

① 분류단계
② 요약단계
③ 확인·비교단계
④ 결론단계

ANSWER 3.② 4.② 5.①

3 목표는 구체적이고 명확해야 한다. 추상적인 목표는 평가나 실현이 어렵기 때문에 목표 기술 시 갖추어야 할 기준이 아니다.
① 목표는 구체적이고 측정 가능해야 하며 목표 달성 여부를 평가할 수 있어야 한다.
③ 목표는 현실적이고 달성 가능한 것이어야 한다.
④ 목표는 지역사회의 실제 문제와 연관성이 있어야 지역사회의 요구와 필요를 반영할 수 있다.

4 가정간호 서비스는 건강보험 또는 본인 부담금을 통해 제공되며, 무료로 제공되지 않는다.

5 분류단계는 수집한 정보를 연관성 있는 항목끼리 묶어 범주화하는 단계로 데이터를 체계적으로 정리하고 분석하기 쉽게 만드는 과정이다.
② 요약단계: 요약단계는 분류된 정보를 요약하여 주요 내용을 간략하게 정리하는 단계이다.
③ 확인·비교단계: 요약된 정보를 다른 데이터나 기준과 비교하여 분석하고, 자료의 정확성과 일관성을 확인하는 단계이다.
④ 결론단계: 분석된 자료를 바탕으로 최종 결론을 도출하는 단계이다.

6 다음 그림에 해당하는 가족사정 도구는?

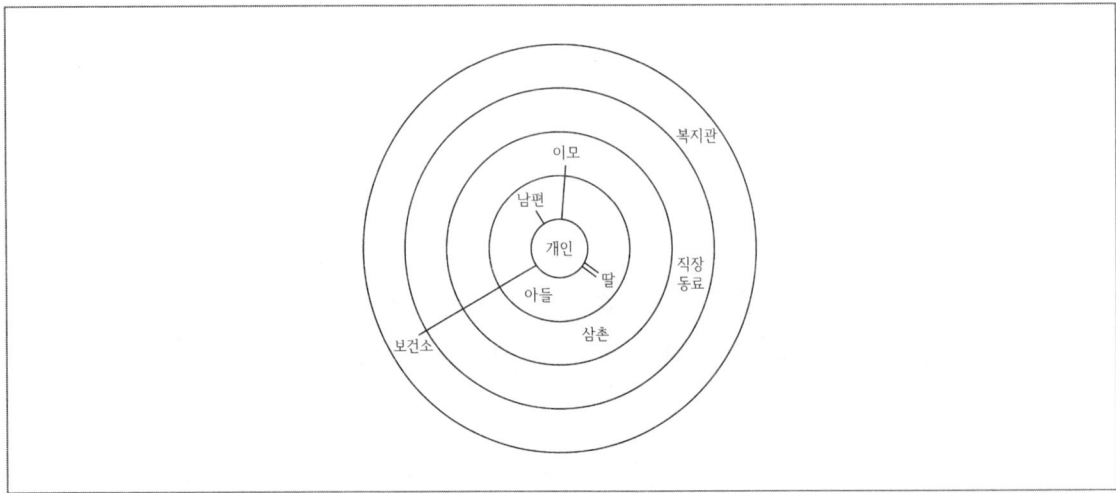

① 사회지지도
② 외부체계도
③ 가족밀착도
④ 가족구조도

ANSWER 6.①

6

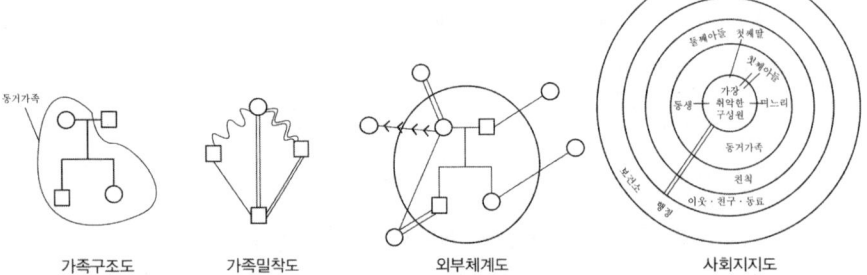

※ **사회지지도** … 개인이 의지할 수 있는 사회적 지원망을 시각적으로 표현한 것이다. 개인을 중심으로 가족, 친척, 친구, 동료 등과의 관계를 나타내며, 사회적 지원체계와의 관계를 평가한다. 개인을 중심으로 가족과 외부의 사회적 관계(이모, 남편, 아들, 딸, 삼촌, 직장 동료, 복지관, 보건소)들이 원형으로 배치된 것이다.

7 다음 사례에 해당하는 범이론 모형의 변화단계는?

> A 씨는 20년간 하루 20개비 이상의 담배를 피웠다. 그는 숨이 가쁘고 가래가 많이 생겨서 보건소 금연클리닉에 방문했고, 이달 내로 담배를 끊겠다고 서약서를 작성했다.

① 계획이전단계
② 준비단계
③ 행동단계
④ 유지단계

8 오마하체계(Omaha System)를 구성하는 영역(domain)이 아닌 것은?

① 인지적 영역
② 환경적 영역
③ 생리적 영역
④ 사회심리적 영역

9 질병의 자연사에 따른 예방단계 중 이차예방 활동은?

① 지역주민 대상 개인위생 보건교육
② 성장기 학생을 위한 균형 잡힌 급식 제공
③ 선별검사를 통한 자궁경부암 조기 진단
④ 뇌졸중 회복기 환자에 대한 작업요법

ANSWER 7.② 8.① 9.③

7 A 씨는 금연을 결심하고 금연클리닉에 방문하여 서약서를 작성했으므로 준비단계에 해당한다.
8 오마하체계를 구성하는 영역은 환경적, 생리적, 사회심리적, 건강 관련 행위가 있다.
9 ③ 이차예방 : 질병의 초기 단계를 발견하고 조기에 치료하여 진행을 막기 위한 활동으로 조기 진단과 조기 치료가 있다.
①② 일차예방 : 질병 발생을 예방하기 위한 활동으로, 건강 증진과 위험요인 감소를 중점으로 한다.
④ 삼차예방 : 이미 진행된 질병을 치료하고 합병증을 예방하거나 최소화하여 기능을 회복시키기 위한 활동이다.

10 다음 간 초음파 검사의 간암 진단에 대한 특이도[%]와 민감도[%]는?

(단위 : 명)

간 초음파	간암	
	있다	없다
양성	40	10
음성	10	190

	특이도	민감도
①	40	95
②	80	95
③	95	40
④	95	80

11 다음 사례에 해당하는 로이(Roy) 적응이론에 따른 적응 양상은?

> A 씨는 본인의 외모에 만족하고, 자신이 가치 있는 사람이라고 생각한다.

① 생리적 기능 양상
② 자아개념 양상
③ 역할기능 양상
④ 상호의존 양상

ANSWER 10.④ 11.②

10 특이도 $= \left(\dfrac{\text{진음성}}{\text{진음성} + \text{위양성}} \right) \times 100 = \left(\dfrac{190}{190 + 10} \right) \times 100 = 95(\%)$

민감도 $= \left(\dfrac{\text{진양성}}{\text{진양성} + \text{위음성}} \right) \times 100 = \left(\dfrac{40}{40 + 10} \right) \times 100 = 80(\%)$

11 자아개념 양상은 자신에 대한 생각과 느낌, 자아 존중감, 자신감, 자기 가치 등 심리적이고 정신적인 양상으로 본인의 외모에 만족하고 자신이 가치 있는 사람이라고 생각하는 것이 있다.
① 생리적 기능 양상 : 신체의 기본적인 생리적 요구와 기능을 유지하는 양상으로 호흡, 순환, 영양, 배설 등이 있다.
③ 역할기능 양상 : 사회적 역할과 책임, 직업적 기능, 가족 내 역할 등을 포함하여 사회적 관계와 역할 수행을 의미한다.
④ 상호의존 양상 : 타인과의 관계, 사랑, 소속감, 지원 시스템 등 사회적 상호작용이다.

12 인구구조 유형 중 항아리형에 대한 설명으로 옳은 것은?

① 생산연령층의 유출이 큰 농촌형 구조
② 생산연령층의 유입이 큰 도시형 구조
③ 출생률과 사망률이 모두 높은 다산다사형 구조
④ 출생률과 사망률이 모두 낮고, 출생률이 사망률보다 낮아 인구가 감소하는 구조

13 「제5차 국민건강증진종합계획(Health Plan 2030)」상 '비감염성 질환 예방관리' 분과의 중점과제에 해당하는 것은?

① 손상
② 신체활동
③ 지역사회 정신건강
④ 건강정보 이해력 제고

ANSWER 12.④ 13.①

12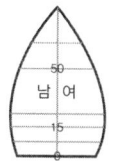
① 호로형
② 별형
③ 피라미드형

13 「제5차 국민건강증진종합계획(Health Plan 2030)」 비감염성 질환 예방관리
㉠ 심뇌혈관질환 예방부터 재활까지 연속적 관리체계 구축
 • 선행질환(고혈압, 당뇨, 이상지질혈증 등) 예방관리 제도화
 • 지역사회 심뇌혈관질환 치료역량 강화 및 퇴원 환자 연계체계 구축
 • 심뇌혈관질환 국가통계 생산체계 구축
㉡ 비만 예방을 위한 통합 거버넌스 및 환경 구축
 • 대상자별 비만예방·관리 서비스 제공
 • 고도비만 관리를 위한 기반 구축
 • 비만유발 환경 및 생활습관 개선을 위한 거버넌스 구축
㉢ 손상으로 인한 사망 및 장애 예방
 • 중증손상 및 장애를 유발하는 손상기전에 대한 모니터링 강화
 • 손상 위험지역 및 취약계층에 대한 손상예방관리 사업 강화

14 「학교보건법 시행령」상 보건교사의 직무에 해당하는 것은?

① 학교보건계획의 수립에 관한 자문
② 학생과 교직원의 건강상담
③ 학생과 교직원의 건강진단과 건강평가
④ 보건지도를 위한 학생가정 방문

ANSWER 14.④

14 ①②③ 학교의사의 직무〈학교보건법 시행령 제23조(학교에 두는 의료인·약사 및 보건교사) 제4항 제1호〉
※ **보건교사의 직무**〈학교보건법 시행령 제23조(학교에 두는 의료인·약사 및 보건교사) 제4항 제3호〉
  ㉠ 학교보건계획의 수립
  ㉡ 학교 환경위생의 유지·관리 및 개선에 관한 사항
  ㉢ 학생과 교직원에 대한 건강진단의 준비와 실시에 관한 협조
  ㉣ 각종 질병의 예방처치 및 보건지도
  ㉤ 학생과 교직원의 건강관찰과 학교의사의 건강상담, 건강평가 등의 실시에 관한 협조
  ㉥ 신체가 허약한 학생에 대한 보건지도
  ㉦ 보건지도를 위한 학생가정 방문
  ㉧ 교사의 보건교육 협조와 필요시의 보건교육
  ㉨ 보건실의 시설·설비 및 약품 등의 관리
  ㉩ 보건교육자료의 수집·관리
  ㉪ 학생건강기록부의 관리
  ㉫ 다음의 의료행위(간호사 면허를 가진 사람만 해당한다)
    • 외상 등 흔히 볼 수 있는 환자의 치료
    • 응급을 요하는 자에 대한 응급처치
    • 부상과 질병의 악화를 방지하기 위한 처치
    • 건강진단결과 발견된 질병자의 요양지도 및 관리
    • 위에 해당하는 의료행위에 따르는 의약품 투여
  ㉬ 그 밖에 학교의 보건관리

15 다음 설명에 해당하는 가족 관련 이론은?

- 가족 내 구성원의 배열, 구성원 간의 관계, 전체와 구성원의 관계에 관심을 둠
- 가족 구성원 간 다양한 내적 관계뿐 아니라 가족과 더 큰 사회와의 관계를 강조함

① 위기이론
② 가족발달이론
③ 교환이론
④ 구조-기능이론

16 브라이언트(Bryant) 우선순위 결정방법에 대한 설명으로 옳은 것은?

① 캐나다 토론토 보건부가 개발하였다.
② 결정기준에 주민의 관심도가 포함된다.
③ 보건지표의 상대적 크기와 변화의 경향을 황금다이아몬드 상자에 표시한다.
④ 평가항목별로 0점 혹은 1점을 부여하며, 한 항목이라도 0점을 받으면 사업을 수행하지 못하게 된다.

17 세균성 식중독 중 독소형은?

① 살모넬라 식중독
② 장염 비브리오 식중독
③ 황색포도상구균 식중독
④ 캠필로박터 식중독

ANSWER 15.④ 16.② 17.③

15 구조-기능이론은 가족을 하나의 사회적 체계로 보는 것이다. 가족 내 구성원의 배열, 구성원 간의 관계, 전체와 구성원의 관계에 관심을 가지며, 가족 구성원 간의 다양한 내적 관계뿐 아니라 가족과 더 큰 사회와의 관계를 강조하여 가족의 역할과 규범, 상호작용이 사회적 질서와 어떻게 연결되는지를 설명하는 이론이다.
① 위기이론: 가족이 위기 상황에서 어떻게 반응하고 적응하는지를 설명하는 것으로 스트레스와 위기 관리가 중요하다.
② 가족발달이론: 가족이 생애 주기 동안 어떻게 변화하고 발달하는지를 설명하는 것으로 가족의 생애 단계와 각 단계에서의 과업과 역할이 중요하다.
③ 교환이론: 사회적 교환의 관점에서 가족 내 구성원 간의 상호작용을 설명하는 이론으로 비용과 보상의 관점에서 인간의 행동을 분석한다.

16 우선순위를 결정하는 기준은 보건문제의 크기, 보건문제의 심각성, 사업 해결가능성, 주민 관심도가 있다.
③ 황금 다이아몬드 방식에 해당한다.
④ 평가항목별로 1~4점의 점수를 부여하고 배정받은 수를 곱하여 우선순위를 부여한다.

17 황색포도상구균 식중독은 독소형 식중독에 해당한다. 황색포도상구균이 생성한 독소가 식품에 존재하여 이 독소를 섭취함으로써 발생하는 것이다. 균 자체가 아닌 독소에 의해 식중독이 발생한다.
①②④ 감염형 식중독

18 다음 설명에 해당하는 지역사회 간호수행 활동은?

- 지역사회사업 담당자의 기술 수준이나 능력에 맞게 일이 분배되었는지 대조한다.
- 담당자들 간에 업무가 중복되거나 누락되지 않도록 확인한다.

① 감독 ② 감시
③ 조정 ④ 직접간호

19 「학교 감염병 예방·위기대응 매뉴얼」(제3차 개정판)상 다음 내용에 해당하는 학교 내 감염병 발생 시 대응단계는?

감염병 유증상자를 발견하여 의료기관 진료를 통해 감염병(의심)환자 발생 여부를 확인하는 단계

① 예방단계 ② 대응 제1단계
③ 대응 제2단계 ④ 대응 제3단계

ANSWER 18.③ 19.②

18 조직 내에서 다양한 업무나 활동이 효율적으로 이루어지도록 담당자들 간의 활동을 정리하고 조율하는 과정인 조정은 업무 분배의 적절성을 확인하고, 중복이나 누락을 방지하는 역할이다.

19 대응 제1단계는 감염병 유증상자를 발견하여 의료기관 진료를 통해 감염병(의심)환자 발생 여부를 확인하는 단계이다.
① 예방단계: 수동감시를 실시하는 단계이다.
③ 대응 제2단계: 의료기관으로부터 확인받은 감염병(의심)환자가 있어 감염병(의심)환자의 추가 발생 및 유행 의심 여부를 판단하는 단계이다.
④ 대응 제3단계: 동일 학급에서 감염병(의심)환자가 2명 이상 존재하는 것을 확인하여, 학생 감염병 관리 조직의 유행 시 대응활동을 통해 유행 확산을 방지하는 단계이다.

20 다음에서 '나' 판정이 의미하는 것은?

> 근로자 건강진단 상 질병 유소견자가 업무수행 적합여부 평가 결과에서 '나' 판정을 받았다.

① 건강관리상 현재의 조건하에서 작업이 가능한 경우
② 건강장해가 우려되어 한시적으로 현재의 작업을 할 수 없는 경우
③ 일정한 조건(환경개선, 보호구착용, 건강진단주기의 단축 등)하에서 현재의 작업이 가능한 경우
④ 건강장해의 악화 또는 영구적인 장해의 발생이 우려되어 현재의 작업을 해서는 안 되는 경우

ANSWER 20.③

20 ① '가' 판정
② '다' 판정
④ '라' 판정
※ 업무수행 적합여부 판정〈「근로자 건강진단 실시기준」 별표4〉

구분	업무수행 적합여부 내용
가	건강관리상 현재의 조건하에서 작업이 가능한 경우
나	일정한 조건(환경개선, 보호구착용, 건강진단주기의 단축 등)하에서 현재의 작업이 가능한 경우
다	건강장해가 우려되어 한시적으로 현재의 작업을 할 수 없는 경우(건강상 또는 근로조건상의 문제가 해결된 후 작업복귀 가능)
라	건강장해의 악화 또는 영구적인 장해의 발생이 우려되어 현재의 작업을 해서는 안되는 경우

지역사회간호 | 2025. 6. 21. 제1회 지방직 시행

1 건설 현장 옥외 작업자가 다음 증상을 보일 때 의심되는 건강문제는?

- 체온이 41°C까지 상승함
- 땀을 흘리지 않고 피부가 건조함
- 중추신경계통 장애로 인해 의식을 잃음

① 열경련(heat cramp)
② 열사병(heat stroke)
③ 열실신(heat syncope)
④ 열피로(heat exhaustion)

ANSWER 1.②

1 온열질환

구분	위험도	증상	대처
일사병	주의	어지름증, 식은땀, 메스꺼움	그늘, 수분 섭취, 옷 느슨하게 풀기, 몸 식혀주기, 큰 혈관 부위 집중 냉각
열사병	응급	40도 이상 고열, 의식 장애, 땀 안 남	119 신고, 그늘, 체온 낮추기, 의식 없을 경우 물 금지
열경련	주의	근육통증, 경련	전해질 보충, 스트레칭, 휴식
열피로	가벼움	기운 없음, 무기력	실내 이동, 냉방, 휴식
열실신	경고	갑작스러운 실신	눕히고 다리 올려 혈액 순환 돕기

2 보건소가 다음 SWOT 분석 결과를 근거로 수립하는 전략 유형은?

> • 보건소 인력의 높은 전문성
> • 정부의 보건사업 예산 확대
> • 보건소장의 적극적 사업 의지
> • 만성질환 관리에 대한 주민 요구도 증가

① Strength-Threat 전략
② Strength-Opportunity 전략
③ Weakness-Threat 전략
④ Weakness-Opportunity 전략

3 「국민건강증진법」에 근거한 국민건강증진종합계획(Health Plan 2030)의 총괄목표는?

① 건강환경 조성, 출산율 제고
② 감염성질환 관리, 건강생활 실천
③ 건강수명 연장, 건강형평성 제고
④ 건강잠재력 강화, 만성퇴행성질환 관리

ANSWER 2.② 3.③

2 보건소 인력의 전문성이 높고, 보건소장의 적극적인 사업 의지는 강점이다. 또한 정부의 보건사업 예산이 확대되고 만성질환 관리에 대한 주민 요구도가 증가하는 기회가 작용하고 있으므로 S-O 전략이 적합하다.
※ SWOT 분석 … 강점(strength), 약점(weakness), 기회(opportunity), 위협(threat)의 머리글자를 따서 SWOT 분석이라 하며, 기업의 강점과 약점, 환경적 기회와 위협을 열거하여 효과적인 기업 경영전략을 수립하기 위한 분석 방법이다.
㉠ 강점: 경쟁사에 비해 우위에 있는 요소. 우수한 기술력, 강력한 브랜드 인지도, 효율적인 조직 구조 등
㉡ 약점: 경쟁사에 비해 부족한 요소. 부족한 자원, 기술의 부재, 비효율적인 프로세스 등
㉢ 기회: 활용할 수 있는 외부적인 요소. 새로운 시장 진출, 기술 혁신, 시장 수요의 증가 등
㉣ 위협: 기업이 직면할 수 있는 외부적인 위험 요소. 경쟁사의 등장, 시장 환경의 변화, 규제 변화 등

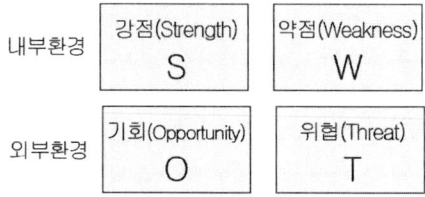

3 국민건강증진종합계획의 총괄목표는 3차 계획(2011~2015)부터 5차 계획(2021~2030)까지 동일하게 '건강수명 연장, 건강형평성 제고'이다. HP 2030은 '모든 사람이 평생 건강을 누리는 사회'를 비전으로 내세우고 있다.

4 지역주민이 원할 때 지리적 제한 없이 보건의료서비스를 쉽게 이용할 수 있어야 한다는 일차보건의료의 특성은?

① 접근성　　　　　　　　　　　　② 수용성
③ 주민참여　　　　　　　　　　　④ 지불부담능력

5 간호사가 가족 사정 시 지켜야 할 원칙으로 옳지 않은 것은?

① 사정 과정에 다양한 가구원을 참여시킨다.
② 가족의 문제점뿐만 아니라 강점도 사정한다.
③ 가구원 개개인보다 가족 전체에 초점을 맞춘다.
④ 정상 가족과 비정상 가족으로 구분하여 자료를 수집한다.

ANSWER 4.① 5.④

4 일차보건의료의 특성(WHO)
　㉠ 접근성 : 주민의 적극적인 참여 속에 개개인이나 가족 단위의 모든 지역 주민들이 쉽게 접근하고 이용할 수 있도록 하여야 한다.
　㉡ 수용성 : 일차보건의료는 과학적 기술과 방법으로 모든 지역 주민들이 쉽게 받아들일 수 있어야 한다.
　㉢ 주민참여 : 지역사회의 적극적인 참여에 의하여 운영되어야 한다.
　㉣ 지불부담능력 : 지역사회의 지불능력에 맞는 비용으로 사업이 제공되어야 한다.
　㉤ 포괄성 : 기본적인 건강 관리 서비스는 모든 사람에게 필요한 서비스를 제공해야 한다.
　㉥ 유용성 : 지역 주민들에게 꼭 필요하고 유용한 서비스여야 한다.
　㉦ 지속성 : 기본적인 건강 상태를 유지하기에 필요한 서비스를 지속적으로 제공할 수 있어야 한다.
　㉧ 상호협조성 : 관련 부서가 서로 협조하여 의뢰체계를 구축하여야 한다.
　㉨ 균등성 : 누구나 어떤 여건이든지 필요한 만큼의 서비스를 똑같이 받을 수 있어야 한다.

5 ④ 정상 가족과 비정상 가족으로 나누는 것은 주관적이고 불명확한 잣대를 적용한 구분이다. 가족 사정 시 자료는 객관적 기준에 따라 수집되어야 한다.

6 지역사회에 대한 자료수집 방법 중 '차창 밖 조사'에 대한 설명으로 옳은 것은?

① 지역사회 내 공식·비공식 지도자가 주요 정보원이다.
② 주민의 가치관, 규범, 상호관계 정보를 파악할 때 적합하다.
③ 지역의 환경과 생활상 등을 비교적 단시간에 파악할 수 있다.
④ 주민을 대상으로 구조화된 질문지를 이용하여 자료를 수집한다.

7 오렘(Orem) 이론에서 다음에 해당하는 자가간호요구는?

- 충분한 공기, 물, 영양 섭취의 유지
- 고립과 사회적 상호작용의 균형 유지
- 활동과 휴식의 균형 유지

① 보편적(universal) 자가간호요구
② 발달적(developmental) 자가간호요구
③ 상호의존적(interdependent) 자가간호요구
④ 건강이탈(health deviation) 시 자가간호요구

ANSWER 6.③ 7.①

6 차창 밖 조사 … 지역사회를 걷거나 차를 타고 두루 다니며 신속하게 관찰하는 방법이다.
  ① 지역사회 내 공식·비공식 지도자가 주요 정보원이다. → 정보원면담법
  ② 주민의 가치관, 규범, 상호관계 정보를 파악할 때 적합하다. → 참여관찰법
  ④ 주민을 대상으로 구조화된 질문지를 이용하여 자료를 수집한다. → 지역사회조사

7 오렘(Orem) 자가간호요구
  ㉠ **보편적 자가간호요구**: 인간의 구조, 기능을 유지하는 내적, 외적 조건과 관련된 모든 인간이 공통적으로 가지고 있는 자가간호요구
  ㉡ **발달적 자가간호요구**: 생의 주기의 다양한 성장발달단계 동안에 특정하게 필요로 되는 자가간호요구
  ㉢ **건강이탈 자가간호요구**: 질병상태, 의학적 진단, 장애, 불능, 치료와 관계된 병리적 형태의 비정상적 상태에 생명과 안녕을 유지하려는 자가간호요구

8 「재난 및 안전관리 기본법」상 자연재난에 해당하지 않는 것은?

① 미세먼지로 인한 재해
② 호우로 인한 재해
③ 황사로 인한 재해
④ 태풍으로 인한 재해

9 지역사회 보건사업을 평가할 때 결과평가 지표에 해당하는 것은?

① 사업 인력의 전문성
② 대상자의 건강지식 변화
③ 목표 대비 사업 진행률
④ 투입 시설과 장비의 적절성

ANSWER 8.① 9.②

8 재난〈「재난 및 안전관리 기본법」 제3조(정의) 제1호〉… "재난"이란 국민의 생명·신체·재산과 국가에 피해를 주거나 줄 수 있는 것으로서 다음의 것을 말한다.
  ㉠ 자연재난 : 태풍, 홍수, 호우(豪雨), 강풍, 풍랑, 해일(海溢), 대설, 한파, 낙뢰, 가뭄, 폭염, 지진, 황사(黃砂), 조류(藻類) 대발생, 조수(潮水), 화산활동, 「우주개발 진흥법」에 따른 자연우주물체의 추락·충돌, 그 밖에 이에 준하는 자연현상으로 인하여 발생하는 재해
  ㉡ 사회재난 : 화재·붕괴·폭발·교통사고(항공사고 및 해상사고를 포함한다)·화생방사고·환경오염사고·다중운집인파사고 등으로 인하여 발생하는 대통령령으로 정하는 규모 이상의 피해와 국가핵심기반의 마비, 「감염병의 예방 및 관리에 관한 법률」에 따른 감염병 또는 「가축전염병예방법」에 따른 가축전염병의 확산, 「미세먼지 저감 및 관리에 관한 특별법」에 따른 미세먼지, 「우주개발 진흥법」에 따른 인공우주물체의 추락·충돌 등으로 인한 피해

9 ①④ 구조평가
  ③ 과정평가
  ※ 평가 유형
    ㉠ 구조평가(투입에 대한 평가)
      • 사업에 투입된 자원의 적절성 평가
      • 사업인력, 시설 및 장비의 적절성에 대한 평가, 양적인 측면과 질적인 측면 모두 포함
    ㉡ 과정평가(과정 및 산출에 대한 평가)
      • 사업에 투입된 자원이 계획대로 실행되고 있는지, 일정대로 진행되고 있는지 평가
      • 평가내용은 사업 일정 준수, 자원의 적절성과 효율성, 이용자의 범위와 특성, 서비스의 질
      • 사업계획과 진행정도를 비교하여 목표달성이 가능하도록 사업내용을 조정하기 위함
    ㉢ 결과평가(결과에 대한 평가)
      • 사업의 종료 시 사업효과를 측정하는 것으로 사업의 지속이나 확대 여부를 판단하기 위해 실시
      • 사업종료 후 설정한 장단기 목표가 얼마나 달성되었는가를 평가
      • 지역사회 간호사업의 건강수준 변화나 조직 및 지역사회의 변화정도를 측정하는 것

10 다음 중 고위험 임신이라고 할 수 없는 것은? (단, 자연임신과 자연분만으로 제한함)

① 당뇨병이 있는 임신부
② 첫 아이를 임신한 35세 임신부
③ 비만(BMI 30kg/m2)한 임신부
④ 두 번의 출산 경험이 있는 임신부

11 건강불평등에 관한 설명으로 옳지 않은 것은?

① 보건의료의 형평성이 건강불평등에 영향을 미친다.
② 사회경제적 요인으로 인해 건강불평등이 심화될 수 있다.
③ 지역별, 교육수준별 기대여명이나 유병률 등을 통해 판단할 수 있다.
④ 건강 취약계층보다 불특정 다수를 대상으로 하는 정책이 효과적이다.

ANSWER 10.④ 11.④

10 고위험 임신에 속하는 경우
 ㉠ 임신 전 모체 측 위험
  • 고령 산모(35세 이상)
  • 19세 이하의 산모
  • 과거에 잦은 유산, 기형아, 조산아, 사산아, 거대아의 출산력이 있는 산모
  • 유전 질환의 가족력이 있는 경우
  • 임신에 영향을 줄 수 있는 병을 가진 산모 : 당뇨, 고혈압, 갑상선질환, 심장병, 신장병, 자가면역질환, 천식 등
  • 저체중, 혹은 비만의 산모
  • 자궁 및 자궁경부 기형이 있는 경우
  • 감작된 Rh 음성 산모
 ㉡ 임신 중 발생한 질환 또는 징후
  • 임신성 당뇨병
  • 모체 혈액을 통한 기형아 검사에서 이상 소견이 있는 경우
  • 초음파 검사에서 이상소견을 보인 경우
  • 자궁 내 태아발육부전이 있는 경우
  • 양수과다증 또는 양수과소증을 보인 경우
  • 조기 양막 파수
  • 조기 진통
  • 예정일을 1~2주 지난 산모
  • 임신중독증
  • 전치태반
  • 다태임신(쌍태아, 삼태아 등)
 ㉢ 기타
  • 임신 중 흡연, 음주, 약물복용을 한 경우
  • 산전진찰이 늦었거나 받지 않은 경우

11 ④ 불특정 다수보다 건강 취약계층을 대상으로 하는 정책이 효과적이다.

12 가정폭력에 대한 삼차예방 활동에 해당하는 것은?

① 가정폭력 예방 교육
② 부부간 의사소통 및 감성훈련 강화
③ 상담과 관찰을 통한 피해자 발견
④ 가족 학대 재발을 방지하는 사례관리

13 보건소에 대한 설명으로 옳은 것은?

① 시·도에 1개소의 보건소를 설치한다.
② 보건소장은 지역보건의료계획을 5년마다 수립하여야 한다.
③ 보건소장은 보건지소장과 건강생활지원센터장을 지휘·감독한다.
④ 보건소는 보건복지부와 시·도 보건행정조직을 연결하는 중간 조직이다.

ANSWER 12.④ 13.③

12 일차예방은 건강한 일반인, 이차예방은 고위험군, 삼차예방은 이미 문제가 있는 집단을 대상으로 한다. 삼차예방에서는 합병증 및 재발 방지가 주요 목적이 된다.
①② 일차예방
③ 이차예방

13 ① 지역주민의 건강을 증진하고 질병을 예방·관리하기 위하여 시·군·구에 1개소의 보건소(보건의료원을 포함한다)를 설치한다. 다만, 시·군·구의 인구가 30만 명을 초과하는 등 지역주민의 보건의료를 위하여 특별히 필요하다고 인정되는 경우에는 대통령령으로 정하는 기준에 따라 해당 지방자치단체의 조례로 보건소를 추가로 설치할 수 있다〈「지역보건법」제10조(보건소의 설치) 제1항〉.
② 시·도지사 또는 시장·군수·구청장은 지역주민의 건강 증진을 위하여 다음 각 호의 사항이 포함된 지역보건의료계획을 4년마다 제3항 및 제4항에 따라 수립하여야 한다〈「동법」제7조(지역보건의료계획의 수립 등) 제1항〉.
  1. 보건의료 수요의 측정
  2. 지역보건의료서비스에 관한 장기·단기 공급대책
  3. 인력·조직·재정 등 보건의료자원의 조달 및 관리
  4. 지역보건의료서비스의 제공을 위한 전달체계 구성 방안
  5. 지역보건의료에 관련된 통계의 수집 및 정리
④ 보건소는 기술적 자문 등은 보건복지부를 통해서 받지만 인력 및 재정 등은 행정안전부에 속해 있는 시·도 및 시·군·구의 관리를 받는다. 따라서 둘을 연결하는 중간 조직으로 보기 어렵다.

14 다음 비만 관리 프로그램의 교육 목표 중 블룸(Bloom)의 인지적 영역에 해당하는 것만을 모두 고르면?

> ㉠ 매일 3km 이상 걷는다.
> ㉡ 비만 관련 만성질환을 2개 이상 열거한다.
> ㉢ 운동에 대한 긍정적 태도를 보인다.
> ㉣ 식이 계획의 적절성을 평가한다.

① ㉠, ㉡
② ㉠, ㉢
③ ㉡, ㉣
④ ㉠, ㉡, ㉣

15 학교보건법령상 학교보건 인력에 대한 설명으로 옳지 않은 것은?

① 학교약사는 학교장이 위촉하거나 채용한다.
② 학교의사에는 한의사와 치과의사도 포함된다.
③ 학교에는 1명 이상의 학교의사를 두어야 한다.
④ 36학급 이상의 학교에는 2명 이상의 보건교사를 두어야 한다.

ANSWER 14.③ 15.③

14 ㉠ 심동적 영역
㉡ 인지적 영역
㉢ 정의적 영역
㉣ 인지적 영역

※ 블룸은 학습의 영역을 인지적, 정의적, 심동적 영역의 세 가지로 구분하고 각각을 저차원적 사고에서부터 고차원적 사고로 분류하여 제시하였다. 인지적 영역은 지식 즉, 아는 것과 관련한 정신적·지적 영역으로 '기억-이해-적용-분석-평가-창안'의 6단계로 구성하고 있다.

15 학교에 두는 의료인·약사 및 보건교사〈「학교보건법」 제15조〉
① 학교에는 대통령령으로 정하는 바에 따라 학생과 교직원의 건강관리를 지원하는 「의료법」 제2조 제1항에 따른 의료인과 「약사법」 제2조 제2호에 따른 약사를 둘 수 있다.
② 학교(「고등교육법」 제2조 각 호에 따른 학교는 제외한다)에 제9조의2에 따른 보건교육과 학생들의 건강관리를 담당하는 보건교사를 두어야 한다. 다만, 대통령령으로 정하는 일정 규모 이하의 학교에는 순회 보건교사를 둘 수 있다.
③ 제2항에 따라 보건교사를 두는 경우 대통령령으로 정하는 일정 규모 이상의 학교에는 2명 이상의 보건교사를 두어야 한다.
※ 법 제15조 제3항에서 "대통령령으로 정하는 일정 규모 이상의 학교"란 36학급 이상의 학교를 말한다〈「학교보건법 시행령」 제23조(학교에 두는 의료인·약사 및 보건교사) 제3항〉.

16 듀발(Duvall)의 가족생활주기별 발달과업으로 옳은 것은?

① 신혼기 가족 – 부모의 책임에 대한 적응
② 학령기 가족 – 가족 내 규칙과 규범 확립
③ 청소년기 가족 – 자녀의 사회화 교육 및 양육
④ 노년기 가족 – 자녀 출가에 따른 부모 역할 적응

ANSWER 18.②

16 ① 양육기 가족
③ 학령기 가족
④ 진수기 가족
※ 듀발(Duvall)의 가족생활주기별 발달과업
㉠ 신혼기 가족 : 결혼~첫 자녀 출생 전
• 부부 관계 : 친밀한 부부 관계 수립
• 결혼 적응 : 성, 결혼 역할의 적응으로 독립성과 의존성의 조화
• 친척 : 친척과 관계 형성
• 자녀 대비 : 임신에 적응, 자녀 출생에 대비
• 생활 수준 : 생활 수준 향상
㉡ 양육기(출산기) 가족 : 첫 자녀의 출생~30개월 전
• 부부 관계 : 안정된 부부 관계 유지
• 자녀 양육 : 산아제한, 임신, 자녀 양육 문제에 배우자 간 동의
• 자녀 발달 : 자녀를 가지고 적응하며 자녀 발달 격려
• 역할 조정 : 부모의 역할, 기능, 책임에 적응으로 가족 구성원 간 갈등이 있는 역할 조정
• 생활비 : 가족의 생활비 충족과 시간, 시설 같은 자원 분배
㉢ 학령전기 가족 : 첫 자녀 30개월~만 5세
• 부부 관계 : 안정된 부부 관계 유지
• 역할 적응 : 부모역할로 에너지 소모, 사생활 부족 적응
• 성장 증진 : 아동의 성장을 자극, 증진하는데 관심, 요구, 양육, 영양 관리에 적응
• 자녀 관계 : 자녀들의 경쟁, 불균형된 자녀와 관계 대처
• 사회화 : 자녀의 사회화
㉣ 학령기 가족 : 첫 자녀 6~12세
• 관습 전승 : 가정의 관습, 전통 전승
• 규칙 확립 : 가족 내 규칙과 규범 확립
• 학업 : 학업 성취 격려
• 사회화 : 자녀의 사회화
• 부부 관계 : 안정된 부부 관계 유지

ⓜ **청소년기 가족** : 첫 자녀 13~20세
- 세대 충돌 : 세대 간 충돌 대처
- 성 문제 대처 : 자녀들의 성문제 대처로 성에 대한 관심 고조, 원치않는 임신에 유의함
- 부부 관계 : 안정된 부부 관계 유지
- 자유와 책임 : 10대 자녀들의 독립성 증가에 따른 자유와 책임의 균형 유지
- 출가 대처(준비) : 자녀의 출가 대처(준비)로 청소년이 부모를 떠날 수 있도록 허용하는 부모-자녀 관계의 변화

ⓗ **진수기 가족** : 첫 자녀가 독립하여 집을 떠남~막내 자녀 독립
- 부부 관계 : 부부 관계 재조정
- 자녀 독립 : 성인이 된 자녀의 독립으로 대학, 군대, 직장, 결혼 등 성인으로 발전
- 출가 적응 : 자녀의 출가에 따른 부모의 역할 적응
- 부모 지지 : 늙어가는 부모들의 지지
- 흥미 개발 : 새로운 흥미의 개발, 참여

ⓢ **중년기 가족** : 자녀들이 모두 집을 떠나고 두 부부만 남은 시기~은퇴 전
- 부부 관계 : 부부 관계 재확립
- 유대 관계 : 출가한 자녀 가족인 자녀, 사위, 며느리, 손자녀와의 적절한 유대 관계, 원만한 의사소통 유지

ⓞ **노년기 가족** : 은퇴~부부 모두 사망
- 은퇴 : 은퇴에 의한 생활의 변화, 경제력 감소, 사회적 지위의 낮아짐에 대처
- 권위 이양 : 권위의 이양, 의존과 독립의 균형과 전환
- 생활 유지 : 만족스러운 생활, 사기, 동기 유지
- 흥미 개발 : 새로운 흥미의 개발, 참여
- 건강 문제 : 노화, 건강 문제에 대처
- 부모 사망 : 노인 부모의 질병, 사망에 대처
- 배우자 사망 : 배우자 사망에 적응

17 다음 사례에 적용된 연구방법의 특징으로 옳은 것은?

──〈'원인 미상 폐질환' 산모에 대한 역학 조사〉──
- '원인 미상 폐질환' 산모를 환자군에 배정하였다.
- 환자군과 연령, 병력 등 주요 특성이 동일하지만 폐질환이 없는 산모를 대조군에 배정하였다.
- 연구 대상자들이 과거에 가습기 살균제를 사용하였는지 조사하였다.
- 최종적으로 가습기 살균제 사용이 폐질환과 원인적 인과관계에 있다고 판단하였다.

① 연구 과정에서 피연구자가 새로운 위험에 노출될 수 있다.
② 지역사회 인구를 대상으로 특정 질환의 유병률을 알 수 있다.
③ 위험요인에 노출될 때부터 질병 진행의 전 과정을 관찰할 수 있다.
④ 희귀한 질병 또는 잠복기간이 긴 질병의 위험요인을 파악할 수 있다.

18 세균성 식중독 중 독소형 식중독에 관한 설명으로 옳은 것은?

① 균체 내 독소에 의해 발생한다.
② 생균이 없어도 발생할 가능성이 있다.
③ 대부분 가열 조리하면 예방할 수 있다.
④ 장염 비브리오 식중독은 독소형이다.

ANSWER 17.④ 18.②

17 사례에 적용된 연구방법은 환자-대조군 연구이다.
①③ 코호트 연구
② 단면조사 연구

18 ① 균체 외 독소에 의해 발생한다.
③ 감염형 식중독에 대한 설명이다.
④ 장염 비브리오 식중독은 감염형이다.
※ 세균성 식중독
  ㉠ 감염형 식중독: 병원성 세균이 오염된 음식을 통해 인체에 들어와 장관에서 증식하며 발생하는 유형
  ㉡ 독소형 식중독: 세균이 오염된 음식물 내에서 독소를 생성하고 이 독소가 인체에 들어가 발생하는 유형
  ㉢ 생체 내 독소형 식중독: 세균이 인체 내에 들어와 장관에서 증식하며 독소를 생성하고 이로 인해 장관이나 다른 장기에 영향을 미치는 유형
  ㉣ 알레르기성 식중독: 특정 음식에 포함된 물질이나 세균이 면역 체계의 과민 반응을 일으켜 발생하는 유형

19 인구구조 관련 지표의 산출식으로 옳은 것은?

① 성비 = $\dfrac{\text{남성 인구}}{\text{전체 인구}} \times 100$

② 총부양비 = $\dfrac{\text{65세 이상 인구}}{\text{15~64세 인구}} \times 100$

③ 노령화지수 = $\dfrac{\text{65세 이상 인구}}{\text{0~14세 인구}} \times 100$

④ 경제활동인구비 = $\dfrac{\text{경제활동인구}}{\text{18세 이상 인구}} \times 100$

20 건강생활지원센터에 대한 설명으로 옳은 것은?

① 시·군·구마다 1개씩 설치·운영되고 있다.
② 의사를 배치하고 진료 업무를 수행한다.
③ 「농어촌 등 보건의료를 위한 특별조치법」에 근거하여 설치한다.
④ 지역주민의 만성질환 예방 및 건강한 생활습관 형성을 지원한다.

ANSWER 19.③ 20.④

19 ① 성비 = $\dfrac{\text{남성 인구}}{\text{여성 인구}} \times 100$

② 총부양비 = $\dfrac{\text{0~14세 인구 + 65세 이상 인구}}{\text{15~64세 인구}} \times 100$

④ 경제활동참가율 = $\dfrac{\text{경제활동인구(=취업자+실업자)}}{\text{18세 이상 인구}} \times 100$

20 ① 법 제14조에 따른 건강생활지원센터는 읍·면·동(보건소가 설치된 읍·면·동은 제외한다)마다 1개씩 설치할 수 있다〈「지역보건법 시행령」 제11조(건강생활지원센터의 설치)〉.
② 의사를 배치하고 진료 업무를 수행한다. → 보건소·보건지소에 대한 설명이다.
③ 「농어촌 등 보건의료를 위한 특별조치법」에 근거하여 설치한다. → 보건진료소에 대한 설명이다.
※ 건강생활지원센터의 설치〈「지역보건법」 제14조〉 … 지방자치단체는 보건소의 업무 중에서 특별히 지역주민의 만성질환 예방 및 건강한 생활습관 형성을 지원하는 건강생활지원센터를 대통령령으로 정하는 기준에 따라 해당 지방자치단체의 조례로 설치할 수 있다.

02 공중보건

| 공중보건 | 2010. 5. 22. 제1회 지방직 시행 |

1 병원급 의료기관을 개설하고자 할 때 행정절차로 옳은 것은?

① 시 · 도지사에게 신고하여야 한다.
② 시 · 도지사에게 허가를 받아야 한다.
③ 시 · 군 · 구청장에게 신고하여야 한다.
④ 시 · 군 · 구청장에게 허가를 받아야 한다.

2 두 집단의 사망률이나 발생률을 비교할 때 표준화하는 이유를 모두 고른 것은?

> ㉠ 두 집단의 성별, 연령별 등 인구구조가 다르기 때문에 발생하는 조율의 편견을 보정하기 위해서이다.
> ㉡ 두 집단의 변수 계급별 사망률이나 발생률 등이 다를 때 편견을 보정하기 위해서이다.
> ㉢ 두 집단의 변수 계급별 인구구성비가 다를 때 편견을 보정하기 위해서이다.
> ㉣ 두 집단에서 발생한 질병에 대한 진단기준이 다른 것을 보정하기 위해서이다.

① ㉠㉡㉢
② ㉠㉢
③ ㉡㉣
④ ㉣

ANSWER 1.② 2.①

1 개설 등<의료법 제33조 제4항>…종합병원 · 병원 · 치과병원 · 한방병원 · 요양병원 또는 정신병원을 개설하려면 보건복지부령으로 정하는 바에 따라 제33조의2에 따른 시 · 도 의료기관개설위원회의 사전심의 및 본 심의를 거쳐 시 · 도지사의 허가를 받아야 하고, 종합병원을 개설하려는 경우 또는 300병상 이상 종합병원의 의료기관 개설자가 병원급 의료기관을 추가로 개설하려는 경우에는 보건복지부령으로 정하는 바에 따라 시 · 도 의료기관개설위원회의 사전심의 단계에서 보건복지부장관의 승인을 받아야 한다. 이 경우 시 · 도지사는 개설하려는 의료기관이 다음 각 호의 어느 하나에 해당하는 경우에는 개설허가를 할 수 없다.
㉠ 제36조에 따른 시설기준이 맞지 아니하는 경우
㉡ 제60조 제1항에 따른 기본시책과 같은 조 제2항에 따른 수급 및 관리계획에 적합하지 아니한 경우

2 ㉣ 질병발생률이 아니라 사망률과 출생률이라는 통계적 자료이므로 진단기준과는 관계없다.

3 의료인의 면허취소 사항이 될 수 없는 것은? [기출변형]

① 향정신성 의약품에 중독되었을 경우
② 피한정후견인이 된 경우
③ 진단서 또는 검안서를 허위로 작성한 경우
④ 면허증을 대여한 경우

4 보건교육방법 중 참여자 수가 많을 때, 전체를 몇 개의 분단으로 나누어 토의하고, 다시 전체회의에서 종합하는 집단접촉교육방법은?

① 심포지엄(symposium)
② 패널토의(panel discussion)
③ 버즈세션(buzz session)
④ 세미나(seminar)

ANSWER 3.③ 4.③

3 ②「의료법」제17조 제1항 및 제2항에 따른 진단서·검안서 또는 증명서를 거짓으로 작성하여 내주거나 제22조 제1항에 따른 진료기록부 등을 거짓으로 작성하거나 고의로 사실과 다르게 추가기재·수정한 때에는 1년의 범위에서 면허자격을 정지시킬 수 있다. 이 경우 의료기술과 관련한 판단이 필요한 사항에 관하여는 관계 전문가의 의견을 들어 결정할 수 있다〈의료법 제66조 제1항 제3호〉.
①② 마약·대마·향정신성의약품 중독자에 해당하는 경우나, 피성년후견인·피한정후견인인 경우 그 면허를 취소하여야 한다〈의료법 제65조 제1호〉.
④ 면허를 다른 사람에게 대여하여서는 아니 된다는 것을 위반하여 면허를 대여한 경우에는 그 면허를 취소할 수 있다〈의료법 제65조 제4호〉.

4 ① 심포지엄: 특정한 테마를 놓고 2명 또는 그 이상의 사람들이 각자의 견해를 발표하는 토론회이다.
② 패널토의: 공동으로 문제의 해결을 모색하기 위해 수명의 구성원이 토의에 직접 참여한다.
④ 세미나: 교수의 지도하에 학생들이 공동으로 토론·연구하는 방법이다.

5 한탄바이러스(Hantaan virus)에 의해 발생되는 전염병은?

① 렙토스피라증(Leptospirosis)
② 유행성 출혈열(Epidemic hemorrhagic fever)
③ 쯔쯔가무시증(Tsutsugamushi)
④ 유행성 이하선염(Mumps)

6 지역사회 보건기획의 순서를 바르게 나열한 것은?

> ㉠ 건강문제의 우선순위 결정
> ㉡ 사업목표 설정
> ㉢ 사업실행
> ㉣ 사업전략 및 세부계획 수립
> ㉤ 사업평가
> ㉥ 지역사회현황 분석

① ㉥→㉠→㉡→㉢→㉣→㉤
② ㉥→㉢→㉣→㉠→㉡→㉤
③ ㉥→㉣→㉢→㉡→㉠→㉤
④ ㉥→㉠→㉡→㉣→㉢→㉤

ANSWER 5.② 6.④

5 ② 유행성 출혈열: 한탄 바이러스로 발생하는 질환으로 사람과 동물 모두에게 감염되는 바이러스 감염증이다.
① 렙토스피라증: 병원성 렙토스피라 감염으로 발생한다.
③ 쯔쯔가무시증: 오리엔티아 쯔쯔가무시에 감염되어 발생한다.
④ 유행성 이하선염: 볼거리 바이러스에 의해 발생한다.

6 지역사회 보건기획은 '㉥ 지역사회현황 분석→㉠ 건강문제의 우선순위 결정→㉡ 사업목표 설정→㉣ 사업전략 및 세부계획 수립→㉢ 사업실행→㉤ 사업평가' 순서로 진행된다.

7 1986년 제1차 국제건강증진회의 오타와(Ottawa) 헌장에서 제시한 건강증진의 활동영역이 아닌 것은?

① 개인 건강기술의 개발
② 지역사회 활동의 강화
③ 건강 지원적 환경의 구축
④ 의료연구의 개발

8 정신질환자에 대한 보건정책을 결정할 때 옳지 않은 것은?

① 진료의 계속성이 가장 필요한 질환이다.
② 정신질환을 위한 포괄적인 서비스를 제공해야 한다.
③ 정신박약자를 강제적으로 격리시켜 보호해야 한다.
④ 정신질환에 대한 전문시설을 확충하는 것이 필요하다.

ANSWER 7.④ 8.③

7 오타와(ottawa) 헌장 내용
 ㉠ 건강한 공공정책 확립
 ㉡ 건강 지향적 환경조성
 ㉢ 지역사회 활동 강화
 ㉣ 개개인의 기술 개발
 ㉤ 보건의료사업의 방향 재조정

8 정신질환자는 인간으로서 존엄과 가치를 보장받으며 최적의 치료와 보호를 받을 권리를 보장받고 정신질환이 있다는 이유로 부당한 차별대우를 받아서는 안 된다. 또한 입원치료가 필요한 정신질환자에 대하여는 항상 자발적 입원이 권장되어야 한다.

9 이황화탄소가 중추신경계에 영향을 주는지 조사하고자, 40여 년 전부터 가동하고 있는 인조견사 제조공장에서 이황화탄소에 노출된 근로자들을 대상으로 이황화탄소에 노출되지 않은 다른 공장의 근로자들과 중추신경계질환의 발생률을 비교하려고 한다. 가장 적합한 연구 방법은?

① 단면조사 연구(cross sectional study)
② 환자-대조군 연구(case control study)
③ 사례군 연구(case series study)
④ 후향성 코호트 연구(retrospective cohort study)

10 식품 보존방법에 대한 설명으로 옳은 것은?

① 냉장법은 0~10℃ 범위의 온도로 식품을 보존하는 방법이다.
② 저온 가열법은 50℃ 이하에서 30분간 가열하는 보존방법이다.
③ 당장법은 5~8%의 설탕절임 보존방법이다.
④ 건조법은 수분함량을 20%에서 식품을 건조시키는 보존방법이다.

ANSWER 9.④ 10.①

9 후향성 코호트 연구는 어떤 특정 질환이나 문제를 가진 집단과 그런 질환이나 문제를 가지지 않은 집단을 비교하여 질병이나 문제와 연관된 특정한 위험요소를 밝히는 연구 방법이다.

10 ② 저온 가열법 : 63~65℃에서 30분간 가열하는 방법이다.
③ 당장법 : 설탕의 농도를 50% 이상을 유지하여 세균의 발생하는 것을 억제하는 설탕절임 보존방법이다.
④ 건조법 : 40~50%의 수분을 13~15% 가량으로 건조시켜서 미생물 발육을 억제하는 식품보존 방법이다.
※ 식품 보존방법
  ㉠ 물리적 처리법 : 가열법, 냉장법, 냉동법, 건조법, 자외선 이용법, 방사선 이용법, 밀봉법, 환경기체 조절 저장법
  ㉡ 화학적 처리법 : 절임법, 보존제 첨가법
  ㉢ 복합적 처리법 : 훈연법, 방사능 처리법
  ㉣ 생물학적 처리법

11 사회보험의 목적을 소득보장과 의료보장으로 구분할 때, 의료보장적인 성격에 해당하는 것을 모두 고른 것은?

| ㉠ 고용보험 | ㉡ 산재보험 |
| ㉢ 연금보험 | ㉣ 건강보험 |

① ㉠㉡㉢
② ㉠㉢
③ ㉡㉣
④ ㉣

12 세계보건기구(WHO)가 제시한 보건의료자원의 기본범주에 해당되지 않는 요소는?

① 보건의료 인력
② 보건의료 시설
③ 보건의료 재정
④ 보건의료 지식

13 일교차가 크고, 여름에는 온도가 높고 겨울에는 맑은 날이 많은 것이 특징인 기후형은?

① 대륙성 기후
② 해양성 기후
③ 산림성 기후
④ 산악성 기후

ANSWER 11.③ 12.③ 13.①

11 ㉠㉢은 소득보장적인 성격에 해당한다.

12 보건의료자원
　㉠ 인적 요소 : 보건의료인력(조직)
　㉡ 물적 요소 : 보건의료 시설, 보건의료 장비, 보건의료 지식

13 ② 해양성 기후 : 해양의 영향을 받아 기온의 연변화가 적고 연중 습도가 높으며 구름과 강수량도 많다.
　③ 산림성 기후 : 산림 내의 기후로 기온은 산림 밖과 비교할 때 밤에는 산림 내에서 높고, 낮에는 산림 밖에서가 높다. 산림 내의 습도는 높은 편이며 바람은 약하다.
　④ 산악성 기후 : 기온의 일변화와 연변화가 작고, 수증기량은 적으나 상대습도가 커서 구름, 안개가 잘 생기고 풍속과 일사가 강하다.

14 기생충증과 중간숙주의 연결이 옳은 것은?

	기생충증	제1중간숙주	제2중간숙주
①	광절열두조충증	물벼룩	가재
②	요코가와흡충	다슬기	은어
③	간흡충증	왜우렁이	고등어
④	아니사키스증	새우	잉어

15 의료취약지역의 주민에 대한 보건의료를 행하기 위하여 보건진료소를 설치·운영하는 자는?

① 의사
② 군수
③ 보건소장
④ 보건복지부장관

16 식염 농도에서도 발육·생존할 수 있는 식중독 원인균은?

① 웰치균(Clostridium perfringens : Cl welchii)
② 세레우스균(Bacillus cereus)
③ 살모넬라균(Salmonella enteritidis)
④ 장염비브리오균(Vibrio parahaemolyticus)

ANSWER 14.② 15.② 16.④

14 ① 광절열두조충증의 제2중간숙주는 송어이다.
③ 간흡충의 제2중간숙주는 민물고기로 붕어, 잉어, 향어 등이다.
④ 아니사키스는 제2중간숙주는 오징어, 고등어 등 바다생선이다.

15 보건진료소란 의사가 배치되어 있지 아니하고 계속하여 의사를 배치하기 어려울 것으로 예상되는 의료 취약지역에서 보건진료 전담공무원으로 하여금 의료행위를 하게 하기 위하여 시장·군수가 설치·운영하는 보건의료시설을 말한다〈농어촌 등 보건의료를 위한 특별조치법 제2조 제4호〉.

16 장염비브리오균은 염분이 높은 환경에서도 잘 자라 해수에서 살며, 겨울에는 해수 바닥에 있다가 여름에 위로 떠올라서 어패류를 오염시키고 이를 날로 먹은 사람에 감염되는 식중독 원인균이다.

17 근로자 특수건강진단 시 개인건강관리 구분의 하나로 직업병의 소견이 있어 적절한 사후관리조치가 필요함을 나타내는 구분 코드는?

① A
② C1
③ C2
④ D1

18 유해물질의 최고치 허용농도(Threshold limit value ceiling, TLV-C)의 정의로 옳은 것은?

① 1일 24시간 호흡기로 흡입되어서는 안 되는 농도
② 1일 8시간, 주 40시간 동안 반복되어 폭로되어서는 안 되는 농도
③ 15분 동안 계속적으로 폭로되어서는 안 되는 농도
④ 어떤 경우에도 초과되어서는 안 되는 농도

ANSWER 17.④ 18.④

17 ① A는 정상자로 사후관리 조치가 불필요하다.
② C1은 직업병 요관찰자로 직업병 예방을 위해 적절한 의학적 및 직업적 사후관리조치가 필요하다.
③ C2는 일반질병 요관찰자이다.

18 TLV-C는 시간가중평균(TWA) 노출한계를 초과하지 않아도 순간적으로 초과해서는 안 되며 항상 짧은 시간이라도 초과하지 말아야 하는 최고 노출한계이다.

19 물의 부영양화(eutrophication) 현상에 관한 설명으로 옳은 것은?

① 저수지나 호수에 칼슘과 마그네슘의 과다유입으로 발생하는 현상
② 과다한 유기용제 유입으로 발생하는 현상
③ 질소나 인의 유입에 따른 수중 용존산소 고갈로 인하여 물이 부패하는 현상
④ 유기수은이 유입되어 발생하는 현상

20 대도시 대기 중의 오존경보를 시행하는 날이 많아지는데, 이러한 오존발생과 가장 관련 있는 것은?

① 안개의 증가
② 일사량의 증가
③ 부유 분진량의 증가
④ 풍속의 저하

ANSWER 19.③ 20.②

19 강이나 바다 등 수중생태계에 유입되는 생활하수나 산업폐수, 가축의 배설물 등의 유기물질이 유입되어 물속의 질소와 인과 같은 영양물질이 많아지면서 영양소의 순환 속도가 빨라져 조류의 광합성량이 급격히 증가하는 현상을 부영양화라고 한다.

20 오존은 태양빛이 강하고 공기의 이동이 적을 때 많이 발생하므로 여름철이나 정오를 전후하여 태양빛이 강할 때 호흡기 질환자나 노약자들은 외출을 삼가는 것이 좋다.

2011. 5. 14 제1회 지방직 시행

1 수중에 녹아 있는 산소(DO)에 대한 설명으로 옳지 않은 것은?

① 유기물질이 많으면 DO는 감소한다.
② 미생물의 호흡작용에 의해서 DO는 감소한다.
③ 생물화학적 산소요구량이 높으면 DO는 낮아진다.
④ 물의 오염도가 낮으면 DO는 낮아진다.

ANSWER 1.④

1 ④ 물의 오염도가 낮을수록 DO는 일반적으로 높아진다. 깨끗한 물에는 유기물질과 오염 물질이 적기 때문에 미생물이 산소를 소비가 적고 DO가 높은 상태를 유지할 수 있다.
※ 용존산소량(DO) … 물 속에 녹아 있는 산소량을 mg/l(ppm)으로 나타낸 것
  ㉠ 용존산소가 감소되는 경우
    • 오염물질의 농도가 높고 유량이 적을 때
    • 염류농도가 높을수록
    • 오탁물이 많이 존재할 때
    • 하천바닥의 침전물이 용출될 때
    • 조류가 호흡을 할 때
  ㉡ 용존산소가 증가하는 경우
    • 포화 DO농도와 현재 DO농도 차가 클수록
    • 수온이 낮을수록
    • 기압이 높을수록
    • 공기방울이 작을수록
    • 염분이 낮을수록
    • 하천바닥이 거칠수록
    • 수심이 얕을수록
    • 유속이 빠를수록
    • 하천의 경사가 급할수록

2 독소형 식중독으로서 치명률이 높으며 햄, 소세지, 통조림 등을 통해 감염되고 시력저하, 복시, 동공확대와 같은 신경계 증상을 나타내는 식중독은?

① 보툴리누스 식중독
② 장염 비브리오 식중독
③ 살모넬라 식중독
④ 포도상구균 식중독

3 산업재해의 발생상황을 파악하기 위한 것으로 작업시간당 재해건수를 나타내는 지표는?

① 건수율
② 천인율
③ 강도율
④ 도수율

4 기후 온난화의 주요 원인물질과 기전을 바르게 연결한 것은?

① 이산화탄소 - 온실효과로 기온 상승
② 먼지 - 태양열 흡수로 기온 상승
③ 아황산가스 - 광화학 반응으로 기온 상승
④ 질소산화물 - 오존층 파괴로 태양열 투과량 증가

ANSWER 2.① 3.④ 4.①

2 보툴리누스균에 의한 식중독(Botulism : 소시지의 중독)
 ㉠ 원인균 : Clostridium Botulinum으로, 신경독소인 Neurotoxin을 생성하는 혐기성균이며 체외독소이다.
 ㉡ 원인식품 : 밀봉상태의 통조림, 햄, 소시지 등이 있다.
 ㉢ 증세 : 신경마비 증세, 치명률(30 ~ 80%)이 높고 호흡곤란, 연하곤란, 복통, 구토, 설사 등의 현상이 일어나나 발열은 없다.
 ㉣ 잠복기 : 12 ~ 36시간이다.

3 ④ 도수율 : 재해 건수를 연간 근로시간 수로 나눈 값으로, 재해발생 상황을 파악하기 위한 표준적 지표이다.
 ① 건수율 : 노동자 수에 대한 재해 발생 빈도, 산업재해 지표 중 하나이다.
 ② 천인율 : 근로자 1000명당 발생하는 사상자 수이다.
 ③ 강도율 : 산업재해의 상해지수로 연노동시간당 손실일수로 재해분석을 의미한다.

4 온실효과 … 대기 중의 수증기와 CO_2는 태양의 단파 복사에너지를 거의 통과시키거나 적외선 부분의 장파 복사에너지를 선택 흡수하며, 또 지구 장파 복사에너지가 공간 밖으로 나가는 것을 막아줌으로 대기의 온도를 유지하고 보호하는 역할을 한다. 대기 중의 수증기와 CO_2가 적외선을 흡수해 지구온도가 올라가는 현상을 온실효과라 한다. 이러한 온실효과로 인해 지구 표면의 평균온도가 상승하는 현상을 온난화라고 한다.

5 표본조사에 대한 설명으로 옳지 않은 것은?

① 표본오차는 수학적으로 추정이 가능하다.
② 비용, 시간, 노력 등의 경제적 효과가 있다.
③ 자료처리와 분석이 어렵다.
④ 적절히 추출된 표본은 모집단을 대표할 수 있다.

6 환경보전과 관련된 국제적 노력에 대한 설명으로 옳지 않은 것은?

① 1972년 스톡홀름 회의에서 인간환경선언을 선포하였다.
② 1987년 몬트리올 의정서에서 오존층 파괴물질에 대한 생산 및 사용을 규제하였다.
③ 1989년 바젤협약에서 유해폐기물에 대한 국가간 이동 및 처분을 규제하였다.
④ 1992년 교토의정서에서 '단 하나뿐인 지구'라는 슬로건을 채택하였다.

7 Maslow가 제시한 욕구단계설에서 가장 상위 단계의 욕구는?

① 자존감 욕구
② 자아실현 욕구
③ 안전 욕구
④ 생리 욕구

ANSWER 5.③ 6.④ 7.②

5 ③ 표본조사는 전수조사에 비해 조사와 결과 분석이 용이하여 비용이나 시간으로 볼 때 경제적인 방법이다.

6 ④ 교토의정서는 1997년 12월 교토에서 개최된 기후변화협약 제3차 당사국총회에서 채택되었으며 지구온난화 규제 및 기후변화협약의 구체적 이행방안, 선진국의 온실가스 감축 목표치를 규정하였다. '단 하나뿐인 지구'는 1972년 스웨덴 스톡홀름에서 열린 유엔인간환경회의의 슬로건이다.

7 매슬로우 동기이론(욕구단계설)
㉠ 1단계: 생리적 욕구 – 의식주, 본능적 욕구
㉡ 2단계: 안전의 욕구 – 정서적, 신체적 안전 추구 욕구
㉢ 3단계: 소속감과 애정의 욕구 – 단체에 소속되어 소속감을 느끼고 주변에게 사랑 받길 원하는 욕구
㉣ 4단계: 존경의 욕구 – 타인에게 존경받기를 바라는 욕구
㉤ 5단계: 자아실현의 욕구 – 자기만족을 느끼는 욕구

8 흡연과 폐암과의 연관성을 입증하기 위해 실시한 조사에서 아래와 같은 결과를 얻었을 때, 이 집단의 흡연에 의한 폐암발생의 비교위험도(relative risk)는?

구분	폐암 발생자 수	폐암 비발생자 수
담배를 피움	10	990
담배를 피우지 않음	1	499

① 1
② 5
③ 9
④ 10

9 인수공통감염병으로만 나열된 것은?

① 일본뇌염, 탄저, 브루셀라증
② 살모넬라증, 콜레라, 장티푸스
③ 결핵, 파라티푸스, 성홍열
④ 브루셀라증, 백일해, 풍진

ANSWER 8.② 9.①

8 비교위험도는 노출군과 비노출군의 질병발생률의 비를 말한다.

$$비교위험도 = \left(\frac{10}{10+990}\right) / \left(\frac{1}{1+499}\right)$$
$$= \frac{0.01}{0.002}$$
$$= 5$$

9 인수공통감염병 … 동물과 사람 사이에 상호 전파되는 병원체에 의해 발생되는 감염병
　㉠ 장출혈성대장균감염증
　㉡ 일본뇌염
　㉢ 브루셀라증
　㉣ 탄저
　㉤ 공수병
　㉥ 동물인플루엔자 인체감염증
　㉦ 중증급성호흡기증후군(SARS)
　㉧ 변종크로이츠펠트-야콥병(vCJD)
　㉨ 큐열
　㉩ 결핵
　㉪ 중증열성혈소판 감소증후군(SFTS)

10 당뇨병을 진단하기 위하여 공복 혈당검사(fasting blood sugar test)의 기준치를 126 mg/dl에서 110 mg/dl로 낮추었을 때, 민감도와 특이도의 변화는?

① 민감도와 특이도는 증가한다.
② 민감도와 특이도는 변화하지 않는다.
③ 민감도는 감소하고, 특이도는 증가한다.
④ 민감도는 증가하고, 특이도는 감소한다.

11 효과적인 보건교육을 위한 원칙이 아닌 것은?

① 피교육자의 생활상을 반영하는 내용이어야 한다.
② 지식의 향상과 실제 행동능력의 변화를 동시에 달성할 수 있도록 계획한다.
③ 피교육자는 동일한 가치관, 태도, 믿음을 가지고 있다고 가정한다.
④ 피교육자들에게 자신감을 가질 수 있도록 하여야 한다.

12 우리나라에서 4대 사회보험이 시작된 순서가 바르게 나열된 것은?

① 건강(의료)보험 → 산재보험 → 국민연금 → 고용보험
② 건강(의료)보험 → 고용보험 → 국민연금 → 산재보험
③ 산재보험 → 건강(의료)보험 → 국민연금 → 고용보험
④ 산재보험 → 건강(의료)보험 → 고용보험 → 국민연금

ANSWER 10.④ 11.③ 12.③

10 ④ 민감도는 병이 있는 사람을 병이 있다고 판정할 수 있는 능력을 말하고, 특이도는 병이 없는 사람을 병이 없다고 판정할 수 있는 능력을 말하므로 판정의 기준을 낮추면 민감도는 증가하고 특이도는 감소한다.

11 ③ 피교육자에게 적합한 교육방법을 선택해야하기 때문에 피교육자의 실정과 문화적 배경에 대한 조사가 필요하다.

12 4대 사회보험은 '산재보험(1960년대) → 건강(의료)보험(1970년대) → 국민연금(1980년대) → 고용보험(1990년대)' 순서로 진행되었다.

13 「감염병의 예방 및 관리에 관한 법률」상 집단 발생의 우려가 커서 발생 또는 유행 즉시 신고하여야 하고, 음압격리와 같은 높은 수준의 격리가 필요한 감염병은? [기출변형]

① 수두
② A형간염
③ 신종인플루엔자
④ 레지오넬라증

14 「보건의료기본법」상 보건의료와 관련된 국가 및 지방자치단체의 책임에 대한 설명으로 옳지 않은 것은?

① 전 국민의 모든 보건의료수요를 충족시킬 수 있도록 노력한다.
② 건강관련 물품이나 건강관련 활동으로부터 발생할 수 있는 위해를 방지하기 위한 시책을 마련한다.
③ 국민건강의 보호·증진을 위하여 필요한 법적·제도적 장치를 마련한다.
④ 민간이 행하는 보건의료에 대하여 보건의료 시책상 필요하다고 인정하면 행정적·재정적 지원을 할 수 있다.

ANSWER 13.③ 14.①

13 제1급감염병이란 생물테러감염병 또는 치명률이 높거나 집단 발생의 우려가 커서 발생 또는 유행 즉시 신고하여야 하고, 음압격리와 같은 높은 수준의 격리가 필요한 감염병을 말한다. 다만, 갑작스러운 국내 유입 또는 유행이 예견되어 긴급한 예방·관리가 필요하여 질병관리청장이 보건복지부장관과 협의하여 지정하는 감염병을 포함한다〈감염병의 예방 및 관리에 관한 법률 제2조 제2호〉.
①② 제2급감염병
④ 제3급감염병

14 국가와 지방자치단체의 책임〈보건의료기본법 제4조〉
㉠ 국가와 지방자치단체는 국민건강의 보호·증진을 위하여 필요한 법·제도적 장치를 마련하고 이에 필요한 재원(財源)을 확보하도록 노력하여야 한다.
㉡ 국가와 지방자치단체는 모든 국민의 기본적인 보건의료 수요를 형평에 맞게 충족시킬 수 있도록 노력하여야 한다.
㉢ 국가와 지방자치단체는 식품, 의약품, 의료기기 및 화장품 등 건강 관련 물품이나 건강 관련 활동으로부터 발생할 수 있는 위해(危害)를 방지하고, 각종 국민건강 위해 요인으로부터 국민의 건강을 보호하기 위한 시책을 강구하도록 노력하여야 한다.
㉣ 국가와 지방자치단체는 민간이 행하는 보건의료에 대하여 보건의료 시책 상 필요하다고 인정하면 행정·재정적 지원을 할 수 있다.

15 방사성 세슘(Cs-137)의 생체내 반감기가 30년이라고 할 때, 10세인 사람의 체내에 20mg의 방사성 세슘이 있다면, 70세가 되었을 때 체내에 남아있는 방사성 세슘의 양[mg]은?

① 1
② 2
③ 5
④ 10

16 보건소에 대한 보건복지부의 지휘감독 업무에 해당하는 것은?

① 인사권
② 예산권
③ 조직관리
④ 기술지도

17 다음 중 보건소에서 지역사회의 보건문제를 발견하고 사업계획을 수립하기 위해 가장 먼저 해야 할 일은?

① 보건문제 우선순위 결정
② 지역사회 진단
③ 사업개요 작성
④ 사업목표 설정

ANSWER 15.③ 16.④ 17.②

15 10세인 사람이 70세가 될 때까지 60년간 30년의 반감기를 두 번 거치기 때문에 $\frac{1}{2} \times \frac{1}{2} = \frac{1}{4}$로 줄게 된다. 따라서 $20 \times \frac{1}{4} = 5mg$이 된다.

16 ④ 보건복지부장관과 시·도지사는 지역보건의료기관의 전문인력의 자질 향상을 위하여 필요한 교육훈련을 시행하여야 한다 〈지역보건법 제16조 제3항〉.

17 제한된 지역사회의 인력, 시설, 예산 등 보건의료자원 범위 안에서 지역사회의 욕구를 모두 충족하기에는 어려움이 있기 때문에 사실적인 지역사회의 보건문제를 진단한 후 그 보건문제들의 우선순위를 선정하는 지역실정에 맞는 계획을 세워야 한다.

18 최근 연구결과에 따를 때 건강 결정요인 중 건강에 가장 많은 영향을 미치는 것으로 알려진 요인은?

① 생활습관
② 환경요인
③ 생물학적 요인
④ 보건의료 체계

19 「보건의료기본법」상 보건의료에 대한 국민의 권리에 포함되지 않는 것은?

① 건강권
② 보건의료에 관한 알 권리
③ 국민의 의료비용 부담권
④ 보건의료 서비스에 관한 자기결정권

20 인간은 자신이 이용할 수 있는 정보를 활용하여 행동을 결정하기 때문에 행위의도가 실제 행동을 예측할 수 있다는 이론은?

① 건강신념 이론
② 합리적 행위 이론
③ 사회인지 이론
④ 변화단계 이론

ANSWER 18.① 19.③ 20.②

18 건강 결정 요인은 유전적 요인, 환경적 요인, 생활습관 요인, 보건의료적 요인 4가지가 있다. 이 중 생활습관 요인이 가장 크게 작용하며, 개인의 건강을 위해 스스로 할 수 있는 일은 생활습관을 개선하는 일이다.

19 보건의료기본법에 따르면 보건의료에 관한 국민의 권리로는 건강권〈제10조〉, 보건의료에 관한 알 권리〈제11조〉, 보건의료서비스에 관한 자기결정권〈제12조〉, 비밀보장〈제13조〉이 있다.

20 합리적 행동 이론 … 학습 이론, 기대가치 이론, 인지일치 이론, 귀인 이론 등을 바탕으로 하며 사람들이 특정 행동에 대해 긍정적인 태도를 가지고 주변인에게 용인될 수 있을 때 행동 동기가 높아진다는 이론이다.

2012. 5. 12. 제1회 지방직 시행

1 집단급식 확대와 외식산업의 발달에 따라 대규모 발생 양상을 보이는 감염병은?

① 콜레라, 세균성이질, 장티푸스
② 백일해, 홍역, 디프테리아
③ 광견병, 브루셀라증, 탄저
④ 말라리아, 일본뇌염, 유행성 출혈열

2 유행성 이하선염이나 홍역 같은 전염성 질환이 몇 년을 주기로 유행하는 현상과 관계있는 것은?

① 집단 면역(herd immunity)
② 역학적 이행(epidemiologic transition)
③ 공동매개 전파(vector-borne transmission)
④ 유전적 감수성(genetic susceptibility)

ANSWER 1.① 2.①

1 ① 대규모로 발생하는 감염병은 주로 소화기계 감염병으로 콜레라, 세균성이질, 장티푸스, 폴리오, 유행성 간염이 이에 속한다.
② 호흡기계 감염병이다.
③ 인수공통감염병이다.
④ 말라리아 원충, 바이러스 등에 의해 발생하는 감염병이다.

2 집단 면역은 어떤 인구집단의 면역상태를 말한다. 유행성 이하선염이나 홍역은 예방 접종을 하지 않았을 때 발생하는 전염성 질환이기 때문에 집단 면역과 관련이 있다.

3 다음 글에서 설명하는 것은?

> 특별한 중재를 받지 않아도 연구에 참여함으로써 행동에 변화를 유발하여 요인 자체의 변화를 가져오게 된다. 결과적으로 요인-결과 간 관련성에 영향을 미친다.

① 자발적 참여자 바이어스(volunteer bias)
② 호손 효과(Hawthorne effect)
③ 버크슨 바이어스(Berkson's bias)
④ 확인 바이어스(ascertainment bias)

4 정신보건법의 기본이념에 대한 설명으로 옳지 않은 것은?

① 모든 정신질환자는 최적의 치료와 보호를 받을 권리를 보장 받는다.
② 모든 정신질환자는 정신질환이 있다는 이유로 부당한 차별대우를 받지 아니한다.
③ 입원치료가 필요한 정신질환자에 대하여는 전문가의 판단이 최우선으로 고려되어야 한다.
④ 미성년자인 정신질환자에 대하여는 특별히 치료, 보호 및 필요한 교육을 받을 권리가 보장되어야 한다.

ANSWER 3.② 4.③

3 호손 효과…실험대상자들이 지켜보고 있다는 사실을 의식하게 됨으로써 그들의 전형적인 것과 다르게 행동하는 현상이다.

4 기본이념〈정신건강증진 및 정신질환자 복지서비스 지원에 관한 법률 제2조〉
㉠ 모든 국민은 정신질환으로부터 보호받을 권리를 가진다.
㉡ 모든 정신질환자는 인간으로서의 존엄과 가치를 보장받고, 최적의 치료를 받을 권리를 가진다.
㉢ 모든 정신질환자는 정신질환이 있다는 이유로 부당한 차별대우를 받지 아니한다.
㉣ 미성년자인 정신질환자는 특별히 치료, 보호 및 교육을 받을 권리를 가진다.
㉤ 정신질환자에 대해서는 입원 또는 입소가 최소화되도록 지역 사회 중심의 치료가 우선적으로 고려되어야 하며, 정신건강증진시설에 자신의 의지에 따른 입원 또는 입소가 권장되어야 한다.
㉥ 정신건강증진시설에 입원등을 하고 있는 모든 사람은 가능한 한 자유로운 환경을 누릴 권리와 다른 사람들과 자유로이 의견교환을 할 수 있는 권리를 가진다.
㉦ 정신질환자는 원칙적으로 자신의 신체와 재산에 관한 사항에 대하여 스스로 판단하고 결정할 권리를 가진다. 특히 주거지, 의료행위에 대한 동의나 거부, 타인과의 교류, 복지서비스의 이용 여부와 복지서비스 종류의 선택 등을 스스로 결정할 수 있도록 자기결정권을 존중받는다.
㉧ 정신질환자는 자신에게 법률적·사실적 영향을 미치는 사안에 대하여 스스로 이해하여 자신의 자유로운 의사를 표현할 수 있도록 필요한 도움을 받을 권리를 가진다.
㉨ 정신질환자는 자신과 관련된 정책의 결정과정에 참여할 권리를 가진다.

5 보균자의 특성에 대한 설명으로 옳은 것은?

① 추후 합병증 발생 가능성이 높다.
② 일반적으로 보균자 수가 환자 수보다 적다.
③ 본인이 조심하고 타인이 경계하기 때문에 전염 기회가 적다.
④ 활동에 제한이 없어 감염시킬 수 있는 영역이 넓다.

6 「노인장기요양보험법」에서 규정한 장기요양급여 중 재가급여가 아닌 것은?

① 방문간호
② 주·야간보호
③ 단기보호
④ 시설급여

ANSWER 5.④ 6.④

5 보균자…어떤 종의 감염증 병원체를 체내에 보유 또는 배설하면서도 아무런 증상을 나타내지 않는 사람이다.
  ※ 보균자의 구분
    ㉠ 건강보균자 또는 무증상보균자: 불현성 감염을 거쳐 시종 임상증상을 나타내지 않고 병원체를 배출하는 것
    ㉡ 잠복기보균자: 발병전의 잠복기간 중에 이미 병원체를 배설하는 것
    ㉢ 회복기보균자 또는 병후보균자: 감염증에 이환하여 치유한 후에도 계속해서 배균하는 것

6 재가급여〈노인장기요양보험법 제23조(장기요양급여의 종류) 제1항〉
  ㉠ 방문요양: 장기요양요원이 수급자의 가정 등을 방문하여 신체활동 및 가사활동 등을 지원하는 장기요양급여
  ㉡ 방문목욕: 장기요양요원이 목욕설비를 갖춘 장비를 이용하여 수급자의 가정 등을 방문하여 목욕을 제공하는 장기요양급여
  ㉢ 방문간호: 장기요양요원인 간호사 등이 의사, 한의사 또는 치과의사의 지시서(이하 '방문간호지시서'라 한다)에 따라 수급자의 가정 등을 방문하여 간호, 진료의 보조, 요양에 관한 상담 또는 구강위생 등을 제공하는 장기요양급여
  ㉣ 주·야간보호: 수급자를 하루 중 일정한 시간 동안 장기요양기관에 보호하여 신체활동 지원 및 심신기능의 유지·향상을 위한 교육·훈련 등을 제공하는 장기요양급여
  ㉤ 단기보호: 수급자를 보건복지부령으로 정하는 범위 안에서 일정 기간 동안 장기요양기관에 보호하여 신체활동 지원 및 심신기능의 유지·향상을 위한 교육·훈련 등을 제공하는 장기요양급여
  ㉥ 기타재가급여: 수급자의 일상생활·신체활동 지원에 필요한 용구를 제공하거나 가정을 방문하여 재활에 관한 지원 등을 제공하는 장기요양급여로서 대통령령으로 정하는 것

7 A요인 폭로군에서의 B질병 발생률은 20%이고, A요인에 폭로되지 않은 군에서의 B질병 발생률은 5%이다. B질병에 대한 A요인의 귀속위험도(attributable risk)는?

① 0.15
② 0.25
③ 0.75
④ 4.0

8 의료의 질 개선을 위한 제도적 접근의 영역과 이에 대한 사례로 옳은 것은?

① 구조측면 : 의료이용도 조사
② 과정측면 : 의료기관 신임제도
③ 과정측면 : 면허 및 자격부여 제도
④ 결과측면 : 합병증 지표 산출 공개

9 다음 중 제5차 국민건강증진종합계획의 주요 과제 6개 분과에 해당하지 않는 것은? [기출 변형]

① 건강생활 실천
② 정신건강 관리
③ 비감염성 질환 예방관리
④ 소득수준별 건강관리

ANSWER 7.① 8.④ 9.④

7 귀속위험도(=기여위험도)=폭로군 질병발생률-비폭로군 질병발생률=0.2-0.05=0.15

8 도나베디안의 의료의 질 평가 방법
㉠ 구조 : 진료의 수단, 여건(시설, 장비, 진료 종사자의 수와 자질, 진료비 심사제도 등)
㉡ 과정 : 의료진의 진료활동을 대상으로 치료과정이나 수술결정의 의사결정과정을 평가
㉢ 결과 : 사망률, 합병증률, 감염률 등 결과지표를 산출하여 평가

9 제5차 국민건강증진종합계획의 주요 과제 6개 분과는 건강생활 실천, 정신건강관리, 비감염성 질환 예방관리, 감염 및 기후변화성 질환 예방관리, 인구집단별 건강관리, 건강친화적 환경구축이다.

10 다음 중 일차보건의료의 기본 개념에 해당하는 것만을 고른 것은?

> ⊙ acceptability(수용성) : 실질적이고 과학적이며, 사회적으로 받아들일 수 있는 방법으로 제공함
> ⓒ uniqueness(독특성) : 지역사회마다 고유한 특성을 반영하여 환경과 사회를 개발함
> ⓒ affordability(지불가능성) : 지역사회와 국가가 지불할 수 있는 비용으로 서비스를 제공함
> ⓔ specificity(구체성) : 필수 보건의료서비스 제공이라는 구체적인 사업범위를 정함

① ⊙ⓒ
② ⊙ⓒ
③ ⓒⓔ
④ ⓒⓔ

11 산업장에서 일정 기간 동안의 평균 종업원 수, 재해건수, 연 근로 시간 수를 알고 있는 경우 산출할 수 있는 산업재해 지표만을 묶은 것은?

① 건수율, 도수율
② 건수율, 재해일수율
③ 도수율, 강도율
④ 강도율, 중독률

ANSWER 10.② 11.①

10 WHO에서 제시한 일차보건의료 접근법(4A)
⊙ Accessible(접근성) : 쉽게 이용 가능
ⓒ Acceptable(수용가능성) : 쉽게 받아들일 수 있는 방법으로 사업 제공
ⓒ Available(주민참여) : 적극적인 참여에 의해 사업이 이루어져야
ⓔ Affordable(지불부담능력) : 지불능력에 맞는 보건의료수가로 사업이 제공

11 ⊙ 도수율 = (재해건수/연노동시간수) × 1,000,000
ⓒ 건수율 = (재해건수/평균 실노동자) × 1,000

12 「국민건강증진법」의 금연조치에 관한 설명으로 옳지 않은 것은?

① 초등학교 건물과 운동장은 모두 금연구역이다.
② 담배 제조자는 담배갑포장지 앞면·뒷면·옆면 등에 흡연의 위해성, 흡연습관에 따른 타르 흡입량, 발암성 물질 경고에 대한 광고를 부착해야 한다.
③ 담배 제조회사가 사회·문화·음악·체육 등의 행사를 후원할 때 후원자의 명칭은 사용할 수 있으나 담배광고를 하면 안 된다.
④ 담배에 관한 광고는 지정소매인의 영업소 내부와 외부에 광고물을 전시 혹은 부착할 수 있다.

ANSWER 12.④

12 지정소매인의 영업소 내부에서 보건복지부령으로 정하는 광고물을 전시(展示) 또는 부착하는 행위. 다만, 영업소 외부에 그 광고내용이 보이게 전시 또는 부착하는 경우에는 그러하지 아니하다〈국민건강증진법 제9조의4(담배에 관한 광고의 금지 또는 제한) 제1항 제1호〉.
① 「국민건강증진법」제9조(금연을 위한 조치) 제4항 제6호
② 「국민건강증진법」제9조의2(담배에 관한 경고문구 등 표시) 제1항
③ 「국민건강증진법」제9조의4(담배에 관한 광고의 금지 또는 제한) 제1항 제4호
※ 담배에 관한 광고의 금지 또는 제한 … 담배에 관한 광고는 다음의 방법에 한하여 할 수 있다〈국민건강증진법 제9조의4 제1항〉.
  ㉠ 지정소매인의 영업소 내부에서 보건복지부령으로 정하는 광고물을 전시(展示) 또는 부착하는 행위. 다만, 영업소 외부에 그 광고내용이 보이게 전시 또는 부착하는 경우에는 그러하지 아니하다.
  ㉡ 품종군별로 연간 10회 이내(1회당 2쪽 이내)에서 잡지[「잡지 등 정기간행물의 진흥에 관한 법률」에 따라 등록 또는 신고되어 주 1회 이하 정기적으로 발행되는 제책(製冊)된 정기간행물 및 「신문 등의 진흥에 관한 법률」에 따라 등록된 주 1회 이하 정기적으로 발행되는 신문과 「출판문화산업 진흥법」에 따른 외국간행물로서 동일한 제호로 연 1회 이상 정기적으로 발행되는 것을 말하며, 여성 또는 청소년을 대상으로 하는 것은 제외한다]에 광고를 게재하는 행위. 다만, 보건복지부령으로 정하는 판매부수 이하로 국내에서 판매되는 외국정기간행물로서 외국문자로만 쓰여져 있는 잡지인 경우에는 광고게재의 제한을 받지 아니한다.
  ㉢ 사회·문화·음악·체육 등의 행사(여성 또는 청소년을 대상으로 하는 행사는 제외한다)를 후원하는 행위. 이 경우 후원하는 자의 명칭을 사용하는 외에 제품광고를 하여서는 아니 된다.
  ㉣ 국제선의 항공기 및 여객선, 그 밖에 보건복지부령으로 정하는 장소 안에서 하는 광고

13 다음 글에서 설명하는 의료서비스 지불방법은?

> 의료서비스 공급자의 생산성을 크게 높일 수 있고 의료의 기술발전을 가져올 수 있는 반면, 의료비 억제 효과는 낮고 과잉진료의 염려와 자원분포의 불균형을 초래할 가능성이 높다.

① 행위별수가제
② 인두제
③ 총액계약제
④ 포괄수가제

14 「국민건강보험법」에서 규정한 요양급여 대상이 아닌 것은?

① 질병
② 부상
③ 교통사고
④ 출산

ANSWER 13.① 14.③

13 ① 행위별수가제(Fee-for-Service) : 의사가 환자를 진료할 때마다 그 횟수에 따라 진료비를 지급하는 제도이다.
② 인두제(Capitation) : 자기의 환자가 될 가능성이 있는 일정지역의 주민 수에 일정금액을 곱하여 이에 상응하는 보수를 지급받는 제도이다.
③ 총액계약제(Global Budget) : 보험자 측과 의사단체(보험의협회)가 국민에게 제공되는 의료서비스에 대한 진료비 총액을 추계하고 협의한 후, 사전에 결정된 진료비 총액을 지급하는 방식이다.
④ 포괄수가제(Case-Payment) : 환자에게 제공하는 진찰·검사·수술·투약 등 진료의 횟수와 상관없이 미리 정해진 진료비를 한꺼번에 지급하는 제도이다.

14 가입자와 피부양자의 질병, 부상, 출산 등에 대하여 요양급여를 실시한다〈국민건강보험법 제41조(요양급여) 제1항〉.

15 「감염병의 예방 및 관리에 관한 법률」에서 규정한 제1급감염병에 해당하는 것만을 고른 것은? [기출변형]

> ㉠ 페스트 ㉡ 디프테리아
> ㉢ 세균성이질 ㉣ A형간염

① ㉠㉡ ② ㉠㉢
③ ㉡㉣ ④ ㉢㉣

16 건강신념모형(health belief model)의 구성요소가 아닌 것은?

① 질병에 걸릴 가능성에 대한 감수성
② 질병결과에 대한 인지된 심각성
③ 질병에 대한 객관적 위협
④ 건강행위로부터 얻는 이익

ANSWER 15.① 16.③

15 ㉢㉣ 제2급감염병
※ 제1급감염병 … 에볼라바이러스병, 마버그열, 라싸열, 크리미안콩고출혈열, 남아메리카출혈열, 리프트밸리열, 두창, 페스트, 탄저, 보툴리눔독소증, 야토병, 신종감염병증후군, 중증급성호흡기증후군(SARS), 중동호흡기증후군(MERS), 동물인플루엔자 인체감염증, 신종인플루엔자, 디프테리아

16 건강신념모형(health belief model)구성요소
㉠ 지각된 감수성(Perceived Susceptibility) : 개인의 특정 질병에 걸릴 가능성에 대해 인지하고 있는 정도이다.
㉡ 지각된 심각성(Perceived Seriousness) : 사람들이 특정 질병의 심각성에 대해 인지하는 정도이다.
㉢ 지각된 유익성(Perceived Benefits) : 특정행위를 함으로써 오는 혜택에 대한 인지하는 정도이다.
㉣ 행위 수행에 대한 지각된 장애요인(Perceived Barriers) : 사람들이 특정 행위를 수행하는데 부딪칠 어려움에 대한 인지하는 정도이다.
㉤ 행위를 위한 중재(Cues to Action) : 사람들은 하여금 특정 행위를 참여하도록 자극을 줄 수 있는 중재이다.

17 상수의 수질검사에서 과망간산칼륨(KMnO4) 소비량으로 추정할 수 있는 것은?

① 물의 경도
② 미생물 오염
③ 유기물 종류
④ 유기물 오염 정도

18 방사선에 의한 생물학적 손상정도를 나타내는 전리방사선의 등가선량(equivalent dose) 단위는?

① Roentgen(R)
② Sievert(Sv)
③ Gray(Gy)
④ Rad(Rd)

ANSWER 17.④ 18.②

17 과망간산칼륨 소비량은 다량의 유기물질이 포함된 하수, 공장배수, 분뇨 등의 혼입에 의해 증가한다. 따라서 소비량에 따라 유기물 오염 정도를 추정할 수 있다.

18 ① Roentgen(R) : 방사선이 물질을 전리시킨 정도이다.
③ Gray(Gy) : 질량(kg)당 흡수한 방사선에너지(J)이다.
④ Rad(Rd) : 질량(kg)당 흡수한 방사선에너지(J)이다.

19 개인적 요인, 환경의 영향 및 행동 간의 역동적 상호작용의 결과로 설명되는 보건교육 이론은?

① 계획적 행위이론
② 사회인지이론
③ 합리적행동이론
④ 범이론적모형

20 세균성 식중독의 특성에 대한 설명으로 옳지 않은 것은?

① 잠복기가 비교적 짧다.
② 면역이 생기지 않는다.
③ 2차 감염이 주로 일어난다.
④ 여름철에 많이 발생한다.

ANSWER 19.② 20.③

19 ① 계획적 행위이론 : 합리적 행위이론에 지각된 행위통제를 하며 행동한다는 이론이다.
③ 합리적 행동이론 : 인간은 합리적인 판단에 의해 행동한다는 이론이다.
④ 범이론적 모형 : 개인이 어떻게 건강행동을 시작하고 유지해 나가는가에 대한 행동변화의 원칙과 과정을 설명하는 통합적인 모형이다.

20

구분	세균성 식중독	바이러스성 식중독
특징	균에 의한 것 또는 균이 생산하는 독소에 의함	살아 있는 세포에 기생하여 식중독 유발
증식	온도, 습도, 영양성분 등이 적정하면 자체증식 가능	자체 증식이 불가능하며 반드시 숙주가 있어야 증식 가능
발병량	일정량(수백~수백만 개)이상의 균이 존재해야 발병 가능	소량(10~100개)개체로도 발병 가능
증상	설사, 구토, 복통, 메스꺼움, 발열, 두통 등	설사, 구토, 메스꺼움, 발열, 두통 등
치료	항생제 등을 사용하여 치료가 가능하며 일부 균의 백신이 개발되었음	일반적으로 치료법이나 백신이 없음
2차 감염(전염성)	2차 감염 거의 없음	2차 감염됨

공중보건 | 2014. 6. 28. 서울특별시 시행

1 건강과 질병을 설명하는 한 가지 이론인 생의학적 모형(biomedical model)의 설명으로 옳은 것은?

① 정신과 신체가 분리될 수 없다는 일원론(一元論)을 주장한다.
② 질병을 주로 생물학적 구조와 기능의 이상(비정상)으로 해석한다.
③ 만성퇴행성 질환의 발생과 관리를 설명하는 데에 적합하다.
④ 지역과 문화가 다르면 의학지식과 기술이 달라진다는 특수성을 강조한다.
⑤ 인간과 질병을 사회·환경적 맥락에서 파악하려고 한다.

2 대규모 집단에 대한 집단검진(mass screening)시 고려해야 하는 사항으로 우선순위가 가장 낮은 것은?

① 대상 질환이 중요한 건강문제여야 한다.
② 질병을 발견하면 치료하거나 악화를 예방할 수 있어야 한다.
③ 비용-효과적이어야 한다.
④ 증상이 나타나기 전까지 어느 정도의 잠복기가 있어야 한다.
⑤ 검진 방법이 지나치게 복잡하지 않아야 한다.

ANSWER 1.② 2.⑤

1 생의학적 모형(biomedical model) … 질병에 대한 정의로 "질병을 일으키는 유기체인 특정 병원체(pathogen)인 세균, 박테리아 등에 인간이 폭로되어 일어나는 결과"라고 간주한다. 즉, 사람의 건강을 기계론적으로 이해하기 때문에 심리적·사회적인 요인은 고려하지 않으며 질병이란 순전히 물리적인(생물학적인)현상으로 파악한다. 그래서 인간미가 결여된 세부 전문적이고 진단 중심의 의학이라는 비판을 받기도 한다.

2 어떤 건강상의 문제에 대해서 위험 그룹의 발견을 위해, 많은 인원수에 대한 선별방식에 의한 집단검진을 시행할 경우 암처럼 대상 질환이 중요한 건강문제이어야 하며, 치료효과가 높아 비용 대비 효과가 높아야 한다. 또한 증상이 나타나기 전까지 어느 정도의 잠복기를 가져서 검진을 통해 발견할 수 있어야 한다.

3 인공수동면역에 해당하는 것은?

① 파상풍 항독소
② BCG 백신
③ 디프테리아 백신
④ 예방적 항결핵제
⑤ 타미플루

ANSWER 3.①

3 수동면역 … 다른 생체가 만든 항체가 받아들여 면역을 얻는 것으로 태아가 태반을 통하여 모체로부터 면역체를 받는 자연적 수동면역과 파상풍 항독소와 같은 인공적 수동면역의 방법이 있다. 만일 파상풍균에 감염되었다면 다량의 항체가 발생하는데 이를 다른 감염되지 않은 개체에게 투여함으로서 이 병원균에 대한 수동면역이 발생하게 된다. 주사 등을 통한 수동면역은 주사와 동시에 면역을 얻을 수 있지만, 일반적으로 지속기간이 짧고 면역의 정도도 약하다.

※ 후천적 면역 … 질병이환 후나 예방접종 등으로 얻는 면역으로 획득면역이라고도 한다.

㉠ 능동면역

구분	내용
인공능동면역	생균백신, 사균백신, 순환독소의 예방접종 후 생기는 면역
자연능동면역	질병이환 후 면역(장티푸스, 소아마비)

㉡ 수동면역

구분	내용
자연수동면역	자기의 힘으로 생긴 면역이 아니고 다른 사람(모체)나 동물에서 만든 항체를 얻어서 생긴 면역
인공수동면역	회복기 혈청 항독소를 환자 또는 위험에 처해 있는 사람에게 주어 면역을 얻는 방법

㉢ 능동면역과 수동면역의 비교

구분	능동면역	수동면역
장점	• 장기간 지속 • 비교적 강력한 면역력 획득 • 한 번 주사로 여러 질병 면역 획득	• 효과가 빠름 • 치료용, 응급처치용으로 사용 가능
단점	• 늦게 나타나는 효과 • 부작용 가능성	• 짧은 지속 시간 • 비교적 약한 저항력

4 수질오염의 지표로 잘 쓰이지 않는 것은?

① 염소이온(Cl-)
② 용존산소(DO)
③ 생물학적 산소요구량(BOD)
④ 부유물질(SS)
⑤ 세균

5 소음성 난청의 특징으로 바르게 기술된 것은?

① 대부분 한쪽 귀에 나타난다.
② 주로 전음성(conductive) 난청이다.
③ 소음 노출을 중단하면 어느 정도 청력이 회복된다.
④ 지속적 노출보다는 단속적 노출이 더 큰 장해를 초래한다.
⑤ 주로 고음역에서 청력 손실이 더 심하다.

ANSWER 4.① 5.⑤

4 염소이온은 물속에 염화물이 녹아 있을 때의 염소분을 가리킨다. 염소이온은 심미적 영향물질로 자연환경 중에 해양에 염화물이 가장 많이 존재하고 있다. 일반적으로 수질오염의 지표로 사용되는 것은 생물학적 산소요구량(BOD), 용존산소(DO), 부유물질(SS), 세균, 화학적 산소요구량(COD), 탁도 등이 있다.

5 소음에 노출 된 후 충분한 휴식을 가지면 다시 청력이 회복되는 가역성 청력 손실을 일시적 청력 손실이라 하며, 시끄러운 작업환경, 이어폰 사용처럼 커다란 소리자극에 의해 생긴 청력의 이상을 소음성 난청이라 부른다. 보통 소음성 난청은 고음역(4kHz)에서 시작되는데 이 시기에는 큰 불편이 없이 지내지만 지속적인 소음에 노출 시에는 청각세포의 소실이 중음역(2~3kHz)까지 진행되면 일상 생활에서 불편을 초래하게 된다.

6 우리나라 국민건강증진종합계획(Health Plan) 2030의 목표는? [기출변형]

① 요람에서 무덤까지 질병 없는 세상
② 온 국민이 함께 만드는 건강세상
③ 질병으로부터 해방과 국민 건강증진
④ 국민의료비의 절감과 평균수명 연장
⑤ 건강수명의 연장과 건강형평성의 제고

ANSWER 6.⑤

6 제5차 국민건강증진종합계획(HP 2030)
㉠ 비전: 모든 사람이 평생 건강을 누리는 사회
㉡ 목표
 • 건강수명 연장('18년 70.4세 → '30년 73.3세)
 • 건강형평성 제고
 −소득수준별 건강수명 격차 감소 ('18년 8.1세→ 30년 7.6세 이하)
 −지역별 건강수명 격차 감소 ('18년 2.7세→ 30년 2.9세 이하)
㉢ 기본원칙
 • 국가와 지역사회의 모든 정책 수립에 건강을 우선적으로 반영
 −건강의 사회적 결정요인(Social Determinants of Health)을 확인하고, 건강증진과 지속가능 발전을 도모하기 위한 다부처 · 다분야 참여 추진
 −모든 정책에서 건강을 우선적으로 고려(Health in All Policies)하는 제도 도입 지향
 • 보편적인 건강수준의 향상과 건강형평성 제고를 함께 추진
 −중점과제별로 특히 취약한 집단 · 계층을 확인하고, 이들에게 편익이 돌아갈 수 있도록 정책목표와 우선순위 설정
 • 모든 생애과정과 생활터에 적용
 −영유아 · 아동 · 청소년 · 성인 · 노인 등 생애주기별 단계와 학교 · 군대 · 직장 등 생활터 내에서 적절한 건강 정책이 투입될 수 있도록 정책 설계
 • 건강친화적인 환경 구축
 −모든 사람이 자신의 건강과 안녕(well-being)을 위한 잠재력을 최대한 발휘할 수 있는 사회적 · 물리적 · 경제적 환경 조성
 • 누구나 참여하여 함께 만들고 누릴 기회 보장
 −전문가 · 공무원뿐만 아니라 일반 국민의 건강정책 의견 수렴 및 주도적 역할 부여
 • 관련된 모든 부문이 연계하고 협력
 −SDGs등 국제 동향과 국내 분야별 · 지역별 건강정책과의 연계성 확보, 향후 분야별 · 지역별 신규 계획 수립 시 지침으로 기능
㉣ 사업분야
 • 건강생활 실천: 금연, 절주, 영양, 신체활동, 구강건강
 • 정신건강 관리: 자살예방, 치매, 중독, 지역사회 정신건강
 • 비감염성질환 예방관리: 심뇌혈관질환(심뇌혈관질환, 선행질환), 암, 비만, 손상
 • 감염 및 기후변화성질환 예방관리: 감염병 예방 및 관리(결핵, 에이즈, 의료 감염 · 항생제 내성, 예방행태개선 등을 포함), 감염병위기대비 대응(검역 · 감시, 예방접종 포함), 기후변화성 질환
 • 인구집단별 건강관리: 영유아, 아동 · 청소년, 여성, 노인, 장애인, 근로자, 군인
 • 건강 친화적 환경 구축: 건강친화적 법제도 개선, 건강정보 이해력 제고, 혁신적 정보기술의 적용, 지역사회 자원 확충 및 거버넌스 구축, 재원마련 및 운용

7 바람직한 보건의료가 갖추어야 할 조건으로 가장 거리가 먼 것은?

① 전문성
② 효과성
③ 효율성
④ 환자중심성
⑤ 형평성

8 한국의 지방보건행정조직을 설명한 것으로 적절한 것은? [기출변형]

① 보건소 기능 및 업무 등에 관하여 필요한 세부사항은 보건복지부령으로 정한다.
② 인구 규모에 따라 둘 이상의 보건소가 설치된 시·군·구도 있다.
③ 보건소는 보건복지부의 직접적인 지휘·감독을 받는다.
④ 특별시에도 보건소의 하부조직으로 보건지소와 보건진료소가 설치되어 있다.
⑤ 보건소는 취약계층에 대한 보건의료 서비스 제공을 주된 기능으로 한다.

ANSWER 7.① 8.②

7   바람직한 보건의료인이 가져야 할 조건으로는 효능성, 효과성, 환자 중심성, 효율성, 형평성과 안전성, 수용성, 시기의 적절성 등이 있다.
   ※ 양질의 보건의료서비스 요건(Myers) … 보건의료서비스는 그 개념과 내용이 상호작용에 의해 생산, 공급되므로 상호조화를 이루고 적정화되어야 한다. 적정 보건의료서비스의 조건으로는 접근용이성, 질적 적절성, 연속성, 경제적 합리성 등이 있다.
   ㉠ **접근 용이성(Accessibility)** : 보건의료서비스는 필요하면 언제든 언제 어디서 이용할 수 있도록 재정적, 지리적, 사회적 측면에서 주민이 필요한 보건의료서비스를 받는 데 장애를 받아서는 안 된다.
   ㉡ **질적 적정성(Quality)** : 보건의료의 의학적 적정성과 보건의료의 사회적 적정성 등이 동시에 달성될 수 있어야 하며, 질적 우수성이 전제가 된다.
   ㉢ **지속성(Continuity)** : 시간적·지리적으로 상관성을 갖고 적절히 연결되어야 하며, 의료기관들이 유기적인 관계를 가지고 협동적으로 오랫동안 지속되어야 한다.
   ㉣ **효율성(Efficiency)** : 보건의료 목적을 달성하는 데 투입되는 자원의 양을 최소화하거나 일정한 자원의 투입으로 최대 목적을 달성할 수 있어야 한다.

8   ① 보건소 기능 및 업무 등에 관하여 필요한 세부 사항은 대통령령으로 정한다〈지역보건법 제11조(보건소의 기능 및 업무) 제3항〉.
   ② 지역주민의 건강을 증진하고 질병을 예방·관리하기 위하여 시·군·구에 1개소의 보건소(보건의료원을 포함한다. 이하 같다)를 설치한다. 다만, 시·군·구의 인구가 30만 명을 초과하는 등 지역주민의 보건의료를 위하여 특별히 필요하다고 인정되는 경우에는 대통령령으로 정하는 기준에 따라 해당 지방자치단체의 조례로 보건소를 추가로 설치할 수 있다〈지역보건법 제10조(보건소의 설치) 제1항〉.
   ③ 동일한 시·군·구에 2개 이상의 보건소가 설치되어 있는 경우 해당 지방자치단체의 조례로 정하는 바에 따라 업무를 총괄하는 보건소를 지정하여 운영할 수 있다〈지역보건법 제10조(보건소의 설치) 제2항〉.
   ④ 보건진료소란 의사가 배치되어 있지 아니하고 계속하여 의사를 배치하기 어려울 것으로 예상되는 의료 취약지역에서 보건진료 전담공무원으로 하여금 의료행위를 하게 하기 위하여 시장·군수가 설치·운영하는 보건의료시설을 말한다〈농어촌 등 보건의료를 위한 특별조치법 제2조(정의) 제4호〉.
   ⑤ 보건소는 해당 지방단치단체의 관할 구역에서 건강 친화적인 지역사회 여건의 조성, 지역보건의료정책의 기획, 조사·연구 및 평가, 보건의료인 및 「보건의료기본법」 제3조 제4호에 따른 보건의료기관 등에 대한 지도·관리·육성과 국민보건 향상을 위한 지도·관리, 보건의료 관련기관·단체/학교/직장 등과의 협력체계 구축, 지역주민의 건강증진 및 질병예방·관리를 위 지역보건의료서비스의 제공의 기능 및 업무를 수행한다〈지역보건법 제11조(보건소의 기능 및 업무) 제1항〉.

9 일차보건의료(primary health care)의 접근 방법이라고 하기 어려운 것은?

① 예방을 중시
② 여러 부문 사이의 협조와 조정 강조
③ 일차진료의사의 역할이 핵심적임
④ 지역 특성에 맞는 사업
⑤ 지역사회 참여를 강조

ANSWER 9.③

9 1차 보건의료(Primary Health Care) … 전국민을 대상으로 하는 전체 보건의료 전달체계의 하부 기초 보건의료단위 및 기능을 수행하는 필수적인 보건의료로서 지역사회의 기본적 보건의료 욕구를 충족시켜야 한다. 일차보건의료는 지역주민이 처음 접촉하는 보건의료사업으로 예방적 기능을 중시한다. 일차보건의료는 일정 지역사회 내에서 보건의료요원과 주민의 적극적인 참여로 이루어지기 때문에 일차진료의사 역할이 핵심이라 보기는 어렵다.

※ 일차보건의료의 원칙
  ㉠ 모든 인간에게 쉽고 평등하게 이용이 가능하여야 한다.
  ㉡ 기본적인 건강요구에 기초하여야 한다.
  ㉢ 적극적인 참여와 지속성이 요구된다.
  ㉣ 지불능력에 맞는 의료수가가 적용되어야 한다.
  ㉤ 보편적인 지역의 건강문제가 중심이 된다.

10 병원체가 생존하고 증식하면서 감수성 있는 숙주에 전파 시킬 수 있는 생태적 지위에 해당하는 사람, 동물, 곤충, 흙, 물 등을 말하는 것은 무엇인가?

① 감염원
② 오염원
③ 병원소
④ 개달물
⑤ 매개물

ANSWER 10.③

10 병원소 … 병원체가 생활, 증식하고 생존하여 질병을 전파할 수 있는 상태로 저장되는 장소를 말한다. 병원소는 인간병원소, 동물병원소, 토양, 곤충 등으로 구분된다.

㉠ 인간 병원소

구분	내용
환자	현성 감염자
무증상 감염자	불현성 감염자
보균자	잠복기, 보균자, 회복기 보균자, 건강 보균자

㉡ 동물 병원소

구분	질병
쥐	페스트, 발진열, 살모넬라증, 와일씨병, 서교증 등
소	결핵, 탄저, 파상열, 살모넬라증
돼지	살모넬라증, 파상열
양	탄저, 파상열, 보툴리즘
새	유행성 일본뇌염, 살모넬라증

㉢ 토양 : 파상풍, 보툴리즘, 구충증 등 아포형성균이 다수

㉣ 곤충

구분	질병
파리	장티푸스, 콜레라, 파라티푸스, 세균성 이질, 폴리오
모기	뇌염, 말라리아, 사상충, 뎅구열, 황열 등
이	발진티푸스, 재귀열
벼룩	발진열, 페스트

11 다음 중 병원관리에서 병상 이용의 효율성을 높이기 위해 숫자를 낮추는 것이 유리한 지표는?

① 병상이용률
② 병상점유율
③ 병상회전율
④ 평균재원일수
⑤ 100병상당 일평균 재원환자 수

ANSWER 11.④

11 평균재원일수 … 환자가 평균 며칠 동안 입원하고 있는 지를 나타낸 값으로 병상 이용의 효율성을 높이기 위해서는 평균재원일수가 낮은 것이 유리하다.

※ 병원관리 주요 지표
  ㉠ 병상이용률
   • 환자가 이용할 수 있도록 가동되는 병상이 실제 환자에 의해 이용된 비율을 가리킨다. 병원의 규모를 가장 잘 나타내는 지표로 병원의 투입요소와 밀접한 상관계수를 지닌다.
   • 병상이용률(%) = $\frac{총 재원일수}{연가동 병상수} \times 100$

  ㉡ 병원이용률
   • 외래, 입원비율에 따라 가중치를 부여한 연외래 환자수와 연입원 환자수를 합한 후 연가동 병상수로 나눈 지표이다. 병원들의 입원환자 대 오래환자 비율이 각기 상이하고 외래환자 진료수익이 총수익에서 차지하는 비중이 크기 때문에 병원 진료서비스의 양이나 투입, 시설의 활용도를 종합적으로 설명하는데 유익한 자료이다.
   • 병원이용률(%) = $\frac{총재원일수 + 연외래 환자수 \times \frac{외래입원환자 1인 1일당 진료비}{입원환자 1인 1일당 진료비}}{연가동 병상수} \times 100$

  ㉢ 병상회전율
   • 일정기간 중 병원에서 실제 입원과 퇴원한 환자수를 평균적으로 가동되는 병상 수로 나눈 지표이다. 병상회전율은 병원의 수익성과 밀접한 관련이 있다.
   • 병상회전율(회) = $\frac{퇴원 실인원수}{연가동 병상수}$

  ㉣ 평균재원일수
   • 입원환자의 총재원일수를 입원실인원으로 나누어 계산한 지표를 말한다. 일정기간 동안 입원한 환자가 진료과목 또는 환자종류별로 평균 며칠간 재원했는가를 설명해준다.
   • 평균재원일수(일) = $\frac{입원 연인원수}{입원 실인원수} = \frac{총 재원일수}{(퇴원실인원수 + 입원 실인원수)/2}$

12 레벨과 클라크(Leavell & Clark)의 질병의 자연사 5단계 중 예비적 조치로 악화방지 장해의 제한을 위한 치료를 실시하는 단계는?

① 비병원성기
② 초기병원성기
③ 불현성 감염기
④ 발현성 질환기
⑤ 회복기

ANSWER 12.④

12 Leavelland Clark … 질병이 발생하여 종결될 때까지의 과정을 총 5단계로 구분하였다. 이에 따르면 예비적 조치로 악화방지 장해의 제한을 위한 치료를 실시하는 단계는 4단계인 발현성 질환기이다.

※ Leavelland Clark의 질병의 자연사 5단계

구분	내용
1단계	• 비병원성기 • 숙주의 저항력, 환경요인이 숙주에게 유리하여 건강을 유지하는 단계
2단계	• 조기병원성기 • 병인의 자극형성 단계 숙주의 면역강화
3단계	• 조기질환기 • 병적 변화의 초기 단계, 조기진단 및 조기치료
4단계	• 발현된 질환기 • 임상질환기, 질병치료로 악화방지 및 장애최소화
5단계	• 회복기 • 질병치료 후 재활단계, 재활서비스, 사회복귀훈련

13 다음의 내용에서 알 수 있는 공기의 성분은?

> - 성상은 무색, 무미, 무취의 맹독성 가스이며, 비중이 0.976으로 공기보다 가볍고, 불완전 연소시에 발생한다.
> - 헤모글로빈과의 결합력은 산소와 헤모글로빈의 결합력보다 200~300배나 강하다.
> - 이것이 헤모글로빈과 결합해 혈액의 산소운반능력을 상실케 하여 조직의 산소부족 질식사를 초래한다.

① SO_2
② NO_2
③ CO_2
④ CO
⑤ H_2

ANSWER 13.④

13 보기의 기체 성분은 일산화탄소(CO)이다.
  ※ 일산화탄소
    ⊙ 무색, 무취, 무미, 무자극의 맹독성 가스이다.
    ⓒ 비중이 공기와 거의 같아 혼합되기 쉽다.
    ⓒ 혈액 중 헤모글로빈과 결합해 HbCO를 형성하여 인체의 조직에 저산소증을 일으킨다. 이때, CO의 Hb에 대한 결합력은 O_2에 비해 약 250~300배가 강하므로 이것이 Hb의 산소운반 장애와 산소해리 장애를 일으켜 O_2 부족을 초래하는 것이다.
    ⓒ CO중독 치료: 오염원으로부터 신속히 옮겨 안정과 보온을 시키고 인공호흡과 고압산소요법을 시행하기도 한다. 이 경우 5% 정도의 CO_2를 함유한 산소를 흡입하는 것이 효과적이다.
    ⑩ HbCO량과 중독 증상

구분	증상	구분	증상
10% 이하	무증상	60~70% 이상	의식상실
20% 이상	임상증상 발생	80% 이상	사망
40~50% 이상	두통·허탈		

14 다음 내용은 무엇에 대한 설명인가?

> - 미국의 톰(E. C. Thom)이 1959년에 고안하여 발표한 체감 기후를 나타내는 지수
> - 값을 구하는 공식은 (건구온도℃+습구온도℃)×0.72+40.6
> - 실제로 이 지수는 복사열과 기류가 포함되어 있지 않아 여름철 실내의 무더위 기준으로 사용

① 지적온도
② 불쾌지수
③ 감각온도
④ 체감온도
⑤ 실내 쾌감대

15 교토의정서(Kyoto protocol)채택에 관한 설명으로 옳지 않은 것은?

① 2008~2012년의 5년간 온실가스 배출량을 1990년 배출량 대비 평균 5.2% 감축해야 한다.
② 1997년 12월 일본 교토에서 기후변화협약 제3차 당사국 총회에서 채택되었다.
③ 감축 대상가스는 이산화탄소(CO_2), 아황산가스(SO_2), 메탄(CH_4), 아산화질소(N_2O), 불화탄소(PFC), 수소화불화탄소(HFC), 불화유황(SF_6) 등이다.
④ 의무이행 당사국의 감축 이행 시 신축성을 허용하기 위하여 배출권거래, 공동이행, 청정개발체제 등의 제도를 도입하였다.
⑤ 지구온난화 규제 및 방지의 국제협약인 기후변화협약의 구체적 이행 방안으로 선진국의 온실가스 감축 목표치를 규정하였다.

ANSWER 14.② 15.③

14 **불쾌지수(discomfort index)** … 생활기상지수의 한 종류로 기온과 습도의 조합으로 사람이 느끼는 온도를 표현한 것으로 온습도지수(THI)라고도 불린다. 불쾌감도 개인에 따라 약간의 차이가 있으며, 여름철 실내의 무더위의 기준으로서만 사용되고 있을 뿐, 복사나 바람 조건은 포함되어 있지 않기 때문에 그 적정한 사용에는 한계가 있다는 점에 유의하여야 한다.

15 **교토의정서** … 지구 온난화의 규제 및 방지를 위한 국제 기후변화협약의 구체적 이행방안이다. 교토의정서를 비준한 국가는 이산화탄소를 포함한 여섯 종류의 온실 가스의 배출량을 감축하며 배출량을 줄이지 않는 국가에 대해서는 경제적인 측면에서 불리하게 작용될 수 있다. 감축대상은 이산화탄소, 메탄, 아산화질소, 과불화탄소, 수소화불화탄소, 육불화황이며 아황산가스는 대상이 아니다.

16 A 집단에서 흡연과 폐암에 관한 코호트 조사를 한 결과 흡연자 200,000명 중 40명의 폐암환자가 발생하였고, 비흡연자 200,000명 중 4명의 폐암환자가 발생하였다면, 이 연구에서 흡연이 폐암에 미치는 상대위험도는?

① 2
② 4
③ 8
④ 10
⑤ 20

17 다음 내용 설명은 역학적 연구 방법 중 어디에 속하는가?

- 연구시작 시점에서 과거의 관찰시점으로 거슬러 가서 관찰시점으로부터 연구시점까지의 기간 동안 조사
- 질병발생 원인과 관련이 있으리라고 의심되는 요소를 갖고 있는 사람들과 갖고 있지 않는 사람들을 구분한 후 기록을 통하여 질병 발생을 찾아내는 방법

① 전향적 코호트연구(prospective cohort study)
② 후향적 코호트연구(retrospective cohort study)
③ 환자 – 대조군 연구(case – control study)
④ 단면조사 연구(cross – sectional study)
⑤ 사례군 연구(case series study)

ANSWER 16.④ 17.②

16 담배가 폐암에 미치는 영향을 알기 위한 상대위험비(RR ; Relative Risk)를 알기 위해서 표를 그려보면 다음과 같다.

구분	폐암	비폐암	합계
흡연	40	199,960	200,000
비흡연	4	199,996	200,000

위 표에 의하면, 흡연자의 폐 발병률은 0.4%이며, 비흡연자의 폐암발병률은 0.04%임을 알 수 있다. 또한 비흡연자에 비하여 흡연자 그룹에서 폐암이 발생한 상대위험비는 10배임을 알 수 있다.

17 코호트란 같은 특성을 가진 집단을 의미하며 코호트연구란 특정 인구집단(코호트)을 일정 기간 추적하여 특정 질병에 대한 발생률과 시간경과에 따라 추적 관찰하여 특정 요인에 폭로유무에 따른 질병 발생률을 비교하는 역학적 연구방법을 말한다. 보기는 후향적 코호트연구로 과거의 관찰시점으로 거슬러 가서 관찰 시점으로부터 연구시점까지의 기간 동안 조사를 한다.

18 동일한 매개체에 의해 전파되는 감염병으로 묶인 것은?

① 말라리아, 일본뇌염, 사상충증
② 신증후군 출혈열, 뎅기열, 콜레라
③ 황열, 쯔쯔가무시증, 발진열
④ 페스트, 신증후군 출혈열, 일본뇌염
⑤ 발진티푸스, 장티푸스, 파라티푸스

19 한 여성이 일생 동안 여아를 몇 명이나 낳는지를 나타내는 출산력 지표는?

① 보통출생률
② 일반출산율
③ 연령별출산율
④ 합계출산율
⑤ 총재생산율

ANSWER 18.① 19.⑤

18 ① 말라리아, 일본뇌염, 사상충증은 모두 모기를 매개체로 한다.
② 신증후군 출혈열은 쥐, 뎅기열은 모기(흰줄숲모기), 콜레라는 오염된 물과 음식물이 매개체이다.
③ 황열은 모기를 매개로 전파되며, 쯔쯔가무시증은 감염된 털진드기의 유충이며 발진열의 경우 쥐벼룩이 매개체이다.
⑤ 발진티푸스는 주로 이(Pediculus humanus corporis)를 매개로 전파되며 이의 대변으로 배설된 균이 구강점막이나 결막 혹은 비말 감염을 통해 전파될 수도 있다. 장티푸스는 장티푸스 환자나 병원체를 보유하고 있는 보균자의 대소변에 오염된 음식물이나 물에 의해 전파가 되고, 파라티푸스는 식수, 식품을 매개로 전파된다.

19 총재생산율(Total Reproduction Rate)은 재생산연령인 15세에서 49세의 여자가 그 연차의 연령별 출생율로 일생동안에 낳는 평균 여아수를 나타낸 값이다.
① 보통출생률이란 총 인구수 대비 1년간 출생자수의 비율을 나타낸다.
② 일반출산율은 총 출생아수를 해당 연도의 가임기 여성인구(15세부터 49세까지)로 나눈 수치를 말한다.
③ 연령별 출산율은 특정한 연도의 가임기 여성 15세부터 49세까지의 모(母)의 연령별 당해 연도의 출생아 수를 당해 연령의 여자인구로 나눈 비율을 말한다.
④ 합계출산율은 여성 1명이 평생 동안 낳을 수 있는 평균 자녀수를 가리킨다.

20 산업재해보상보험 급여의 종류에 대한 설명으로 옳은 것은?

① 요양급여는 업무상 사유로 부상을 당하거나 질병에 걸린 근로자에게 요양으로 취업하지 못한 기간에 대하여 지급
② 장해급여는 근로자가 업무상의 부상 또는 질병으로 진료, 요양을 요하는 경우에 진료비와 요양비를 지급
③ 유족급여는 근로자가 업무상의 사유로 사망했을 경우 유가족에게 연금 또는 일시금 지급
④ 상병보상연금은 근로자가 업무상의 사유로 부상을 당하거나 질병에 걸려 치유된 후 신체 등에 장해가 있는 경우 지급
⑤ 직업재활급여는 요양급여를 받은 자가 치유 이후에도 의학적으로 상시 또는 수시로 간병이 필요한 경우 재활급여비 지급

ANSWER 20.③

20 ① 요양급여는 근로자가 업무상의 사유로 부상을 당하거나 질병에 걸린 경우에 그 근로자에게 지급한다. 요양급여는 제43조 제1항에 따른 산재보험 의료기관에서 요양을 하게 한다. 다만, 부득이한 경우에는 요양을 갈음하여 요양비를 지급할 수 있다〈산업재해보상보험법 제40조(요양급여) 제1항 및 제2항〉.
② 장해급여는 근로자가 업무상의 사유로 부상을 당하거나 질병에 걸려 치유된 후 신체 등에 장해가 있는 경우에 그 근로자에게 지급하는 급여이다〈산업재해보상보험법 제57조(장해급여) 제1항〉.
④ 상병보상연금이란 요양급여를 받는 근로자가 요양을 시작한 지 2년이 지난 날 이후에 그 부상이나 질병이 치유되지 아니한 상태이며 그 부상이나 질병에 따른 중증요양상태의 정도가 대통령령으로 정하는 중증요양상태등급 기준에 해당하고, 요양으로 인하여 취업하지 못하였을 경우에 휴업급여 대신 그 근로자에게 지급하는 것을 말한다〈산업재해보상보험법 제66조(상병보상연금) 제1항〉.
⑤ 직업재활급여는 업무상의 재해가 발생할 당시의 사업에 복귀한 장해급여자에 대하여 사업주가 고용을 유지하거나 직장적응훈련 또는 재활운동을 실시하는 경우에 각각 지급하는 직장복귀지원금, 직장적응훈련비 및 재활운동비 또는 장해급여 또는 진폐보상연금을 받은 자나 장해급여를 받을 것이 명백한 자로서 장해급여자 중 취업을 위하여 직업훈련이 필요한 자에 대하여 실시하는 직업훈련에 드는 비용 및 직업훈련수당을 말한다〈산업재해보상보험법 제72조(직업재활급여)〉.

공중보건 | 2015. 6. 13. 서울특별시 시행

1 보건복지부에서 제5차 국민건강증진종합계획(Health Plan 2030)을 발표하였다. 주요 내용 중 '건강생활 실천' 분야로 옳은 것만 묶인 것은? [기출변형]

① 금연, 건강검진
② 암관리, 운동
③ 신체활동, 절주
④ 비만, 정신보건

2 인구증가율을 가장 정확하게 나타낸 것은?

① $\dfrac{출생수}{사망수} \times 100$

② $\dfrac{연말인구 - 연초인구}{연초인구} \times 1{,}000$

③ $\dfrac{자연증가 - 사회증가}{인구} \times 1{,}000$

④ $\dfrac{자연증가 + 사회증가}{인구} \times 1{,}000$

ANSWER 1.③ 2.④

1 건강생활 실천 확산 분야의 중점과제로는 금연, 절주, 영양, 신체활동, 구강건강이 있다.
2 인구증가율은 자연증가(출생률 - 사망률)에 사회증가(전입율 - 전출율)를 더한 값을 인구로 나누고 1,000을 곱해서 구할 수 있다.

3 건강행위 변화를 위한 보건교육이론 중 '개인차원'의 교육이론이 아닌 것은?

① 건강신념모형(Health Belief Model)
② 프리시드-프로시드 모형(PRECEDE-PROCEED Model)
③ 귀인이론(Attribution Theory)
④ 범이론적 모형(Transtheoretical Model)

4 신맬더스주의를 더욱 발전시켜 인구의 과잉을 식량에게만 국한할 것이 아니라 생활수준에 둠으로써 주어진 여건 속에서 최고의 생활수준을 유지할 때에 실질소득을 최대로 할 수 있다는 적정인구론을 주장한 사람은?

① J.R. Malthus
② Francis Place
③ J. Frank
④ E. Cannan

ANSWER 3.② 4.④

3 프리시드-프로시드 모형은 건강행동과 환경적 요인에 대해 설명한 이론으로 개인차원의 교육이론으로 보기 어렵다.

4 E. Cannan의 적정인구론 … 신맬더스주의를 더욱 발전시켜 인구의 과잉을 식량에게만 국한할 것이 아니라 생활수준에 둠으로써 주어진 여건 속에서 최고의 생활수준을 유지할 때에 실질소득을 최대로 할 수 있다는 적정인구론을 주장하였다.

5 다음 중 만성질환의 특징으로 올바르게 기술한 것을 모두 고르면? [기출변형]

> ㉠ 만성질환은 일반적으로 다양한 위험요인이 복잡하게 작용하여 발생한다.
> ㉡ 제2형 당뇨병은 성인형 당뇨병으로 불리며, 주로 인슐린 저항성이 생겨 발생한다.
> ㉢ 본태성 고혈압 환자보다 속발성 고혈압 환자가 더 많다.
> ㉣ 2023년 기준 우리나라 10대 사망원인 1위는 암이다.

① ㉠, ㉢
② ㉠, ㉡, ㉢
③ ㉠, ㉡, ㉣
④ ㉠, ㉡, ㉢, ㉣

6 다음 내용으로 알 수 있는 것은?

> 어느 학자의 연구에 의하면 강물을 여과없이 공급하는 것보다 여과하여 공급하는 것이 장티푸스와 같은 수인성 감염병 발생률을 감소시킬 뿐만 아니라 일반 사망률도 감소시킨다는 결과를 가져왔다.

① 밀스-라인케(Mills-Reincke) 현상
② 하인리히(Heinrich) 현상
③ 스노우(Snow) 현상
④ 코흐(Koch) 현상

ANSWER 5.③ 6.①

5 ㉢ 속발성 고혈압 환자보다 본태성(원인 불명) 고혈압 환자가 더 많다.
㉣ 2023년 기준 10대 사망원인으로는 악성신생물(암), 심장 질환, 폐렴, 뇌혈관 질환, 고의적 자해(자살), 알츠하이머병, 당뇨병, 고혈압성 질환, 패혈증, 코로나19 순이다.

6 제시된 내용은 밀스-라인케(Mills-Reincke) 현상에 대한 설명이다.

7 흡연과 폐암과의 관련성을 알아보기 위해 폐암군 100명과 정상군 100명을 조사하여 과거 흡연력에 대해 조사하였다. 이 조사를 통해 흡연과 폐암과의 관계를 밝혀냈다면 이때 사용된 역학적 연구방법은 무엇인가?

① 후향성연구 ② 단면연구
③ 전향성연구 ④ 사례연구

8 다음 내용으로 알 수 있는 시간적 현상(time factor)은?

- 외국에서 신종 H7N9형 조류인플루엔자(AI) 감염자가 계속 확산
- 국내 외국 여행객을 통해 국내 반입 가능
- 한국에 조류인플루엔자(AI)가 들어와 돌연 국내에 유행

① 추세변화(secular trend)
② 계절변화(seasonal trend)
③ 범발적 변화(pandemic trend)
④ 불규칙변화(irregular trend)

ANSWER 7.① 8.④

7 후향성연구 … 역학조사분류의 한 방법으로 조사내용이 그 시점보다도 과거의 일인 경우 후향성연구에 해당한다.

8 불규칙변화는 돌연 유행을 의미한다. 외래 감염병이 국내에 침입하여 돌발적으로 유행을 하는 것을 의미한다. 조류인플루엔자, 콜레라 등이 있다.

9 환자-대조군 연구결과인 다음 표를 이용하여 교차비(odds ratio)를 산출할 때, 계산식으로 옳은 것은?

노출여부 \ 질병여부	환자	비환자	합계
노출	A	D	G
비노출	B	E	H
합계	C	F	I

① A/G − B/H
② AH/BG
③ AE/BD
④ AF/CD

10 심한 설사로 탈수 상태와 위 경련 등 전신 증상을 보이고, 동남아시아에서 많이 발병하며, 전파되는 제1급 감염병이자 검역감염병인 질병은?

① 콜레라
② 장티푸스
③ 파라티푸스
④ 장출혈성대장균감염증

ANSWER 9.③ 10.①

9 교차비(odds ratio)는 상호 대응하는 배타적 두 사건 간의 관계에 활용한다.

교차비를 구하는 공식은 $\dfrac{노출\ 환자}{노출\ 비환자} \div \dfrac{비노출\ 환자}{비노출\ 비환자}$ 이다.

10 심한 설사로 탈수 상태와 위경련 등 전신 증상을 보이고, 동남아시아에서 많이 발병하며, 전파되는 제1급 감염병이자 검역감염병인 질병은 콜레라이다.

※ 검역감염병 … 콜레라, 페스트, 황열, 중증 급성호흡기 증후군(SARS), 동물인플루엔자 인체감염증, 신종인플루엔자, 중동 호흡기 증후군(MERS), 에볼라바이러스병 등의 감염병으로서 외국에서 발생하여 국내로 들어올 우려가 있거나 우리나라에서 발생하여 외국으로 번질 우려가 있어 질병관리청장이 긴급 검역조치가 필요하다고 인정하여 고시하는 감염병이다〈검역법 제2조(정의) 제1호〉.

11 후천성면역결핍증 또는 그것과 관련된 요인에 대한 설명으로 옳은 것은?

① 한국에서는 동성 간 성접촉에 의한 감염자가 이성 간 성접촉에 의한 감염자보다 많다.
② 합병증보다는 감염 그 자체가 주 사망원인이다.
③ 차별을 막기 위해 익명 검사(anonymous testing)를 활용할 수 없다.
④ 항HIV제제 병합요법은 HIV의 전파력을 억제시킬 수 있다.

12 유행병 조사의 과정과 주의 사항에 대한 설명으로 옳은 것은?

① 유행병이 발생한 후 유행 여부의 판단과 크기를 측정하여야 한다. 이때 비슷한 질환군이면 동일질환 여부 확인은 중요하지 않다.
② 유행질환을 조사할 때는 먼저 원인 물질이 무엇인지에 대한 분석역학 조사를 시행한 후 차분하게 기술역학 조사를 시행한다.
③ 유행병의 지리적 특성을 파악하는 것은 유행의 원인을 추정하는 데 도움이 되므로 지도에 감염병 환자를 표시하는 점지도(spot map) 작성이 필요하다.
④ 역학조사의 시작은 이미 질병 유행이 모두 일어난 시점에 시작되기 때문에 시간적으로 전향적 조사라는 특성을 가진다.

ANSWER 11.④ 12.③

11 ① 우리나라에서는 동성 간 성접촉보다 이성 간 성접촉에 의한 감염자가 많다.
② 감염 그 자체보다는 합병증이 주 사망원인이다.
③ 차별을 막기 위해 익명 검사를 활용할 수 있다.

12 ① 비슷한 질환군도 동일질환 여부 확인을 해야 한다.
② 기술역학 조사는 추이를 보는 것으로 분석역학 조사와는 다른 분야이다.
④ 역학조사는 일반적으로 후향적 조사라는 특성을 가진다.

13 인체의 고온순환(acclimatization) 현상으로 옳지 않은 것은?

① 땀 분비 감소
② 맥박수의 감소
③ 땀의 염분농도 감소
④ 심박출량 증가

14 다음 온실가스 중 온난화지수가 가장 높은 것은?

① 이산화탄소(CO_2)
② 메탄(CH_4)
③ 아산화질소(N_2O)
④ 육불화황(SF_6)

15 다음 중 한국인 영양섭취기준에 대한 설명으로 옳지 않은 것은?

① 평균필요량은 건강한 사람들의 50%에 해당하는 사람들의 1일 필요량을 충족시키는 값이다.
② 권장섭취량은 대다수 사람의 필요 영양섭취량을 말하는 것으로 평균필요량에 2배의 표준편차를 더해서 계산된 수치이다.
③ 충분섭취량은 권장섭취량에 안전한 양을 더한 값이다.
④ 상한섭취량은 인체 건강에 독성이 나타나지 않는 최대 섭취량이다.

16 보건의료체계의 운영을 위한 것으로 기획, 행정, 규제, 법률 제정으로 분류할 수 있는 것은?

① 관리
② 경제적 지원
③ 의료서비스 제공
④ 자원의 조직화

ANSWER 13.① 14.④ 15.③ 16.①

13 땀 분비 양은 동일하지만 땀의 염분농도가 감소한다.
14 온난화지수(GWP) … 단위 질량당 온난화 효과를 지수화한 것으로 이산화탄소가 1이면 메탄은 21, 아산화질소는 310, 육불화황은 23,900이다.
15 충분섭취량은 필요량에 대한 정확한 값을 알 수 없을 때 역학조사를 통해 건강한 사람들의 먹는 양을 평균적으로 계산한 것이다.
16 보건의료전달체계 중 관리의 세부 내용에 기획, 행정, 규제, 법률 제정이 포함된다.

17 상관계수(r)에 관하여 옳지 않은 것은?

① 상관계수는 변수의 선형관계를 나타내는 지표이다.
② r = -1인 때는 역상관이라 하고, 2개의 변수가 관계없음을 의미한다.
③ 상관계수의 범위는 -1 ≤ r ≤ 1이다.
④ r = 1인 경우는 순상관 또는 완전상관이라 한다.

18 식품위해요소중점관리기준(HACCP)에 대한 설명으로 옳지 않은 것은?

① 식품 생산과 소비의 모든 단계의 위해요소를 규명하고 이를 중점관리하기 위한 예방적 차원의 식품위생 관리방식이다.
② 국내에 HACCP 의무적용대상 식품군은 없다.
③ HACCP시스템이 효율적으로 가동되기 위해서는 GMP와 SSOP가 선행되어야 한다.
④ 1960년대 미항공우주국(NASA)에서 안전한 우주식량을 만들기 위해 고안한 식품위생관리방법이다.

ANSWER 17.② 18.②

17 r=-1인 때는 역상관이라 하고, 2개의 변수가 음의 상관관계에 있음을 의미한다.

18 식품안전관리인증기준 대상 식품〈식품위생법 시행규칙 제62조 제1항〉
　㉠ 수산가공식품류의 어육가공품류 중 어묵·어육소시지
　㉡ 기타수산물가공품 중 냉동 어류·연체류·조미가공품
　㉢ 냉동식품 중 피자류·만두류·면류
　㉣ 과자류, 빵류 또는 떡류 중 과자·캔디류·빵류·떡류
　㉤ 빙과류 중 빙과
　㉥ 음료류[다류(茶類) 및 커피류는 제외한다]
　㉦ 레토르트식품
　㉧ 절임류 또는 조림류의 김치류 중 김치(배추를 주원료로 하여 절임, 양념혼합과정 등을 거쳐 이를 발효시킨 것이거나 발효시키지 아니한 것 또는 이를 가공한 것에 한한다)
　㉨ 코코아가공품 또는 초콜릿류 중 초콜릿류
　㉩ 면류 중 유탕면 또는 곡분, 전분, 전분질원료 등을 주원료로 반죽하여 손이나 기계 따위로 면을 뽑아내거나 자른 국수로서 생면·숙면·건면
　㉮ 특수용도식품
　㉯ 즉석섭취·편의식품류 중 즉석섭취식품
　㉰ 즉석섭취·편의식품류의 즉석조리식품 중 순대
　㉱ 식품제조·가공업의 영업소 중 전년도 총 매출액이 100억 원 이상인 영업소에서 제조·가공하는 식품

19 다음 보기 중 합계출산율의 개념을 바르게 설명한 것은?

① 해당 지역인구 1,000명당 출생률
② 가임 여성인구(15-49세) 1,000명당 출생률
③ 여성 1명이 가임기간(15-49세) 동안 낳은 평균 여아 수
④ 여성 1명이 가임기간(15-49세) 동안 낳은 평균 자녀 수

20 국제 환경협약에 대한 내용 설명으로 옳은 것은?

① 바젤협약은 유해 폐기물의 수출입과 처리를 규제할 목적으로 맺은 협약
② 기후변화 방지협약은 오존층 파괴 물질인 염화불화탄소의 생산과 사용 규제 목적의 협약
③ 몬트리올 의정서는 지구 온난화를 일으키는 온실가스 배출량을 억제하기 위한 협약
④ 람사협약은 폐기물의 해양투기로 인한 해양오염 방지를 위한 국제협약

ANSWER 19.④ 20.①

19 합계출산율은 출산력을 나타내는 국제적인 지표이다.
　① 조출생률
　② 일반 출산율
　③ 총재생산율

20 ② 기후변화 방지협약은 지구 온난화를 일으키는 온실가스 배출량을 억제하기 위한 협약이다.
　③ 몬트리올 의정서는 오존층 파괴 물질인 염화불화탄소의 생산과 사용 규제 목적의 협약이다.
　④ 람사협약은 습지대 보호와 관련된 협약이다.

공중보건 | 2016. 6. 25. 서울특별시 시행

1 보건복지부에서 발표한 제5차 국민건강증진종합계획(Health Plan 2030)의 사업분야 중 '정신건강 관리' 분야의 내용으로 옳지 않은 것은? [기출변형]

① 자살예방
② 조현병
③ 치매
④ 지역사회 정신건강

2 비례사망지수(proportional mortality indicator, PMI)에 대한 설명으로 옳지 않은 것은?

① 보건환경이 양호한 선진국에서는 비례사망지수가 높다.
② 연간 총 사망자 수에 대한 그 해 50세 이상의 사망자 수의 비율이다.
③ 국가간 보건수준을 비교하는 지표로 사용된다.
④ 비례사망지수가 높은 것은 평균수명이 낮은 것을 의미한다.

3 물 속의 유기물질 등이 산화제에 의해 화학적으로 분해될 때 소비되는 산소량으로, 폐수나 유독물질이 포함된 공장폐수의 오염도를 알기 위해 사용하는 것은?

① 용존산소량(DO)
② 생물화학적 산소요구량(BOD)
③ 부유물질량(SS)
④ 화학적 산소요구량(COD)

ANSWER 1.② 2.④ 3.④

1 국민건강증진종합계획(HP) 2030 정신건강 관리 분야에는 자살예방, 치매, 중독, 지역사회 정신건강이 있다.

2 비례사망지수(PMI)는 연간 총 사망자수에 대한 50세 이상의 사망자수를 퍼센트(%)로 표시한 지수로, 비례사망지수가 높은 것은 건강수준이 좋음을 의미한다.

3 화학적 산소요구량은 물속의 유기물질 등이 산화제에 의해 화학적으로 분해될 때 소비되는 산소량으로, 폐수나 유독물질이 포함된 공장폐수의 오염도를 알기 위해 사용한다.

4 Leavell과 Clark 교수의 질병예방 활동에서 40세 이상 여성을 대상으로 유방암 검진을 위한 유방조영술(mammography)을 시행한 것은 몇 차 예방인가?

① 일차예방
② 이차예방
③ 삼차예방
④ 사차예방

5 다음 중 영아사망과 신생아사망 지표에 대한 설명으로 옳은 것은?

① 영아후기사망은 선천적인 문제로, 예방이 불가능하다.
② 영아사망률과 신생아사망률은 저개발국가일수록 차이가 적다.
③ α-index가 1에 가까울수록 영유아 보건 수준이 낮음을 의미한다.
④ 영아사망은 보건관리를 통해 예방 가능하며 영아사망률은 각 국가 보건수준의 대표적 지표이다.

ANSWER 4.② 5.④

4 Leavell과 Clark 교수의 질병예방 활동

질병의 과정	무병기	전병기	증병기	진병기	정병기
	I	II	III	IV	V
예비적 조치	적극적 예방 환경위생 건강증진	소극적 예방 특수예방 예방접종	중증의 예방 조기진단, 치료 집단검진	집단과 치료	무능력의 예방 재활 사회생활 복귀
예방차원	1차적 예방		2차적 예방		3차적 예방

5 ① 영아후기사망은 환경적 문제의 비중이 더 크므로 어느 정도 예방 가능하다.
② 영아사망률과 신생아사망률은 저개발국가일수록 차이가 크다.
③ α-index는 생후 1년 미만의 사망수(영아사망수)를 생후 28일 미만의 사망수(신생아사망수)로 나눈 값이다. 유아사망의 원인이 선천적 원인만이라면 값은 1에 가깝다.

6 인구집단을 대상으로 건강관련 문제를 연구하기 위한 단면 연구(cross-sectional study)에 대한 설명으로 옳은 것은?

① 병원 또는 임상시험 연구기관 등에서 새로운 치료제나 중재 방법의 효과를 검증하는 방법이다.
② 장기간 관찰로 추적이 불가능한 대상자가 많아지면 연구를 실패할 가능성이 있다.
③ 코호트연구(cohort study)에 비하여 시간과 경비가 절감되어 효율적이다.
④ 적합한 대조군의 선정이 어렵다.

7 보건교육 방법 중 참가자가 많을 때 여러 개 분단으로 나누어 토의한 후 다시 전체 회의를 통해 종합하는 방법으로 진행하는 것은?

① 집단토의(group discussion)
② 패널토의(panel discussion)
③ 버즈세션(buzz session)
④ 심포지엄(symposium)

ANSWER 6.③ 7.③

6 횡단적 단면연구(cross-sectional study)
㉠ 개념 : 여러 가지 생활의 단계나 상이한 환경에 있는 사람들에 관한 자료를 모으기 위하여 어느 시점에서 다양한 모집단을 검토하는 방법이다. 이러한 방법은 발전과정과 변화하는 환경의 영향을 관찰하기 위하여 시간이 흐름에 따라 집단을 조사하는 종단적 연구(longitudinal studies)와는 대조된다.
㉡ 장점 : 신속하며 변화하는 자원이나 연구 팀에 의존하지 않고 시간의 경과로부터 초래되는 외생적 변수를 감소시킨다.
㉢ 단점 : 불리한 점은 변동에 대해서는 어떠한 설명도 할 수 없다.

7 버즈세션…전체구성원을 4~6명의 소그룹으로 나누고 각각의 소그룹이 개별적으로 토의를 한 이후에 각 그룹의 결론을 패널형식으로 토론하고 최후의 리더가 전체적인 결론을 내리는 토의법이다. 많은 사람이 시간이 별로 걸리지 않는 회의나 토론을 해야 할 때 주로 사용한다.

8 「학교보건법 시행령」상 보건교사의 직무내용으로 보기 어려운 것은?

① 학교보건계획의 수립
② 학교 환경위생의 유지·관리 및 개선에 관한 사항
③ 학교 및 교직원의 건강진단과 건강평가
④ 각종 질병의 예방처치 및 보건지도

9 강도율에 대한 설명 중 옳지 않은 것은?

① 산업재해의 경중을 알기 위해 사용
② 근로시간 1,000시간당 발생한 근로손실일수
③ 인적 요인보다는 환경적 요인으로 발생되는 재해를 측정
④ 근로손실일수를 계산할 때, 사망 및 영구 전노동불능은 7,500일로 계산

ANSWER 8.③ 9.③

8 보건교사의 직무〈학교보건법 시행령 제23조 제4항 제3호〉
㉠ 학교보건계획의 수립
㉡ 학교 환경위생의 유지·관리 및 개선에 관한 사항
㉢ 학생과 교직원에 대한 건강진단의 준비와 실시에 관한 협조
㉣ 각종 질병의 예방처치 및 보건지도
㉤ 학생과 교직원의 건강관찰과 학교의사의 건강상담, 건강평가 등의 실시에 관한 협조
㉥ 신체가 허약한 학생에 대한 보건지도
㉦ 보건지도를 위한 학생가정 방문
㉧ 교사의 보건교육 협조와 필요시의 보건교육
㉨ 보건실의 시설·설비 및 약품 등의 관리
㉩ 보건교육자료의 수집·관리
㉪ 학생건강기록부의 관리
㉫ 다음의 의료행위(간호사 면허를 가진 사람만 해당한다)
 • 외상 등 흔히 볼 수 있는 환자의 치료
 • 응급을 요하는 자에 대한 응급처치
 • 부상과 질병의 악화를 방지하기 위한 처치
 • 건강진단결과 발견된 질병자의 요양지도 및 관리
 • 위의 의료행위에 따르는 의약품 투여
㉬ 그 밖에 학교의 보건관리

9 강도율 … 재해발생률을 표시하는 방법 중 하나로, 재해규모의 정도를 표시한다. 근로시간 1,000시간당 근로손실일수를 나타낸 것으로, '총근로손실일수÷총근로시간수×1000'의 식으로 산출한다. 소수점 이하 세 자리에서 반올림하여 구하는데, 수치가 낮으면 중상재해가 적고 높으면 중상재해가 많음을 뜻한다.

10 정수방법 중 여과법에 대한 설명으로 옳은 것은?

① 완속여과의 여과속도는 3m/day이고, 급속여과의 여과속도는 120m/day 정도이다.
② 급속여과의 생물막 제거법은 사면교체이고, 완속여과의 생물막 제거법은 역류세척이다.
③ 원수의 탁도·색도가 높을 때는 완속여과가 효과적이다.
④ 완속여과에 비해 급속여과의 경상비가 적게 든다.

11 당뇨환자를 발견하기 위한 집단검진으로 공복 시 혈당검사를 하려고 한다. 검사의 정확도(Validity)를 높이기 위하여 혈당측정 검사도구가 갖추어야 할 조건은?

① 높은 감수성(susceptibility)
② 높은 민감도(sensitivity)
③ 낮은 양성예측도(positive predictive value)
④ 낮은 특이도(specificity)

ANSWER 10.① 11.②

10 ② 급속여과의 생물막 제거법은 역류세척이고, 완속여과의 생물막 제거법은 사면교체이다.
③ 원수의 탁도·색도가 높을 때는 급속여과가 효과적이다.
④ 급속여과는 건설비는 적게 들지만 경상비가 많이 들고, 완속여과는 건설비는 많이 들지만 경상비가 적게 든다.

11 민감도는 병이 있는 사람을 병이 있다고 판정할 수 있는 능력이다. 검사의 정확도를 높이기 위해서는 혈당측정 검사도구가 높은 민감도를 갖추어야 한다.

12 사회보험과 민간보험을 비교한 것이다. ㉠~㉣을 올바른 내용으로 나열한 것은?

구분	민간보험	사회보험
목적	개인적 필요에 따른 보장	기본적 수준 보장
가입방식	㉠	㉡
수급권	㉢	㉣
보험료 부담방식	주로 정액제	주로 정률제

	㉠	㉡	㉢	㉣
①	임의가입	강제가입	법적 수급권	계약적 수급권
②	임의가입	강제가입	계약적 수급권	법적 수급권
③	강제가입	임의가입	계약적 수급권	법적 수급권
④	강제가입	임의가입	법적 수급권	계약적 수급권

13 국민의료비에 관한 설명 중 옳은 것은?

① 보건의료와 관련하여, 소비하고 투자한 총 지출을 의미한다.
② 국제비교를 위하여 직접 조사를 통해 얻어지는 수치이다.
③ 의료비 지출이 증가하면 후생수준도 반드시 높아진다.
④ 국민의료비를 산출할 때, 개인의료비는 제외된다.

ANSWER 12.② 13.①

12 민간보험과 사회보험

구분	민간보험	사회보험
목적	개인적 필요에 따른 보장	기본적 수준 보장
가입방식	㉠ 임의가입	㉡ 강제가입
수급권	㉢ 계약적 수급권	㉣ 법적 수급권
보험료 부담방식	주로 정액제	주로 정률제

13 ② 국제비교에는 경상의료비를 사용한다.
③ 의료비 지출이 증가한다고 후생수준도 반드시 높아지는 것은 아니다.
④ 국민의료비는 개인의료비, 집합보건의료비, 자본형성으로 구성된다.
※ **국민의료비** … 한 나라 국민이 한 해 동안 보건의료를 위해 지출하는 화폐적 지출의 총합으로 의료서비스 및 재화, 공중보건 및 예방프로그램, 그리고 행정에 대한 공공재원 및 민간재원(가구포함) 지출을 포함한다.

14 「지역보건법」상 보건소의 기능 및 업무 중 지역주민의 건강증진과 질병예방·관리를 위한 지역보건의료 서비스 제공에 대한 내용으로 옳지 않은 것은?

① 감염병의 예방 및 관리
② 모성과 영유아의 건강유지·증진
③ 건강보험에 관한 사항
④ 정신건강증진 및 생명존중에 관한 사항

15 다음과 같은 인구구조를 가진 지역사회의 노년부양비는?

연령별 인구수	
• 0~14세 : 300명	• 15~44세 : 600명
• 45~64세 : 400명	• 65~74세 : 90명
• 75세 이상 : 30명	

① 20.0%
② 13.3%
③ 12.0%
④ 9.23%

ANSWER 14.③ 15.③

14 보건소의 기능 및 업무〈지역보건법 제11조 제1항〉
㉠ 건강 친화적인 지역사회 여건의 조성
㉡ 지역보건의료정책의 기획, 조사·연구 및 평가
㉢ 보건의료인 및 「보건의료기본법」에 따른 보건의료기관 등에 대한 지도·관리·육성과 국민보건 향상을 위한 지도·관리
㉣ 보건의료 관련기관·단체, 학교, 직장 등과의 협력체계 구축
㉤ 지역주민의 건강증진 및 질병예방·관리를 위한 다음 각 목의 지역보건의료서비스의 제공
  • 국민건강증진·구강건강·영양관리사업 및 보건교육
  • 감염병의 예방 및 관리
  • 모성과 영유아의 건강유지·증진
  • 여성·노인·장애인 등 보건의료 취약계층의 건강유지·증진
  • 정신건강증진 및 생명존중에 관한 사항
  • 지역주민에 대한 진료, 건강검진 및 만성질환 등의 질병관리에 관한 사항
  • 가정 및 사회복지시설 등을 방문하여 행하는 보건의료 및 건강관리사업
  • 난임의 예방 및 관리

15 노년부양비는 생산가능인구 100명이 부담해야 하는 65세 이상 인구의 수를 의미한다.
노년부양비=(고령인구/생산가능인구)×100으로 구한다.
따라서 $\frac{(90+30)}{(600+400)} \times 100 = \frac{120}{1000} \times 100 = 12\%$ 이다.

16 근로자에 대한 건강진단 결과의 건강관리구분 판정기준에 대한 설명으로 옳지 않은 것은?

① A : 정상자
② R : 질환의심자
③ D1 : 직업병 유소견자
④ C2 : 직업병 요관찰자

17 「학교보건법 시행규칙」상 교실 내 환경요건에 적합하지 않은 것은?

① 조도 – 책상면 기준으로 200Lux
② 1인당 환기량 – 시간당 25m³
③ 습도 – 비교습도 50%
④ 온도 – 난방온도 섭씨 20도

18 다음 중 식중독을 일으키는 식품과 원인물질이 맞게 짝지어진 것은?

① 고사리 – 아미그달린
② 청매 – 솔라닌
③ 목화 – 프타퀼로시드
④ 독미나리 – 시쿠톡신

ANSWER 16.④ 17.① 18.④

16 C2는 일반질병 요관찰자이다.

17 교실의 조명도는 책상면을 기준으로 300Lux 이상이 되도록 해야 한다<학교보건법 시행규칙 별표2>.
② 환기용 창 등을 수시로 개방하거나 기계식 환기설비를 수시로 가동하여 1인당 환기량이 시간당 21.6세제곱미터 이상이 되도록 할 것
③ 비교습도는 30퍼센트 이상 80퍼센트 이하로 할 것
④ 실내온도는 섭씨 18도 이상 28도 이하로 하되, 난방온도는 섭씨 18도 이상 20도 이하, 냉방온도는 섭씨 26도 이상 28도 이하로 할 것

18 ① 아미그달린은 살구씨와 복숭아씨 속에 들어 있는 성분이다.
② 솔라닌은 감자에 함유된 독성물질이다.
③ 프타퀼로사이드는 고사리에 들어 있는 성분이다.

19 다음 중 감마 글로불린(γ-globulin) 또는 항독소(antitoxin) 등의 인공제제를 주입하여 생긴 면역은?

① 인공피동면역(artificial passive immunity)
② 인공능동면역(artificial active immunity)
③ 자연피동면역(natural passive immunity)
④ 자연능동면역(natural active immunity)

20 보건소의 지리적 접근도가 낮아 주민들의 보건소 이용률이 감소하였다. 중앙정부의 재정적 지원으로 보건지소를 설치하여 취약지역 주민에 대한 보건서비스를 강화하였다면 이는 SWOT분석에서 무슨 전략인가?

① SO전략(strength-opportunity strategy)
② WO전략(weakness-opportunity strategy)
③ ST전략(strength-threat strategy)
④ WT전략(weakness-threat strategy)

ANSWER 19.① 20.②

19 면역의 종류
  ㉠ 선천적 면역 : 선천적으로 체내에 그 병에 대한 저항성을 가지고 있는 상태이다.
  ㉡ 인공능동면역 : 예방접종을 통해 항체를 형성하는 것(백신, 톡소이드)이다.
  ㉢ 인공수동(피동)면역 : 이물질에 노출 없이 감마글로불린 주사로 항체를 공급받는 것이다.
  ㉣ 자연능동면역 : 질병을 앓고 난 후 면역을 획득하는 것이다.
  ㉤ 자연수동(피동)면역 : 태아가 태반을 통해 모체로부터 항체를 획득하는 것

20 지리적 약점을 보완하여 보건서비스를 강화하였으므로 WO전략에 해당한다.
  ※ SWOT 분석 … 내부 환경과 외부 환경을 분석하여 강점(strength), 약점(weakness), 기회(opportunity), 위협(threat) 요인을 규정하고 이를 토대로 경영 전략을 수립하는 기법
  ㉠ SO전략(강점-기회 전략) : 강점을 살려 기회를 포착하는 것이다.
  ㉡ ST전략(강점-위협 전략) : 강점을 살려 위협을 회피하는 것이다.
  ㉢ WO전략(약점-기회 전략) : 약점을 보완하여 기회를 포착하는 것이다.
  ㉣ WT전략(약점-위협 전략) : 약점을 보완하여 위협을 회피하는 것이다.

공중보건 | 2017. 3. 18. 제1회 서울특별시 시행

1 우리나라의 공중보건 및 의료제도를 규정하는 다양한 법 가운데 가장 최근에 제정된 법은?

① 보건소법
② 공공보건의료에 관한 법률
③ 농어촌 등 보건의료를 위한 특별조치법
④ 국민건강증진법

2 다음 코호트 연구(Cohort study)에서 상대위험도(relative risk)는?

(단위 : 명)

고혈압	질병		계
	뇌졸중 걸림	뇌졸중 안 걸림	
고혈압 상태 계속	80	4,920	5,000
정상혈압	20	4,980	5,000
계	100	9,900	10,000

① 0.25
② 0.99
③ 4
④ 1

ANSWER 1.② 2.③

1 보건소법(1956년) → 농어촌 등 보건의료를 위한 특별조치법(1980년) → 국민건강증진법(1995년) → 공공보건의료에 관한 법률(2000년)

2 상대위험도 $= \dfrac{\text{질병요인 있는 집단에서의 질병 발생률}}{\text{질병요인 없는 집단에서의 질병 발생률}} = \dfrac{\frac{80}{5,000}}{\frac{20}{5,000}} = 4$

3 질병 발생이 어떤 요인과 연관되어 있는지 그 인과관계를 추론하는 것은 매우 중요하다. 다음 〈보기〉에서 의미하는 인과관계는?

――――――――――――― 〈보기〉 ―――――――――――――
서로 다른 지역에서 다른 연구자가 동일한 가설에 대하여 서로 다른 방법으로 연구하였음에도 같은 결론에 이르렀다.
―――――――――――――――――――――――――――――――

① 연관성의 강도
② 생물학적 설명 가능성
③ 실험적 입증
④ 연관성의 일관성

ANSWER 3.④

3 연관성의 강도와 일관성
 ㉠ 강도: 연관성의 강도는 연관성의 크기로, 두 변수 간에 연관성이 크다는 것은 인과관계를 주장하는데 충분한 조건이 될 수는 없지만 그 정도가 커지면 인과관계의 가능성이 높아진다.
 ㉡ 일관성: 연관성의 일관성은 서로 다른 상황에서 이루어진 여러 연구에서 두 변수 간 연관관계에서 일관성이 있다면 그 관계가 인과적인 관계일 가능성이 높아진다.
 ※ 연관성이 인과적인지를 판단하는 기준
  ㉠ 시간적 선후관계
  ㉡ 연관성의 강도
  ㉢ 용량-반응 관계
  ㉣ 결과의 반복성
  ㉤ 생물학적 개연성
  ㉥ 다른 가능한 해석에 대한 고려
  ㉦ 실험적 입증
  ㉧ 기존 지식과의 일치
  ㉨ 연관성의 특이성
  ㉩ 연관성의 일관성

4 산업재해의 정도를 분석하는 여러 지표 중 '연근로시간 100만 시간당 몇 건의 재해가 발생하였는가'를 나타내는 지표는?

① 강도율 ② 도수율
③ 평균손실일수 ④ 건수율

5 다음 〈보기〉에서 설명하는 수인성 감염질환으로 가장 옳은 것은?

― 〈보기〉 ―
- 적은 수의 세균으로 감염이 가능하여 음식 내 증식 과정 없이 집단 발병이 가능하다.
- 최근 HACCP(위해요소 중점 관리기준) 도입 등 급식위생 개선으로 감소하고 있다.

① 콜레라 ② 장티푸스
③ 세균성이질 ④ 장출혈성대장균감염증

ANSWER 4.② 5.③

4
② 도수율 = $\dfrac{\text{재해건수}}{\text{총근로시간수}} \times 1,000,000$

① 강도율 = $\dfrac{\text{총근로손실일수}}{\text{총근로시간수}} \times 1,000$

③ 평균손실일수 = $\dfrac{\text{손실작업일수}}{\text{재해건수}}$

④ 건수율 = $\dfrac{\text{재해건수}}{\text{평균작업자수}} \times 1,000$

5 세균성이질 … 시겔라(Shigella) 균에 의한 장관계 급성감염성 질환으로 제2급감염병이다. 환자 또는 보균자가 배출한 대변을 통해 구강으로 감염되며, 매우 적은 양(10~100개)의 세균으로도 감염을 일으킨다.

6 식품의 변질 방지를 위하여 사용하는 저장법 중 가열법과 가장 거리가 먼 것은?

① 저온 살균법
② 고온 단시간 살균법
③ 초 고온법
④ 훈연법

7 다음은 감염병의 중증도에 따른 분류이다. 이때, 수식 '[(B+C+D+E)/(A+B+C+D+E)]×100'에 의해 산출되는 지표는?

				총 감수성자(N)
	감염(A+B+C+D+E)			
불현성감염(A)	현성감염(B+C+D+E)			
	경미한 증상(B)	중증도 증상(C)	심각한 증상(D)	사망(E)

① 감염력(infectivity)
② 이차발병률(secondary attack rate)
③ 병원력(pathogenicity)
④ 치명률(case fatality rate)

ANSWER 6.④ 7.③

6 ④ 훈연법: 식품에 훈연을 하여 특유의 풍미와 보존성을 주는 가공법이다.
　① 저온 살균법: 60℃의 가열온도에서 30분간 열처리하는 재래적인 저온 장시간 살균법이다.
　② 고온 단시간 살균법(순간 고온 살균법): 72~75℃에서 15~20초 가열처리하여 병원성균을 사멸시키는 방법이다.
　③ 초 고온 살균법: 130~135℃에서 수 초 동안 가열하여 미생물을 사멸시키는 방법이다.

7 병원력(pathogenicity) … 숙주에게 감염되어 알아볼 수 있는 질병을 일으키는 능력으로 병원체의 증식속도, 증식하면서 나타난 숙주세포의 영향, 독소생성의 정도 등이다. 전체 감염자 중 현성감염자의 비율로 구한다.

8 다음 중 생명표(life table)에 대한 설명으로 가장 옳지 않은 것은?

① 생명표란 미래 사회변화를 예측하여 태어날 출생 집단의 규모를 예측하고, 몇 세까지 생존하는지를 정리한 표이다.
② 생명표는 보험료율, 인명피해 보상비 산정과 장래 인구 추계에도 활용된다.
③ 생명표는 보건·의료정책 수립 및 국가 간 경제, 사회, 보건 수준에 대한 비교자료로도 활용될 수 있다.
④ 생명표는 추계인구, 주민등록연앙인구, 사망신고자료 등을 토대로 산정하게 된다.

9 만성질환은 발생률 감소, 유병률 감소, 장애 감소 등 모든 단계에 걸치는 포괄적인 예방이 중요하다. 다음 영양과 관련된 만성질환의 예방 사례 중 '이차예방'에 해당하는 것은?

① 심혈관질환 가족력이 있는 사람들의 콜레스테롤 선별검사
② 신장병 환자의 합병증 예방을 위한 영양 의학적 치료
③ 지역 성인교육센터의 영양 강좌
④ 직장 점심식사에서 저지방식 제공

ANSWER 8.① 9.①

8 생명표(life table)는 현재와 같은 사망 수준이 계속된다는 가정에서 특정 연령대의 사람이 몇 년을 더 살 수 있는지 보여주는 것이다.

9 ② 3차 예방 ③④ 1차 예방

※ 예방활동
㉠ 1차 예방: 숙주의 감수성을 변화시키거나 감수성이 있는 사람들이 위험인자에 폭로되는 기회를 경감시킴으로써 질병의 발생을 미연에 방지하는 것을 목적으로 한다. 건강증진과 특이적 예방이 있다.
㉡ 2차 예방: 환자의 조기발견과 조기치료를 그 내용으로 한다. 많은 만성질환에 있어서 이환을 완전하게 저지하기 어렵기 때문에 2차 예방에 중점을 두게 된다.
㉢ 3차 예방: 발증한 질환의 악화를 방지하고 기능장해가 남지 않도록 임상적 대책을 마련하는 능력저하 방지와 사회복귀를 하기 위한 재활의 단계가 있다.

10 오존층의 파괴로 가장 많이 증가하는 것으로 알려져 있는 질병은?

① 알레르기천식　　　　　　　　② 폐암
③ 백혈병　　　　　　　　　　　④ 피부암

11 다음 〈보기〉에서 설명하는 먹는 물 수질 검사항목으로 가장 옳은 것은?

〈보기〉
값이 높을 경우 유기성 물질이 오염된 후 시간이 얼마 경과하지 않은 것을 의미하며, 분변의 오염을 의심할 수 있는 지표이다.

① 수소이온　　　　　　　　　　② 염소이온
③ 질산성 질소　　　　　　　　　④ 암모니아성 질소

12 다음 중 보통 광물질의 용융이나 산화 등의 화학반응에서 증발한 가스가 대기 중에서 응축하여 생기는 0.001~1㎛의 고체입자는?

① 분진(dust)　　　　　　　　　② 훈연(fume)
③ 매연(smoke)　　　　　　　　④ 액적(mist)

ANSWER 10.④　11.④　12.②

10 오존층이 파괴되면서 자외선이 그대로 지표에 도달하여 사람들에게 피부암, 백내장, 면역 결핍증 등을 유발시킨다.

11 암모니아성 질소는 주로 동물의 배설물이 원인이며, 그 자체는 위생상 무해이지만 병원성 미생물을 많이 수반할 염려가 있기 때문에 음료수의 수질 기준(0.5mg/L를 넘지 않아야 함)에 포함되고 있다.

12 대기오염물질
　㉠ 입자상물질 : 입자크기가 1㎛에서 100㎛ 정도의 먼지(dust), 0.03㎛에서 0.3㎛의 납산화물입자인 훈연(fume)과 0.5㎛에서 3㎛의 액체입자인 미스트(mist), 크기가 0.01㎛의 매연(smoke)과 1㎛의 검댕(soot) 등이 있다.
　㉡ 가스상물질 : 가스상물질은 연소, 분해, 화학반응 등에서 발생되는 일산화탄소(CO), 아황산가스(SO_2), 질소산화물(NO_x), 암모니아(NH_3), 염화수소(HCl), 염소(Cl_2), 포름알데하이드(HCHO), 플루오르(F_2), 다이옥신(dioxin), 휘발성 유기화합물질(VOCs) 등이 있다.

13 다음 감염병 중 모기를 매개체로 한 감염병으로 옳지 않은 것은?

① 뎅기열　　　　　　　　　　　② 황열
③ 웨스트나일열　　　　　　　　④ 발진열

14 우리나라는 아직도 연간 결핵감염률이 높은 후진국형 모습에서 벗어나지 못하고 있다. 폐결핵의 특성에 대한 설명으로 가장 옳지 않은 것은?

① 결핵균은 환자가 기침할 때 호흡기 비말과 함께 나오며, 비말의 수분 성분이 마르면 공기매개전파의 가능성은 거의 없다.
② 환자관리를 위해서 객담도말양성은 결핵전파의 중요한 지표이지만, 민감도가 50% 미만으로 낮은 단점이 있다.
③ 대부분의 2차 전파는 치료 전에 이루어지며, 일단 약물 치료를 시작하면 급격히 감염력이 떨어진다.
④ 결핵균에 감염이 되면 약 10%는 발병하고 90%는 잠재감염으로 남게 되며, 폐결핵이 발병해도 초기에는 비특이적 증상으로 조기발견이 어렵다.

15 서울특별시는 '대사증후군 오락(5樂) 프로젝트'를 통해 건강생활 실천과 질병을 예방하고자 하는 사업을 추진 중이다. 다음 중 대사증후군의 진단기준으로 옳지 않은 것은?

① 허리둘레　　　　　　　　　　② 지방간
③ 고혈당　　　　　　　　　　　④ 중성지방

ANSWER 13.④　14.①　15.②

13 발진열…동양쥐벼룩을 통해 전염되며 리케치아균이 섞인 벼룩의 분변이 벼룩이 물어서 생긴 병변을 오염시켜 감염되는 리케치아 감염병의 일종이다.

14 결핵…결핵균을 보유한 환자가 기침을 할 때 공기 중으로 균이 포함된 비말핵(기침이나 재채기를 할 때 나온 작은 분비물에서 수분이 증발한 상태)을 배출하고, 주위 사람들이 이 공기로 숨을 쉴 때 그 비말핵이 폐로 들어가면서 결핵균이 감염된다.

15 대사증후군…허리둘레, 혈압, 공복혈당, 중성지방, 고밀도지단백콜레스테롤(HDL)의 수치가 진단기준이 된다. 서울특별시 대사증후군 오락프로젝트에서는 허리둘레, 혈압, 공복혈당, 중성지방, 고밀도지단백콜레스테롤(HDL)의 5가지 수치를 토대로 건강체크를 한다.

16 다음 전리방사선 중 인체의 투과력이 가장 약한 것은?

① 알파선　　　　　　　　　　② 베타선
③ 감마선　　　　　　　　　　④ 엑스선

17 다음 〈보기〉에서 설명하고 있는 기관은?

〈보기〉
- 도시 취약지역 주민의 보건의료서비스 필요를 충족시키기 위함
- 「지역보건법 시행령」 제11조에 따라 지방자치단체의 조례로 읍·면·동마다 1개씩 설치 가능(보건소가 설치된 읍·면·동은 제외)
- 진료수행은 불가하며, 질병예방 및 건강증진을 위해 지역에 특화된 통합건강증진사업으로 추진
- 기획단계부터 건강문제를 해결하는 주체로서 지역주민의 참여를 통해 운영

① 보건지소
② 보건진료소
③ 보건의료원
④ 건강생활지원센터

ANSWER 16.①　17.④

16 알파선은 주로 자연에 존재하는 방사선 물질로부터 방출되는데, 투과력이 아주 약해 간단히 차단할 수 있다.

17 지방자치단체는 보건소의 업무 중에서 특별히 지역주민의 만성질환 예방 및 건강한 생활습관 형성을 지원하는 건강생활지원센터를 대통령령으로 정하는 기준에 따라 해당 지방자치단체의 조례로 설치할 수 있다〈지역보건법 제14조(건강생활지원센터의 설치)〉.
　　※ 법 제14조에 따른 건강생활지원센터는 읍·면·동(보건소가 설치된 읍·면·동은 제외한다)마다 1개씩 설치할 수 있다〈지역보건법 시행령 제11조(건강생활지원센터의 설치)〉.

18 다음 중 신생아가 모유 수유를 통해서 얻을 수 있는 면역의 형태로 옳은 것은?

① 자연능동면역
② 인공능동면역
③ 자연수동면역
④ 인공수동면역

19 지역보건사업의 기획 단계에 있어 '문제의 크기', '문제의 심각도', '사업의 해결 가능성', '주민의 관심'과 같은 점을 고려하는 단계는?

① 지역사회 현황분석
② 우선순위의 결정
③ 목적과 목표 설정
④ 사업의 평가

20 보건지표(health indicator)에 대한 설명으로 옳지 않은 것은?

① 일반 출산율은 가임여성인구 1,000명당 출산율을 의미한다.
② 주산기 사망률은 생후 4개월까지의 신생아 사망률을 의미한다.
③ 영아 사망률은 한 국가의 보건 수준을 나타내는 가장 대표적인 지표이다.
④ α-index는 1에 가까워질수록 해당 국가의 보건 수준이 높다고 할 수 있다.

ANSWER 18.③ 19.② 20.②

18 면역 구분

구분			내용
선천적 면역			종속 면역, 인종 면역, 개인 특이성
후천적 면역	능동면역	자연동	질병 감염 후 얻은 면역(병후면역 : 홍역, 천연두 등)
		인공능동	예방접종으로 얻어지는 면역(결핵, B형 간염 등)
	수동면역	자연수동	모체로부터 태반이나 유즙을 통해 얻은 면역
		인공수동	동물 면역 혈청 및 성인 혈청 등 인공제제를 접종하여 얻은 면역

19 Bryant의 우선순위 결정기준 … '문제의 크기, 문제의 심각도, 사업의 기술적 해결 가능성, 주민의 관심도'이다.

20 주산기 사망률은 임신 제28주 이후의 후기 사산수와 생후 1주 미만의 조기신생아 사망을 각각 출생천대의 비율로 표시한 것의 합이다.

공중보건 | 2017. 6. 24. 제2회 서울특별시 시행

1 지방보건 행정조직 중에서 보건소의 기능과 역할에 대한 설명으로 가장 옳은 것은?

① 보건의료기관 등에 대한 지도와 관리
② 지역보건의료에 대한 재정적 지원
③ 보건의료인력 양성 및 확보
④ 지역보건의료 업무 추진을 위한 기술적 지원

2 영양상태의 평가방법 중 간접적 방법에 해당하는 것은?

① 임상적 검사
② 식품섭취조사
③ 신체계측조사
④ 생화학적 검사

ANSWER 1.① 2.②

1 보건소의 기능 및 업무〈지역보건법 제11조 제1항〉
 ㉠ 건강 친화적인 지역사회 여건의 조성
 ㉡ 지역보건의료정책의 기획, 조사·연구 및 평가
 ㉢ 보건의료인 및 「보건의료기본법」에 따른 보건의료기관 등에 대한 지도·관리·육성과 국민보건 향상을 위한 지도·관리
 ㉣ 보건의료 관련기관·단체, 학교, 직장 등과의 협력체계 구축
 ㉤ 지역주민의 건강증진 및 질병예방·관리를 위한 다음 각 목의 지역보건의료서비스의 제공
  • 국민건강증진·구강건강·영양관리사업 및 보건교육
  • 감염병의 예방 및 관리
  • 모성과 영유아의 건강유지·증진
  • 여성·노인·장애인 등 보건의료 취약계층의 건강유지·증진
  • 정신건강증진 및 생명존중에 관한 사항
  • 지역주민에 대한 진료, 건강검진 및 만성질환 등의 질병관리에 관한 사항
  • 가정 및 사회복지시설 등을 방문하여 행하는 보건의료 및 건강관리사업
  • 난임의 예방 및 관리

2 ①③④ 직접적 방법

3 특수건강진단을 받아야 하는 근로자는?

① 1달에 7~8일간 야간작업에 종사할 예정인 간호사
② 장시간 컴퓨터작업을 하는 기획실 과장
③ 하루에 6시간 이상 감정노동에 종사하는 텔레마케터
④ 당뇨 진단으로 인해 작업전환이 필요한 제지공장 사무직 근로자

4 다음의 정신장애에 대한 설명에 해당하는 것은?

- 현실에 대한 왜곡된 지각
- 망상, 환각, 비조직적 언어와 행동
- 20~40세 인구에서 호발하며, 만성적으로 진행
- 부모 중 한명이 이환된 경우 자녀의 9~10%에서 발병

① 조울병(manic depressive psychosis)
② 신경증(neurosis)
③ 인격장애(personality disorder)
④ 정신분열증(schizophrenia)

ANSWER 3.① 4.④

3 특수건강진단 등 <산업안전보건법 제130조 제1항>
  ㉠ 고용노동부령으로 정하는 유해인자에 노출되는 업무에 종사하는 근로자
  ㉡ 건강진단 실시 결과 직업병 소견이 있는 근로자로 판정받아 직업 전환을 하거나 직업 장소를 변경하여 해당 판정의 원인이 된 특수건강진단대상업무에 종사하지 아니하는 사람으로서 해당 유해인자에 대한 건강진단이 필요하다는 「의료법」 제2조에 따른 의사의 소견이 있는 근로자
  ※ 고용노동부령으로 정하는 유해인자 … 「산업안전보건법 시행규칙」 별표22에 따른 화학적 인자, 분진, 물리적 인자, 야간작업

4 ④ 정신분열증 : 망상, 환청, 와해된 언어, 정서적 둔감 등의 증상과 더불어 사회적 기능에 장애를 일으킬 수도 있는 정신질환으로 조현병이라고도 한다.
  ① 조울병 : 기분 장애의 대표적인 질환 중 하나로 기분이 들뜨는 조증이 나타나기도 하고, 기분이 가라앉는 우울증이 나타나기도 한다는 의미에서 '양극성 장애'라고도 한다.
  ② 신경증 : 내적인 심리적 갈등이 있거나 외부에서 오는 스트레스를 다루는 과정에서 무리가 생겨 심리적 긴장이나 증상이 일어나는 인격 변화를 말한다.
  ③ 인격장애 : 인격이란 일상생활 가운데 드러나는 개인의 정서적이고 행동적인 특징의 집합체인데, 인격의 양상이 고정되어 환경에 적응하지 못하고 사회적이나 직업적 기능에서 심각한 장애를 가져오거나 본인 스스로 괴롭게 느낀다면 인격장애로 판단하게 된다.

5 다음 중 온열조건의 종합작용에 대한 설명으로 옳지 않은 것은?

① 감각온도는 기온, 기습, 기류 등 3인자가 종합하여 인체에 주는 온감을 말하며, 체감온도, 유효온도, 실효온도라고도 한다.
② 불쾌지수는 기후상태로 인간이 느끼는 불쾌감을 표시한 것인데, 이 지수는 기온과 습도의 조합으로 구성되어 있어 온습도지수라고 한다.
③ 카타(Kata) 온도계는 일반 풍속계로는 측정이 곤란한 불감기류와 같은 미풍을 카타 냉각력을 이용하여 측정하도록 고안된 것이다.
④ 습구흑구온도지수(WBGT)는 고온의 영향을 받는 실내 환경을 평가하는 데 사용하도록 고안된 것으로 감각온도 대신 사용한다.

6 다음 중 현재 런던형 스모그와 로스앤젤레스형 스모그의 기온역전의 종류를 바르게 연결한 것은?

① 런던형 – 방사성(복사성) 역전, 로스앤젤레스형 – 전성성 역전
② 런던형 – 방사성(복사성) 역전, 로스앤젤레스형 – 침강성 역전
③ 런던형 – 침강성 역전, 로스앤젤레스형 – 방사성(복사성) 역전
④ 런던형 – 침강성 역전, 로스앤젤레스형 – 이류성 역전

ANSWER 5.④ 6.②

5 습구흑구온도지수(WBGT : Wet Bulb Globe Thermometer Index) … 1950년대 중반 미군에 의해 열대지방의 고온장애를 예방하기 위하여 태양복사열이 있는 옥외환경 측정에 적합하도록 특수목적용으로 고안되었다. 현재 우리나라 군에서 하계 교육훈련 시 흑구온도계로부터 산출한 온도지수를 고려하여 훈련시간을 조정하는 자료로 사용되고 있다.

6 스모그
㉠ 런던형 스모그 : 공장이나 가정의 난방 시설에서 나오는 오염 물질로 만들어지는 검은색 스모그로 겨울철에 나타난다. → 방사성 역전, 이른 아침에 발생, 아황산 가스
㉡ 로스앤젤레스형 스모그 : 동차 배기가스에서 나오는 이산화질소와 탄화수소가 자외선과 반응해 유독한 화합물인 오존을 만드는데, 이 오존이 로스앤젤레스형 스모그를 일으킨다. → 침강성 역전, 낮에 발생, 광화학 반응

7 다음의 보건통계 자료마련을 위한 추출방법에 해당하는 것은?

> 모집단이 가진 특성을 파악하여 성별, 연령, 지역, 사회적, 경제적 특성을 고려하여 계층을 나눠서 각 부분집단에서 표본을 무작위로 추출하는 방법

① 층화표본추출법
② 계통적 표본추출법
③ 단순무작위 추출법
④ 집락표본추출법

8 다음은 공중보건학의 발전과정 중 어디에 해당하는가?

> - 라마지니(Ramazzini)의 직업병에 대한 저서가 출간되어 산업보건의 기초를 마련
> - 제너(Jenner)의 우두접종법 개발

① 확립기　　② 여명기
③ 중세기　　④ 발전기

ANSWER 7.① 8.②

7　① **층화표본추출법**: 모집단을 동질적인 속성을 가지는 층으로 구분하여 무작위로 추출하는 방법이다.
　② **계통적 표본추출법**: 출구조사에서 주로 사용되는 방법이다. 일련번호를 부여하여 추출한 표본을 기준으로 무작위로 표본을 추출하는 방법이다.
　③ **단순무작위 추출법**: 모집단의 모든 개체를 무작위로 직접 추출하는 것이다.
　④ **집락표본추출법**: '집락' 내에서 무작위로 추출된 구성원의 무작위로 표본을 추출하는 방법이다.

8　제너의「우두접종법 개발(1798)」과 라마지니의「직업인의 질병(1700)」발간은 공중보건의 사상이 싹튼 시기인 여명기의 일이다. 1848년에 세계 최초의 공중보건법이 제정되었다.
　※ 공중보건학의 발전과정
　　　㉠ 고대기(기원전~서기 500년)
　　　㉡ 중세기(500~1500년)
　　　㉢ 여명기(1500~1850년)
　　　㉣ 확립기(1850~1900년)
　　　㉤ 발전기(1900년 이후)

9 다음 중 기생충의 분류와 이에 해당하는 기생충들의 연결이 바르지 않은 것은?

① 흡충류 – 요코가와 흡충, 만손주혈충
② 선충류 – 고래회충, 트리코모나스
③ 조충류 – 광절열두조충, 왜소조충
④ 원충류 – 말라리아 원충, 리슈마니아

10 건강증진에 대한 정의로 옳은 것은?

① 협의의 건강증진은 적당한 운동, 영양, 휴식과 스트레스 관리를 통한 저항력을 길러주는 것이다.
② 오타와(Ottawa) 헌장의 건강증진은 건강교육, 건강보호, 질병예방 등을 통한 좋은 습관을 유지하는 것이다.
③ 광의의 건강증진은 비병원성기에 1차적 예방수단을 강구하는 것이다.
④ 다우니(Downie) 등에 의하면 건강증진은 사람들이 자기건강에 대한 관리를 증가시켜 건강을 개선할 수 있도록 하는 과정이다.

ANSWER 9.② 10.①

9 트리코모나스는 편모충류에 해당한다.

10 ② 오타와 헌장은 건강증진을 사람들이 건강에 대한 스스로의 관리능력을 높이고 자신의 건강을 향상시킬 수 있도록 하는 과정이라고 정의하고 있다.
③ 일차적 예방에 국한된 건강증진의 개념은 협의의 건강증진이다. 광의의 건강증진은 예방학적, 환경보호적, 행동과학 및 보건교육적 수단을 강구하는 것이다.
④ 다우니 등은 건강증진 모형을 통하여 예방사업, 예방적 보건교육, 예방적 건강 보호, 예방적 건강 보호를 위한 보건교육, 적극적 보건교육, 적극적 건강 보호, 적극적 건강 보호를 목적으로 하는 보건교육의 건강증진의 일곱 가지 영역을 제시했다.

11 리벨과 크락(Leavell & Clark. 1965)이 제시한 질병의 자연사 5단계 중에서 '병원체에 대한 숙주의 반응이 시작되는 조기 병적 변화기'에 해당하는 단계에서 건강행동으로 가장 적절한 것은?

① 예방접종
② 환경위생 개선
③ 치료 및 재활
④ 조기진단

ANSWER 11.④

11 질병의 자연사 … 질병이라는 현상을 하나의 시간적 흐름속에서 파악하려는 개념으로 리벨과 크락은 예방대책과의 연관으로 이 개념을 사용하고 임상의학과 공중위생의 공통의 틀을 만들어 냈다.
  ㉠ 1단계 : 병인, 숙주 및 환경이 상호작용함으로써 저항력이나 환경요인이 숙주에게 유리하게 작용하여 병인의 자극을 극복할 수 있는 상태로서 건강이 유지되는 기간이다.
  ㉡ 2단계 : 병인의 자극이 시작되기 시작되는 질병 전기이다. 질병저항력이 요구되는 시기이다.
  ㉢ 3단계 : 숙주의 반응이 시작되는 초기의 병적 변화기(잠복기, 자각증상 없는 초기단계)이다.
  ㉣ 4단계 : 임상적 증상이 나타나는 시기로 적절한 치료가 필요한 시기이다.
  ㉤ 5단계 : 재활의 단계로서 회복기에 있는 환자이다.
  ※ 단계별 예방

구분	1단계	2단계	3단계	4단계	5단계
질병의 발생	병인/숙주/환경의 균형	병인 자극 형성	자극에 숙주 반응	질병	회복, 장애, 사망
예비 조치	건강 증진	특수 예방	조기발견, 조기치료	치료	재활
예방 수준	적극적	소극적	중증화 예방	진단, 치료	악화 예방
예방	1차 예방		2차 예방		3차 예방

12 다음은 어떤 식중독에 대한 설명인가?

> • 통조림, 소시지 등이 혐기성 상태에서 A, B, C, D, E형이 분비하는 신경독소
> • 잠복기 12~36시간이나 2~4시간 이내 신경증상이 나타날 수 있음
> • 증상으로 약시, 복시, 연하곤란, 변비, 설사, 호흡곤란
> • 감염원은 토양, 동물의 변, 연안의 어패류 등

① 살모넬라 식중독
② 포도알균(포도상구균) 식중독
③ 보툴리누스 식중독
④ 독버섯 중독

13 다음 중 건강보험제도의 특성에 대한 설명으로 옳지 않은 것은?

① 일정한 법적 요건이 충족되면 본인 의사에 관계없이 강제 적용된다.
② 소득수준 등 보험료 부담능력에 따라 차등적으로 부담한다.
③ 부과수준에 따라 관계법령에 의해 차등적으로 보험급여를 받는다.
④ 피보험자에게는 보험료 납부의무가 주어지며, 보험자에게는 보험료 징수의 강제성이 부여된다.

ANSWER 12.③ 13.③

12 제시된 내용은 보툴리누스 식중독에 대한 설명이다. 보툴리누스 식중독은 독소형 식중독의 하나로 Clostridium botulinum균이 증식하면서 생산한 단백질계의 독소물질을 섭취하여 일어나는 식중독이다.
① 살모넬라 식중독: 쥐티프스균(Salmonella typhimurium), 장염균(S. enteritidis) 등의 살모넬라 속에 의한 감염형 식중독으로 급성위장염의 증상을 보인다.
② 포도알균 식중독: Staphylococcus aureus가 식품 속에서 증식하여 산생하는 enterotoxin을 사람이 섭취함으로써 발생하는 전형적인 독소형 식중독으로 발증까지의 잠복시간은 2~6시간으로 짧고 복통, 구역질, 구토, 설사 등을 주증상으로 한다.
④ 독버섯 중독: 독버섯을 먹었을 때 일으키는 중독 증상으로 보통 독버섯을 먹은 뒤 30분~3시간 사이에 발생한다.

13 건강보험제도는 납부하는 보험료 다소와 관계없이 동일하게 급여를 받는다.

14 산업장에서 발생할 수 있는 중독과 관련된 질환에 대한 설명으로 가장 옳은 것은?

① 수은 중독은 연빈혈, 연선, 파킨슨증후군과 비슷하게 사지에 이상이 생겨 보행장애를 일으킨다.
② 납 중독은 빈혈, 염기성 과립적혈구수의 증가, 소변 중의 코프로폴피린(corproporphyrin)이 검출된다.
③ 크롬 중독은 흡입 시 위장관계통 증상, 복통, 설사 등을 일으키고, 만성 중독 시 폐기종, 콩팥장애, 단백뇨 등을 일으킨다.
④ 카드뮴 중독은 호흡기 장애, 비염, 비중격의 천공, 적혈구와 백혈구 수의 감소(조혈장애) 등을 가져온다.

15 법정감염병에 관한 사항으로 가장 옳은 것은? [기출변형]

① 군의관은 소속 의무부대장에게 보고하며, 소속 의무부대 장은 국방부에 신고한다.
② 의사, 한의사는 소속 의료기관의 장에게 보고하며, 의료기관의 장은 관할 보건소장에게 신고한다.
③ 지체 없이 신고해야 하는 감염병은 제1급부터 제3급까지의 감염병이다.
④ 4급 감염병 종류에는 임질, 수족구병, 큐열 등이 있으며, 7일 이내에 신고해야 한다.

ANSWER 14.② 15.②

14 ① 수은 중독: 발열, 오한, 오심, 구토, 호흡 곤란, 두통, 폐부종, 청색증, 양측성 폐침윤(급성) / 구강염증, 진전(떨림), 정신적 변화(만성)
③ 크롬 중독: 궤양, 비중격천공, 호흡기 장애, 신장 장애
④ 카드뮴 중독: 뼈가 연화하여 변형·골절, 단백뇨 등의 신장 장애

15 ① 육군, 해군, 공군 또는 국방부 직할 부대에 소속된 군의관은 소속 부대장에게 보고하여야 하고, 보고를 받은 소속 부대장은 관할 보건소장에게 신고하여야 한다〈감염병의 예방 및 관리에 관한 법률 제11조(의사 등의 신고) 제4항〉.
③ 제1급감염병의 경우에는 즉시, 제2급감염병 및 제3급감염병의 경우에는 24시간 이내에, 제4급감염병의 경우에는 7일 이내에 질병관리청장 또는 관할 보건소장에게 신고하여야 한다〈감염병의 예방 및 관리에 관한 법률 제11조(의사 등의 신고) 제3항〉.
④ 큐열은 제3급감염병으로, 24시간 이내에 질병관리청장 또는 관할 보건소장에게 신고하여야 한다〈감염병의 예방 및 관리에 관한 법률 제11조(의사 등의 신고) 제3항〉.

16 보건교육계획의 수립과정 중 제일 먼저 이루어져야 할 것은?

① 보건교육 평가 계획의 수립
② 보건교육 평가 유형의 결정
③ 보건교육 실시 방법들의 결정
④ 보건교육 요구 및 실상의 파악

17 절지동물에 의한 전파 중 생물학적 전파양식과 이에 해당하는 질병들의 연결이 바르지 않은 것은?

① 증식형 - 발진티푸스, 쯔쯔가무시병
② 발육형 - 로아사상충증, 말레이사상충증
③ 발육증식형 - 수면병, 말라리아
④ 경란형 - 록키산 홍반열, 재귀열

18 다음 중 질병통계에 대한 설명으로 옳은 것은?

① 발병률은 위험 폭로기간이 수개월 또는 1년 정도로 길어지면 유병률과 같게 된다.
② 유병률의 분자에는 조사 시점 또는 조사 기간 이전에 발생한 환자수는 포함되지 않는다.
③ 발생률의 분모에는 조사 기간 이전에 발생한 환자수는 포함되지 않는다.
④ 2차 발병률은 환자와 접촉한 감수성자 수 중 발병한 환자수로 나타내며, 질병의 위중도를 의미한다.

ANSWER 16.④ 17.① 18.③

16 보건교육의 실시는 보건교육 요구 및 실상을 파악하고 보건교육을 실시한 후 보건교육을 평가하는 과정으로 진행된다.

17 증식형에는 페스트(벼룩), 황열(모기), 재귀열(이) 등이 있다. 발진티푸스(이)는 배설형, 쯔쯔가무시병(진드기)은 경란형이다.

18 ① 유병률(P) = 발생률(I) × 기간(D)으로 기간이 대단히 짧아져야 P = I가 된다.
② 유병률은 어느 특정 시점에 어떤 질환을 앓고 있는 환자의 비율로 과거에 그 병을 앓다가 회복된 사람이나 죽은 사람은 포함되지 않는다.
④ 2차 발병률은 어떤 감염병의 원발감염환자와 밀접하게 접촉한 사람 중에서 몇 사람이 그 병에 걸리는가를 보여주는 비율로, 질병의 전염성을 의미한다.

19 다음 중 물의 염소소독 시에 발생하는 불연속점의 원인은?

① 유기물
② 클로라민(chloramine)
③ 암모니아
④ 조류(aglae)

20 다음 중 분석역학에 대한 설명으로 가장 옳은 것은?

① 단면조사 연구는 단시간 내에 결과를 얻을 수 있어서, 질병발생과 질병 원인과의 선후관계를 규명할 수 있다.
② 코호트 연구는 오랜 기간 계속 관찰해야 하는 관계로 연구결과의 정확도를 높일 수 있다.
③ 전향성 코호트 연구와 후향성 코호트 연구는 모두 비교 위험도와 귀속위험도를 직접 측정할 수 있다.
④ 환자-대조군 연구는 비교적 비용이 적게 들고, 희귀한 질병을 조사하는 데 적절하다.

ANSWER 19.③ 20.④

19 상수처리에서 암모니아를 포함한 물에 염소를 이용하여 소독하게 되면 클로라민의 양은 염소 주입량에 비례하여 증가하다가 일정량 이상으로 염소를 주입하면 클로라민의 양이 급격히 줄어들어 최소농도가 된다. 이 점을 불연속점이라 부른다.

20 ① 단면조사는 특정한 시점이나 기간 내에 질병을 조사하고 질병과 인구집단의 관련성을 연구하는 방법으로, 시간적 속발성의 파악이 난해하고 질병과 요인과의 선후관계 규명이 어렵다.
② 코호트 연구는 처음 조건이 주어진 집단(코호트)에 대하여 이후의 경과와 결과를 알기 위해 미래에 대해서 조사하는 방법이다.
③ 전향성 코호트 연구는 비교위험도와 귀속위험도를 직접 측정할 수 있다. 후향성 코호트 연구는 전후관계에 대한 정보수집이 불가능하다.

공중보건 | 2018. 6. 23. 제2회 서울특별시 시행

1 감염병 관리방법 중 전파과정의 차단에 대한 설명으로 가장 옳은 것은?

① 홍보를 통해 손씻기와 마스크 착용을 강조하였다.
② 조류 인플루엔자 감염 오리를 모두 살처분하였다.
③ 노인인구에서 신종인플루엔자 예방접종을 무료로 실시하였다.
④ 결핵환자 조기발견을 위한 감시체계를 강화하였다.

ANSWER 1.①

1 감염병의 예방관리 방법
  ⊙ **병원체와 병원소 관리**: 감염병 관리의 가장 확실한 방법은 병원체나 병원소를 제거하는 것이다.
  ⓒ **전파과정 관리**: 전파과정의 차단에는 검역과 격리, 매개곤충관리, 환경위생과 식품위생, 개인위생 등이 포함된다.
  ⓒ **숙주 관리**: 숙주의 면역력을 증강시키는 방법으로 예방접종과 톡소이드 혹은 면역글로불린 접종 등의 방법이 있다. 이미 감염된 환자나 보균자는 조기발견 및 조기치료를 시행함으로써 합병증을 막고 필요한 격리를 시행하여 다른 사람에게 전파되는 것을 막을 수 있다.
  ※ **감염병의 생성과 전파** … 병원체가 숙주에 기생하면서 면역반응이나 질병을 일으키는 것이 감염병의 본질이기 때문에 감염병이 생성되기 위해서는 병원체로부터 숙주의 저항에 이르기까지 다음과 같은 단계를 거친다.

병원체	병원소	병원체 탈출	전파	침입	숙주의 저항

• 바이러스
• 세균
• 진균
• 원충생물
• 기생충 등
	• 인간
	  (환자, 보균자)
	• 동물
	• 흙
	• 물 등
		• 호흡기
		• 소화기
		• 비뇨생식기
		• 피부(상처)
		• 태반 등
			• 직접전파
			• 간접전파
				• 호흡기
				• 소화기
				• 비뇨생식기
				• 피부(상처)
				• 태반 등
					• 면역
					  (선천, 후천)
					• 영양
					• 건강 등

2 금연을 위한 방법과 건강믿음모형의 구성요인을 짝지은 것으로 가장 옳은 것은?

① 딸 아이의 금연 독촉 – 장애요인
② 흡연은 폐암의 원인이라는 점을 강조 – 심각성
③ 흡연자 동료 – 계기
④ 간접흡연도 건강에 해롭다는 점을 강조 – 이익

3 국민의료비 상승 억제를 위한 수요측 관리방안으로 가장 옳은 것은?

① 고가 의료장비의 과도한 도입을 억제한다.
② 의료보험하에서 나타나는 도덕적 해이를 줄인다.
③ 의료서비스 생산비용 증가를 예방할 수 있는 진료비 보상 방식을 도입한다.
④ 진료비 보상방식을 사전보상방식으로 개편한다.

ANSWER 2.② 3.②

2 ① 행동의 계기
③ 장애 요인
④ 지각된 감수성
※ 건강신념모형

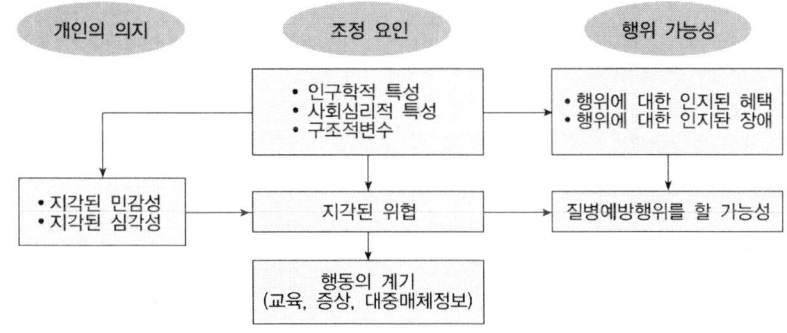

3 ①③④ 공급측 관리방안에 해당한다.

4 진료비 지불제도에 대한 설명으로 가장 옳은 것은?

① 행위별수가제는 행정적 비용이 상대적으로 적게 든다.
② 총액예산제는 사후보상제도의 대표적인 예이다.
③ 진료단위가 포괄화될수록 보험자의 재정적 위험이 줄어드는 경향이 있다.
④ 인두제에서는 위험환자를 회피하려는 유인이 적다.

5 〈보기〉는 공중보건학의 발달사이다. 시대 순으로 옳게 나열한 것은?

〈보기〉

㉠ 히포크라테스(Hippocrates) 학파의 체액설
㉡ 최초로 검역소 설치
㉢ 최초로 공중보건법 제정
㉣ 우두종두법을 제너가 발견
㉤ 최초로 사회보장제도 실시

① ㉠ - ㉡ - ㉢ - ㉣ - ㉤
② ㉠ - ㉡ - ㉢ - ㉤ - ㉣
③ ㉠ - ㉡ - ㉣ - ㉢ - ㉤
④ ㉠ - ㉡ - ㉣ - ㉤ - ㉢

ANSWER 4.③　5.③

4　① 행위별수가제는 행정적 비용이 상대적으로 많이 든다.
　　② 총액예산제는 사전보상제도의 대표적인 예이다.
　　④ 인두제에서는 위험환자를 회피하려는 유인이 크다.

5　㉠ 고대기
　　㉡ 중세기 1383년 마르세유에서 검역법 통과, 최초의 검역소 설치
　　㉣ 여명기 1798년
　　㉢ 여명기 1848년 영국 채드윅
　　㉤ 1883년 독일 비스마르크의 사회입법

6 보건의료서비스의 특성 중 〈보기〉에 해당하는 것은?

〈보기〉

올해 전원 독감예방접종을 맞은 우리 반은 작년에 비해 독감에 걸린 학생이 현저히 줄었다.

---

① 치료의 불확실성
② 외부효과성
③ 수요의 불확실성
④ 정보와 지식의 비대칭성

7 우리나라 대사증후군의 진단 기준 항목으로 가장 옳은 것은?

① 허리둘레 : 남자 ≥ 90cm, 여자 ≥ 85cm
② 중성지방 : ≥ 100mg/dl
③ 혈압 : 수축기/이완기 ≥ 120/80mmHg
④ 혈당 : 공복혈당 ≥ 90mg/dl

ANSWER 6.② 7.①

6 외부효과(external effect) … 한 개인이나 기업이 취한 행동이 다른 사람 또는 다른 기업에게 좋던 나쁘던 부차적인 효과를 갖게 될 경우를 의미한다. 외부효과가 존재하는 경우 방역체계 운영, 국가 예방접종사업 등 정부의 개입이 타당성을 인정받게 된다.
   ※ 보건의료의 사회경제적 특성
      ㉠ 수요의 불확실성
      ㉡ 정보의 불균형
      ㉢ 외부효과(긍정적, 부정적)
      ㉣ 공급의 독점성
      ㉤ 가치재
      ㉥ 정부개입의 비효율성 문제

7 대사증후군 진단 기준
   ㉠ 허리둘레 : 남성 90cm 이상, 여성 85cm 이상
   ㉡ 혈압 : 수축기/이완기 130/85mmHg 이상 또는 고혈압 치료약물 투여중
   ㉢ 혈당 : 공복혈당 100mg/dl 이상 또는 당뇨병 치료약물 투여중
   ㉣ 중성지방(TG) : 150mg/dl 이상 또는 이상지질혈증 치료약물 투여중
   ㉤ HDL 콜레스테롤 : 남성 40mg/dl, 미만, 여성 < 50mg/dl 미만 이거나 이상지질혈증 치료약물 투여중

8 모유수유를 한 영아가 모유수유를 하지 않은 영아에 비해 감염균에 대한 면역력이 높았다. 이에 해당하는 면역(immunity)의 종류는?

① 자연능동면역　　　　　　　　　　② 자연수동면역
③ 인공능동면역　　　　　　　　　　④ 인공수동면역

9 흡연자 1,000명과 비흡연자 2,000명을 대상으로 폐암 발생에 관한 전향적 대조 조사를 실시한 결과, 흡연자의 폐암 환자 발생이 20명이고, 비흡연자는 4명이었다면 흡연자의 폐암 발생 비교위험도(relative risk)는?

① 1　　　　　　　　　　　　　　　② 5
③ 9　　　　　　　　　　　　　　　④ 10

ANSWER 8.② 9.④

8 태반 또는 모유에 의한 면역은 자연수동면역에 해당한다.
※ 후천면역의 종류
　㉠ 능동 면역
　　• 자연능동면역: 과거에 현성 또는 불현성 감염에 의해서 획득한 면역이다.
　　• 인공능동면역: 접종에 의하여 획득한 면역이다.
　㉡ 수동면역
　　• 자연수동면역: 태반 또는 모유에 의한 면역이다.
　　• 인공수동면역: 회복기 환자에게 혈청주사 후 얻은 면역이다.
※ 면역의 종류
　㉠ 선천면역(비특이적 면역): 신체가 선천적으로 외부 침입인자에서 우리 몸을 보호하기 위한 방어 체계이다. 피부, 점막 상피세포 등이 활성화되어 반응한다. 선천면역세포로는 호중구, 대식세포, NK세포 등이 있다.
　㉡ 후천면역(특이적 면역): 질병에 걸린 경험, 예방접종 등을 통해 얻는 면역으로 한정적인 특정 병원체에 적용된다. 항체 매개 면역, 세포 매개 면역이 있다.

9 비교위험도 $= \dfrac{\text{노출군의 발생률}}{\text{비노출군의 발생률}} = \dfrac{\frac{20}{1,000}}{\frac{4}{2,000}} = \dfrac{0.02}{0.002} = 10$

10 생태학적 보건사업 접근방법 중 행동을 제약하거나 조장하는 규칙, 규제, 시책, 비공식적인 구조를 활용하는 수준은?

① 개인수준
② 개인 간 수준
③ 조직수준
④ 지역사회 수준

11 질병과 매개체의 연결이 가장 옳은 것은?

① 발진티푸스 - 벼룩
② 신증후군출혈열 - 소, 양, 산양, 말
③ 쯔쯔가무시병 - 파리
④ 지카바이러스 감염증 - 모기

ANSWER 10.③ 11.④

10 행동을 제약하거나 조장하는 규칙, 규제, 시책, 비공식적인 구조를 활용하는 수준은 조직수준에 해당한다.
※ 생태학적 보건사업

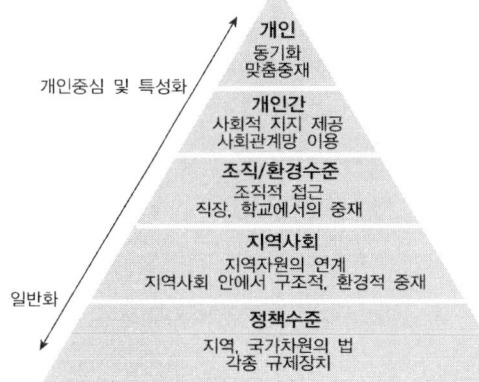

11 ① 발진티푸스 - 리케치아
② 신증후군출혈열 - 들쥐
③ 쯔쯔가무시병 - 진드기 유충

12 〈보기〉에서 설명하는 대표적인 식중독 원인 바이러스는?

─────────── 〈보기〉 ───────────
• 우리나라 질병관리본부(現 질병관리청)에서 1999년부터 검사를 시작하였다.
• 저온에 강하여 겨울철에도 발생한다.

① 장출혈성 대장균
② 살모넬라
③ 비브리오
④ 노로바이러스

13 일정한 인구집단을 대상으로 특정한 시점이나 기간 내에 그 질병과 그 인구집단이 가지고 있는 속성과의 관계를 찾아내는 연구조사 방법은?

① 단면 조사연구
② 전향성 조사연구
③ 환자-대조군 조사연구
④ 코호트 연구

ANSWER 12.④ 13.①

12 노로바이러스는 계절적으로 겨울철에 많이 발생하는데, 이는 기존 식중독 바이러스들과는 달리 기온이 낮을수록 더 활발하게 움직이기 때문이다. 주로 굴, 조개, 생선 같은 수산물을 익히지 않고 먹을 경우에 주로 발생한다.

13 ① 단면 조사연구 : 일정한 인구집단을 대상으로 특정한 시점이나 기간 내에 그 질병과 그 인구집단이 가지고 있는 속성과의 관계를 찾아내는 연구조사 방법이다.
② 전향성 조사연구 : 연구하고자 하는 요인을 미리 설정한 후 일정기간 동안 변화를 추적 하는 연구 방법이다. 요인이 일으키는 변화를 관찰한다.
③ 환자-대조군 조사연구 : 연구하고자 하는 질병이 있는 집단(환자군)과 없는 집단(대조군)을 선정하여 질병의 발생과 관련되어 있으리라 생각하는 잠정적 위험요인에 대한 두 집단의 과거 노출률을 비교하는 연구조사 방법이다.
④ 코호트 연구 : 질병의 원인과 관련되어 있다고 생각되는 어떤 요소를 가진 집단과 갖지 않은 집단을 계속 관찰하여 두 집단의 질병발생률, 사망률을 등을 비교하는 연구 방법이다.

14 염소소독의 장점으로 가장 옳지 않은 것은?

① 소독력이 강하다.
② 잔류효과가 약하다.
③ 조작이 간편하다.
④ 경제적이다.

15 2022년 영아사망자수가 10명이고 신생아 사망자수가 5명일 때 당해연도 α-index 값은?

① 0.2
② 0.5
③ 1
④ 2

16 당뇨병(Diabetes mellitus)의 분류별 병인에 대한 설명으로 가장 옳지 않은 것은?

① 1차성 당뇨병 : 원인이 분명하지 않고 체질적, 가계적 유전과 깊은 관계가 있다.
② 2차성 당뇨병 : 중년기에 주로 발생하며 활동인구의 인력 손실을 가져오는 병으로 다량의 음주습관이 원인이다.
③ 소아형 당뇨병 : 인슐린 양의 감소로 생기며, 갑작스러운 다뇨·다식·다갈증의 증상과 함께 비만아에게 많다.
④ 성인형 당뇨병 : 인슐린 본래의 기능장애에서 비롯되며, 중년기 이후(45세가 가장 절정기)에 많이 발생한다.

ANSWER 14.② 15.④ 16.②

14 염소는 잔류성이 높다. 즉, 잔류효과가 강하다.

15 α-index는 생후 1년 미만의 사망자수(영아사망자수)를 생후 28일 미만의 사망자수(신생아 사망자수)로 나눈 값이다. 따라서 2022년 영아사망자수가 10명이고 신생아 사망자수가 5명일 때 당해연도 α-index 값은 $\frac{10}{5} = 2$이다.

16 2차성 당뇨병 … 다른 어떤 원인에 의해 이차적으로 발생하는 당뇨병이다. 원인질환으로는 췌장질환, 간질환, 내분비질환 등이 있다. 중년기에 주로 발생하며 생활습관이 원인으로 발생하는 것은 제2형 당뇨병으로. 인슐린 저항성(혈당을 낮추는 인슐린 기능이 떨어져 세포가 포도당을 효과적으로 연소하지 못하는 것)이 특징이다.

17 일산화탄소(CO)에 대한 설명으로 가장 옳은 것은?

① CO가스는 물체의 연소 초기와 말기에 많이 발생한다.
② CO가스는 무색, 무미, 무취, 자극성 가스이다.
③ Hb과 결합력이 산소에 비해 250~300배 낮다.
④ 신경증상, 마비, 식욕감퇴 등의 후유증은 나타나지 않는다.

18 우리나라에서 가장 많이 발생하는 포도상구균식중독에 대한 설명으로 가장 옳은 것은?

① 신경계 주 증상을 일으키며 사망률이 높다.
② 다른 식중독에 비해 발열증상이 거의 없는 것이 특징이다.
③ 원인물질은 장독소로 120℃에 20분간 처리하면 파괴된다.
④ 원인식품은 밀봉된 식품, 즉 통조림, 소시지 등이다.

ANSWER 17.① 18.②

17 ② CO가스는 무색, 무미, 무취, 무자극성 가스이다.
　　 ③ 헤모글로빈과 결합력이 산소에 비해 250~300배 높다.
　　 ④ 일산화탄소 중독은 신경증상, 마비, 식욕감퇴(구역) 등의 후유증을 나타낸다.

18 ① 포도상구균식중독에 감염된 경우 복통, 설사, 구토 등의 증상을 보이며, 경미한 감염 및 식중독의 경우 일반적으로 2~3일 정도에 회복된다.
　　 ③ 원인물질인 장독소는 열에 강한 성질이 있어 120℃에 20분간 처리하여도 파괴되지 않고, 일단 섭취하게 되면 위 속과 같은 산성 환경에 강하고 단백분해효소에도 안정적이어서 위장관에서 잘 파괴되지 않는다.
　　 ④ 주로 우유, 고기, 계란과 샐러드와 같은 음식의 섭취로부터 야기된다.

19 어린이의 폐결핵 집단검진 순서로 가장 옳은 것은?

① X-ray 간접촬영 → X-ray 직접촬영 → 객담검사
② X-ray 간접촬영 → 객담검사 → X-ray 직접촬영
③ 투베르쿨린 검사 → X-ray 간접촬영 → X-ray 직접촬영
④ 투베르쿨린 검사 → X-ray 직접촬영 → 객담검사

20 우리나라 공공보건행정조직에 대한 설명으로 가장 옳은 것은?

① 보건진료소에는 보건의료서비스 접근성을 높이기 위하여 의사가 배치되어 있다.
② 지역 내 관할 의료인과 의료기관에 관한 지도업무는 보건소의 소관업무가 아니다.
③ 보건의료원은 보건복지부와 보건소를 연결하는 중간 조직이다.
④ 중앙보건 행정조직은 보건소 업무에 직접적인 행정적 연계가 없다.

ANSWER 19.④ 20.④

19 투베르쿨린 검사에서 BCG 양성 반응을 보인 어린이를 대상으로 X-ray 직접촬영을 진행하며, 이후 객담검사 순으로 이루어진다.

20 ① 보건진료소는 의사가 배치되어 있지 않거나 배치되기 어려운 의료취약지역에 보건진료전담 공무원이 배치되어 일차보건의료 업무를 수행하는 보건의료시설이다.
② 지역 내 관할 의료인과 의료기관에 관한 지도업무는 보건소의 소관업무이다.
③ 보건의료원은 보건소 중에서 「의료법」에 따른 병원의 요건을 갖춘 보건소를 말한다.

공중보건 | 2019. 6. 15. 제2회 서울특별시 시행

1 만성질환의 역학적 특성으로 가장 옳지 않은 것은?

① 악화와 호전을 반복하며 결과적으로 나쁜 방향으로 진행한다.
② 원인이 대체로 명확하지 않고, 다요인 질병이다.
③ 완치가 어려우며 단계적으로 기능이 저하된다.
④ 위험요인에 노출되면, 빠른 시일 내에 발병한다.

ANSWER 1.④

1 ④ 위험요인에 노출되었을 때 빠른 시일 내에 발병하는 것은 감염성 질환의 특성이다. 만성질환은 비감염성 질환이다.
① 만성질환은 호전과 악화를 반복하며 결과적으로 점점 악화되는 방향으로 진행된다. 악화가 거듭될 때마다 병리적 변화는 커지고 생리적 상태로의 복귀는 적어진다.
② 대부분의 만성질환은 감염성 병원체가 알려진 결핵, 백혈병 등 몇몇 질환군을 제외하면 그 원인이 명확하게 밝혀진 것은 드물다.
③ 일단 발병하면 최소 3개월 이상 오랜 기간의 경과를 취하며 완치가 어렵다. 만성질환은 퇴행성의 특성을 보이는데 대부분의 만성질환이 연령이 증가함에 따라 신체의 신체적 기능 저하와 맞물려 증가하기 때문이다.

※ 만성질환과 생활습관병
  ㉠ 만성질환: 만성질환은 오랜 기간을 통해 발병해 계속 재발하는 질환이다. 만성질환 발생의 원인으로는 유전, 흡연, 운동, 나쁜 식습관, 지속적인 스트레스와 같은 생활 속의 변인과 환경 오염 같은 환경적인 원인, 신체의 생리적 기전의 변화 등이 서로 복합적으로 얽혀 있다.
  ㉡ 생활습관병: 만성질환과 유사한 개념으로 질병의 발생과 진행에 식습관, 운동습관, 흡연, 음주 등의 생활습관이 미치는 영향을 받는 질환군을 말한다. 감염성 질환 이외의 거의 모든 질환이 이에 해당한다고 하여 비감염성 질환(Non-communicable disease)이라고 부르기도 한다.
  ㉢ 종류: 비만, 고혈압, 당뇨병, 고지혈증, 동맥경화증, 협심증, 심근경색증, 뇌졸중, 만성폐쇄성폐질환, 천식, 알코올성 간질환, 퇴행성관절염, 악성종양 등이 있다.

2 모집단의 모든 대상이 동일한 확률로 추출될 기회를 갖게 하도록 난수표를 이용하여 표본을 추출하는 방법은?

① 단순무작위표본추출(simple random sampling)
② 계통무작위표본추출(systematic random sampling)
③ 편의표본추출(convenience sampling)
④ 할당표본추출(quota sampling)

3 보건의료체계의 개념과 구성요소에 대한 설명으로 가장 옳지 않은 것은?

① 보건의료체계는 국민에게 예방, 치료, 재활 서비스 등 의료서비스를 제공하기 위한 종합적인 체계이다.
② 자원을 의료 활동으로 전환시키고 기능화 시키는 자원 조직화는 정부기관이 전담하고 있다.
③ 보건의료체계의 운영에 필요한 경제적 지원은 정부재정, 사회보험, 영리 및 비영리 민간보험, 자선, 외국의 원조 및 개인 부담 등을 통해 조달된다.
④ 의료자원에는 인력, 시설, 장비 및 물자, 의료 지식 등이 있다

ANSWER 2.① 3.②

2 ① 단순무작위표본추출(simple random sampling) : 모집단의 모든 대상이 동일한 확률로 추출될 기회를 갖게 하도록 난수표를 이용하여 표본을 추출하는 방법이다.
② 계통무작위표본추출(systematic random sampling) : 단순무작위표본추출법의 대용으로 흔히 사용되는 표본추출법으로 규칙적인 추출 간격에 의해 일정한 유형을 갖고 표본을 추출한다. 지그재그표본추출법(Zig-zag sampling)과 등간격표본추출법 등이 있다.
③ 편의표본추출(convenience sampling) : 모집단에 대한 정보가 전혀 없는 경우이거나 모집단의 구성요소 간의 차이가 별로 없다고 판단될 때 표본 선정의 편리성에 기준을 두고 조사자가 마음대로 표본을 선정하는 방법이다.
④ 할당표본추출(quota sampling) : 조사목적과 밀접하게 관련되어 있는 조사대상자의 연령이나 성별과 같은 변수에 따라 모집단을 부분집단으로 구분하고, 모집단의 부분집단별 구성비율과 표본의 부분집단별 구성비율이 유사하도록 표본을 선정하는 방법이다.

3 보건의료 자원이 의료서비스를 산출하기 위해 활동할 수 있도록 자원을 체계적으로 배열하는 기능인 자원 조직화는 정부기관 뿐만 아니라 조직화된 민간기관, 의료보험 관련 기구, 기타 민간 부분 등이 포괄적으로 담당하고 있다.
※ 보건의료체계의 구성요소

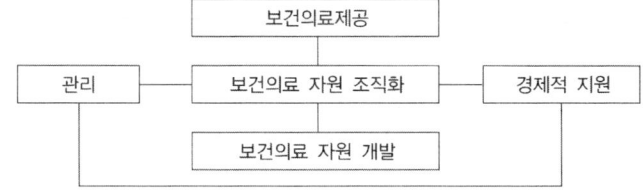

4 런던 스모그(London smog)에 대한 설명으로 가장 옳지 않은 것은?

① 석유류의 연소물이 광화학 반응에 의해 생성된 산화형 스모그(oxidizing smog)이다.
② 주된 성분에는 아황산가스와 입자상 물질인 매연 등이 있다.
③ 기침, 가래와 같은 호흡기계 질환을 야기한다.
④ 가장 발생하기 쉬운 달은 12월과 1월이다.

5 환자-대조군 연구에서 짝짓기(matching)를 하는 주된 목적은?

① 선택바이어스의 영향을 통제하기 위하여
② 정보바이어스의 영향을 통제하기 위하여
③ 표본추출의 영향을 통제하기 위하여
④ 교란변수의 영향을 통제하기 위하여

ANSWER 4.① 5.④

4 자동차 배기가스와 같은 석유류 연소물이 광화학 반응을 일으켜 생성되는 산화형 스모그(oxidizing smog)는 LA 스모그이다. 런던 스모그는 가정 난방용·공장·발전소의 석탄 연료 사용에서 기인한다.

※ 런던 스모그와 LA 스모그의 비교

구분	런던 스모그	LA 스모그
색	짙은 회색	연한 갈색
역전현상	방사성 역전	침강형 역전
시정	100m 이하	1km 이하
오염물질	먼지 및 SO_x	NO_x, 탄화수소 등
주요 배출원	가정과 공장의 연소, 난방시설	자동차 배기가스
기상조건	겨울, 새벽, 안개, 높은 습도	여름, 한낮, 맑은 하늘, 낮은 습도

5 환자-대조군 연구는 연구하고자 하는 질병이 있는 집단(환자군, cases)과 없는 집단(대조군, controls)을 선정하여 질병의 발생과 관련되어 있으리라 생각하는 잠재적 위험요인에 대한 두 집단의 과거 노출율을 비교하는 방법이다. 일반적으로 환자군은 선정할 수 있는 모집단의 규모가 제한되어 있기 때문에 전수조사를 하지만, 대조군은 모집단의 규모가 크기 때문에 확률표본을 추출하는 경우가 많다. 이때, 교란변수의 영향을 통제하고 환자군과 대조군의 비교성을 높이기 위하여 환자군의 특성을 고려하여 대조군을 선정하는 대응추출(matching)을 시행한다. 대응추출 방법으로는 짝추출(pair matching), 도수대응추출(frequency matching) 등이 있다.

6 ○○질환의 유병률은 인구 1000명당 200명이다. ○○질환의 검사법은 90%의 민감도, 90%의 특이도를 가질 때 이 검사의 양성예측도는?

① 180/260
② 80/260
③ 180/200
④ 20/200

ANSWER 6.①

6 민감도와 특이도가 검진을 받은 사람의 관점에서 검사법의 정확도를 판단한 것이라면, 양성예측도 또는 음성예측도는 검사법의 관점에서 그 정확도를 판단한다.

구분	환자	비환자
양성	a	b
음성	c	d

㉠ 민감도 : 환자가 양성 판정을 받을 확률 = $\frac{a}{a+c}$ → 90%

㉡ 특이도 : 비환자가 음성 판정을 받을 확률 = $\frac{d}{b+d}$ → 90%

㉢ 양성예측도 : 검사법이 양성이라고 판단했을 때 환자일 확률 = $\frac{a}{a+b}$

㉣ 음성예측도 : 검사법이 음성이라고 판단했을 때 비환자일 확률 = $\frac{d}{c+d}$

구분	환자(200명)	비환자(800명)
양성	a(180명)	b(80명)
음성	c(20명)	d(720명)

따라서 ○○질환의 유병률이 인구 1,000명당 200명일 때, 이 검사법의 양성예측도를 구하면

양성예측도 = $\frac{a}{a+b} = \frac{180}{180+80} = \frac{180}{260}$ 이고, 음성예측도는 = $\frac{d}{c+d} = \frac{720}{20+720} = \frac{720}{740}$ 이다.

7 산업재해 보상보험의 원리가 아닌 것은?

① 사회보험방식
② 무과실책임주의
③ 현실우선주의
④ 정액보상방식

8 학령기 이후의 소아에 대한 영양상태 판정 기준으로 신장이 150cm 이상인 경우 160 이상이면 비만으로 판정하는 지수는?

① 로렐지수(Röhrer index)
② 카우프지수(Kaup index)
③ 베르벡지수(Vervaek index)
④ 체질량지수(Body mass index)

ANSWER 7.④ 8.①

7 산업재해 보상보험의 원리
  ㉠ **사회보험방식**: 사용자 직접보상방식은 산업재해를 당한 근로자에 대한 실질적 보상 실현을 보장하기 어렵기 때문에 국가의 책임하에 이루어지는 사회보험방식을 적용한다.
  ㉡ **무과실책임주의**: 근로자의 업무상 재해에 대하여 근로자와 사용자의 고의·과실여부에 상관없이 보상을 보장한다.
  ㉢ **정률보상주의**: 산재보험에서 현물급여인 요양급여를 제외한 현금급여에 대해서는 산재근로자의 연령, 직종, 노동능력 및 근무시간 등에 상관없이 평균임금을 기초로 하여 법령에서 정한 일정률에 따라 보험급여를 지급한다.
  ㉣ **현실우선주의**: 산재근로자와 유족의 생활을 조기에 안정시키고 보호하기 위하여 현실을 우선하여 적용한다.

8 ① 로렐지수(Röhrer index): 학령기 이후 소아에 대한 영양상태 판정 기준으로 충실지수라고도 한다. $\frac{체중}{신장^3} \times 10^7$으로 구하며 신장이 150cm 이상인 경우 로렐지수가 160 이상이면 비만으로 판정한다.
  ② 카우프지수(Kaup index): 영·유아에 대한 균형 체격을 나타내는 지수로, $\frac{체중}{신장^2} \times 10^4$으로 구하며 22 이상을 비만으로 판정한다.
  ③ 베르벡지수(Vervaek index): 체격·영양지수로 $\frac{체중+흉위}{신장} \times 100$으로 구하며 92 이상을 비만으로 판정한다.
  ④ 체질량지수(Body mass index): 성인의 비만을 측정하는 일반적인 방법으로, $\frac{체중}{신장(m)^2}$으로 구한다. 한국인 기준 25 이상을 비만으로 판정한다.

9 「지역보건법」상 보건소의 기능에 해당하지 않는 것은?

① 건강 친화적인 지역사회 여건의 조성
② 지역보건의료정책의 기획, 조사·연구 및 평가
③ 보건의료기관의 평가인증
④ 지역주민의 건강증진 및 질병예방·관리를 위한 각종 지역보건의료서비스의 제공

10 〈보기〉에서 기술한 역학적 연구 방법은?

〈보기〉

첫 임신이 늦은 여성에서 유방암 발생률이 높은 원인을 구명하기 위해 1945년에서 1965년까지 내원한 첫 임신이 지연된 대상자를 모집단으로 하여, 내원당시 분석된 호르몬 이상군(노출군)과 기타 원인으로 인한 여성들(비노출군)을 구별하고, 이 두 집단의 유방암 발생 여부를 파악하였다. 1978년에 수행된 이 연구는 폐경 전 여성들의 호르몬 이상군에서, 유방암 발생이 5.4배 높은 것을 밝혀냈다.

① 후향적 코호트 연구
② 전향적 코호트 연구
③ 환자-대조군 연구
④ 단면 연구

ANSWER 9.③ 10.①

9 보건소의 기능 및 업무〈지역보건법 제11조 제1항〉
㉠ 건강 친화적인 지역사회 여건의 조성
㉡ 지역보건의료정책의 기획, 조사·연구 및 평가
㉢ 보건의료인 및 「보건의료기본법」 제3조 제4호에 따른 보건의료기관 등에 대한 지도·관리·육성과 국민보건 향상을 위한 지도·관리
㉣ 보건의료 관련기관·단체, 학교, 직장 등과의 협력체계 구축
㉤ 지역주민의 건강증진 및 질병예방·관리를 위한 다음 각 목의 지역보건의료서비스의 제공
  • 국민건강증진·구강건강·영양관리사업 및 보건교육
  • 감염병의 예방 및 관리
  • 모성과 영유아의 건강유지·증진
  • 여성·노인·장애인 등 보건의료 취약계층의 건강유지·증진
  • 정신건강증진 및 생명존중에 관한 사항
  • 지역주민에 대한 진료, 건강검진 및 만성질환 등의 질병관리에 관한 사항
  • 가정 및 사회복지시설 등을 방문하여 행하는 보건의료 및 건강관리사업
  • 난임의 예방 및 관리

10 특정 요인에 노출된 집단과 노출되지 않은 집단을 추적하고 연구 대상 질병의 발생률을 비교하여 요인과 질병 발생 관계를 조사하는 연구 방법이므로 코호트 연구이다. 1978년에 수행하면서 과거인 1945년에서 1965년까지의 대상자를 모집단으로 하였으므로 후향적 코호트 연구에 해당한다.

11 「정신건강증진 및 정신질환자 복지서비스 지원에 관한 법률」상 정신건강증진의 기본이념으로 가장 옳지 않은 것은?

① 모든 정신질환자는 인간으로서의 존엄과 가치를 보장 받고, 최적의 치료를 받을 권리를 가진다.
② 정신질환자의 입원 또는 입소가 최소화되도록 지역사회 중심의 치료가 우선적으로 고려되어야 한다.
③ 정신질환자는 원칙적으로 자신의 신체와 재산에 관한 사항에 대하여 보호자의 동의가 필요하다.
④ 정신질환자는 자신과 관련된 정책의 결정과정에 참여할 권리를 가진다.

ANSWER 11.③

11 정신건강증진의 기본이념〈정신건강증진 및 정신질환자 복지서비스 지원에 관한 법률 제2조〉
  ㉠ 모든 국민은 정신질환으로부터 보호받을 권리를 가진다.
  ㉡ 모든 정신질환자는 인간으로서의 존엄과 가치를 보장받고, 최적의 치료를 받을 권리를 가진다.
  ㉢ 모든 정신질환자는 정신질환이 있다는 이유로 부당한 차별대우를 받지 아니한다.
  ㉣ 미성년자인 정신질환자는 특별히 치료, 보호 및 교육을 받을 권리를 가진다.
  ㉤ 정신질환자에 대해서는 입원 또는 입소가 최소화되도록 지역 사회 중심의 치료가 우선적으로 고려되어야 하며, 정신건강증진시설에 자신의 의지에 따른 입원 또는 입소가 권장되어야 한다.
  ㉥ 정신건강증진시설에 입원등을 하고 있는 모든 사람은 가능한 한 자유로운 환경을 누릴 권리와 다른 사람들과 자유로이 의견교환을 할 수 있는 권리를 가진다.
  ㉦ 정신질환자는 원칙적으로 자신의 신체와 재산에 관한 사항에 대하여 스스로 판단하고 결정할 권리를 가진다. 특히 주거지, 의료행위에 대한 동의나 거부, 타인과의 교류, 복지서비스의 이용 여부와 복지서비스 종류의 선택 등을 스스로 결정할 수 있도록 자기결정권을 존중받는다.
  ㉧ 정신질환자는 자신에게 법률적·사실적 영향을 미치는 사안에 대하여 스스로 이해하여 자신의 자유로운 의사를 표현할 수 있도록 필요한 도움을 받을 권리를 가진다.
  ㉨ 정신질환자는 자신과 관련된 정책의 결정과정에 참여할 권리를 가진다.

12 우리나라 대기 환경기준에 포함되지 않는 물질은?

① 아황산가스(SO_2)
② 이산화질소(NO_2)
③ 이산화탄소(CO_2)
④ 오존(O_3)

ANSWER 12.③

12 환경기준〈환경정책기본법 시행령 별표1〉

항목	기준
아황산가스(SO_2)	• 연간 평균치 : 0.02ppm 이하 • 24시간 평균치 : 0.05ppm 이하 • 1시간 평균치 : 0.15ppm 이하
일산화탄소(CO)	• 8시간 평균치 : 9ppm 이하 • 1시간 평균치 : 25ppm 이하
이산화질소(NO_2)	• 연간 평균치 : 0.03ppm 이하 • 24시간 평균치 : 0.06ppm 이하 • 1시간 평균치 : 0.10ppm 이하
미세먼지(PM-10)	• 연간 평균치 : 50㎍/㎥ 이하 • 24시간 평균치 : 100㎍/㎥ 이하
초미세먼지(PM-2.5)	• 연간 평균치 : 15㎍/㎥ 이하 • 24시간 평균치 : 35㎍/㎥ 이하
오존(O_3)	• 8시간 평균치 : 0.06ppm 이하 • 1시간 평균치 : 0.1ppm 이하
납(Pb)	• 연간 평균치 : 0.5㎍/㎥ 이하
벤젠	• 연간 평균치 : 5㎍/㎥ 이하

13 개인 수준의 건강행태 모형에 해당하지 않는 것은?

① 건강믿음모형(Health Belief Model)
② 범이론적 모형(Transtheoretical Model)
③ 계획된 행동이론(Theory of Planned Behavior)
④ 의사소통이론(Communication Theory)

14 식품 변질에 대한 설명으로 가장 옳은 것은?

① 부패 : 탄수화물이나 지질이 산화에 의하여 변성되어 맛이나 냄새가 변하는 것
② 산패 : 단백질 성분이 미생물의 작용으로 분해되어 아민류와 같은 유해물질이 생성되는 것
③ 발효 : 탄수화물이 미생물의 작용을 받아 유기산이나 알코올 등을 생성하는 것
④ 변패 : 유지의 산화현상으로 불쾌한 냄새나 맛을 형성하는 것

ANSWER 13.④ 14.③

13 의사소통이론 … 혁신확산이론, 사회마케팅, PRECEDE-PROCEED 모형, 지역사회 및 조직변화이론 등과 함께 지역사회 및 집단 수준의 건강행태 모형에 해당한다.
  ※ 개인 수준의 건강행태 모형
    ㉠ 건강믿음모형 : 건강행위를 취하고 취하지 않는 것은 물리적 환경보다 개인의 주관적인 믿음에 따라 결정된다.
    ㉡ 계획적 행동이론 : 인간의 건강행위를 태도와 주관적 규범의 두 가지 변수로 설명한 합리적 행동이론에 행위 통제에 대한 인식 요인을 더하여 설명하는 이론이다.
    ㉢ 건강증진모형 : 건강에 영향을 미치는 개인의 특성과 경험, 개인이 처한 환경적 요인에 중점을 두고 건강증진을 향상시키는 관련 요인을 조사하는 모형이다.
    ㉣ 범이론적 모형 : 개인이 어떻게 건강행위를 시작하고 유지하는가에 대한 행위변화의 원칙과 과정을 설명하는 통합적인 모형이다.

14 ① 부패 : 단백질과 질소 화합물을 함유한 식품이 자가소화 또는 미생물 및 부패세균 등의 효소작용으로 인해 분해되어 아민류와 같은 독성물질과 악취가 발생하는 현상이다.
  ② 산패 : 지방이 미생물이나 산소, 햇빛, 금속 등에 의하여 산화 분해되어 불쾌한 냄새나 맛을 형성하는 것이다.
  ④ 변패 : 탄수화물(당질)과 지질이 산화에 의하여 변성되어 비정상적인 맛과 냄새가 나는 현상이다.

15 〈보기〉에서 설명하는 것은?

〈보기〉

인위적으로 항원을 체내에 투입하여 항체가 생성되도록 하는 방법으로 생균백신, 사균백신, 순화독소 등을 사용하는 예방접종으로 얻어지는 면역을 말한다.

① 수동면역(passive immunity)
② 선천면역(natural immunity)
③ 자연능동면역(natural active immunity)
④ 인공능동면역(artificial active immunity)

ANSWER 15.④

15 능동면역과 수동면역
  ㉠ 능동면역 : 체내의 조직세포에서 항체가 만들어지는 면역으로 비교적 장기간 지속된다.
    • 자연능동면역 : 질병을 앓고 난 후 생기는 면역
        ex) 홍역, 수두 등을 앓고 난 뒤
    • 인공능동면역 : 인공적으로 항원을 투여해서 얻는 면역 = 예방접종
        ex) 볼거리, 풍진, 결핵, 소아마비, 일본뇌염 등의 예방주사
  ㉡ 수동면역 : 이미 형성된 면역원을 주입하는 것으로, 능동면역보다 효과가 빠르지만 빨리 사라진다.
    • 자연수동면역 : 모체의 태반을 통해 얻는 면역
    • 인공수동면역 : 면역혈청 등을 통해 얻는 면역
  ※ 면역의 종류

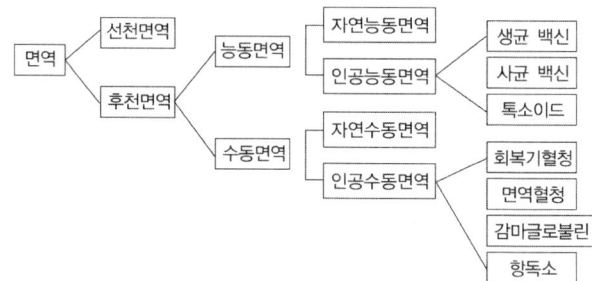

16 미국 메릴랜드 주의 '골든 다이아몬드(golden diamond)' 방식은 보건사업 기획의 어느 단계에 사용되는가?

① 현황분석
② 우선순위 결정
③ 목적과 목표 설정
④ 전략과 세부사업 결정

ANSWER 16.②

16 미국 메릴랜드 주의 '골든 다이아몬드' 방식은 상대적 기준을 사용하는 방법으로, 주요 건강문제를 선정한 후 이들 건강문제의 이환율과 사망률, 변화의 경향을 미국 전체와 비교하여 '주가 좋음', '같음', '주가 나쁨'으로 구분하여 골든 다이아몬드 상자에 표시한 것에서 유래하였다. 이 방법은 보건사업 기획 단계 중 우선순위 결정에서 활용할 수 있는 것으로 다이아몬드의 위쪽일수록 그 우선순위가 높다.

※ 미국 메릴랜드 주의 '골든 다이아몬드' 방식 사례

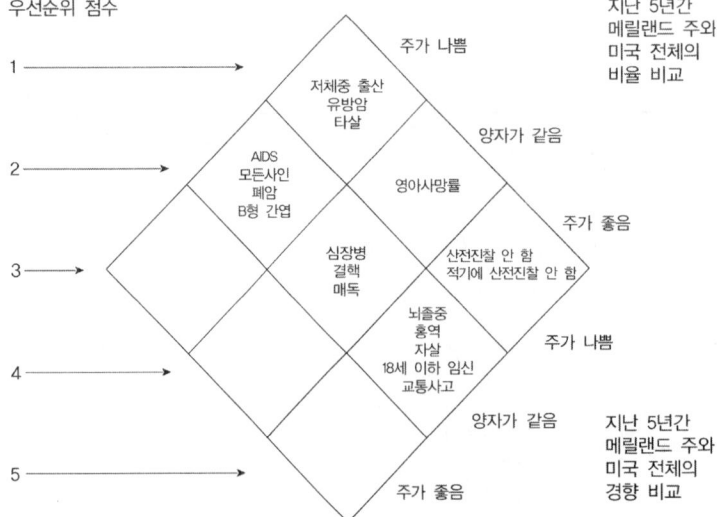

17 1842년 「영국 노동 인구의 위생상태에 관한 보고서(Report on the sanitary condition of the labouring population of Great Britain)」를 작성하여 공중보건 활동과 보건행정조직의 중요성을 알린 사람은?

① 레벤후크(Leeuwenhoek)
② 존 그랜트(John Graunt)
③ 채드윅(Edwin Chadwick)
④ 존 스노우(John Snow)

18 2020년 이후 선진·개도국 모두 온실가스 감축에 동참하는 신기후체제 근간을 마련하여 기존 교토의정서를 대체하는 협정을 체결한 기후변화협약 당사국 총회는?

① 제19차 당사국 총회(폴란드 바르샤바)
② 제20차 당사국 총회(페루 리마)
③ 제21차 당사국 총회(프랑스 파리)
④ 제22차 당사국 총회(모로코 마라케시)

ANSWER 17.③ 18.③

17 ③ 에드윈 채드윅(Edwin Chadwick) : 근대 유럽 보건사상 가장 중요한 문헌인 「영국 노동 인구의 위생상태에 관한 조사보고서」를 발표해 질병 관리의 중요성을 주창했다. 그는 이 보고서를 통해 노동자의 조기 사망과 나쁜 건강은 그들이 살고 있는 곳의 환경적 요건과 관련 있음을 밝혀내고 공중보건의 중요성을 제기했다. 채드윅의 조사 결과는 공중위생법 제정과 영국 정부 내 보건국 창설로 이어졌다.
① 레벤후크(Leeuwenhoek) : 현미경을 발명해 육안으로 볼 수 없었던 미생물을 발견하였다.
② 존 그랜트(John Graunt) : 정치산술(political arithmetic)의 창시자로, 인구 현상에 관하여 정치적·사회적 요소의 작용을 파악함으로써 자연적·수량적 법칙성을 다룬 「사망표에 관한 자연적 및 정치적 제관찰」을 집필하였다.
④ 존 스노우(John Snow) : 역학의 선구자로 1854년 런던 소호에서 창궐한 콜레라가 오염된 물을 통해 퍼졌다는 사실을 역학조사를 통해 밝혀냈다.

18 프랑스 파리에서 열린 기후변화협약 제21차 당사국 총회에서는 2020년 이후 선진·개도국 모두 온실가스 감축에 동참하는 신기후체제 근간을 마련하여 기존 교토의정서를 대체하는 협정을 체결하였다.
※ 교토의정서와 신기후체제 비교

구분	교토의정서	신기후체제
범위	온실가스 감축에 초점	온실가스 감축을 포함한 포괄적 대응(감축/적응/재정지원/기술이전/역량강화/투명성 등)
감축 대상국가	37개 선진국 및 EU(미국/중국/일본/캐나다/러시아/뉴질랜드 등 이탈)	선진국 및 개도국 모두 포함
목표 설정방식	하향식	상향식
적용시기	1차 공약기간 : 2008 ~ 2012년 2차 공약기간 : 2013 ~ 2020년	2020년 이후 발효 예정

19 버스정류장을 금연구역으로 지정하는 것과 관련된 보건의료의 사회경제학적 특성은?

① 불확실성 ② 외부효과
③ 공급의 독점성 ④ 정보의 비대칭성

20 손상(injury)을 발생시키는 역학적 인자 3가지에 해당 하지 않는 것은?

① 인적 요인 ② 장애 요인
③ 환경적 요인 ④ 매개체 요인

ANSWER 19.② 20.②

19 외부효과(external effect) … 한 사람의 행위가 다른 사람에게 일방적으로 이익을 주거나 손해를 끼치는 경우로, 보건의료 분야에서 외부효과가 나타나는 사례가 빈번하지는 않지만 일단 발생하면 큰 영향을 미친다. 감염병의 전염이나 간접흡연으로 인한 폐암 발병 등이 여기에 해당한다. 외부효과가 존재하는 경우에 이를 시장에 맡겨두면 외부효과가 제대로 제거되지 않으므로 정부가 강제로 개입하여 해결해야 할 필요가 있다.

※ 보건의료의 사회경제적 특성
㉠ 정보의 비대칭성(소비자의 무지)
㉡ 면허제도에 의한 공급의 법적 독점 및 비탄력성
㉢ 수요예측의 불확실성
㉣ 필수재, 공공재, 우량재
㉤ 외부효과의 존재
㉥ 소비적 요소와 투자적 요소의 혼재
㉦ 수요와 공급의 불일치와 동시성
㉧ 노동·자본 집약적 서비스

20 현재 보편적으로 통용되고 있는 손상의 정의는 질병 이외의 외부적 요인에 의해 다치는 것이다. 즉, '의도적 혹은 비의도적 사고의 결과로서 발생하는 신체나 정신에 미치는 건강상의 해로운 결과'로 규정하고 있다(WHO, 1989). 1940년대 보건학자 Gordon에 의해 손상이 다른 질병과 마찬가지로 유행과 계절적 변화, 장기간의 추세, 인구학적 분포를 가진다고 밝혀지면서 손상에도 고위험군(High-Risk Group)이 있으며 인적요소(Host)와 매개체(Agent), 환경(Environment)의 세 요소가 서로 관련되어 있어 이를 적절히 통제함으로써 예방이 가능하다는 개념이 대두되었다.

공중보건 | 2020. 6. 13. 제2회 서울특별시 시행

1 공중보건의 역사적 사건 중 가장 먼저 발생한 사건은?

① 제너(E. Jenner)가 우두 종두법을 개발하였다.
② 로버트 코흐(R. Koch)가 결핵균을 발견하였다.
③ 베니스에서는 페스트 유행지역에서 온 여행자를 격리하였다.
④ 독일의 비스마르크(Bismarck)에 의하여 세계 최초로 「질병보험법」이 제정되었다.

2 「교육환경 보호에 관한 법률」상 교육환경보호구역 중 절대보호구역의 기준으로 가장 옳은 것은?

① 학교 출입문으로부터 직선거리로 50미터까지인 지역
② 학교 출입문으로부터 직선거리로 100미터까지인 지역
③ 학교 출입문으로부터 직선거리로 150미터까지인 지역
④ 학교 출입문으로부터 직선거리로 200미터까지인 지역

ANSWER 1.③ 2.①

1 ③ 1348년에 발생했다. 베니스에서는 1348년에 오염되었거나 의심이 가는 배와 여행자의 입항을 금지시켰으며, 라구사에서는 페스트 유행 지역에서 온 여행자는 항구밖의 일정한 장소에서 질병이 없어질 때까지 2개월간 머물다가 입항이 허락되었다. 이것은 역사적으로 검역의 시초가 되었다. 그 후 1383년에 프랑스 항구도시에서 최초로 검역법이 통과되었으며, 처음으로 검역소가 설치, 운영되었던 것은 감염병 예방이라는 측면에서 중요한 업적이라 할 수 있다.
① 1798년
② 1882년
④ 1883년

2 교육환경보호구역의 설정 등 … 교육감은 학교경계 또는 학교설립예정지 경계(이하 "학교경계 등"이라 한다)로부터 직선거리 200미터의 범위 안의 지역을 다음 각 호의 구분에 따라 교육환경보호구역으로 설정·고시하여야 한다〈교육환경 보호에 관한 법률 제8조 제1항〉.
㉠ 절대보호구역 : 학교출입문으로부터 직선거리로 50미터까지인 지역(학교설립예정지의 경우 학교경계로부터 직선거리 50미터까지인 지역)
㉡ 상대보호구역 : 학교경계 등으로부터 직선거리로 200미터까지인 지역 중 절대보호구역을 제외한 지역

3 자연독에 의한 식중독의 원인이 되는 독성분이 아닌 것은?

① 테트로도톡신(tetrodotoxin)
② 엔테로톡신(enterotoxin)
③ 베네루핀(venerupin)
④ 무스카린(muscarine)

4 카드뮴(Cd) 중독으로 인한 일본의 환경오염 문제를 사회적으로 크게 부각시킨 것으로 가장 옳은 것은?

① 욧카이치 천식
② 미나마타병
③ 후쿠시마 사건
④ 이타이이타이병

ANSWER 3.② 4.④

3 병원성 포도상 구균이 만들어 내는 내열성 독소로 오심, 복통, 구토, 설사 따위를 일으킨다.
※ 자연독에 의한 식중독

종류		원인독소
동물성 식중독	복어	테트로도톡신
	바지락, 굴	베네루핀
	조개	미틸로톡신
식물성 식중독	버섯	무스카린
	감자	솔라닌
	맥각(보리)	에르고톡신
	매실	아미그달린
	옥수수나 견과류	아플라톡신

4 ④ 이타이이타이병 : 기후현 가미오카에 있는 미츠이 금속광업 가미오카 광산에서 아연을 제련할 때 광석에 포함되어 있던 카드뮴을 제거하지 않고 그대로 강에 버린 것이 원인으로 증상 진행에 대해서는 아직 완전히 해명되어 있지는 않지만, 카드뮴에 중독되면 신장에 문제가 발생하여 임신, 내분비계에 이상이 오고 칼슘이 부족하게 된다. 이로 인해 뼈가 물러져서 이타이이타이병이 나타나는 것으로 파악된다.
① 욧카이치 천식 : 1950년대 일본 욧가이치 시의 석유 화학 공단에서 이산화질소 따위의 유해 물질이 배출되어 발생한 대기오염 사건으로 각종 호흡기 질환으로 1,231명의 피해자와 80여 명의 사망자를 낳았다.
② 미나마타병 : 수은중독으로 인해 발생하는 다양한 신경학적 증상과 징후를 특징으로 하는 증후군이다. 1956년 일본의 구마모토현 미나마타시에서 메틸수은이 포함된 조개 및 어류를 먹은 주민들에게서 집단적으로 발생하면서 사회적으로 큰 문제가 되었다. 문제가 되었던 메틸수은은 인근의 화학 공장에서 바다에 방류한 것으로 밝혀졌고, 2001년까지 공식적으로 2265명의 환자가 확인되었다. 1965년에는 니가타 현에서도 대규모 수은중독이 확인되었다.
③ 후쿠시마 사건 : 후쿠시마 제1원자력 발전소 사고는 2011년 3월 11일 도호쿠 지방 태평양 해역 지진으로 인해 JMA진도 7, 규모 9.0의 지진과 지진 해일로 도쿄전력이 운영하는 후쿠시마 제1원자력 발전소의 원자로 1-4호기에서 발생한 누출 사고이다.

5 '(근로손실일수/연 근로시간 수)×1,000'으로 산출하는 산업재해 지표는?

① 건수율
② 강도율
③ 도수율
④ 평균손실일수

6 사회보험(social insurance)에 대한 설명으로 가장 옳은 것은?

① 보험료는 지불능력에 따라 부과한다.
② 주로 저소득층을 대상으로 한다.
③ 가입은 개인이 선택하는 임의가입 방식이다.
④ 급여는 보험료 부담수준에 따라 차등적으로 제공한다.

ANSWER 5.② 6.①

5 ② 강도율 : 1,000 근로시간당 재해로 인한 근로손실일수
① 건수율 : (재해건수/평균 실근로자수)×1,000
③ 도수율 : (재해건수/연근로시간수)×1,000,000
④ 평균손실일수 : (손실노동시간수/사고건수)×1,000

6 ② 공공부조제도에 대한 설명이다.
③④ 민간보험에 관한 설명이다.
※ 사회보험과 민간보험 비교

구분	사회보험	민간보험
목적	최저생계보장 또는 기본적 의료보장	개인적 필요에 따른 보장
가입의 강제성	강제가입 (집단보험)	임의가입 (개별보험)
부양성	국가 또는 사회 부양설	없음
보험보호대상	질병,분만,산재,노령,실업 폐질에 국한	발생위험률을 알 수 있는 대상
수급권	법적 수급권	계약적 수급권
독점/경쟁	정부 및 공공기관 독점	자유경쟁
공동부담 여부	공동 부담의 원칙	본인 부담 위주
재원부담	능력비례 부담	능력무관 (동액 부담)
보험료 부담방식	주로 정률제	주로 정액제
보험료 수준	위험률 상당이하 요율	위험률 비례요율 (경험률)
보험자의 위험선택	할 수 없음	할 수 있음
급여수준	균등급여	차등급여 (기여비례보상)
인플레이션 대책	가능	취약함

7 수질오염평가에서 오염도가 낮을수록 결과치가 커지는 지표는?

① 화학적 산소요구량(COD)

② 과망가니즈산칼륨 소비량($KMnO_4$ demand)

③ 용존산소(DO)

④ 생화학적 산소요구량(BOD)

8 기후변화(지구온난화)의 원인이 되는 온실가스 중 배출량이 가장 많은 물질은?

① 일산화탄소(CO)

② 메탄가스(CH_4)

③ 질소(N_2)

④ 이산화탄소(CO_2)

ANSWER 7.③ 8.④

7 ③ **용존산소**: 물의 오염도가 낮고, 물속 식물의 광합성량이 증가할수록 커진다.
　① **화학적 산소요구량**: 물속의 유기물을 산화제로 산화하는 데에 소비되는 산소의 양으로 수치가 클수록 오염이 심함을 나타낸다.
　② **과망가니즈산칼륨 소비량**: 과망가니즈산칼륨 소비량 측정으로 지표수의 오염도를 알 수 있는데, 소모된 과망가니즈산칼륨의 양이 많다는 것은 하수, 분뇨, 공장폐수 등 유기물이 다량 함유된 오수에 의해 오염되었다는 것을 의미한다.
　④ **생화학적 산소요구량**: 물속에 있는 미생물이 유기물을 분해하는 데에 필요한 산소 소모량을 말하는데, BOD가 높을수록 오염된 물이다.

8 이산화탄소(CO_2)가 88.6%로 가장 크고, 메탄(CH_4) 4.8%, 아산화질소(N_2O) 2.8%, 기타 수소불화탄소(HFCs), 과불화탄소(PFCs), 육불화황(SF_6)를 합쳐서 3.8% 순이다.

9 식품의 보존방법 중 화학적 보존방법에 해당하는 것은?

① 절임법 ② 가열법
③ 건조법 ④ 조사살균법

10 제5차 국민건강증진종합계획(Health Plan 2030)의 주요사업 분야의 내용으로 가장 옳지 않은 것은? [기출변형]

① 감염 및 기후변화성 질환예방관리 - 기후변화성 질환, 감염병 대응
② 정신건강관리 - 자살예방, 권역트라우마센터
③ 인구집단별 건강관리 - 영유아 검진, 근로자 건강증진
④ 건강생활 실천 - 신체활동, 비만관리

ANSWER 9.① 10.④

9
① **절임법**: 식품에 소금, 설탕, 식초를 넣어 삼투압 또는 pH를 조절함으로써 부패미생물의 발육을 억제하는 방법이며 김치, 젓갈, 잼, 가당연유, 마늘절임, 피클 등에 이용된다.
② **가열법**: 끓이거나 삶는 방법으로 식품에 부착된 미생물을 사멸시키고, 조직 중의 각종 효소를 불활성화시켜 자기소화작용을 저지함으로써 식품의 변질을 막는 방법이다.
③ **건조법**: 식품의 수분 함량을 낮춤으로써 미생물의 발육과 성분변화를 억제하는 방법이다. 천일건조는 햇볕이나 응달에서 말리는 방법으로 건포도, 곶감, 건어물, 산채 등에 사용되어왔고, 인공건조는 열풍, 분무, 피막, 냉동을 이용하는 방법으로 분유, 분말커피, 인스턴트 수프, 건조과일 등의 고급식품에 사용된다.
④ **조사살균법**: 방사선조사 살균방법은 식품에 열이 거의 발생되지 않고 물리적·화학적 변화없이 원래 상태를 그대로 유지하면서 살균하는 기술로, 주로 식품의 식중독균 살균 및 유해 해충을 죽이는 데 이용된다.

※ 식품 보존의 방법
  ㉠ 물리적 방법: 냉장, 냉동, 가열, 건조, 공기조절
  ㉡ 화학적 방법: 염장, 당장, 산첨가, 보존료, 훈연, 천연물 첨가

10 제5차 국민건강증진종합계획 중점과제

건강생활 실천	정신건강 관리	비감염성 질환 예방 관리	감염 및 기후변화성 질환 예방 관리	인구집단별 건강관리	건강친화적 환경 구축
• 금연 • 절주 • 영양 • 신체활동 • 구강건강	• 자살예방 • 치매 • 중독 • 지역사회 • 정신건강	• 암 • 심뇌혈관질환 • 비만 • 손상	• 감염병 예방 • 감염병 대응 • 기후변화성 질환	• 영유아 • 아동청소년 • 여성 • 노인 • 장애인 • 근로자 • 군인	• 건강친화적 법·제도 개선 • 건강정보 이해력제고 • 혁신적 정보기술 적용 • 재원 운용 등 • 지역사회 자원확충 등

11 〈보기〉에서 설명하는 표본추출 방법으로 가장 옳은 것은?

> 모집단에서 일련의 번호를 부여한 후 표본추출간격을 정하고 첫 번째 표본은 단순임의추출법으로 뽑은 후 이미 정한 표본추출간격으로 표본을 뽑는 방법이다.

① 집락추출법(cluster sampling)
② 층화임의추출법(stratified random sampling)
③ 계통추출법(systematic sampling)
④ 단순임의추출법(simple random sampling)

12 연구시작 시점에서 폐암에 이환되지 않은 사람을 대상으로 흡연자와 비흡연자를 20년간 추적 조사하여 폐암 발생 여부를 규명하는 역학조사 방법은?

① 전향적 코호트연구
② 환자대조군연구
③ 단면연구
④ 후향적 코호트연구

ANSWER 11.③ 12.①

11 ① **집락추출법**: 모집단에서 집단을 일차적으로 표집한 다음, 선정된 각 집단에서 구성원을 표본으로 추출하는 다단계 표집방법이다. 주로 모집단을 총망라한 목록을 수집하기가 현실적으로 불가능할 때 사용될 수 있다.
② **층화임의추출법**: 모집단을 서로 겹치지 않는 여러 개의 층으로 분할한 후 각 층에서 배정된 표본을 단순임의추출법에 따라 추출하는 방법이다.
④ **단순임의추출법**: 통계조사에서 가장 기본이 되는 표본추출법으로 단순임의추출법을 사용하기 위해서는, 먼저 모든 단위들의 목록인 추출틀이 마련되어 있어야 한다.

12 ①④ 코호트연구는 모집단에서 어떤 질병의 원인으로 의심되는 위험요인에 노출된 집단과 노출되지 않은 집단을 대상으로 일정 기간 두 집단의 질병발생 빈도를 추적조사하여 위험요인에 대한 노출과 특정 질병발생의 연관성을 규명하는 분석역학 연구의 하나이다. 전향적 연구는 연구를 시작하기로 결정 후, 연구대상자를 선정하고 팔로우업을 시작하는 것이며, 후향적 연구는 팔로우업을 다하고 이미 데이터가 만들어져 있는 상태에서 시작하는 연구이다.
② 특정 질병의 유무로 환자군과 대조군을 선정하여 질환 요인에 대한 과거 혹은 현재의 노출 상태를 조사하고 두 군 간 노출 정도의 차이를 비교하는 연구 방법이다. 환자군과 대조군 사이에 요인 노출의 정도 차이가 존재한다면, 그 요인이 질병 발생과 연관이 있다고 추론할 수 있다.
③ 인구집단을 특정한 시점이나 기간 내에 질병을 조사하고 질병과 인구집단의 관련성을 연구하는 방법이다. 한번에 대상집단의 질병양상과 이에 관련된 여러 속성을 동시에 파악할 수 있으며, 경제적이므로 자주 사용된다.

13 「모자보건법」에 따른 모자보건 대상에 대한 정의로 가장 옳지 않은 것은?

① "영유아"란 출생 후 6년 미만인 사람을 말한다.
② "모성"이란 임산부와 가임기(可姙期) 여성을 말한다.
③ "임산부"란 임신 중이거나 분만 후 8개월 미만인 여성을 말한다.
④ "신생아"란 출생 후 28일 이내의 영유아를 말한다.

ANSWER 13.③

13 "임산부"란 임신 중이거나 분만 후 6개월 미만인 여성을 말한다〈모자보건법 제2조(정의)〉.
   ※ 정의〈모자보건법 제2조〉
   ㉠ "임산부"란 임신 중이거나 분만 후 6개월 미만인 여성을 말한다.
   ㉡ "모성"이란 임산부와 가임기(可姙期) 여성을 말한다.
   ㉢ "영유아"란 출생 후 6년 미만인 사람을 말한다.
   ㉣ "신생아"란 출생 후 28일 이내의 영유아를 말한다.
   ㉤ "미숙아(未熟兒)"란 신체의 발육이 미숙한 채로 출생한 영유아로서 대통령으로 정하는 기준에 해당하는 영유아를 말한다.
   ㉥ "선천성이상아(先天性異常兒)"란 선천성 기형(奇形) 또는 변형(變形)이 있거나 염색체에 이상이 있는 영유아로서 대통령령으로 정하는 기준에 해당하는 영유아를 말한다.
   ㉦ "인공임신중절수술"이란 태아가 모체 밖에서는 생명을 유지할 수 없는 시기에 태아와 그 부속물을 인공적으로 모체 밖으로 배출시키는 수술을 말한다.
   ㉧ "모자보건사업"이란 모성과 영유아에게 전문적인 보건의료서비스 및 그와 관련된 정보를 제공하고, 모성의 생식건강(生殖健康) 관리와 임신·출산·양육 지원을 통하여 이들이 신체적·정신적·사회적으로 건강을 유지하게 하는 사업을 말한다.
   ㉨ "산후조리업(産後調理業)"이란 산후조리 및 요양 등에 필요한 인력과 시설을 갖춘 곳(이하 "산후조리원"이라 한다)에서 분만 직후의 임산부나 출생 직후의 영유아에게 급식·요양과 그 밖에 일상생활에 필요한 편의를 제공하는 업(業)을 말한다.
   ㉩ "난임(難姙)"이란 부부(사실상의 혼인관계에 있는 경우를 포함한다. 이하 이 호에서 같다)가 피임을 하지 아니한 상태에서 부부간 정상적인 성생활을 하고 있음에도 불구하고 1년이 지나도 임신이 되지 아니하는 상태를 말한다.
   ㉪ "보조생식술"이란 임신을 목적으로 자연적인 생식과정에 인위적으로 개입하는 의료행위로서 인간의 정자와 난자의 채취 등 보건복지부령으로 정하는 시술을 말한다.

14 고혈압으로 인한 뇌졸중 발생의 상대위험도(relative risk)를 〈보기〉의 표에서 구한 값은?

(단위 : 명)

	뇌졸중 발생	뇌졸중 비발생	계
고혈압	90	110	200
정상혈압	60	140	200
계	150	250	400

① (60/200) / (90/200)
② (90/150) / (110/250)
③ (110/250) / (90/150)
④ (90/200) / (60/200)

ANSWER 14.④

14

요인노출 \ 질병발생	예	아니오	합계
예	a	b	a+b
아니오	c	d	c+d
합계	a+c	b+d	n=a+b+c+d

$$\text{상대위험} = \frac{\text{요인에 노출된 집단에서 질병이 발생할 위험}}{\text{요인에 노출되지 않은 집단에서 질병이 발생할 위험}}$$

$$= \frac{\frac{a}{(a+b)}}{\frac{c}{(c+d)}} = \frac{a(c+d)}{c(a+b)}$$

15 PRECEDE-PROCEED 모델에서 유병률, 사망률, 건강문제 등을 규명하는 단계로 가장 옳은 것은?

① 사회적 진단
② 역학적 진단
③ 교육생태학적 진단
④ 행정 및 정책 진단

ANSWER 15.②

15 ㉠ 사회적 진단
- 대상 인구집단의 삶의 질에 영향을 미치는 사회적 문제요인을 규명하고 삶의 질을 방해하는 주요 장애물을 파악하는 단계
- 객관적 사정 : 범죄율, 고용률, 실업률, 인구밀도, 결근율, 특정질병의 사망률
- 주관적 사정 : 대상 인구집단의 적응과 삶의 만족도 등

㉡ 역학적 진단
- 1단계에서 규명된 삶의 질에 영향을 미치는 구체적인 건강문제를 규명, 그 건강문제의 우선순위를 정하여 제한된 자원을 사용할 가치가 가장 큰 건강문제를 규명하는 단계
- 대상집단의 건강문제의 범위, 분포, 원인 기술하여, 건강문제의 상대적 중요성 제시
- 건강문제를 나타내는 지표 : 유병률, 발생률, 빈도율, 사망률, 이환율, 장애율, 불편감, 불만족, 평균여명, 체력상태

㉢ 행위 및 환경적 진단 : 역학적 사정에서 확인된 건강문제와 원인적으로 연결된 것으로 보이는 건강관련행위와 환경요인을 규명
- 행위 사정 : 건강문제 관련요인의 분류→행위의 분류→행위의 등급화→행위변화가능성에 따른 등급화→표적행위 선택
- 환경사정 : 변화 가능한 환경요인의 규명→중요도에 따른 환경요인들 분류→변화 가능한 환경요인들 분류→표적 환경요인 결정
- 건강문제의 원인적행위요인 : 흡연, 과음, 고지방식이, 좌식생활, 운동행위
- 환경적요인 : 운동시설, 건강진단 시설 유무 및 접근용이도, 금연구역 설정유무와 실천정도

㉣ 교육 및 조직적 진단
- 성향요인 : 행위에 영향을 주는 내재된 요인으로 개인이 가지고 있는 건강에 대한 지식, 태도, 신념, 가치관, 자기효능 등을 확인하는 것
- 강화요인 : 보상, 칭찬, 처벌 등과 같이 동기를 부여하는 요인
- 촉진요인 : 행위가 실제로 나타날 수 있도록 하는 행위 이전의 요인으로 개인이나 조직으로 하여금 행동할 수 있도록 하는 요인으로 보건의료 및 지역사회자원의 이용가능성, 접근성, 시간적 여유, 개인의 기술, 개인 및 지역사회의 자원이 포함

㉤ 행정 및 정책적 진단 : 보건교육 프로그램을 실행하는데 관련된 행정적·정책적 문제(예산, 자원, 시간, 프로그램 수행시의 장애, 지원 정책)를 진단

㉥ 실행 : 진단한 것을 기반으로 실행

㉦ 과정평가 : 정책, 이론적 근거, 프로토콜을 따라 수행이 잘 이루어졌는지 평가

㉧ 영향평가 : 대상행위, 성향요인, 촉진요인, 강화요인, 행위에 영향을 미치는 환경요인이 목표행동에 미치는 즉각적인 효과에 대해 평가

㉨ 결과평가 : 진단 초기단계에서 사정된 건강상태와 삶의 질 변화 평가

16 어느 지역에서 코로나19(COVID-19) 환자가 1,000여 명 발생했을 때, 가장 먼저 실시해야 할 역학연구는?

① 기술역학
② 분석역학
③ 실험역학
④ 이론역학

17 SWOT 전략 중 외부의 위험을 피하기 위해 사업을 축소 및 폐기하는 방어적 전략은?

① SO 전략
② WO 전략
③ ST 전략
④ WT 전략

ANSWER 16.① 17.④

16 역학적 연구방법

역학 분류	개념
기술역학	제1단계 역학 : 임상의학에서 활용된다.
분석역학	제2단계 역학 : 후향성 조사(기왕력 조사), 단면적 조사와 전향성 조사연구가 있다.
실험역학	실험군과 대조군으로 나누어 비교 관찰하는 역학이다.
이론역학	제3단계 역학 : 여러 요인간의 상호관계를 수학 또는 통계학적으로 규명하는 역학이다.
임상역학	질병을 지역사회 입장에서 이해하는 역학이다.
유전역학	질병발생의 숙주요인을 유전학적 방법으로 해명하는 역학이다.
작전역학	계통적 연구를 통해 서비스 향상을 목적으로 하는 역학이다.

17 SWOT 분석을 통한 SWOT 전략

구분	기회(O)	위협(T)
강점(S)	SO전략 강점을 가지고 기회를 살리는 전략	ST전략 강점을 가지고 위협을 최소화하는 전략
약점(W)	WO전략 약점을 보완하며 기회를 살리는 전략	WT전략 약점을 보완하며 위협을 최소화하는 전략

18 레벨과 클라크(Leavell&Clark)의 질병의 자연사에서 불현성 감염기에 취해야 할 예방조치로 가장 옳은 것은?

① 재활 및 사회복귀
② 조기진단과 조기치료
③ 악화방지를 위한 적극적 치료
④ 지역사회 전체에 대한 예방접종

19 〈보기〉와 같은 인구구조를 가진 지역사회의 노년 부양비는?

연령(세)	인구(명)
0~14	200
15~44	600
45~64	400
65~79	110
80 이상	40

① 11.1%   ② 13.3%
③ 15%   ④ 25%

ANSWER 18.②　19.③

18 레벨과 클라크(Leavell&Clark)의 질병의 자연사
　㉠ 1차 예방 : 비병원성기, 초기병원성기 – 질병방생억제단계
　　• 적극적 예방 : 환경위생, 건강증진, 생화환경개선
　　• 소극적 예방 : 특수예방, 예방접종
　㉡ 2차 예방 : 불현성질환기, 발현성질환기 – 조기발견과 조기치료단계
　㉢ 3차 예방 : 회복기 – 재활 및 사회복귀 단계, 잔여기능의 최대화

19 생산가능인구(15~64세) 100명에 대한 고령인구(65세 이상)의 비는 '노년부양비＝고령인구(65세 이상)÷생산가능인구(15~64세)×100'이다.
　따라서, $(110+40) \div (600+400) \times 100 = 150 \div 1000 \times 100 = 15(\%)$이다.

20 근로자의 건강을 보호하기 위한 조치로 가장 옳지 않은 것은?

① 「근로기준법」및 동법 시행령에 따라 취직인허증을 지니지 않은 15세 미만인 자는 근로자로 사용하지 못한다.
② 「근로기준법」및 동법 시행령에는 임산부를 위한 사용금지 직종을 규정하고 있다.
③ 근로 의욕과 생산성을 위하여 근로자를 적재적소에 배치한다.
④ 「근로기준법」상 수유시간은 보장되지 않는다.

ANSWER 20.④

20 생후 1년 미만의 유아(乳兒)를 가진 여성 근로자가 청구하면 1일 2회 각각 30분 이상의 유급 수유 시간을 주어야 한다〈근로기준법 제75조(육아 시간)〉.
① 15세 미만인 사람(「초·중등교육법」에 따른 중학교에 재학 중인 18세 미만인 사람을 포함한다)은 근로자로 사용하지 못한다. 다만, 대통령령으로 정하는 기준에 따라 고용노동부장관이 발급한 취직인허증(就職認許證)을 지닌 사람은 근로자로 사용할 수 있다〈근로기준법 제64조(최저 연령과 취직인허증) 제1항〉.
②③ 임산부 등의 사용 금지 직종〈근로기준법 시행령 별표4〉

구분	사용 금지 직종
임신 중인 여성	㉠ 「원자력안전법」 제91조 제2항에 따른 방사선작업종사자 등의 피폭방사선량이 선량한도를 초과하는 원자력 및 방사선 관련 업무 ㉡ 납, 수은, 크롬, 비소, 황린, 불소(불화수소산), 염소(산), 시안화수소(시안산), 2-브로모프로판, 아닐린, 수산화칼륨, 페놀, 에틸렌글리콜모노메틸에테르, 에틸렌글리콜모노에틸에테르, 에틸렌글리콜모노에틸에테르 아세테이트, 염화비닐, 벤젠 등 유해물질을 취급하는 업무 ㉢ 사이토메갈로바이러스(Cytomegalovirus)·B형 간염 바이러스 등 병원체로 인하여 오염될 우려가 큰 업무. 다만, 의사·간호사·방사선기사 등의 면허증을 가진 사람 또는 해당 자격 취득을 위한 양성과정 중에 있는 사람의 경우는 제외한다. ㉣ 신체를 심하게 펴거나 굽히면서 해야 하는 업무 또는 신체를 지속적으로 쭈그려야 하거나 앞으로 구부린 채 해야 하는 업무 ㉤ 연속작업에 있어서는 5킬로그램 이상, 단속(斷續)작업에 있어서는 10킬로그램 이상의 중량물을 취급하는 업무 ㉥ 임신 중인 여성의 안전 및 보건과 밀접한 관련이 있는 업무로서 고용노동부령으로 정하는 업무 ㉦ 그 밖에 고용노동부장관이 「산업재해보상보험법」 제8조에 따른 산업재해보상보험 및 예방심의위원회의 심의를 거쳐 지정하여 고시하는 업무
산후 1년이 지나지 않은 여성	㉠ 납, 비소를 취급하는 업무. 다만, 모유 수유를 하지 않는 여성으로서 본인이 취업 의사를 사업주에게 서면으로 제출한 여성의 경우는 제외한다. ㉡ 2-브로모프로판을 취급하거나 2-브로모프로판에 노출될 수 있는 업무 ㉢ 그 밖에 고용노동부장관이 산업재해보상보험 및 예방심의위원회의 심의를 거쳐 지정하여 고시하는 업무
임산부가 아닌 18세 이상인 여성	㉠ 2-브로모프로판을 취급하거나 2-브로모프로판에 노출될 수 있는 업무. 다만, 의학적으로 임신할 가능성이 전혀 없는 여성인 경우는 제외한다. ㉡ 그 밖에 고용노동부장관이 산업재해보상보험 및 예방심의위원회의 심의를 거쳐 지정하여 고시하는 업무
18세 미만인 자	㉠ 「건설기계관리법」, 「도로교통법」 등에서 18세 미만인 자에 대하여 운전·조종면허 취득을 제한하고 있는 직종 또는 업종의 운전·조종업무 ㉡ 「청소년보호법」 등 다른 법률에서 18세 미만인 청소년의 고용이나 출입을 금지하고 있는 직종이나 업종 ㉢ 교도소 또는 정신병원에서의 업무 ㉣ 소각 또는 도살의 업무 ㉤ 유류를 취급하는 업무(주유업무는 제외한다) ㉥ 2-브로모프로판을 취급하거나 2-브로모프로판에 노출될 수 있는 업무 ㉦ 18세 미만인 자의 안전 및 보건과 밀접한 관련이 있는 업무로서 고용노동부령으로 정하는 업무 ㉧ 그 밖에 고용노동부장관이 산업재해보상보험 및 예방심의위원회의 심의를 거쳐 지정하여 고시하는 업무

공중보건 | 2021. 6. 5. 제1회 서울특별시 시행

1 병원체와 숙주 간 상호작용 지표에 대한 설명으로 가장 옳지 않은 것은?

① 감염력은 병원체가 숙주 내에 침입·증식하여 숙주에 면역반응을 일으키게 하는 능력이다.
② 독력은 현성 감염자 중에서 매우 심각한 임상증상이나 장애가 초래된 사람의 비율로 계산한다.
③ 이차발병률은 감염된 사람들 중에서 발병자의 비율로 계산한다.
④ 병원력은 병원체가 감염된 숙주에게 현성감염을 일으키는 능력이다.

2 우리나라 국민건강보험의 특성에 해당하지 않는 것은?

① 강제 적용
② 보험료 차등 부담
③ 차등 보험 급여
④ 단기 보험

ANSWER 1.③ 2.③

1 ③ 이차발병률은 병원체의 최장잠복기 내 질병 발병자수 ÷ 환자와 접촉한 감수성 있는 사람들의 수(발달환자와 면역자 제외) × 100으로 사람 간에 2차 전파 가능한 전염병 유행에서 감염성을 판단하기 위해 산출한다. 감수성이 있다는 것은 해당 병원체에 특이항체(저항력)을 가지지 못한 사람들을 말한다. 해당 병명에 대한 과거력이 있거나 일차발병자 및 예방 접종자는 제외된다.
① 감염력은 병원체가 감염을 일으키는 능력을 말한다.
② 독력은 병원성과 동일한 의미로 사용되고 병을 발생시키는 병원균의 능력, 광의적 의미로는 병이 심각해지는 정도를 말한다.
④ 병원력이란 병원균이 현성감염을 일으키는 능력을 말하며 감염된 사람들 중에 현성감염자의 비율을 뜻한다.

2 우리나라의 국민건강보험의 특성은 강제가입(법률에 의해 국내에 거주하는 모든 국민, 외국인, 재외국민은 강제 가입하여야 함), 강제징수(소득과 자산의 따라 정해진 보험료를 의무적으로 지불), 균등기여(보험료는 부담능력에 따라 부과), 균일 급여(지불한 보험료에 상관없이 동일한 의료서비스 제공), 단기보험(1년 단위로 재정수지 상계), 건강의 사회적 보장, 소득 재분배 기능, 사회 연대성 재고의 특성이 있다. 차등보험급여는 사보험에서 보험료 부담수준에 따른 차등급여를 적용하고 있다.

3 공중보건학의 발전사를 고대기, 중세기, 여명기, 확립기, 발전기의 5단계로 구분할 때 중세기에 대한 업적으로 가장 옳은 것은?

① 세계 최초의 국세조사가 스웨덴에서 이루어졌다.
② 프랑스 마르세유(Marseille)에 최초의 검역소가 설치되었다.
③ 영국 런던에서 콜레라의 발생 원인에 대한 역학조사가 이루어졌다.
④ 질병의 원인으로 장기설(miasma theory)과 4체액설이 처음 제기되었다.

ANSWER 3.②

3 공중보건학의 발전사
  ㉠ 고대기(위생 중심)
    • 메소포타미아 : 레위기의 모세5경, 바빌로니아 함무라비법전(공중보건에 관한 내용이 있는 최초의 법전)
    • 이집트 : papyri42권(가장 오래된 의학사전) ※ 임호텝, Herodotus : 개인위생
    • 그리스
    − 히포크라테스가 환경요인과 질병의 관련성을 최초로 제시
    − 장기설, Epidemic, 4체액설, 섭생법
    • 로마
    − 갈렌과 히포크라테스의 장기설을 계승발전
    − 위생학(Hygiene)을 처음 사용
    − 전문 의료기관으로 다이아코니아, 제노도키아가 있음
  ㉡ 중세기(암흑기)
    • 6∼7세기 성지순례로 인한 콜레라가 대유행
    • 13세기 십자군운동으로 인한 나병(한센병)
    • 14세기 칭기스칸 유럽정벌로 흑사병(페스트)발병하여 유럽인구의 1/4 사망, 40일간 격리(Quarantine), 프랑스 마르세유의 최초 검역소
    • 15∼16세기 매독, 결핵 유행
    • Salerno 양생법 : 일반대중들이 활용
  ㉢ 근세기(여명기, 요람기) : 보건문제가 국가적 관심사
    • Ramazzini : 산업보건
    • Leeuwenhook : 현미경 발견
    • Frank : 개인의 건강은 국가의 책임
    • Jenner : 우두종두법개발
    • Chadwick : 영국노동자의 발병상태보고서, 열병보고서로 최초 공중보건법 발생
    • Thomas sydenham : 장기설주장, 말라리아 치료 시 키니네 사용 대중화
    • Vesalius : 근대 해부학의 창시자
  ㉣ 근대기(세균학설시대, 보건의료확립기)
    • Snow : 콜레라 원인규명
    • William : 방문간호, 오늘날 보건소 제도의 효시
    • Bismarck : 세계 최초 근로자 질병보호법
    • Pettenkofer : 위생학 교실 창립
    • Koch : 결핵균, 연쇄상구균, 콜레라균 발견, 근대의학 창시자
    • Pasteur : 백신 발견, 현대의학의 창시자
    • Homes : 산욕열 예방
  ㉤ 현대기(보건의료 발전기, 탈미생물학시대)
    • 1919년 : 영국이 세계 최초로 보건부 설치
    • 1920년 : Winslow 공중보건의 정의 발표
    • 1948년 : WHO 설립
    • 1974년 : UN "Health for all by the year 2000" 인류의 건강목표 설정
    • 1979년 : WHO 두창(천연두) 근절 선언

4 인체의 체온유지에 중요한 온열요소의 종합작용에 대한 설명으로 가장 옳은 것은?

① 실외에서의 불쾌지수는 기온과 기습으로부터 산출한다.
② 계절별 최적 감각온도는 겨울이 여름보다 높은 편이다.
③ 쾌감대는 기온이 높은 경우 낮은 습도 영역에서 형성된다.
④ 기온과 습도가 낮고 기류가 커지면 체열 발산이 감소한다.

5 정신건강과 관련된 내용에 대한 설명으로 가장 옳지 않은 것은?

① 세계보건기구는 정신건강증진을 긍정적 정서를 함양하고 질병을 예방하며 역경을 이겨내는 회복력(resilience)을 향상시키는 것이라고 정의하였다.
② 「정신건강증진 및 정신질환자 복지서비스 지원에 관한 법률」에서 정신건강증진사업을 규정하고 있다.
③ 정부는 정신건강을 위한 다양한 정책, 제도, 법률 서비스 개발을 강화하고 실행하여야 한다.
④ 지역사회 기반의 정신건강 서비스는 입원을 강화하도록 하고, 병원이 중심이 되어야 한다.

ANSWER 4.③ 5.④

4 ③ 쾌감대는 적당한 착의 상태에서 쾌감을 느낄 수 있는 온열조건으로 온도가 증가할수록 높은 습도 영역에서 형성된다.
① 불쾌지수는 기온과 기습을 고려한 불쾌함의 정도를 말한다.
② 감각온도란 온도, 기류 및 방사열과 같은 것에 인자를 고려하여 인간 감각을 통해 느끼는 온도를 감각온도라 하며 계절별 최적 감각온도는 겨울이 여름보다 높다.
④ 기류가 작고 기온과 습도가 높아지면 체열발산이 감소한다.

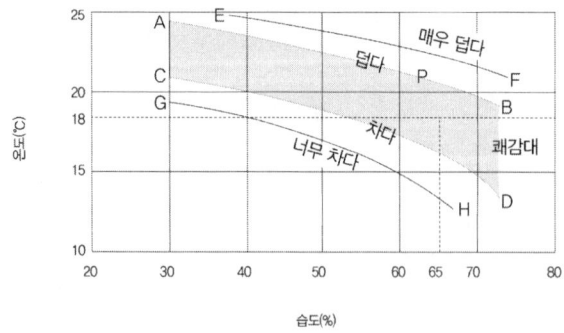

5 지역사회 기반의 정신건강서비스는 지역사회의 생활을 향상시키고, 입원이나 입소를 최소한으로 하여 환자 중심적인 치료가 우선적으로 고려되어야 한다.

6 위험요인과 질병발생의 인과관계 규명을 위하여 역학적 연구를 설계하고자 할 때 인과적 연관성에 대한 근거의 수준이 가장 높은 연구방법은?

① 실험연구
② 단면연구
③ 코호트연구
④ 환자 – 대조군연구

7 Myers(1969)는 지역사회 또는 사회적 수준에서 요구되는 바람직한 보건의료의 조건으로 4가지를 제시하였는데, 이 중 치료과정에서 최소의 자원을 투입하여 건강을 빨리 회복시키는 것을 의미하는 것은?

① 형평성
② 접근성
③ 효과성
④ 효율성

ANSWER 6.① 7.④

6
① 실험연구 : 연구자가 연구대상자의 참여 및 주요인 및 교란요인에 노출, 무작위 배정을 통하여 여러 연구 조건들을 직접 통제하여 연구수행과정에서 발생할 수 있는 각종 바이러스가 연구결과에 영향을 미치는 것을 최소한 것으로 인과적 연관성에 대한 근거의 수준이 가장 높다.
② 단면연구 : 질병과 질병에 대한 위험요인 노출정보를 같은 시점 또는 같은 기간 내에 도출할 수 있는 역학적 연구형태로써 연구 설계 중 유일하게 유병률을 산출할 수 있는 연구방법이다.
③ 코호트 연구 : 질병의 위험요인을 밝히고자 위험요인에 노출된 인구집단을 장시간 동안 추적관찰하여 질병이나 사망의 발생률을 비교하는 역학적 연구 설계이다.
④ 환자 – 대조군연구 : 연구하고자 하는 질병이 있는 환자군과 질병이 없는 대조군에서 유험요인에 대한 두 집단의 노출 정도를 비교하는 연구이다.

7 Myers가 제시한 양질의 보건의료 요건 구성요소로서의 4가지
㉠ 접근용이성(accessibility) : 사용자들이 필요하면 언제 어디서든 쉽게 이용할 수 있도록 재정적, 지리적, 사회, 문화적인 측면에서 보건의료서비스가 송급되어야 함을 말한다.
㉡ 질적 적정성(quality) : 보건의료와 관련하여 의학적 적정성과 사회적 적정성이 질적으로 동시에 달성될 수 있어야 함을 의미한다.
㉢ 지속성(continuity) : 보건의료는 시간적·지리적으로 상관성을 가져야하고 보건의료 기관들 간에 유기적으로 협동하여 보건의료서비스를 수행해야한다.
㉣ 효율성(efficiency) : 보건의료 목적을 달성하는 데 투입되는 자원의 양을 최소화하거나 일정한 자원의 투입으로 최대의 목적을 달성할 수 있어야 함을 의미한다.

8 〈보기〉에서 설명하는 물질로 가장 옳은 것은?

─────〈보기〉─────
은백색 중금속으로 합금제조, 합성수지, 도금작업, 도료, 비료제조 등의 작업장에서 발생되어 체내로 들어가면 혈액을 거쳐 간과 신장에 축적된 후 만성중독 시 신장기능장애, 폐기종, 단백뇨 증상을 일으킨다.

① 비소 ② 수은
③ 크롬 ④ 카드뮴

9 질병예방적 관점에 따른 보건의료의 분류로 가장 옳은 것은?

① 재활치료는 2차 예방에 해당한다.
② 금주사업은 1차 예방에 해당한다.
③ 예방접종은 2차 예방에 해당한다.
④ 폐암 조기진단은 1차 예방에 해당한다.

ANSWER 8.④ 9.②

8 ④ **카드뮴**: 만성중독의 3대 증상에는 폐기종과 신장기능 장애, 단백뇨가 있으며 대표적인 증상으로는 뼈의 통증, 골연화증, 골소공증 등 골격계 장애가 있다.
① **비소**: 수용성 무기비소는 급성 독성을 가지고 있으며, 장기간 섭취할 경우 만성중독이 발생하여 피부증상 및 말초신경장애, 당뇨, 신장계통의 이상, 심혈관계 질병, 암 등의 건강문제를 유발시킨다.
② **수은**: 자궁 내 태아의 조기 발육장애를 일으키는 독성물질이다. 주로 작업장에서 원소수은을 증기로 흡입할 때 인간에 대한 노출이 이루어지며, 수은에 오염된 물고기나 조개를 섭취하는 것도 중요한 노출경로이다.
③ **크롬**: 급성중독의 경우 신장장해, 만성중독의 경우 코, 폐 및 위장의 점막에 병변을 일으키며 대표적인 증상으로는 비중격 천공이 있다.

9 보건의료의 분류
㉠ **1차 예방**: 건강한 개인을 대상으로 특정건강문제가 발생하기 이전 질병을 예방하거나 질병이 발생하더라도 그 정도를 약하게 하는 것을 의미한다(예방접종, 건강증진, 보건교육, 상담, 영양관리 등).
㉡ **2차 예방**: 질병의 초기 즉 조기에 발견하고 이를 치료하여 원래의 건강상태를 되찾도록 하는 것이다(건강검진, 집단검진, 조기치료, 당뇨환자의 식이요법 등).
㉢ **3차 예방**: 질병의 발견과 치료 후 남는 여러 가지 신체적 장애와 기능을 회복시키고 질병으로 인한 신체적 정신적 후유증을 최소화하는 것을 말하며 합병증을 최소화하는 것을 말한다(재활치료, 사회생활복귀, 정신질환자의 사회복귀 훈련 등).

10 〈보기〉에서 설명하는 인구구조로 가장 옳은 것은?

〈보기〉

감소형 인구구조로서 출생률이 사망률보다 낮은 인구구조를 말한다. 주로 평균수명이 높은 선진국에 나타나는 모형이다.

① 종형(bell form) ② 항아리형(pot form)
③ 피라미드형(pyramid form) ④ 별형(star form)

11 수질 오염에 대한 설명으로 가장 옳은 것은?

① 물의 pH는 보통 7.0 전후이다.
② 암모니아성 질소의 검출은 유기성 물질에 오염된 후 시간이 많이 지난 것을 의미한다.
③ 물속에 녹아있는 산소량인 용존산소는 오염된 물에서 거의 포화에 가깝다.
④ 생물화학적 산소요구량이 높다는 것은 수중에 분해되기 쉬운 유기물이 적다는 것을 의미한다.

ANSWER 10.② 11.①

10 ② 항아리형(pot form, 감퇴형): 출생률과 사망률이 모두 낮으면서 출생률이 사망률보다 낮아 인구가 감소하는 특징이 있으며, 주로 평균수명이 높은 선진국에서 나타난다.
① 종형(bell form, 선진국형): 출생률이 낮아 유소년층 인구가 낮고 평균수명이 연장되어 노년층의 비율이 높다. 선진국에서 나타난다.
③ 피드미드형(pyramid form, 후진국형): 유소년층이 큰 비중을 차지하며 다산다사의 미개발국가나 다산소사의 개발도상국에서 나타난다.
④ 별형(star form, 도시형): 인구전입으로 청장년층의 비율이 높은 도시나 신개발지역에서 나타나는 유형으로써 노년인구나 유소년인구에 비해 생산연령인구가 많다는 특징이 있다.

11 ① 순수하고 오염되지 않은 물의 pH는 보통 7로 산성도, 알칼리성도 아닌 중성상태이다.
② 암모니아성 질소는 단백질이 분해되면서 생성되는 물질이며 우리나라의 강과 호수에서 검출되는 암모니아성 질소는 생활하수 및 축산폐수가 주 원인으로 알려져 있다.
③ 용존산소량은 물의 오심상태를 나타내는 항목 중에 하나로 물에 녹아있는 산소의 양을 말한다. 맑은 물에서 용존산소량은 거의 포화값에 가까우며 유기물 등으로 오염되어 있는 물에서 용존산소량이 1ppm 이하가 되기도 한다. 일반적인 물고기들은 용존산소량의 4~5ppm 이하가 되면 생존할 수 없다.
④ 생화학적 산소요구량은 물속에 있는 호기성 미생물이 유기물을 분해하는 데 필요한 산소의 소모량을 말하며, 높을수록 유기물이 많이 포함된 오염된 물이라는 것을 의미한다.

12 역학적 삼각형(epidemiologic triangle) 모형으로 설명할 수 있는 질환으로 가장 옳은 것은?

① 골절
② 콜레라
③ 고혈압
④ 폐암

13 〈보기〉에서 교차비(odds ratio)를 구하는 식으로 가장 옳은 것은?

위험 요인 노출	질병 발생	
	발생(+)	비발생(−)
노출(+)	a	b
비노출(−)	c	d

① $\dfrac{ad}{bc}$

② $\dfrac{a}{a+b} \div \dfrac{c}{c+d}$

③ $\dfrac{a+c}{a+b+c+d}$

④ $\dfrac{c}{c+d}$

ANSWER 12.② 13.①

12 역학적 삼각형(epidemiologic triangle) … F.G.Clark가 질병발생의 요인을 숙주와 병인, 환경이라는 3가지 요인의 상호작용에 의한 것이라고 주장한 것이다. 숙주에 영향을 주는 요인에는 생물적 요인(성별, 연령, 종족 등), 체질적 요인(건강, 영양, 면역 등), 행태적 요인(생활습관, 개인위생 등), 유전적 요인이 있다. 병인에 영향을 주는 요인에는 병원소 밖에서 생존 및 증식하는 증력과 전파의 난이성, 숙주로의 침입 및 감염능력, 질병을 일으키는 능력이 있으며 환경영향을 주는 요인에는 물리·화학적 요인(계절, 기후 등)과 사회·문화적 요인(인구분포, 사회구조 등), 생물적 요인(매개곤충, 기생충 등)이 있다. 이는 가장 널리 사용되어온 모형이나 비감염성 질환의 발생을 설명하기에는 부적절하다. 거미줄 모형은 질병이 발생하는 경로를 표현하여 질병예방대책을 마련하는 데 도움을 주며, 수레바퀴모형은 질병발생에 대한 원인 요소들의 기여정도에 중점을 두어 역학적 분석에 도움을 준다. 거미줄 모형과 수레바퀴모형은 만성비감염성질환의 원인을 표현하는데 적합하여 골절, 고혈압, 폐암 등을 설명하는 데 적합하다.

13 교차비(odds ratio) … 어떤 성공할 확률이 실패할 확률의 몇 배인지를 나타내는 확률을 의미한다. 즉, 위험인자에 노출된 사람 중에서 질병에 걸린 사람의 수를 질병에 걸리지 않은 사람의 수로 나누고 이를 다시 위험인자에 노출되지 않은 사람 중 질병에 걸린 사람 수를 질병에 걸리지 않은 사람으로 나누는 것을 말한다. 이것은 주로 위험인자에 노출된 경우 노출되지 않은 경우에 비해 질환이 발생할 위험이 몇 배 더 크다고 해석된다. 즉 요인이 없을 때(위험인자가 없을 때)에 대한 요인이 있을 때(위험 인자가 있을 때)의 교차비(odds ratio)를 나타낸다.

14 우리나라 보건행정조직에 대한 설명으로 가장 옳지 않은 것은?

① 「지역보건법」에 기반하여 보건소와 보건지소가 설치되어 있다.
② 「보건소법」은 1995년 「지역보건법」으로 개정되었다.
③ 보건진료소는 보건의료 취약지역에 설치되며, 보건진료소장은 보건진료 전담공무원이 맡는다.
④ 건강생활지원센터는 시·군·구 단위로 설치되고 감염병 관리 및 치료 기능을 담당하고 있다.

15 인구구조 지표에 대한 설명으로 가장 옳은 것은?

① 부양비는 경제활동연령 인구에 대한 비경제활동연령 인구의 비율로 표시된다.
② 노년부양비는 0~14세 인구에 대한 65세 이상 인구의 비율로 표시된다.
③ 노령화지수는 15~64세 인구에 대한 65세 이상 인구의 비율로 표시된다.
④ 1차 성비는 출생 시 여자 100명에 대한 남자 수로 표시된다.

ANSWER 14.④ 15.①

14 ④ 지방자치단체는 보건소의 업무 중에서 특별히 지역주민의 만성질환 예방 및 건강한 생활습관 형성을 지원하는 건강생활지원센터를 대통령령으로 정하는 기준에 따라 해당 지방자치단체의 조례로 설치할 수 있다〈지역보건법 제14조(건강생활지원센터의 설치)〉. 건강생활지원센터는 읍·면·동(보건소가 설치된 읍·면·동은 제외한다)마다 1개씩 설치할 수 있다〈지역보건법 시행령 제11조(건강생활지원센터의 설치)〉.
① 「지역보건법」 제10조(보건소의 설치) 및 제13조(보건지소의 설치)에 따라 설치되어 있다.
② 1995년 2월 29일, 「보건소법」에서 「지역보건법」으로 명칭을 바꾸었다.
③ "보건진료소"란 의사가 배치되어 있지 아니하고 계속하여 의사를 배치하기 어려울 것으로 예상되는 의료 취약지역에서 보건진료 전담공무원으로 하여금 의료행위를 하게 하기 위하여 시장·군수가 설치·운영하는 보건의료시설을 말한다〈농어촌 등 보건의료를 위한 특별조치법 제2조(정의) 제4호〉.

15 ① 부양비(Dependency ratio)는 생산가능인구(15~64세)에 대한 유소년인구(0~14세)와 고령인구(65세 이상)의 합의 백분비로 인구의 연령구조를 나타내는 지표이다.
② 노년부양비란 생산연령인구(15~64세) 100명에 대한 고령(65세 이상) 인구의 비를 뜻한다.
③ 노령화지수는 유소년(14세 이하)인구 100명에 대한 고령(65세 이상) 인구의 비이다.
④ 1차 성비는 수정될 때의 성비, 2차 성비는 출생성비, 3차 성비는 생식연령의 성비, 4차 성비는 생식연령 이후의 성비로 나뉜다.

16 지역주민의 건강문제에 대한 조사결과가 정규분포를 따른다고 할 때 이 곡선에 대한 설명으로 가장 옳은 것은?

① 평균 근처에서 낮고 양측으로 갈수록 높아진다.
② 평균에 따라 곡선의 높낮이가 달라진다.
③ 표준편차에 따라 곡선의 위치가 달라진다.
④ 표준편차가 작으면 곡선의 모양이 좁고 높아진다.

ANSWER 16.④

16 정규분포란 아래 [그림1]의 그래프처럼 중간값과 평균값의 분포가 가장 높고 양 극단의 최댓값과 최솟값이 매우 적다는 것을 의미한다. 표준편차가 클수록 [그림2]처럼 곡선이 완만해지며 표준편차가 작으면 [그림3]처럼 곡선의 모양이 좁고 높아진다. 평균에 따라 곡선의 위치가 달라지며 표준편차에 따라 곡선의 높낮이가 달라진다.

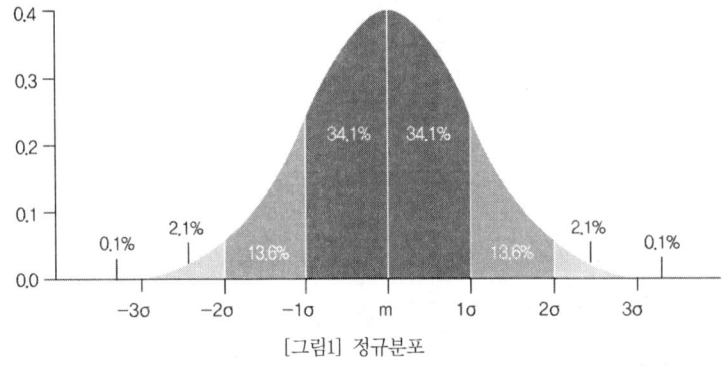
[그림1] 정규분포

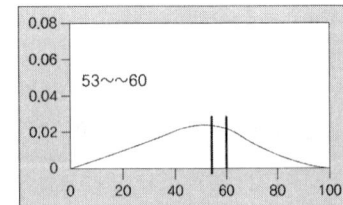
[그림2] 평균이 53, 표준편차가 15일 경우

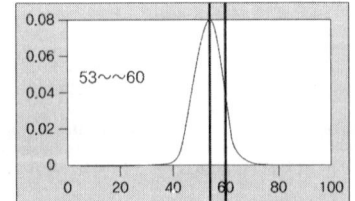
[그림3] 평균이 53, 표준편차가 5일 경우

17 식중독에 대한 설명으로 가장 옳지 않은 것은?

① 세균성 식중독은 크게 감염형과 독소형으로 분류된다.
② 대부분의 세균성 식중독은 2차 감염이 거의 없다.
③ 노로바이러스는 온도, 습도, 영양성분 등이 적정하면 음식물에서 자체 증식이 가능하다.
④ 살모넬라, 장염비브리오는 감염형 식중독 원인균에 해당한다.

18 알마아타 선언에서 제시한 일차보건의료(primary health care)의 필수적인 사업 내용에 해당하는 것은?

① 전문 의약품의 공급
② 직업병 예방을 위한 산업보건
③ 안전한 식수공급과 기본적 위생
④ 희귀질병과 외상의 적절한 치료

ANSWER 17.③ 18.③

17 ③ 노로바이러스는 주로 물을 통해 전염되며 자체 증식은 불가능하다. 식중독이란 식품의 섭취로 인하여 인체에 유해한 미생물 또는 유독물질에 의하여 발생하였거나 발생한 것으로 판단되는 감염성 또는 독소형 질환(「식품위생법」 제2조 제14호)이다. 식중독은 크게 미생물(세균성, 바이러스성)과 화학물질(자연독, 인공화합물)로 나눌 수 있다.
① 세균성 식중독은 크게 독소형과 감염형으로 구분할 수 있다.
② 세균성 식중독 중 감염형에 해당되는 노로바이러스의 경우 2차 감염이 흔하게 일어나기 때문에 집단적인 발병 양상을 보인다.
④ 세균성 식중독 중 감염형에는 살모넬라, 장염비브리오균, 병원성 대장균 등이 있다.

18 알마아타 선언 중 제7조 일차보건의료(primary health care)
㉠ 국가 및 그 공동체의 경제적 조건 및 사회 문화적, 정치적 특성으로부터 발전하고 사회, 의료 서비스 연구와 공공 보건 경험의 관련 결과의 적용에 기초한다.
㉡ 그에 따라 촉진, 예방, 치료 및 재활 서비스를 제공하여 커뮤니티의 주요 건강 문제를 해결한다.
㉢ 최소한 일반적인 건강 문제와 그것들을 예방하고 통제하는 방법에 관한 교육, 식품 공급의 촉진과 적절한 영양 섭취, 안전한 물과 기본 위생의 적절한 공급, 가족계획을 포함한 산모와 아동 건강관리, 주요 감염 예방, 일반 질병 및 부상의 적절한 치료, 필수 약물을 제공한다.
㉣ 보건 부문 외에도, 국가 및 지역사회 개발의 모든 관련 부문과 양상, 특히 농업, 동물 사육, 식품, 산업, 교육, 주택, 공공사업, 통신 및 기타 부문이 포함되며, 이러한 모든 부문의 조정된 노력을 요구한다.
㉤ 일차보건의료의 계획, 조직, 운영 및 관리에 최대한의 지역사회와 개인의 자립성을 요구 및 촉진하고, 지역, 국가 및 기타 가용 자원을 최대한 활용하고, 이를 위해 적절한 교육을 통해 지역사회에 참여할 수 있는 능력을 개발한다.
㉥ 기능적으로 통합되고, 상호 보완적인 의뢰 시스템(전달 체계)을 통해 지속되어야 하며, 이는 모두를 위한 종합적인 의료 서비스의 점진적인 개선을 이끌어 내고, 가장 도움이 필요한 사람들에게 우선순위를 주어야 한다.
㉦ 지역 및 의뢰 수준에서 의사, 간호사, 조산사, 보조원 및 지역사회 종사자를 포함한 보건 종사자와 필요한 경우 전통의료 시술자를 포함하여 사회 및 기술적으로 의료 팀으로서 일하기 위해 적절히 훈련된 종사자에 의존한다.

19 「환경정책기본법 시행규칙」에 의한 대기환경 기준에서 1시간 및 8시간 평균치만 설정되어 있는 대기오염물질은?

① 오존, 아황산가스
② 오존, 일산화탄소
③ 일산화탄소, 아황산가스
④ 아황산가스, 초미세먼지(PM-2.5)

20 인위적으로 항체를 주사하여 얻는 면역은?

① 자연능동면역
② 자연수동면역
③ 인공능동면역
④ 인공수동면역

ANSWER 19.② 20.④

19 환경기준〈환경정책기본법 시행령 별표 1〉

항목	기준
아황산가스(SO_2)	• 연간 평균치 0.02ppm 이하 • 24시간 평균치 0.05ppm 이하 • 1시간 평균치 0.15ppm 이하
일산화탄소(CO)	• 8시간 평균치 9ppm 이하 • 1시간 평균치 25ppm 이하
이산화질소(NO_2)	• 연간 평균치 0.03ppm 이하 • 24시간 평균치 0.06ppm 이하 • 1시간 평균치 0.10ppm 이하
미세먼지(PM-10)	• 연간 평균치 50$\mu g/m^3$ 이하 • 24시간 평균치 100$\mu g/m^3$ 이하
초미세먼지(PM-2.5)	• 연간 평균치 15$\mu g/m^3$ 이하 • 24시간 평균치 35$\mu g/m^3$ 이하
오존(O_3)	• 8시간 평균치 0.06ppm 이하 • 1시간 평균치 0.1ppm 이하
납(Pb)	연간 평균치 0.5$\mu g/m^3$ 이하
벤젠	연간 평균치 5$\mu g/m^3$ 이하

20 능동면역 … 항원에 적극적으로 반응하여 특이 항체를 생성하는 것이며, 자연 능동면역은 질병을 앓고 난 후 획득하는 것을 말한다(수두, 홍역, 볼거리). 인공 능동면역은 예방접종을 통해 질병을 피할 수 있게 된 것을 말한다(소아마비, 홍역, 풍진, 장티푸스, 콜레라, 결핵 등). 수동면역이란 다른 사람이나 동물에 의해 만들어진 항체를 체내에 주입하는 것을 말하며, 자연 수동면역은 태아가 모체로부터 받는 면역을 말한다. 인공 수동면역이란 다른 사람이나 동물에 의해 만들어진 항체를 주입하는 것(광견병, 파상풍, 독사에 물린 경우 인체 감마 글로불린 주사를 맞는 것)이 해당된다.

공중보건 | 2022. 2. 26. 제1회 서울특별시 시행

1 공중보건학의 발전사 중 시기적으로 가장 늦은 것은?

① L. Pasteur의 광견병 백신 개발
② John Snow의 「콜레라에 관한 역학조사 보고서」
③ R. Koch의 결핵균 발견
④ Bismark에 의해 세계 최초의 근로자 질병보호법 제정

ANSWER 1.①

1 ① L. Pasteur 광견병 백신 개발 : 1885년
② John Snow의 콜레라에 관한 역학조사 보고서 : 1848년
③ 로버트 코흐(R. Koch)의 결핵균 발견 : 1882년
④ 비스마르크에 의해 세계 최초로 질병보호법 제정 : 1883년

2 1978년 카자흐스탄에서 열린 일차보건의료에 대한 국제회의에서 채택된 「알마아타 선언(Declaration of Alma – Ata)」에서 정의한 일차보건의료(Primary health care)에 대한 설명으로 가장 옳지 않은 것은?

① 국가와 지역사회의 경제적, 사회문화적, 정치적 특성을 반영한다.
② 지역사회 건강문제, 건강증진, 질병 예방, 치료, 재활 서비스를 다룬다.
③ 농업, 축산, 식품, 산업, 교육, 주택, 공공사업 등 지역 및 국가개발과 관련된 다양한 분야가 고려된다.
④ 지역사회의 필요에 대응하고자 전문의를 중심으로 한 수준 높은 의료서비스 제공을 강조한다.

ANSWER 2.④

2 일차보건의료의 실현을 위해 주민의 자주적인 참여가 필수이며, 행정기관과 지역주민, 보건의료 종사자가 모두 노력해야 한다.
※ **알마아타 선언** … 1978년, 카자흐스탄의 알마아타에서 세계보건기구 후원으로 열린 국제의료회의에서 '일차보건의료'라는 단어가 시작되었고, 세계보건기구는 이 알마아타 선언 이후 '일차보건의료'를 보건의료정책의 주요 전략으로 채택하였다. 그 내용은 아래와 같다.
  ㉠ 국가 및 그 공동체의 경제적 조건 및 사회문화적, 정치적 특성으로부터 발전하고 사회, 의료 서비스 연구와 공공보건 경험의 관련 결과의 적용에 기초한다.
  ㉡ 그에 따라 촉진, 예방, 치료 및 재활 서비스를 제공하여 지역사회의 주요 건강 문제를 해결한다.
  ㉢ 최소한 일반적인 건강 문제와 그것들을 예방하고 통제하는 방법에 관한 교육, 식품 공급의 촉진과 적절한 영양섭취, 안전한 물과 기본 위생의 공급, 가족계획을 포함한 산모와 아동 건강관리, 주요 감염 예방, 일반 질병 및 부상의 적절한 치료, 필수 약물을 제공한다.
  ㉣ 국가 및 지역사회 개발의 관련 부문과 양상, 특히 농업, 동물 사육, 식품, 산업, 교육, 주택, 공공사업, 통신이 포함되며, 이러한 모든 부문의 조정된 노력을 요구한다.
  ㉤ 일차보건의료의 계획, 조직, 운영 및 관리에 최대한의 지역사회와 개인의 자립성을 요구 및 촉진하고 지역, 국가 및 기타 가용자원을 적극 활용하고 이를 위해 적절한 교육을 통해 지역사회에 참여할 수 있는 능력을 개발한다.
  ㉥ 기능적으로 통합되고 상호보완적인 의뢰 시스템을 통해 지속되어야 하며, 이는 모두를 위한 종합적인 의료 서비스의 개선을 이끌어내고 가장 도움이 필요한 사람들에게 우선순위를 주어야 한다.
  ㉦ 지역 및 의료 수준에서 의사, 간호사, 조산사, 보조원 및 지역사회 종사자를 포함한 보건 종사자와 필요한 경우 전통의료 시술자를 포함하여 사회 및 기술적으로 의료 팀으로서 일하기 위해 적절한 훈련된 종사자에 의존한다.

3 제5차 국민건강증진종합계획(Health Plan 2030, 2021~2030)에서 제시한 기본원칙에 해당하지 않는 것은?

① 건강친화적인 환경 구축
② 전문가와 공무원 주도의 건강 책무성 제고
③ 보편적인 건강수준 향상과 건강 형평성 제고
④ 국가와 지역사회의 모든 정책 수립에 건강을 우선적으로 반영

4 단면조사 연구(Cross – Sectional Study)의 장점에 대한 설명으로 가장 옳은 것은?

① 희귀한 질병의 연구에 적합하다.
② 연구시행이 쉽고 비용이 적게 든다.
③ 질병 발생 원인과 결과 해석의 선후관계가 분명하다.
④ 연구대상자의 수가 적어도 적용할 수 있는 방법이다.

ANSWER 3.② 4.②

3 전문가, 공무원뿐만 아니라 일반 국민의 건강정책 의견을 수렴하고 주도적 역할을 부여한다.
 ※ 제5차 국민건강증진종합계획의 기본원칙
  ㉠ 국가와 지역사회의 모든 정책 수립에 건강을 우선으로 반영한다.
  ㉡ 보편적인 건강수준의 향상과 건강형평성 제고를 함께 추진한다.
  ㉢ 모든 생애과정과 생활터에 적용한다.
  ㉣ 건강 친화적인 환경을 구축한다.
  ㉤ 누구나 참여하여 함께 만들고 누릴 수 있도록 한다.
  ㉥ 관련된 모든 부문이 연계하고 협력한다.

4 ② 단면조사 연구는 인구집단을 특정한 시점이나 기간 내에 질병을 조사하고 질병과 인구집단의 관련성을 연구하는 방법으로, 한 번에 대상집단의 질병양상과 이에 관련된 속성을 동시에 파악할 수 있어 경제적이다.
 ① 희귀질환의 연구에 적합한 것은 후향적 조사(환자 – 대조군 조사)이다.
 ③ 전향적 조사
 ④ 후향적 조사
 ※ 전향적 조사와 후향적 조사의 장·단점

구분	전향적 조사	후향적 조사
장점	• 객관성을 유지할 수 있다 • 여러 결과를 동시에 관찰할 수 있다 • 상대위험도와 귀속위험도를 산출할 수 있다. • 시간적 선후관계를 알 수 있다.	• 시간이 절약된다. • 비용이 절약된다. • 희소질환에 적합하다. • 단시간 내 결론에 도달할 수 있다. • 대상자 수가 적다.
단점	• 많은 대상자가 필요하다. • 많은 시간이 필요하다. • 비용이 많이 든다.	• 기억·기록에 편견이 개재될 수 있다. • 정보수집이 불확실하다. • 대조군 선정이 어렵다. • 위험도 산출이 불가능하다.

5 기여위험도에 대한 설명으로 가장 옳지 않은 것은?

① 코호트 연구(Cohort Study)와 환자 – 대조군 연구(Case–Control Study)에서 측정 가능하다.
② 귀속위험도라고도 한다.
③ 위험요인에 노출된 집단에서의 질병발생률에서 비노출된 집단에서의 질병발생률을 뺀 것이다.
④ 위험요인이 제거되면 질병이 얼마나 감소될 수 있는지를 예측할 수 있다.

6 코로나19 확진자를 발견하기 위해 1,000명을 대상으로 선별검사를 실시한 후, 〈보기〉와 같은 결과를 얻었다. 선별검사의 민감도[%]는?

〈보기〉

검사결과	코로나19 발생 여부		계
	발생(+)	미발생(−)	
양성(+)	91	50	141
음성(−)	9	850	859
계	100	900	1,000

① 64.5 ② 91.0
③ 94.4 ④ 98.9

ANSWER 5.① 6.②

5 ① 상대위험도에 대한 설명이다. 상대위험도(비교위험도)는 질병 발생의 위험요인을 갖고 있거나, 폭로군에서의 질병 발생률을 폭로되지 않은 군에서의 질병 발생률로 나눈 것이다.
②③④ 기여위험도(귀속위험도)는 어떤 위험한 요인에 의해 초래되는 결과의 위험도를 측정하는 방법으로 예방대책을 세우는 데 이용된다.

6 민감도는 코로나19 발생(+) 환자가 양성 판정을 받을 확률이다.
즉, 91/(91 + 9) = 91/100 = 91.0(%)이다.

7 당뇨병과 같은 만성질환 관리사업의 약품 수급에 대한 계획 시 가장 유용한 지표는?

① 유병률(prevalence rate)

② 발생률(incidence rate)

③ 발병률(attack rate)

④ 치명률(case fatality rate)

8 매개물에 의한 기생충 분류와 그 예시를 잘못 짝지은 것은?

① 토양매개성 기생충 - 회충, 편충, 십이지장충

② 어패류매개성 기생충 - 간흡충, 폐흡충, 요꼬가와흡충

③ 모기매개성 기생충 - 말라리아원충

④ 물·채소매개성 기생충 - 유구조충, 선모충

ANSWER 7.① 8.④

7 당뇨병과 같은 만성질환은 질병을 가지고 있는 비율을 측정하는 유병률을 지표로 활용할 수 있다.
　※ 측정지표
　　㉠ **유병률**: 한 시점에서 한 개인이 질병에 걸려 있을 확률의 추정치를 제공하는 것으로, 어떤 특정한 시간에 전체 인구 중에서 질병을 가지고 있는 비율(구성비)이다.
　　　유병률 = 어느 시점(기간)에 있어서의 환자 수/인구 × 1000
　　㉡ **발생률**: 특정한 기간 동안에 일정한 인구집단 중에서 새롭게 질병 또는 사건이 발생하는 비율이다.
　　㉢ **발병률**: 어떤 집단이 한정된 기간에 한해서만 어떤 질병에 걸릴 위험에 놓여 있을 때 기간 중 주어진 집단 내에 새로 발병한 총수의 비율이다.
　　㉣ **치명률**: 질병의 심각한 정도를 나타내는 수치로 특정질병에 이환된 자 중 사망한 자를 비율로 나타낸다.

8 유구조충과 선모충은 육류 매개 기생충에 해당한다.
　※ 육류 매개 기생충
　　㉠ **무구조충**: 쇠고기 생식으로 감염되고 식욕부진, 허기증, 소화불량, 구토 등의 증상을 보인다.
　　㉡ **유구조충**: 돼지고기 생식으로 감염되고 식욕부진, 소화불량, 경빈혈, 설사 등의 증상을 보인다.
　　㉢ **선모충**: 근육에 기생하여 열이 나게 한다. 돼지고기의 생식으로 감염되고 발열, 설사, 근육통, 폐렴 등의 증상을 보인다.

9 법정감염병 중 제3급감염병으로 분류되어 있는 브루셀라증에 대한 설명으로 가장 옳지 않은 것은?

① 주요 병원소는 소, 돼지, 개, 염소 등 가축이다.
② '파상열'이라고도 하며, 인수공통감염병이다.
③ 야외에서 풀밭에 눕는 일을 삼가고 2 ~ 3년마다 백신 접종을 하는 것이 좋다.
④ 감염경로는 주로 오염된 음식이며, 브루셀라균으로 오염된 먼지에 의해서도 감염이 가능하다.

ANSWER 9.③

9 신증후군출혈열(유행성출혈열)에 대한 설명이다.
  ※ **브루셀라증** … 농민, 도살장 근로자, 식용육 취급자에게 많이 발생하는 법정 제3급감염병이다.
    ⊙ 병원소 : 소, 양, 염소, 말, 돼지 등이다.
    ⓒ 증상 : 발열, 두통, 쇠약, 심한 땀, 오한, 관절통 등이다.
    ⓒ 잠복기 : 5 ~ 21일이다.
    ⓔ 전파방식 : 감염동물의 조직, 혈액, 소변, 유산 폐기물, 우유 등을 접촉하거나 섭취할 때 감염된다.
    ⓜ 치명률 : 2%이다.
    ⓗ 예방법 : 농민, 도살장 근로자, 식육 판매자에게 보건교육을 실시한다. 감염된 가축을 찾아서 폐기하고 식육검사, 우유소독을 철저히 한다.

10 「감염병의 예방 및 관리에 관한 법률」상 감염병의 신고규정에 대한 설명으로 가장 옳지 않은 것은?

① 제2급감염병 및 제3급감염병의 경우에는 24시간 이내에 신고하여야 한다.
② 감염병 발생 보고를 받은 의료기관의 장은 보건복지부장관 또는 관할 보건소장에게 신고하여야 한다.
③ 감염병 발생 보고를 받은 소속 부대장은 관할 보건소장에게 신고하여야 한다.
④ 의료기관에 소속되지 아니한 의사는 감염병 발생 사실을 관할 보건소장에게 신고하여야 한다.

ANSWER 10.②

10 ①② 보고를 받은 의료기관의 장 및 제16조의2에 따른 감염병병원체 확인기관의 장은 제1급감염병의 경우에는 즉시, 제2급감염병 및 제3급감염병의 경우에는 24시간 이내에, 제4급감염병의 경우에는 7일 이내에 질병관리청장 또는 관할 보건소장에게 신고하여야 한다〈감염병의 예방 및 관리에 관한 법률 제11조(의사 등의 신고) 제3항〉.
③ 「감염병의 예방 및 관리에 관한 법률」 제11조(의사 등의 신고) 제4항
④ 「감염병의 예방 및 관리에 관한 법률」 제11조(의사 등의 신고) 제1항
  ㉠ 감염병 환자 등을 진단하거나 그 사체를 검안한 경우
  ㉡ 예방접종 후 이상반응자를 진단하거나 그 사체를 검안한 경우
  ㉢ 감염병 환자등이 제1급감염병부터 제3급감염병까지에 해당하는 감염병으로 사망한 경우
  ㉣ 감염병 환자로 의심되는 사람이 감염병병원체 검사를 거부하는 경우

11 대기오염 사건 중 병인에 아황산가스가 포함되지 않은 것은?

① Meuse Valley(벨기에), 1930년 12월
② Donora(미국), 1948년 10월
③ Poza Rica(멕시코), 1950년 11월
④ London(영국), 1952년 12월

12 〈보기〉에서 설명하는 수질오염의 지표는?

〈보기〉

수중의 유기물질이 호기성 상태에서 미생물에 의해 분해되어 안정화되는 데 소비되는 산소량으로, 유기물질 함량을 간접적으로 측정하여 하수의 오염도를 확인할 때 사용하는 지표이다.

① 수소이온 농도(pH)
② 용존산소량(Dissolved Oxygen, DO)
③ 화학적 산소요구량(Chemical Oxygen Demand, COD)
④ 생물화학적 산소요구량(Biochemical Oxygen Demand, BOD)

ANSWER 11.③ 12.④

11 ③ 포자리카(Poza Rica) 사건 : 1950년 11월에 멕시코 공업지대에서 일어난 대기오염 사건으로 황화수소가 대량으로 누출되어 발생 하였다.
① 뮤즈계곡(Meuse Valley) 사건 : 1930년 12월 벨기에의 공업지대인 뮤즈계곡에서 일어난 사건으로 아황산가스, 황산, 미세입자 등이 원인이다.
② 도노라(Donora) 사건 : 1948년 10월 미국 펜실베니아주 도노라 지방에서 일어난 사건으로 아황산가스, 황산염 등이 원인이다.
④ 런던(London) 스모그 사건 : 1952년 12월 영국 런던에서 발생한 대표적인 대기오염 사건으로 아황산가스, 먼지 등이 원인이다.

12 ④ 생물화학적 산소요구량(BOD) : 물속의 유기물질이 호기성 세균에 의해 분해되어 안정화되는 과정에서 요구되는 산소량으로, 유기물질 함량을 간접적으로 측정하여 하수의 오염도를 확인할 때 사용한다.
① 수소이온 농도(pH;수소이온 지수) : 물속에 존재하는 수소이온 농도의 많고 적음을 나타내는 지수이다.
② 용존산소량(DO) : 물속에 녹아있는 산소량을 mg/L(ppm)로 나타낸 것이다.
③ 화학적 산소요구량(COD) : 수중에 함유되어 있는 유기물질을 강력한 산화제로 화학적으로 산화시킬 때 소모되는 산화제의 양에 상당하는 산소량이다.

13 기온에 대한 설명으로 가장 옳지 않은 것은?

① 일반적으로 기온이란 지상 1.5m 높이에서의 대기의 건구온도를 말한다.
② 인간이 의복에 의하여 체온을 조절할 수 있는 외기온도의 범위는 대략 10 ~ 26℃이다.
③ 성층권에서는 고도가 높을수록 온도가 하락한다.
④ 연교차는 저위도보다는 고위도에서 크다.

14 산업장의 작업환경관리 중 격리에 해당하는 것은?

① 개인용 위생보호구를 착용한다.
② 위험한 시설을 안정한 시설로 변경한다.
③ 유해 물질을 독성이 적은 안전한 물질로 교체한다.
④ 분진이 많을 때 국소배기장치를 통해 배출한다.

15 다이옥신에 대한 설명으로 가장 옳지 않은 것은?

① 다이옥신은 주로 불소화합물의 연소과정에서 발생된다.
② 소각장이나 화학공장에서 배출된 다이옥신으로 주변의 목초지나 토양이 오염된다.
③ 오염된 목초나 곡물을 소, 돼지, 닭 등의 사료로 이용하면 다이옥신이 가축에 2차적으로 축적된다.
④ 오염된 하천이나 바다의 어류를 먹음으로써 다이옥신이 인체 내에 3차적으로 축적된다.

ANSWER 13.③ 14.① 15.①

13 대류권을 벗어나 성층권으로 가게 되면, 즉 고도가 높을수록 온도는 올라간다.
14 ②③ 대치에 해당한다.
　　④ 환기에 해당한다.
15 다이옥신은 제초제에 불순물로 포함되어 있거나 PVC와 같은 유기화합물을 소각할 때 불완전 연소에 의해 발생한다.

16 한 여성이 가임기간 동안 몇 명의 여아를 낳는지를 나타내는 지표로 사망률까지 고려한 출산력 지표는?

① 합계출산율　　　　　　　　② 총재생산율
③ 순재생산율　　　　　　　　④ 일반출생률

17 〈보기〉에서 설명하는 교육기법은?

───────────〈보기〉───────────
지역사회 노인들의 치매 예방 및 관리를 위해 건강증진 전문가, 신경과 전문의, 정신과 전문의 등 3명의 전문가가 발표를 한 후, 청중이 공개토론 형식으로 참여하였다.
─────────────────────────────

① 집단토론　　　　　　　　② 심포지엄
③ 버즈세션　　　　　　　　④ 패널토의

ANSWER 16.③ 17.②

16 ① 합계출산율: 여성 1명이 평생 동안 낳을 수 있는 평균 자녀 수를 말한다.
② 총재생산율: 여성 1명이 가임기간(15 ~ 49세) 동안 낳을 수 있는 평균 여아 수를 말한다.
④ 일반출산율: 총 출생아 수를 해당 연도의 가임기 여성 인구(15 ~ 49세)로 나눈 수치다.

17 심포지엄 … 특정한 테마를 놓고 2명 또는 그 이상의 사람들이 각자 견해를 발표하는 토론이다.
※ 보건교육방법
　㉠ 패널토의(panel discussion): 공동으로 문제의 해결을 모색하기 위해 수명의 구성원이 토의에 직접 참여하는 방식이다.
　㉡ 버즈세션(buzz session): 전체 구성원을 4 ~ 6명의 소그룹으로 나누고 각각의 소그룹이 개별토의를 진행한 뒤 각 그룹의 결론을 패널형식으로 토론하고 최후의 리더가 전체적인 결론을 내리는 토의방법이다.
　㉢ 세미나(seminar): 교수의 지도하에 학생들이 공동으로 토론하는 방법이다.

18 지역사회주민을 대상으로 한 정신보건 예방관리사업에서 3차예방 수준의 사업 내용은?

① 우울증 예방에 대한 홍보 책자 배포
② 우울증 위험군을 대상으로 정기적 선별검사 시행
③ 지역 내 사업장의 직무 스트레스 관리 프로그램 운영·지원
④ 정신병원 퇴원 예정자를 대상으로 사회생활 적응 프로그램 운영

ANSWER 18.④

18 3차예방은 병의 회복기로, 사회로 환원하기 위한 재활치료가 이에 해당된다.
   ※ 질병의 예방
   ⊙ **1차예방**: 건강한 개인을 대상으로 특정 건강 문제가 발생하기 전에 질병을 예방하거나 질병이 발생하더라도 그 정도를 약하게 하는 것을 의미한다(예방접종, 건강증진, 보건교육, 상담, 영양관리 등).
   ⊙ **2차예방**: 질병을 조기에 발견하고 이를 치료하여 원래의 건강 상태를 되찾도록 하는 것이다(건강검진, 조기치료, 당뇨환자의 식이요법 등).
   ⊙ **3차예방**: 질병의 발견과 치료 후 남는 여러 가지 신체적 장애와 기능을 회복시키고 질병으로 인한 신체적·정신적 후유증, 합병증을 최소화하는 것을 말한다(재활치료, 사회생활 복귀, 정신질환자의 사회복귀 훈련 등).

19 인두제에 대한 설명으로 가장 옳은 것은?

① 의료진의 과잉진료가 증가한다.
② 진료의 지속성이 증대된다.
③ 신의료기술 및 신약개발 등에 집중한다.
④ 의료진의 재량권이 확대되어 의료의 질적 수준이 높다.

ANSWER 19.②

19 ② 인두제에 대한 설명이다.
①③④ 행위별 수가제에 대한 내용이다. 의사의 재량권이 크고 서비스의 질적 수준이 높을 수 있지만, 과잉진료와 의료비 상승을 유도할 수 있다.

※ 보험료 보수지불방식
  ㉠ 행위별 수가제 : 입원한 환자를 대상으로 환자가 병원에 입원해 있는 동안 제공된 각각의 의료서비스의 사용량과 가격에 의해 진료비를 계산 및 지급하는 방식이다.
  ㉡ 포괄수가제 : 환자 종류당 총괄보수단가를 설정하여 보상하는 방식으로, 어떤 질병에 대해 미리 정해진 금액의 치료비 또는 수술비를 내도록 하는 진료비 정액제이다.
  ㉢ 인두제 : 등록된 환자 또는 사람 수에 따라서 일정액을 보상받는 방식이다.
  ㉣ 봉급제 : 일정한 진료비를 지급하는 방식이다.
  ㉤ 총액계약제 : 지불자 측과 진료자 측이 진료보수총액의 계약에 대해 사전에 체결하는 방식이다.

보수지불 방식	장점	단점
행위별 수가제	• 의사의 재량권이 크다. • 서비스의 양과 질이 최대화된다.	• 행정적으로 복잡하다. • 의료비 상승을 유도한다. • 과잉진료 및 의료서비스가 남용될 수 있다. • 의료인과 보험자 간의 마찰이 생긴다.
포괄수가제	• 경제적인 진료가 가능하다. • 의료기관의 생산성이 증대된다. • 행정적으로 간편하다.	• 서비스가 최소화·규격화된다. • 행정적인 간섭요인이 증대된다.
인두제	• 진료의 계속성이 보장된다. • 비용이 저렴하다. • 행정업무절차가 간편해진다. • 질병예방에 관심이 증대된다.	• 환자의 선택권이 제한된다. • 서비스량이 최소화된다. • 환자후송 의뢰가 증가한다.
봉급제	• 의사의 수입이 안정되고 직장이 보장된다. • 불필요한 경쟁심이 억제된다.	• 진료가 형식화·관료화된다.
총괄계약제	• 총의료비를 억제할 수 있다. • 의료인 단체에 의한 과잉진료의 자율적 억제가 가능하다.	• 첨단 의료서비스의 도입동기가 상실된다. • 진료비 계약을 둘러싼 교섭에 어려움이 있다.

20 「국민건강보험법」상 요양급여비용의 산정에서 요양급여비용을 계약하는 사람을 옳게 짝지은 것은?

① 보건복지부장관과 시·도지사
② 대통령과 의약계를 대표하는 사람들
③ 보건복지부장관과 국민건강보험공단의 이사장
④ 국민건강보험공단의 이사장과 의약계를 대표하는 사람들

ANSWER 20.④

20 요양급여비용은 공단의 이사장과 의약계를 대표하는 사람들의 계약으로 정한다.
  ※ **요양급여비용의 산정**〈국민건강보험법 제45조〉
    ⊙ 요양급여비용은 공단의 이사장과 대통령령으로 정하는 의약계를 대표하는 사람들의 계약으로 정한다. 이 경우 계약기간은 1년으로 한다.
    ⓒ ⊙에 따라 계약이 체결되면 그 계약은 공단과 각 요양기관 사이에 체결된 것으로 본다.
    ⓒ ⊙에 따른 계약은 그 직전 계약기간 만료일이 속하는 연도의 5월 31일까지 체결하여야 하며, 그 기한까지 계약이 체결되지 아니하는 경우 보건복지부장관이 그 직전 계약기간 만료일이 속하는 연도의 6월 30일까지 심의위원회의 의결을 거쳐 요양급여비용을 정한다. 이 경우 보건복지부장관이 정하는 요양급여비용은 ⊙ 및 ⓒ에 따라 계약으로 정한 요양급여비용으로 본다.
    ② ⊙ 또는 ⓒ에 따라 요양급여비용이 정해지면 보건복지부장관은 그 요양급여비용의 명세를 지체 없이 고시하여야 한다.
    ⓪ 공단의 이사장은 제33조에 따른 재정운영위원회의 심의·의결을 거쳐 ⊙에 따른 계약을 체결하여야 한다.
    ⓗ 심사평가원은 공단의 이사장이 ⊙따른 계약을 체결하기 위하여 필요한 자료를 요청하면 그 요청에 성실히 따라야 한다.
    ⓢ ⊙에 따른 계약의 내용과 그 밖에 필요한 사항은 대통령령으로 정한다.

공중보건 | 2022. 6. 18. 제1회 지방직 시행

1 국민의 70%가 코로나19 예방접종으로 집단면역이 형성된다면 나머지 30%는 접종하지 않아도 코로나19 감염으로부터 안전할 수 있다는 보건의료서비스의 특성으로 옳은 것은?

① 정보의 비대칭성
② 수요의 불확실성
③ 치료의 불확실성
④ 외부효과성

2 인구집단의 건강을 결정하는 요인 중 사회적 결정요인에 해당하지 않는 것은?

① 노동과 고용조건
② 불건강한 생활습관
③ 소득불평등
④ 성과 인종차별

ANSWER 1.④ 2.②

1 ④ **외부효과성**: 한 사람의 행위로 인해 타인에게 일방적인 이익 혹은 불이익을 제공하는 경우이다.
① **정보의 비대칭성**: 질병의 원인이나 치료방법 등에 관한 지식과 정보는 전문적인 내용이므로 의료인력을 제외하면 일반 소비자는 대부분 알지 못한다.
② **수요의 불확실성**: 의료에 관한 수요는 질병이 발생해야 알 수 있으므로 수요를 예측하기 어렵다.
③ **치료의 불확실성**: 질병이 다양하여 정확한 결과를 측정하기에는 어려움이 있다.

2 개인소득과 같은 경제적인 부분과 주거, 이동수단, 작업장, 교육 수준, 문화, 식이, 복지서비스, 성(Gender) 등이 WHO가 2008년에 발표한 사회적 건강결정요인에 해당된다.

3 질병의 발생단계에 따른 예방 수준을 1, 2, 3차로 구분할 때, 코로나19와 같은 호흡기계 감염병에 대한 2차 예방활동에 해당하는 것은?

① 예방접종
② 올바른 손씻기와 마스크 착용
③ 접촉자 추적을 통한 질병의 조기검진
④ 방역수칙 준수 등에 대한 홍보 및 보건교육

4 「감염병의 예방 및 관리에 관한 법률」상 제1급 법정감염병에 해당하는 것은?

① 인플루엔자
② 유행성이하선염
③ 신종감염병증후군
④ 비브리오패혈증

ANSWER 3.③ 4.③

3 ①②④ 1차 예방활동
　※ 질병 발생단계에 따른 예방 수준
　　㉠ 1차 예방활동 : 질병의 원인 제거
　　㉡ 2차 예방활동 : 질병 조기검진 및 조기치료 시행
　　㉢ 3차 예방활동 : 재활을 통한 정상기능

4 ① 제4급 감염병
　② 제2급 감염병
　④ 제3급 감염병
　※ 제1급감염병 … 생물테러감염병 또는 치명률이 높거나 집단 발생의 우려가 커서 발생 또는 유행 즉시 신고하여야 하고, 음압격리와 같은 높은 수준의 격리가 필요한 감염병으로서, 에볼라바이러스병, 마버그열, 라싸열, 크리미안콩고출혈열, 남아메리카출혈열, 리프트밸리열, 두창, 페스트, 탄저, 보툴리눔독소증, 야토병, 신종감염병증후군, 중증급성호흡기증후군(SARS), 중동호흡기증후군(MERS), 동물인플루엔자 인체감염증, 신종인플루엔자, 디프테리아를 말한다.

5 지역사회보건사업평가 중 특정 보건사업을 수행하기 위해 투입된 인력, 조직, 시설, 장비, 재정 등이 적합한지를 판단하는 것은?

① 과정평가　　　　　　　　　　② 구조평가
③ 결과평가　　　　　　　　　　④ 영향평가

6 자연독에 의한 식중독의 원인식품과 독소의 연결이 옳지 않은 것은?

① 바지락 - venerupin
② 감자 - solanine
③ 홍합 - tetrodotoxin
④ 버섯 - muscarine

7 정신보건사업의 목적으로 옳지 않은 것은?

① 정신질환자의 격리
② 건전한 정신기능의 유지증진
③ 정신장애의 예방
④ 치료자의 사회복귀

ANSWER 5.② 6.③ 7.①

5 도나베디안의 사업 과정 평가유형

구분	내용
구조평가	• 시작 시기에 시행 • 인력, 시설, 장비, 재정 등의 적절성 판단
과정평가	• 중간 시기에 시행 • 지역사회 자원 활용 및 사업진행 현황 • 업무 수행 능력 판단
결과평가	• 종료 시기에 시행 • 목표 달성 정도 및 효과성 • 장기적인 효과 및 지역사회 환경의 변화

6 홍합, 섭조개, 대합조개는 Saxitoxin에 의해 식중독이 발생하며 특히 5~9월에 독성이 강해진다.

7 정신보건사업의 목적은 정신질환의 예방활동 및 조기발견·조기치료, 정신질환 치료의 사회복귀를 돕는 것이다.

8 감염병의 간접전파 매개체로 옳지 않은 것은?

① 개달물　　　　　　　　② 식품
③ 비말　　　　　　　　　④ 공기

9 일정한 지역 내 인구의 연령과 성별 구성을 나타내는 인구피라미드에 대한 설명으로 옳지 않은 것은?

① 남자의 인구수는 왼쪽에, 여자의 인구수는 오른쪽에 표시한다.
② 종형은 출생률과 사망률이 모두 낮은 인구정지형이다.
③ 항아리형은 19세 이하 인구가 65세 이상 인구의 2배 이하인 인구구조이다.
④ 호로형은 생산연령 인구가 많이 유출되는 농촌형이다.

ANSWER　8.③　9.③

8　①②④ 매개를 통해 전파되는 간접전파 매개체에 해당된다.
　　※ 비말전파 … 병원체가 매개체에 의한 중간 역할 없이 전파되는 직접전파에 해당한다. 기침이나 재채기, 대화 등으로 생성되며 대개 반경 90cm 이내의 전파거리를 갖는다.

9　항아리형은 0 ~ 14세 인구가 50세 이상 인구의 2배 이하인 소산소사형 인구구조이다.
　　※ 인구 피라미드

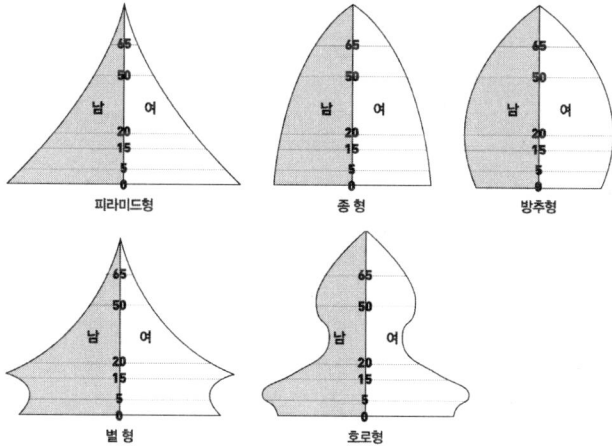

　㉠ 남자는 왼쪽, 여자는 오른쪽에 표시한다.
　㉡ 피라미드형 : 0 ~ 14세 인구가 50세 이상 인구의 2배를 초과하고 출생률보다 사망률이 낮은 다산다사형이다.
　㉢ 종형 : 0 ~ 14세 인구가 50세 이상 인구의 2배이며 출생률과 사망률 둘 다 낮은 이상적인 인구형이다.
　㉣ 항아리형 : 0 ~ 14세 인구가 50세 이상 인구의 2배 이하이며 출생률이 사망률보다 더 낮은 소산소사형이다. 주로 선진국에서 볼 수 있다.
　㉤ 별형 : 15 ~ 49세 인구가 50%를 초과하며 생산연령 인구가 많이 유입되는 도시형이다.
　㉥ 호로형 : 15 ~ 19세 인구가 전 인구의 절반 미만으로 생산연령 인구가 많이 유출되는 농촌형이다.

10 건강행동을 예측하기 위한 건강신념모형(Health Belief Model)에 대한 내용으로 옳지 않은 것은?

① 조절요인에는 연령, 성별, 성격, 지식과 같은 집단 또는 개인의 특성이 해당된다.
② 인지된 장애(perceived barriers)란 특정 질병에 걸릴 위험이 있다고 지각하는 것이다.
③ 인지된 민감성(perceived susceptibility)은 개인의 경험에 영향을 받을 수 있다.
④ 인지된 이익(perceived benefit)이란 금연할 경우 가족이 좋아하는 모습을 떠올리는 것이다.

11 역학이 추구하는 목적으로 옳지 않은 것은?

① 질병발생의 원인 규명
② 효과적인 질병치료제 개발
③ 질병예방 프로그램 계획
④ 보건사업의 영향 평가

ANSWER 10.② 11.②

10 인지된 장애는 특정 건강행위에 대한 부정적 인지정도로 건강행위 방해요소로 작용한다. 특정 질병에 걸릴 위험이 있다고 지각하는 것은 인지된 민감성에 해당한다.

※ 건강신념모형(Health Belief Model)의 구성

구분	내용
인지된 민감성	어떠한 질병에 걸릴 수 있다는 개인의 지각
인지된 심각성	질병의 심각성에 대한 개인의 지각
인지된 이익	특정 행위로부터 제공되는 혜택 및 유익성에 대한 지각
인지된 장애	특정 건강행위에 대한 부정적 인지 정도
인지된 위험성	질병의 위험성에 대한 인지 정도
행위 계기	인지한 위험성에 영향을 주는 요소로 특정한 행위에 참여할 수 있도록 자극 제공
자기효능감	건강 행위를 수행할 수 있다는 확신
기타	인구학적, 사회심리학적, 구조적 변수가 작용할 수 있다.

11 질병 치료제가 아닌 연구 전략을 개발하는 역할을 수행한다.

※ 역학의 목적 및 역할
㉠ 질병 발생의 원인 규명
㉡ 연구 전략 개발
㉢ 질병 예방 보건사업의 기획 및 평가
㉣ 질병의 자연사에 대한 연구
㉤ 건강 수준 및 질병 양상, 임상의학에 대한 기여

12 역학 연구방법 중 코호트 연구의 장점으로 옳지 않은 것은?

① 질병발생의 위험도 산출이 용이하다.
② 위험요인의 노출에서부터 질병 진행 전체 과정을 관찰할 수 있다.
③ 위험요인과 질병발생 간의 인과관계 파악이 용이하다.
④ 단기간의 조사로 시간, 노력, 비용이 적게 든다.

13 리케차에 의한 인수공통감염병으로 옳은 것은?

① 탄저
② 렙토스피라증
③ 큐열
④ 브루셀라증

ANSWER 12.④ 13.③

12 조사 기간이 길어 시간과 비용이 많이 든다.
  ※ 코호트 연구 장단점

구분	내용
장점	• 위험도 산출에 용이하다. • 인과관계 파악이 용이하다. • 질병 진행 과정을 관찰할 수 있다. • 신뢰성이 높다.
단점	• 많은 대상자를 요구한다. • 장기간 조사로 시간과 비용이 많이 든다. • 분류 시 착오와 오류가 발생할 수 있다.

13 ③ 리케차는 절지동물이 옮기는 질병이며 박테리아와 크기가 흡사하다. 발진티푸스, 발진열, 큐열, 쯔쯔가무시병, 록키산 홍반열 등이 있다.
① 탄저균에 의해 발생하는 감염질환이다.
② 가축, 야생동물의 소변, 감염된 쥐의 소변 등에 의해 병원성 렙토스피라에 감염되어 발생하는 질환이다.
④ 감염된 가축의 분비물 등에서 브루셀라균에 노출되어 감염되는 질환이다.

14 「감염병의 예방 및 관리에 관한 법률」상 명시된 필수예방접종 대상 감염병으로만 짝지어지지 않은 것은?

① 일본뇌염, 폐렴구균, 성홍열
② 인플루엔자, A형간염, 백일해
③ 홍역, 풍진, 결핵
④ 디프테리아, 폴리오, 파상풍

15 우리나라 국민건강보험제도의 유형으로 옳은 것은?

① 변이형
② 현금배상형
③ 관리의료형
④ 제3자 지불제형

ANSWER 14.① 15.④

14 필수예방접종〈감염병의 예방 및 관리에 관한 법률 제24조〉… 디프테리아, 폴리오, 백일해, 홍역, 파상풍, 결핵, B형간염, 유행성이하선염, 풍진, 수두, 일본뇌염, b형헤모필루스인플루엔자, 폐렴구균, 인플루엔자, A형간염, 사람유두종바이러스 감염증, 그룹 A형 로타바이러스 감염증, 그 밖에 질병관리청장이 감염병의 예방을 위하여 필요하다고 인정하여 지정하는 감염병(장티푸스, 신증후군출혈열)

15 ④ 제3자 지불제형: 진료비를 부담하지 않거나 일부만 부담하고 의료기관이 나머지 진료비를 보험자에게 청구할 때 보험자가 지불하는 유형이다.
① 변이형: 보험자가 의료기관을 소유하거나 계약에 의해 포괄적인 의료서비스를 제공하는 것을 말한다. 대표적으로 프랑스의 건강보험제도이다.
② 현금배상형: 상환제라고도 한다. 병원에 지불하고 이후에 진료비를 상환받는 것을 말한다.
③ 관리의료형: 민간의료보험제도이다.
※ 국민건강보험 특징
  ㉠ 법률에 의한 강제가입 및 납부의 의무
  ㉡ 능력에 따른 차등 부과 및
  ㉢ 균등한 혜택
  ㉣ 보험료의 분담(직장 가입자의 경우 사용자와 근로자의 반반 부담)
  ㉤ 제3자 지불제형

16 캠필로박터 식중독에 대한 설명으로 옳지 않은 것은?

① 피가 섞인 설사를 할 수 있다.
② 원인균은 호기적 조건에서 잘 증식한다.
③ 닭고기에서 주로 발견된다.
④ Guillain-Barre syndrome을 일으킬 수 있다.

17 「환경정책기본법 시행령」상 환경기준의 대기 항목으로 옳지 않은 것은?

① 벤젠
② 미세먼지
③ 오존
④ 이산화탄소

18 내분비계 교란물질(환경호르몬)과 오염 경로의 연결이 옳지 않은 것은?

① 다이옥신 - 폐건전지
② 프탈레이트 - 플라스틱 가소제
③ DDT - 합성살충제
④ 비스페놀A - 합성수지 원료

ANSWER 16.② 17.④ 18.①

16 정상보다 낮은 산소분압하에 증식하는 미호기성균이다.
 ※ 캠필로박터 식중독 … 주로 육류에 의해 감염되며 열에 약해 가열 조리과정에서 쉽게 사멸하지만 손질 시 조리도구에 오염되어 감염된다. 주로 설사증상이 나타나며 길랑-바레 증후군을 유발한다.

17 「환경정책기본법 시행령」 [별표1]에 의한 대기 환경기준에는 아황산가스(SO_2), 일산화탄소(CO), 이산화질소(NO_2), 미세먼지(PM-10), 초미세먼지(PM-2.5), 오존(O_3), 납(Pb), 벤젠이 있다.

18 다이옥신은 쓰레기 소각장에서 최초로 발견되었다. 폐건전지는 수은, 카드뮴, 납이 발생하며, 대부분 수입 건전지에 의한다.

19 산업재해를 나타내는 재해지표 중 강도율 4가 의미하는 것은?

① 근로자 1,000명당 4명의 재해자
② 1,000 근로시간당 4명의 재해자
③ 근로자 1,000명당 연 4일의 근로손실
④ 1,000 근로시간당 연 4일의 근로손실

20 「산업안전보건법 시행규칙」상 중대재해에 해당하지 않는 것은?

① 사망자가 1명 발생한 재해
② 3개월 이상의 요양이 필요한 부상자가 동시에 2명 발생한 재해
③ 부상자가 동시에 10명 발생한 재해
④ 직업성 질병자가 동시에 5명 발생한 재해

ANSWER 19.④ 20.④

19 강도율 = $\dfrac{\text{근로손실일수}}{\text{근로시간}} \times 1,000$, 즉 근로시간당 근로손실일수로 재해에 의한 손상의 정도를 의미한다.

※ 산업재해지표

㉠ 강도율 = $\dfrac{\text{근로손실일수}}{\text{근로시간}} \times 1,000$, 즉 근로시간당 근로손실일수로 재해에 의한 손상의 정도

㉡ 도수율 = $\dfrac{\text{재해발생건수}}{\text{근로시간수}} \times 1,000,000$, 즉 100만 근로시간당 재해발생 건수

㉢ 건수율 = $\dfrac{\text{재해발생건수}}{\text{평균 실근로자수}} \times 1,000$, 즉 산업체 근로자 1,000명당 재해발생 건수

㉣ 평균손실일수 = $\dfrac{\text{근로손실일수}}{\text{재해발생건수}} \times 1,000$, 즉 재해발생 건수당 평균손실일수 규모의 정도

20 중대재해의 범위〈산업안전보건법 시행규칙 제3조〉

㉠ 사망자가 1명 이상 발생한 재해
㉡ 3개월 이상의 요양이 필요한 부상자가 동시에 2명 이상 발생한 재해
㉢ 부상자 또는 직업성 질병자가 동시에 10명 이상 발생한 재해

2023. 6. 10. 제1회 지방직 시행

공중보건

1 식품의 화학적 보존법은?

① 냉장법
② 절임법
③ 밀봉법
④ 가열법

ANSWER 1.②

1 ② 절임법 : 식품에 소금 등을 첨가하여 보존하는 방법으로 염장법, 당장법, 산첨가법 등이 이에 해당한다.
① 냉장법 : 식품을 0 ~ 10℃ 온도에서 저장하는 방법을 말한다.
③ 밀봉법 : 식품이 변질되지 않도록 100℃ 이상의 온도로 가열하여 살균하고, 탈기한 후 밀봉하는 방법이다.
④ 가열법 : 가열하여 미생물을 사멸시키고, 효소를 불활성화 시키는 방법으로 종류에 따라 63℃에서 30분간 가열하는 저온살균법, 100℃ 이상에서 가열하여 살균하는 고온살균법이 있다.

※ 화학적 보존법의 종류
㉠ 염장법 : 10%의 소금을 뿌려 저장성을 높이는 방법으로, 대부분 육류, 수산물 등 가공 및 조리, 저장 시 사용된다.
㉡ 당장법 : 설탕절임법이라고도 하며, 40~50% 농도의 설탕에 저장하여 미생물의 증식을 억제하는 방법이다. 잼, 가당연유 등에 이용된다.
㉢ 산첨가법 : 식초절임법이라고도 하며, pH가 낮은 초산을 이용하여 저장효과를 증대시키는 방법이다. 피클 등에 이용된다.
㉣ 방부제 : 합성보존료, 산화방지제를 사용하여 미생물의 증식을 억제하는 방법이다.

2 다음에 해당하는 오염물질은?

> • 2차 오염물질로 산화력이 매우 강하다.
> • 대기환경보전법령상 대기오염경보 대상이다.
> • 질소산화물이 자외선과 광화학 반응을 일으키는 과정에서 생성된다.

① 오존　　　　　　　　　　　　　② 스모그
③ 라돈　　　　　　　　　　　　　④ 폼알데하이드

3 다음에서 설명하는 조직의 원리는?

> 조직의 공동목적을 달성하기 위하여 행동통일 및 업무수행을 조화롭게 배열하는 집단적 노력

① 조정의 원리　　　　　　　　　② 계층제의 원리
③ 명령통일의 원리　　　　　　　④ 통솔범위의 원리

ANSWER 2.① 3.①

2　① 오존 : 1차 오염물질인 질소산화물(NOx), 탄화수소류(HCs) 등이 강한 태양광선과 광화학 반응을 일으켜 생성되는 2차 오염물질이다. 강한 산화력으로 살균이나 악취 제거에 이용된다. 또한 독성이 강해 소량이라도 장시간 흡입 시 중독을 일으킨다.
　② 스모그 : 공기 중의 안개에 연기가 녹아있는 상태로, 대기 중 여러 성분과 태양광 사이의 상호작용으로 발생한다. 광화학 스모그는 질소산화물(NOx), 탄화수소(HC), 자외선 또는 가시광선에 의해 생성된다.
　③ 라돈 : 자연적으로 존재하는 암석 또는 토양에서 발생하는 토륨, 우라늄의 붕괴로 생성되는 방사성 가스다. 호흡기와 폐포에 심각한 피해를 줄 수 있으며 무색무취의 가스로 인간이 스스로 감지할 수 없다.
　④ 폼알데하이드 : 단백질 변성작용을 가지고 있으며, 독성이 강해 소화작용을 저해하고 두통이나 구토, 현기증 등을 유발한다.

3　① 조정의 원리 : 중복과 낭비를 배제하고 혼선을 방지하여 공동목적을 원활하게 달성할 수 있도록 구성원 간의 행동통일 및 업무수행을 배정하는 원리를 말한다. 능률적인 업무표준과 집행을 유지하고 사업의 계속성을 보장하며, 조직활동 및 개별활동을 방침과 일치시킨다. 불필요한 긴장이나 노고를 사전에 방지하는 데 목적을 둔다.
　② 계층제의 원리 : 상하계층 간 직무상의 지휘, 복종관계가 이루어지도록 하는 원리이다.
　③ 명령통일의 원리 : 한 사람의 하위자 오직 한 사람의 상급자에게서만 지시나 명령을 받아야 한다는 원리이다.
　④ 통솔범위의 원리 : 한 사람의 상급자가 효과적으로 관리감독할 수 있는 이상적인 하위자의 수를 말하며, 이때 업무의 성질, 부하의 능력, 관리자의 능력 등을 고려해야 한다.

4 다음에서 설명하는 보건의료서비스의 사회경제적 특성은?

> • 일반인들은 의료전문가에 비해 보건의료에 대한 전문지식이 적다.
> • 공급자에 의해 수요가 충출된다.

① 가치재
② 정보의 비대칭성
③ 노동집약적
④ 소비재인 동시에 투자재

5 다음에 해당하는 하수처리 방법은?

> 1차 침전지를 거친 폐수를 미생물 막으로 덮인 자갈이나 쇄석, 기타 매개층 등 여재 위에 뿌려서 폐수가 여재 사이를 흘러내리며 미생물과 접촉하면서 오염물질이 분해·처리된다.

① 살수여상법
② 활성오니법
③ 산화지법
④ 임호프조

ANSWER 4.② 5.①

4 ② **정보의 비대칭성**: 소비자의 무지라고도 한다. 소비자는 보건의료에 대한 지식이 부족하여 서비스 공급자에게 의존할 수밖에 없는데, 소비자와 공급자 간의 정보가 불균형적으로 분포되어 있을 경우를 말한다.
① **가치재**: 주택이나 교육처럼 소득 수준과는 상관없이 누구에게나 필요한 재화를 말한다.
③ **노동집약적**: 재고가 존재하지 않고, 다양한 인력들의 협력이 필요하다. 인적 서비스로 자동화에는 한계가 있다.
④ **소비재인 동시에 투자재**: 소비자가 의료서비스를 구입하고 진료비를 지불하는데, 금액만큼 다른 재화에 소비하는 지출이 감소하고 저축할 여력이 줄어들게 되므로 의료 서비스에 대한 지출은 소비자의 소비로 분류된다. 단, 건강을 위해 지출한 비용은 미래를 위한 투자의 개념이라고 할 수 있다.

5 ① **살수여상법**: 1차 처리를 거쳐 2차 처리의 호기성 처리법에 해당한다. 주로 산업폐수처리에 사용되며, 갑작스러운 수량 변화에도 조치가 가능하나 높은 수압을 요구하며 파리가 번식하고 악취가 발생한다.
② **활성오니법**: 도시의 하수 처리 방법으로, 슬러지 발생량이 비교적 많은 편이다. 오니와 호기성 미생물을 혼합하여 생물학적으로 오니를 정화한다.
③ **산화지법**: 하수를 연못이나 웅덩이에 저장하여 자정작용에 의해 안정시키는 과정이다. 자연적인 처리로 소요 면적이 넓다. 비용이 적게 들지만 처리 효율도 낮다.
④ **임호프조**: 독일의 Karl Imhoff에 의하여 고안된 방법으로, 하나의 조를 칸막이로 분리하여 윗층에는 1차 침전지, 2층에는 오니소화실을 배치한다. 주로 공장폐수처리에 사용된다.

6 「먹는물 수질기준 및 검사 등에 관한 규칙」상 건강상 유해영향 무기물질에 관한 기준으로 옳은 것은?

① 암모니아성 질소는 1.0mg/L를 넘지 아니할 것
② 납은 0.1mg/L를 넘지 아니할 것
③ 비소는 0.001mg/L를 넘지 아니할 것
④ 질산성 질소는 10mg/L를 넘지 아니할 것

ANSWER 6.④

6 건강상 유해영향 무기물질에 관한 기준〈먹는물 수질기준 및 검사 등에 관한 규칙 별표1〉
㉠ 납은 0.01mg/L를 넘지 아니할 것
㉡ 불소는 1.5mg/L(샘물·먹는샘물 및 염지하수·먹는염지하수의 경우에는 2.0mg/L)를 넘지 아니할 것
㉢ 비소는 0.01mg/L(샘물·염지하수의 경우에는 0.05mg/L)를 넘지 아니할 것
㉣ 셀레늄은 0.01mg/L(염지하수의 경우에는 0.05mg/L)를 넘지 아니할 것
㉤ 수은은 0.001mg/L를 넘지 아니할 것
㉥ 시안은 0.01mg/L를 넘지 아니할 것
㉦ 크롬은 0.05mg/L를 넘지 아니할 것
㉧ 암모니아성 질소는 0.5mg/L를 넘지 아니할 것
㉨ 질산성 질소는 10mg/L를 넘지 아니할 것
㉩ 카드뮴은 0.005mg/L를 넘지 아니할 것
㉪ 붕소는 1.0mg/L를 넘지 아니할 것(염지하수의 경우에는 적용하지 아니한다)
㉫ 브롬산염은 0.01mg/L를 넘지 아니할 것(수돗물, 먹는샘물, 염지하수·먹는염지하수, 먹는해양심층수 및 오존으로 살균·소독 또는 세척 등을 하여 먹는물로 이용하는 지하수만 적용한다)
㉬ 스트론튬은 4mg/L를 넘지 아니할 것(먹는염지하수 및 먹는해양심층수의 경우에만 적용한다)
㉭ 우라늄은 30㎍/L를 넘지 않을 것[수돗물(지하수를 원수로 사용하는 수돗물을 말한다), 샘물, 먹는샘물, 먹는염지하수 및 먹는물공동시설의 물의 경우에만 적용한다)]

7 새집증후군의 원인 물질인 휘발성유기화합물(VOCs)이 아닌 것은?

① 일산화탄소(CO)
② 벤젠(benzene)
③ 톨루엔(toluene)
④ 스티렌(styrene)

8 다음에서 설명하는 용어는?

> • 두 개 이상의 산포도를 비교하고자 할 때 사용한다.
> • 측정치의 크기가 매우 차이가 나거나 단위가 서로 다를 때 유용하다.
> • 표준편차를 산술평균으로 나눈 값이며 백분율로 나타내기도 한다.

① 조화평균
② 평균편차
③ 분산
④ 변이계수

ANSWER 7.① 8.④

7 ① 일산화탄소(CO) : 석탄, 휘발유, 디젤유 등 유기물질이 불완전 연소될 때 발생하며 일반 가정이나 산업장, 내연기관을 이용한 차량 등에서 발생한다.
② 벤젠(benzene) : 투명한 무색 액체로, 휘발성이 강하다. 휘발성유기화합물에 해당한다.
③ 톨루엔(toluene) : 특유의 향기가 나는 투명한 무색 액체로 휘발성유기화합물에 해당한다.
④ 스티렌(styrene) : 상온에서 무색 액체로, 특유의 냄새가 나며 끈적거린다. 휘발성유기화합물에 해당한다.
※ 새집증후군(SBS : Sick Building Syndrome)
  ㉠ 새로 지은 건물의 건축자재, 벽지, 원목, 페인트 등에서 유발하는 유해물질로 인체에 유해한 영향을 미치는 증후군을 말한다.
  ㉡ 포름알데히드, 클로로포름, 아세톤, 벤젠, 톨루엔 등 휘발성유기화합물이 새집증후군의 원인 물질이다.

8 ④ 변이계수 : 비교집단 자료들의 평균이 다를 때 사용하는 방법으로 변동계수라고도 한다. 변이계수는 '(표준편차 ÷ 평균) × 100'으로 구하는데, 예를 들어 甲 병원의 평균임금이 200만 원이고 표준편차가 20만 원, 乙 병원의 평균임금이 300만 원이고 표준편차가 23만 원일 때, 두 병원의 변이계수는 甲 병원 = (20만 원 ÷ 200만 원) × 100 =10%, 乙 병원 = (23만 원 ÷ 300만 원) × 100 = 8%이다. 따라서 甲 병원의 임금이 乙 병원의 임금보다 고르지 않음을 알 수 있다.
① 조화평균 : 특정한 자료를 요약하는 데 사용된다. 역수의 산술평균 역수를 말한다. 즉 개별 측정치를 $x_1, x_2, \cdots x_n$, 전체 사례를 N이라고 할 때 조화평균은 $\dfrac{N}{\dfrac{1}{x_1}+\dfrac{1}{x_2}+\cdots+\dfrac{1}{x_n}}$로 구할 수 있다.
② 평균편차 : 모든 측정치의 절대치 편차만을 합하여 평균을 낸 것으로 편차는 평균−자료값으로 구할 수 있다.
③ 분산 : 편차를 제곱하여 계산한다. 실제 편차보다 큰 수치가 나오므로 체감 편차가 실제 편차보다 크게 나온다.

9 다음에 해당하는 감염병의 위기경보 단계는?

> • 국내 유입된 해외 신종감염병의 제한적 전파
> • 국내 원인불명·재출현 감염병의 지역사회 전파

① 관심
② 주의
③ 경계
④ 심각

10 다음에서 설명하는 역학적 연구방법은?

> • 특정한 시점에서 유병률이나 질병과 요인 간의 연관성을 보는 연구설계이다.
> • 인과관계를 규명하기는 어렵다.
> • (예시) A 연구자는 허리둘레와 당뇨병 간의 연관성을 분석하기 위해 개인별로 허리둘레를 측정하고, 현재 당뇨병이 있는지를 당뇨병 의사진단 여부와 혈액검사를 통해 판정하였다.

① 환자대조군연구
② 단면연구
③ 사례연구
④ 코호트연구

ANSWER 9.③ 10.②

9 ③ 경계: 국내 유입된 해외 신종 감염병의 제한적 전파와 국내 원인불명·재출현 감염병의 지역사회 전파 시 대응 체계로 Orange로 나타낸다.
① 관심: 해외에서의 신종감염병의 발생 및 유행과 국내 원인불명·재출현 감염병의 발생 시 대응 체계로, Blue로 나타낸다.
② 주의: 해외에서의 신종감염병의 국내 유입과 국내 원인불명·재출현 감염병의 제한적 전파 시 대응 체계로, Yellow로 나타낸다.
④ 심각: 국내 유입된 해외 신종감염병의 지역사회 전파 또는 전국적 확산과 국내 원인불명·재출현 감염병의 전국적 확산 시 대응 체계로, Red로 나타낸다.

10 ② 단면연구: 일정한 인구집단을 대상으로 특정한 시점이나 기간 내에 어떤 질병 또는 상태의 유무를 조사하고 인구 집단이 각각 갖고 있는 각종 속성(연령, 성별, 종교, 사회적 요인 등)과 연구 질병과의 연관성을 규명하는 연구 방법이다. 지역사회건강조사, 국민건강영양조사, 시도별 유병률 등 유병률 산출이 주 목적이다.
① 환자대조군연구: 어떤 질병에 이환된 집단을 대상으로 환자군을 선택하고 이환되지 않은 건강한 대조군을 선정하여 가설된 위험요인을 과거에, 또는 위험요인에 노출되었는지를 조사하고 비교함으로써 위험 요인과 질병 발생과의 인과관계를 규명하고 발생 원인을 찾아내는 연구 방법이다.
③ 사례연구: 특정한 집단에 초점을 두고 자료를 수집하여 종합적으로 해당 사례의 문제를 이해하고 해결하는 연구 방법이다.
④ 코호트연구: 연구 시작 시점에서 질병 요인에 노출된 집단과 그렇지 않은 집단을 일정 기간 추적하여 질병의 발생 여부를 관찰하는 연구 방법이다.

11 태반이나 모유 수유를 통하여 모체로부터 항체를 받아 얻어지는 면역은?

① 자연능동면역
② 인공능동면역
③ 자연수동면역
④ 인공수동면역

12 「정신건강증진 및 정신질환자 복지서비스 지원에 관한 법률」상 '정신건강증진시설'에 해당하는 것만을 모두 고르면?

> ㉠ 정신건강복지센터
> ㉡ 정신요양시설
> ㉢ 정신재활시설
> ㉣ 정신의료기관

① ㉠, ㉡
② ㉠, ㉢, ㉣
③ ㉡, ㉢, ㉣
④ ㉠, ㉡, ㉢, ㉣

ANSWER 11.③ 12.③

11 ③ 자연수동면역 : 태아가 모체의 태반을 통해 항체를 받거나 생후 모유수유를 통해 생기는 면역으로, 4~6개월간 지속된다.
① 자연능동면역 : 질환에 이환된 후 획득한 면역을 말한다.
② 인공능동면역 : 인위적으로 면역이 생기게 하는 것으로 항원을 체내에 투입하여 항체를 형성하는 예방접종을 말한다.
④ 인공수동면역 : 회복기혈청, 면역혈청, 감마글로불린, 항독소 등을 체내에 투입하여 항체를 형성하는 방법으로, 예방 목적이 아닌 치료 목적이다. 접종 즉시 효력이 생기나, 효력 지속시간이 짧다.
※ 면역의 종류
㉠ 선천적 면역 : 태어날 때부터 가진 면역으로, 종족, 인종, 개인 등에 의한 면역을 말한다.
㉡ 후천적 면역 : 질병에 이환된 후나 예방접종 등에 의해 형성되는 면역을 말한다. 능동면역(자연능동면역, 인공능동면역)과 수동면역(자연수동면역, 인공수동면역)으로 구분할 수 있다.

구분	내용
능동면역	• 병원체 자체나 병원체로부터 분비되는 독소 침입 등 생체 세포가 스스로 방어활동을 통해 생긴다. • 항원 자극에 의해 체내 조직세포에서 항체가 생성된다. • 수동면역에 비해 영구적으로 지속된다. • 자연능동면역, 인공능동면역이 있다.
수동면역	• 인간이나 동물에 의해 형성된 면역원을 체내에 주입하는 것이다. • 능동면역에 비해 효력이 빨리 나타나지만, 빨리 사라진다. • 자연수동면역, 인공수동면역이 있다.

12 "정신건강증진시설"이란 정신의료기관, 정신요양시설 및 정신재활시설을 말한다〈정신건강증진 및 정신질환자 복지서비스 지원에 관한 법률 제3조(정의) 제4호〉.

13 산업재해 지표 중 연 근로시간 100만 시간당 재해의 발생 건수를 나타내는 지표는?

① 건수율
② 사망만인율
③ 강도율
④ 도수율

14 국민건강증진법령상 '과다한 음주는 건강에 해롭다'는 경고문구를 판매용 용기에 표기해야 하는 주류의 알코올분 기준은?

① 1도 이상
② 5도 이상
③ 10도 이상
④ 17도 이상

ANSWER 13.④ 14.①

13 ④ 도수율: 빈도율이라고도 하며, 연 근로시간 100만 시간당 재해의 발생 건수를 나타낸다. 재해 발생 상황을 파악하기 위한 표준적 지표이다. 도수율 = $\frac{재해발생건수}{연근로시간} \times 1{,}000{,}000$

① 건수율: 발생률이라고도 하며, 근로자 1,000명당 재해 발생 건수를 나타낸다. 재해 발생 상황을 총괄적으로 파악하는 데 적합하나, 근로 시간 및 재해의 강도가 고려되지 않는다는 단점이 있다. 건수율 = $\frac{재해발생건수}{평균 실근로자수} \times 1{,}000$

② 사망만인율: 근로자 10,000명당 발생하는 업무상 질병 사망자 수의 비율을 나타낸다. 사망만인율 = $\frac{사고사망자수}{상시 근로자수} \times 10{,}000$

③ 강도율: 연 근로시간 1,000 시간당 작업 손실 일수를 나타낸다. 재해의 강도와 손상 정도를 나타내며 재해로 인한 실질적인 손해를 파악할 수 있다. $\frac{작업손실일수}{연근로시간} \times 1{,}000$

14 법 제8조 제4항에 따라 그 판매용 용기에 과다한 음주는 건강에 해롭다는 내용의 경고문구를 표기해야 하는 주류는 국내에 판매되는 「주세법」에 따른 주류 중 알코올분 1도 이상의 음료를 말한다〈국민건강증진법 시행령 제13조(경고문구의 표기대상 주류)〉.

15 보건 관련 지방행정조직에 대한 설명으로 옳지 않은 것은?

① 보건진료소의 설치 근거 법령은 「농어촌 등 보건의료를 위한 특별조치법」이다.
② 보건소 중 「의료법」상 병원의 요건을 갖춘 보건소는 보건의료원이라는 명칭을 사용할 수 있다.
③ 보건지소에 보건지소장 1명을 두되, 지방의무직공무원 또는 임기제공무원을 보건지소장으로 임용한다.
④ 시·도지사 또는 시장·군수·구청장은 지역보건의료시행계획을 4년마다 수립하여야 한다.

ANSWER 15.④

15 ④ 시·도지사 또는 시장·군수·구청장은 매년 지역보건의료계획에 따라 연차별 시행계획을 수립하여야 한다〈지역보건법 제7조(지역보건의료계획의 수립 등) 제2항〉.
① 시장[도농복합형태(都農複合形態)의 시의 시장을 말하며, 읍·면 지역에서 보건진료소를 설치·운영하는 경우만 해당한다] 또는 군수는 보건의료 취약지역의 주민에게 보건의료를 제공하기 위하여 보건진료소를 설치·운영한다〈농어촌 등 보건의료를 위한 특별조치법 제15조(보건진료소의 설치·운영) 제1항 전단〉.
② 보건소 중 「의료법」에 따른 병원의 요건을 갖춘 보건소는 보건의료원이라는 명칭을 사용할 수 있다〈지역보건법 제12조(보건의료원)〉.
③ 보건지소에 보건지소장 1명을 두되, 지방의무직공무원 또는 임기제공무원을 보건지소장으로 임용한다〈지역보건법 시행령 제14조(보건지소장)〉.
※ **지역보건의료계획의 수립 등** … 시·도지사 또는 시장·군수·구청장은 지역주민의 건강 증진을 위하여 다음 사항이 포함된 지역보건의료계획을 4년마다 제3항 및 제4항에 따라 수립하여야 한다〈지역보건법 제7조 제1항〉.
  ㉠ 보건의료 수요의 측정
  ㉡ 지역보건의료서비스에 관한 장기·단기 공급대책
  ㉢ 인력·조직·재정 등 보건의료자원의 조달 및 관리
  ㉣ 지역보건의료서비스의 제공을 위한 전달체계 구성 방안
  ㉤ 지역보건의료에 관련된 통계의 수집 및 정리
※ 보건소 중 「의료법」 제3조 제2항 제3호 가목에 따른 병원의 요건을 갖춘 보건소는 보건의료원이라는 명칭을 사용할 수 있다〈「지역보건법」 제12조(보건의료원)〉.

16 「학교보건법 시행령」상 보건교사의 직무가 아닌 것은?

① 학교보건계획의 수립
② 보건교육자료의 수집·관리
③ 각종 질병의 예방처치 및 보건지도
④ 학생 및 교직원의 건강진단과 건강평가

ANSWER 16.④

16 학생 및 교직원의 건강진단과 건강평가는 학교의사의 직무에 해당한다.
※ 학교에 두는 의료인·약사 및 보건교사 … 법 제15조 제1항에 따라 학교에 두는 의사(치과의사 및 한의사를 포함하며, 이하 "학교의사"라 한다) 및 학교에 두는 약사(이하 "학교약사"라 한다)와 같은 조 제2항·제3항에 따른 보건교사의 직무는 다음과 같다〈학교보건법 시행령 제23조 제4항〉.
㉠ 학교의사의 직무
 • 학교보건계획의 수립에 관한 자문
 • 학교 환경위생의 유지·관리 및 개선에 관한 자문
 • 학생과 교직원의 건강진단과 건강평가
 • 각종 질병의 예방처치 및 보건지도
 • 학생과 교직원의 건강상담
 • 그 밖에 학교보건관리에 관한 지도
㉡ 학교약사의 직무
 • 학교보건계획의 수립에 관한 자문
 • 학교환경위생의 유지관리 및 개선에 관한 자문
 • 학교에서 사용하는 의약품과 독극물의 관리에 관한 자문
 • 학교에서 사용하는 의약품 및 독극물의 실험·검사
 • 그 밖에 학교보건관리에 관한 지도
㉢ 보건교사의 직무
 • 학교보건계획의 수립
 • 학교 환경위생의 유지·관리 및 개선에 관한 사항
 • 학생과 교직원에 대한 건강진단의 준비와 실시에 관한 협조
 • 각종 질병의 예방처치 및 보건지도
 • 학생과 교직원의 건강관찰과 학교의사의 건강상담, 건강평가 등의 실시에 관한 협조
 • 신체가 허약한 학생에 대한 보건지도
 • 보건지도를 위한 학생가정 방문
 • 교사의 보건교육 협조와 필요시의 보건교육
 • 보건실의 시설·설비 및 약품 등의 관리
 • 보건교육자료의 수집·관리
 • 학생건강기록부의 관리
 • 다음의 의료행위(간호사 면허를 가진 사람만 해당한다)
  - 외상 등 흔히 볼 수 있는 환자의 치료
  - 응급을 요하는 자에 대한 응급처치
  - 부상과 질병의 악화를 방지하기 위한 처치
  - 건강진단결과 발견된 질병자의 요양지도 및 관리
  - 위의 의료행위에 따르는 의약품 투여
 • 그 밖에 학교의 보건관리

17 제4차 국민건강증진종합계획(HP 2020)과 비교하여, 제5차 국민건강증진종합계획(HP 2030)의 기본틀에서 신설된 사업분야는?

① 건강생활 실천 확산
② 감염질환 관리
③ 인구집단 건강관리
④ 건강친화적 환경 구축

ANSWER 17.④

17 제4차 국민건강증진종합계획의 사업분야는 건강생활실천확산, 만성퇴행성질환과 발병위험요인관리, 감염질환관리, 안전환경보건, 인구집단건강관리, 사업체계관리이며 제5차 국민건강증진종합계획의 사업분야는 건강생활실천, 정신건강관리(제4차 HP2020 건강생활실천 분야의 확대), 비감염성질환 예방관리(제4차 HP2020 만성퇴행성질환과 발병위험요인관리 분야의 확대), 감염 및 환경성 질환 예방 관리, 인구집단별 건강관리, 건강친화적 환경 구축이다. 따라서 신설된 사업분야는 건강친화적 환경 구축이다.

※ 제4차 국민건강증진종합계획(HP 2020)과 제5차 국민건강증진종합계획(HP 2030)의 비교

구분	제4차 국민건강증진종합계획(HP 2020)	제5차 국민건강증진종합계획(HP 2030)
비전	온 국민이 함께 만들고 누리는 건강세상	모든 사람이 평생 건강을 누리는 사회
목표	건강수명 연장과 건강형평성 제고	건강수명 연장과 건강형평성 제고
기본 원칙	-	HiAP, 건강형평성, 모든 생애과정, 건강친화환경, 누구나 참여, 다부문 연계
사업 분야	• 건강생활 실천확산 : 금연, 절주, 신체활동, 영양 • 만성퇴행성질환과 발병위험요인관리 : 암, 건강검진, 관절염, 심뇌혈관질환, 비만, 정신보건, 구강보건 • 감염질환 관리 : 예방접종, 비상방역체계, 의료관련 감염, 결핵, 에이즈 • 인구집단 건강관리 : 모성건강, 영유아건강, 노인건강, 근로자건강증진, 군인건강증진, 학교보건, 다문화가족건강, 취약가정방문건강, 장애인건강 • 안전환경 보건 : 식품정책, 손상예방 • 사업체계 관리 : 인프라, 평가, 정보·통계, 재원	• 건강생활 실천 : 금연, 절주, 영양, 신체활동, 구강건강 • 정신건강관리 : 자살예방, 치매, 중독, 지역, 사회정신건강 • 비감염성 질환 예방관리 : 암, 심뇌혈관질환(심뇌혈관질환, 선행질환), 비만, 손상 • 감염 및 기후변화성 질환 예방관리 : 감염병 예방 및 관리(결핵, 에이즈, 의료감염·항생제 내성, 예방행태개선), 감염병위기대비대응(검역/감시, 예방접종), 기후변화성 질환 • 인구집단별 건강관리 : 영유아, 아동·청소년, 여성, 노인, 장애인, 근로자, 군인 • 건강친화적 환경 구축 : 건강친화적법제도개선, 건강정보이해력 제고, 혁신적 정보기술의 적용, 재원 마련 및 운용, 지역사회자원(인력, 시설) 확충 및 거버넌스 구축

18 검역법령상 검역감염병 접촉자에 대한 최대 격리기간으로 옳지 않은 것은?

① 황열 : 6일
② 동물인플루엔자 인체감염증 : 10일
③ 에볼라바이러스병 : 14일
④ 콜레라 : 5일

19 다음에 해당하는 힐(A. B. Hill)의 인과관계 판정 기준은?

> • 요인에 대한 노출은 항상 질병 발생에 앞서 있어야 한다.
> • 흡연과 폐암 간의 연관성을 파악하기 위해서 폐암에 걸린 사람들을 조사했더니 과거에 흡연을 한 사람들이 대부분이었다.

① 요인과 결과 간의 시간적 선후 관계
② 연관성의 강도
③ 양 – 반응 관계
④ 생물학적 설명 가능성

ANSWER 18.③ 19.①

18 검역감염병의 최대 잠복기간 … 법 제17조 제3항에 따른 검역감염병의 최대 잠복기간은 다음 구분에 따른다〈검역법 시행규칙 제14조의3〉.
㉠ 콜레라 : 5일
㉡ 페스트 : 6일
㉢ 황열 : 6일
㉣ 중증 급성호흡기 증후군(SARS) : 10일
㉤ 동물인플루엔자 인체감염증 : 10일
㉥ 중동 호흡기 증후군(MERS) : 14일
㉦ 에볼라바이러스병 : 21일
㉧ 법 제2조 제1호 바목 및 자목에 해당하는 검역감염병 : 법 제4조의2 제1항에 따른 검역전문위원회에서 정하는 최대 잠복기간

19 ① 요인과 결과 간의 시간적 선후 관계 : 요인에 대한 노출은 항상 질병 발생에 앞서 있어야 하며, 노출과 질병 발생 간의 기간도 적절해야 한다.
② 연관성의 강도 : 연관성의 강도가 클수록 인과관계가 있을 가능성이 높다.
③ 양-반응 관계 : 요인에 노출되는 정도가 높을수록 질병 발생 가능성도 증가한다.
④ 생물학적 설명 가능성 : 생물학적으로 설명이 가능하면 인과관계가 형성된다.

20 「국민건강보험법」상 국민건강보험공단의 업무 범위에 해당하지 않는 것은?

① 보험료의 부과·징수
② 보험급여 비용의 지급
③ 가입자 및 피부양자의 자격관리
④ 요양급여의 적정성 평가

ANSWER 20.④

20 심사평가원은 요양급여에 대한 의료의 질을 향상시키기 위하여 요양급여의 적정성 평가를 실시할 수 있다〈국민건강보험법 제47조의4(요양급여의 적정성 평가) 제1항〉.
 ※ 업무 등 … 공단은 다음 각 호의 업무를 관장한다〈국민건강보험법 제14조 제1항〉.
  ㉠ 가입자 및 피부양자의 자격 관리
  ㉡ 보험료와 그 밖에 이 법에 따른 징수금의 부과·징수
  ㉢ 보험급여의 관리
  ㉣ 가입자 및 피부양자의 질병의 조기발견·예방 및 건강관리를 위하여 요양급여 실시 현황과 건강검진 결과 등을 활용하여 실시하는 예방사업으로서 대통령령으로 정하는 사업
  ㉤ 보험급여 비용의 지급
  ㉥ 자산의 관리·운영 및 증식사업
  ㉦ 의료시설의 운영
  ㉧ 건강보험에 관한 교육훈련 및 홍보
  ㉨ 건강보험에 관한 조사연구 및 국제협력
  ㉩ 이 법에서 공단의 업무로 정하고 있는 사항
  ㉪ 「국민연금법」, 「고용보험 및 산업재해보상보험의 보험료징수 등에 관한 법률」, 「임금채권보장법」 및 「석면피해구제법」 (이하 "징수위탁근거법"이라 한다)에 따라 위탁받은 업무
  ㉫ 그 밖에 이 법 또는 다른 법령에 따라 위탁받은 업무
  ㉬ 그 밖에 건강보험과 관련하여 보건복지부장관이 필요하다고 인정한 업무

공중보건 | 2023. 6. 10. 제1회 서울특별시 시행

1 제5차 국민건강증진종합계획 (Health Plan 2030)의 6개 분과 사업분야로 가장 옳은 것은?

① 사업체계관리
② 정신건강관리
③ 안전환경보건
④ 만성질환관리

ANSWER 1.②

1 ①③④ 제4차 국민건강증진종합계획(HP 2020)

※ 제4차 국민건강증진종합계획(HP 2020)과 제5차 국민건강증진종합계획(HP 2030)의 비교

구분	제4차 국민건강증진종합계획(HP 2020)	제5차 국민건강증진종합계획(HP 2030)
비전	온 국민이 함께 만들고 누리는 건강세상	모든 사람이 평생 건강을 누리는 사회
목표	건강수명 연장과 건강형평성 제고	건강수명 연장과 건강형평성 제고
기본 원칙	-	HiAP, 건강형평성, 모든 생애과정, 건강친화환경, 누구나 참여, 다부문 연계
사업 분야	• 건강생활 실천확산: 금연, 절주, 신체활동, 영양 • 만성퇴행성질환과 발병위험요인관리: 암, 건강검진, 관절염, 심뇌혈관질환, 비만, 정신보건, 구강보건 • 감염질환 관리: 예방접종, 비상방역체계, 의료관련감염, 결핵, 에이즈 • 인구집단 건강관리: 모성건강, 영유아건강, 노인건강, 근로자건강증진, 군인건강증진, 학교보건, 다문화가족건강, 취약가정방문건강, 장애인건강 • 안전환경 보건: 식품정책, 손상예방 • 사업체계 관리: 인프라, 평가, 정보·통계, 재원	• 건강생활 실천: 금연, 절주, 영양, 신체활동, 구강건강 • 정신건강관리: 자살예방, 치매, 중독, 지역, 사회정신건강 • 비감염성 질환 예방관리: 암, 심뇌혈관질환(심뇌혈관질환, 선행질환), 비만, 손상 • 감염 및 기후변화성 질환 예방관리: 감염병 예방 및 관리(결핵, 에이즈, 의료감염·항생제 내성, 예방행태개선), 감염병위기대비대응(검역/감시, 예방접종), 기후변화성 질환 • 인구집단별 건강관리: 영유아, 아동·청소년, 여성, 노인, 장애인, 근로자, 군인 • 건강친화적 환경 구축: 건강친화적법제도개선, 건강정보이해력 제고, 혁신적 정보기술의 적용, 재원마련 및 운용, 지역사회자원(인력, 시설) 확충 및 거버넌스 구축

2 「국민건강증진법」상 국민건강증진종합계획 및 「지역보건법」상 지역보건의료계획의 수립에 대한 설명으로 가장 옳은 것은?

① 국민건강증진종합계획은 10년마다 수립한다.
② 지역보건의료계획은 5년마다 수립한다.
③ 지역보건의료계획에는 인력·조직·재정 등 보건의료자원의 조달 및 관리에 관한 사항이 포함되어야 한다.
④ 국민건강증진종합계획에는 보건의료수요의 측정에 관한 사항이 포함되어야 한다.

3 보건학 연구에서 기술통계의 산포성(dispersion)을 나타내는 통계량으로 가장 옳지 않은 것은?

① 사분위수 범위(interquartile range)
② 최빈치(mode)
③ 분산(variation)
④ 표준편차(standard deviation)

ANSWER 2.③ 3.②

2 ① 보건복지부장관은 국민건강증진정책심의위원회의 심의를 거쳐 국민건강증진종합계획을 5년마다 수립하여야 한다. 이 경우 미리 관계중앙행정기관의 장과 협의를 거쳐야 한다〈국민건강증진법 제4조(국민건강증진종합계획의 수립) 제1항〉.
② 시·도지사 또는 시장·군수·구청장은 지역주민의 건강 증진을 위하여 보건의료 수요의 측정, 지역보건의료서비스에 관한 장기·단기 공급대책, 인력·조직·재정 등 보건의료자원의 조달 및 관리, 지역보건의료서비스의 제공을 위한 전달체계 구성 방안, 지역보건의료에 관련된 통계의 수집 및 정리가 포함된 지역보건의료계획을 4년마다 수립하여야 한다〈지역보건법 제7조(지역보건의료계획의 수립 등) 제1항〉.
④ 종합계획에 포함되어야 할 사항은 국민건강증진의 기본목표 및 추진방향, 국민건강증진을 위한 주요 추진과제 및 추진방법, 국민건강증진에 관한 인력의 관리 및 소요재원의 조달방안, 제22조의 규정에 따른 국민건강증진기금의 운용방안, 아동·여성·노인·장애인 등 건강취약 집단이나 계층에 대한 건강증진 지원방안, 국민건강증진 관련 통계 및 정보의 관리 방안, 그 밖에 국민건강증진을 위하여 필요한 사항이다〈국민건강증진법 제4조(국민건강증진종합계획의 수립) 제2항〉.

3 ② 최빈치(mode) : 도수분포에 있어서 변량 가운데 가장 많이 나타나는 것이다. 인구집단의 연령이 5, 6, 5, 5, 7, 9, 8, 6세일 때 최빈치는 5세이다.
① 사분위수 범위 : 제1사분위수(Q_1), 제3사분위수(Q_3)사이의 거리를 말한다. 즉, 사분위수 범위는 $Q_3 - Q_1$이다.
③ 표준편차 : 편차 점수를 전부 더해 사례수로 나눈다. 즉 분산의 제곱근 값이다.
④ 분산 : 데이터의 흩어진 정도를 의미하는 것으로, 편차를 제곱하여 계산한다. 실제 편차보다 큰 수치가 나오므로 체감 편차가 실제 편차보다 크게 나온다.
※ 산포성 … 대푯값을 중심으로 자료들이 흩어진 정도를 뜻한다. 하나의 수치로 표현되며, 수치가 작을수록 대푯값에 밀집되어 있다. 즉, 얼마나 밀집 또는 분산되어 있는지 정도를 나타내는 지표다.

4 발생률과 유병률에 대한 설명으로 가장 옳지 않은 것은?

① 누적발생률은 각 연구 대상자들이 질병에 걸리지 않은 상태로 남아있던 기간의 합을 계산하여 관찰 인시(person-time)의 형태로 분모를 산출한다.
② 이환 기간이 짧은 환자보다 긴 환자가 유병률 조사에 들어올 가능성이 높다.
③ 완치 효과는 없지만 치명률은 낮추는 중재는 유병률을 높아지게 한다.
④ 이환 기간이 매우 짧은 질병은 유병률이 발생률에 근사한다.

5 한국인 영양소 섭취기준 지표에서 인구집단의 약 97~98%에 해당하는 사람들의 영양소 필요량을 충족시키는 섭취 기준은?

① 평균필요량
② 권장섭취량
③ 충분섭취량
④ 에너지적정비율

ANSWER 4.① 5.②

4 누적발생률은 전체 대상자의 관찰기간이 동일할 때, 일정 기간 동안에 단위인구당 발생한 환자 수로 표시한다.

$$누적발생률 = \frac{일정\ 기간동안에\ 새로\ 발생한\ 환자\ 수}{일정\ 기간\ 내\ 발병위험에\ 노출된\ 인구수} \times 1,000$$

※ 유병률·발생률과 이환기간의 관계

구분	낮은 유병률	높은 유병률
유병률	발생률이 낮은 질병	발생률이 높은 질병
생존 기간	발생 후 바로 사망	생존 기간이 긴 질병
이환 기간	이환기간이 짧은 질병	이환기간이 긴 질병

5 ② 권장섭취량: 평균필요량에 표준편차 2배를 더한 수치로, 인구집단의 약 97~98%에 해당하는 사람들의 영양소 필요량을 충족시키는 섭취 기준이다. 평균필요량의 표준편차에 대한 충분한 자료가 없는 비타민 B1, B2, B6, 엽산은 변이계수를 10%로 가정하여 산출한다.
① 평균필요량: 건강한 사람들의 절반에 해당하는 사람들의 일일 필요량을 충족시키는 값이다.
③ 충분섭취량: 필요량에 대한 자료가 부족하거나 중앙값, 표준편차를 구하기 어려울 경우 사용되며, 주로 역학조사에서 건강한 사람들의 영양소 섭취 수준을 기준으로 한다.
④ 에너지적정비율: 탄수화물, 단백질, 지방의 균형잡힌 에너지 구성 비율을 의미한다. 탄수화물은 55~65%, 단백질은 7~20%, 지방은 15~30%의 비율을 권고한다.

6 다음은 '흡연력이 폐암 위험도와 관련이 있는가?'에 대한 환자 - 대조군 연구자료이다. 과거 흡연력과 폐암 위험도에 대한 교차비(odds ratio)의 값은?

흡연력		환자	대조군
	있음	2	2
	없음	1	8

① $\frac{1}{8}$
② $\frac{1}{4}$
③ 4
④ 8

7 감염재생산수(reproduction number, R)의 결정요인으로 가장 옳지 않은 것은?

① 감염원이 감염을 전파시킬 수 있는 기간
② 병원체가 숙주 내에 침입하여 증식하는 능력
③ 단위 시간 동안 감염원이 감수성자와 접촉하는 횟수
④ 감염원이 감수성자와 1회 접촉시 감염을 전파시킬 확률

ANSWER 6.④ 7.②

6 교차비는 질병 환자와 대조군의 위험요인 노출 여부에 대한 것으로, 교차비 $= \frac{ad}{bc}$ 로 구할 수 있다.

	비고	환자군	대조군
질병	유	a	b
	무	c	b

과거 흡연력과 폐암 위험도에 대한 교차비를 구하면,

	비고	환자군	대조군
흡연력	있음	2	2
	없음	1	8

교차비 $= \frac{2 \times 8}{2 \times 1} = \frac{16}{2} = 8$

※ 교차비 > 1일 때 위험요인에 대한 노출이 환자군에서 더 높음을 의미하며, 교차비 = 1일 때 환자군과 대조군의 위험요인에 대한 노출이 같음을 의미한다. 교차비 < 1일 때 위험요인에 대한 노출이 환자군에서 더 낮음을 의미한다.

7 감염재생산수는 한 인구집단 내에서 특정한 개인으로부터 다른 개인에게 질병이 확대되어 나가는 잠재력이다. 따라서 감염원이 감염을 전파시킬 수 있는 기간, 감염원이 감수성자와 단위 시간 동안 접촉하는 횟수, 감염원이 감수성자와 1회 접촉 시 감염을 전파시킬 확률로 결정되며 숙주 내에 침입하여 증식하는 능력은 해당되지 않는다.

※ R < 1일 때 질병의 유행이 발생하지 않고 소멸된다. R = 1일 때 풍토병이 되며, R > 1일 때 질병이 유행한다.

8 선충류에 의한 기생충질환의 예방대책으로 가장 옳지 않은 것은?

① 회충증 : 분변관리 철저, 보건교육 강화
② 말레이사상충증 : 환경위생 강화, 모기류 구제
③ 아니사키스증 : 해산어류나 두족류 생식 금지
④ 이질아메바증 : 음료수 소독, 집단구충 실시

9 「대기환경보전법」상 용어의 뜻으로 가장 옳지 않은 것은?

① 먼지 : 대기 중에 떠다니거나 흩날려 내려오는 입자상 물질
② 매연 : 연소할 때 생기는 유리(遊離) 탄소가 주가 되는 미세한 입자상물질
③ 검댕 : 연소할 때 생기는 유리(遊離) 탄소가 응결하여 입자의 지름이 1미크론 이하가 되는 입자상물질
④ 가스 : 물질이 연소·합성·분해될 때 발생하거나 물리적 성질로 인하여 발생하는 기체상물질

ANSWER 8.④ 9.③

8 ④ 이질아메바증 : 오염된 음료나 음식 또는 곤충이나 동물에 의해 전파감염된다. 물은 끓여서 마시도록 하며 환자나 보균자는 격리치료를 받아야 한다.
① 회충증 : 분변에 의하여 오염된 야채를 통해 경구감염된다. 그러므로 정화조를 이용하여 분변관리에 철저하고 야채를 데치고 세정하는 등 감염을 예방한다.
② 말레이사상충증 : 숲모기, 학질모기 등을 매개로 전파된다. 환경 위생관리에 철저해야 하며, 모기 서식처 제거 및 해외출국 시 야간 외출을 자제하여 예방한다.
③ 아니사키스증 : 해산어류로부터 감염된다. 해산어류 등의 생식을 금지하여 감염을 예방한다.

9 "검댕"이란 연소할 때에 생기는 유리(遊離) 탄소가 응결하여 입자의 지름이 1미크론 이상이 되는 입자상물질을 말한다.〈대기환경보전법 제2조(정의) 제8호〉.

10 〈보기〉에서 습열멸균법을 모두 고른 것은?

―――――――――――――〈보기〉―――――――――――――
㉠ 화염멸균법　　　　　　　　㉡ 저온살균법
㉢ 자비소독법　　　　　　　　㉣ 간헐멸균법

① ㉠, ㉣
② ㉠, ㉡, ㉢
③ ㉡, ㉢, ㉣
④ ㉠, ㉡, ㉢, ㉣

ANSWER 10.③

10 습열멸균법은 온도가 상승한 상태의 기체 또는 액체로, 열기 에너지가 미생물 사멸시켜 멸균하는 방법이다. 습열멸균법에는 자비소독법, 고압증기멸균법, 간헐멸균법, 저온살균법, 초고온 순간멸균법이 있으며, 화염멸균법은 건열멸균법에 해당한다.

※ 건열멸균법과 습열멸균

구분		내용
건열멸균법	화염멸균법	멸균하려는 물품을 직접 불꽃과 접촉시켜 표면의 미생물을 멸균시키는 방법으로, 화염 속에서 20초 이상 접촉시킨다.
습열멸균법	자비소독법	식기류, 도자기류, 의류, 금속류 등을 끓는 물에서 15~20분간 소독하는 방법이다.
	고압증기멸균법	고온 및 고압의 포화증기로 멸균하는 방법이다. 실험실 또는 연구실에서 주로 사용한다.
	간헐멸균법	고압증기멸균법으로 멸균할 수 없는 경우에 유통증기를 30~60분간 가열하는 방법이다.
	저온살균법	63℃에서 30분 또는 70℃에서 15~30분간 가열하여 멸균하는 방법이다.
	초고온 순간멸균법	135℃에서 2초간 접촉하는 방법으로 우유 멸균처리 시 이용된다.

11 「실내공기질 관리법 시행규칙」에 따른 다중이용시설의 실내공기질 권고기준 적용 대상 오염물질은?

① 미세먼지(PM-10)　　　　　　　　② 일산화탄소
③ 이산화탄소　　　　　　　　　　　④ 이산화질소

12 작업강도의 분류에서 강노동의 에너지대사율(relative metabolic rate, RMR)은?

① 1~2　　　　　　　　　　　　　　② 2~4
③ 4~7　　　　　　　　　　　　　　④ 7 이상

ANSWER 11.④　12.②

11　실내공기질 권고기준 항목에는 이산화질소(ppm), 라돈((Bq/㎥), 총휘발성유기화합물(㎍/㎥), 곰팡이(CFU/㎥)가 있다.
　　※ 실내공기질 권고기준〈실내공기질 관리법 시행규칙 별표3〉

오염물질 항목 다중이용시설	이산화질소 (ppm)	라돈 (Bq/㎥)	총휘발성 유기화합물 (㎍/㎥)	곰팡이 (CFU/㎥)
지하역사, 지하도상가, 철도역사의 대합실, 여객자동차터미널의 대합실, 항만시설 중 대합실, 공항시설 중 여객터미널, 도서관·박물관 및 미술관, 대규모점포, 장례식장, 영화상영관, 학원, 전시시설, 인터넷컴퓨터게임시설제공업의 영업시설, 목욕장업의 영업시설	0.1 이하	148 이하	500 이하	-
의료기관, 산후조리원, 노인요양시설, 어린이집, 실내 어린이놀이시설	0.05 이하		400 이하	500 이하
실내주차장	0.30 이하		1,000 이하	-

12　② RMR은 5단계로 분류할 수 있는데 강노동의 RMR은 2~4이다.
　　① 중등노동
　　③ 중노동
　　④ 격노동
　　※ RMR 단계
　　　　㉠ 경노동 : RMR 0~1
　　　　㉡ 중등노동 : RMR 1~2
　　　　㉢ 강노동 : RMR 2~4
　　　　㉣ 중노동 : RMR 4~7
　　　　㉤ 격노동 : RMR 7 이상

13 고온 노출에 의한 신체 영향 중 고온순화로 인한 생리적 변화에 대한 설명으로 가장 옳지 않은 것은?

① 심박수가 증가한다.
② 땀 분비량과 분비속도가 증가한다.
③ 땀의 염분 농도가 감소한다.
④ 사구체여과율이 증가한다.

14 식중독을 유발하는 식물과 유독성분을 옳게 짝지은 것은?

① 오색두 – 고시폴(gossypol)
② 피마자씨 – 리신(ricin)
③ 오두 – 청산(HCN)
④ 고사리 – 시쿠톡신(cicutoxin)

ANSWER 13.① 14.②

13
① 갑자기 고온 환경에 노출되면 심장박동수와 직장온도 및 피부온도가 증가하지만, 지속적인 노출 시 심장박동수와 직장온도 및 피부온도는 정상으로 돌아온다.
② 땀 분비량은 시간당 최대 2~3L로 증가하며 분비속도도 증가한다.
③ 부신 피질의 알도스테론 분비가 증가하면서 염분 농도는 감소한다.
④ 사구체여과율이 증가하면서 소변 내 염분 배출이 최소화된다.

14 ② 피마자씨에는 알레르기성 단백질인 독성 리신(ricin)이 들어있다.
① 오색두–아미그달린(amygdalin), 목화씨–고시폴(gossypol)
③ 오두–아코니틴(aconitine), 작두콩–청산(HCN)
④ 고사리–프타퀼로사이드(ptaquiloside), 독미나리–시쿠톡신(cicutoxin)

15 〈보기〉는 A 지역의 인구 구성에 대한 정보이다. 이 지역의 노령화지수(Aging index) 의 값은?

――――――――― 〈보기〉 ―――――――――
- 0~14세 인구 : 10명
- 15~164세 인구 : 100명
- 65세 이상 인구 : 40명

① 10
② 40
③ 50
④ 400

16 의료급여 진료체계에 대한 설명으로 가장 옳은 것은?

① 의료급여 진료체계는 2단계로 구분한다.
② 1차 의료급여기관은 입원을 원칙으로 한다.
③ 2차 의료급여기관은 시·도지사가 개설을 허가한 의료기관을 말한다.
④ 3차 의료급여기관은 1·2차 의료급여기관 중에서 보건복지부장관이 지정하는 의료기관을 말한다.

ANSWER 15.④ 16.③

15 노령화지수는 $\frac{노년인구}{유년인구} \times 100$으로 구할 수 있다. 따라서, $\frac{40}{10} \times 100 = 400$이다.

※ 연령별 구조
  ㉠ 영아 인구 : 1세 미만의 인구(초생아, 신생아, 영아)
  ㉡ 유년 인구 : 1~14세 인구(유아, 학령 전기, 학령기)
  ㉢ 생산연령인구 : 15~64세 인구(청년, 중년, 장년)
  ㉣ 노년 인구 : 65세 이상 인구

16 ③ 2차 의료급여 기관은 시·도지사의 개설 허가를 받은 의료기관으로, 수술 등 단기간 입원치료가 필요한 진료 또는 복잡한 치료법이 적용되는 외래치료 의료기관을 말한다.
① 1차 의료급여기관, 2차 의료급여기관, 3차 의료급여기관으로 구분할 수 있다. 1차 의료급여기관은 진찰 결과 또는 진찰 중에 2차 의료급여기관의 진료가 필요하다고 판단한 경우와 2차 의료급여기관은 3차 의료급여기관의 진료가 필요하다고 판단을 한 경우에는 의료급여의뢰서(유효기간 7일)를 각각 발급하여야 하며 의료급여의뢰서를 발급 받은 수급권자는 의료급여의뢰서에 정한 2차 의료급여기관 또는 3차 의료급여기관에서 진료를 받을 수 있다.
② 1차 의료급여기관은 초기 진단과 일상적인 질환에 대한 환자의 일상적인 요구에 대응하는 진료이다.
④ 3차 의료급여기관은 2차 의료급여기관 중 보건복지부장관이 지정한 의료기관이다.

17 「모자보건법 시행규칙」에 따른 임산부와 영유아의 정기 건강진단 실시기준으로 가장 옳은 것은?

① 임신 29주에서 36주까지의 임산부 : 4주마다 1회
② 임신 37주 이후의 임산부 : 2주마다 1회
③ 출생 후 1년 이내의 영유아 : 3개월마다 1회
④ 출생 후 1년 초과 5년 이내의 영유아 : 6개월마다 1회

ANSWER 17.④

17　① 2주마다 1회
　　② 1주마다 1회
　　③ 1개월마다 1회
　　※ 임산부·영유아 및 미숙아 등의 정기 건강진단 실시기준〈모자보건법 시행규칙 별표 1〉
　　　㉠ 임산부
　　　　• 임신 28주까지 : 4주마다 1회
　　　　• 임신 29주에서 36주까지 : 2주마다 1회
　　　　• 임신 37주 이후 : 1주마다 1회
　　　　• 특별자치시장·특별자치도지사 또는 시장·군수·구청장은 임산부가 「장애인복지법」에 따른 장애인인 경우, 만 35세 이상인 경우, 다태아를 임신한 경우 또는 의사가 고위험 임신으로 판단한 경우에는 위에 정해진 건강진단 횟수를 넘어 건강진단을 실시할 수 있다.
　　　㉡ 영유아
　　　　• 신생아 : 수시
　　　　• 영유아
　　　　　- 출생 후 1년 이내 : 1개월마다 1회
　　　　　- 출생 후 1년 초과 5년 이내 : 6개월마다 1회
　　　㉢ 미숙아 등
　　　　• 분만의료기관 퇴원 후 7일 이내에 1회
　　　　• 1차 건강진단 시 건강문제가 있는 경우에는 최소 1주에 2회
　　　　• 발견된 건강문제가 없는 경우에는 ㉡의 영유아 기준에 따라 건강진단을 실시한다.

18 「학교보건법」에서 정하는 〈보기〉의 내용을 실시하고 필요한 조치를 해야 하는 자는?

〈보기〉
- 학생과 교직원에 대하여 건강검사를 하여야 한다.
- 건강검사의 결과 질병에 감염되었거나 감염될 우려가 있는 학생에 대하여 질병의 치료 및 예방에 필요한 조치를 하여야 한다.
- 학생의 신체발달 및 체력증진, 질병의 치료와 예방, 음주·흡연과 약물 오용(誤用)·남용(濫用)의 예방, 성교육, 정신건강증진 등을 위하여 보건 교육을 실시하고 필요한 조치를 하여야 한다.

① 교육감
② 학교의 장
③ 담임교사
④ 보건교사

ANSWER 18.②

18 학교의 장은 학생과 교직원에 대하여 건강검사를 하여야 한다. 다만, 교직원에 대한 건강검사는 「국민건강보험법」 제52조에 따른 건강검진으로 갈음할 수 있다〈학교보건법 제7조(건강검사 등) 제1항〉, 학교의 장은 제7조에 따른 건강검사의 결과 질병에 감염되었거나 감염될 우려가 있는 학생에 대하여 질병의 치료 및 예방에 필요한 조치를 하여야 한다〈학교보건법 제11조(치료 및 예방조치 등) 제1항〉, 학교의 장은 학생의 신체발달 및 체력증진, 질병의 치료와 예방, 음주·흡연과 마약류를 포함한 약물 오용(誤用)·남용(濫用)의 예방, 성교육, 이동통신단말장치 등 전자기기의 과의존 예방, 도박 중독의 예방 및 정신건강증진 등을 위하여 보건교육을 실시하고 필요한 조치를 하여야 한다〈학교보건법 제9조(학생의 보건관리)〉.
※ 교육감은 검사비, 치료비 등 제2항 각 호의 조치에 필요한 비용을 지원할 수 있다〈학교보건법 제11조(치료 및 예방조치 등) 제3항〉.

19 「노인장기요양보험법」상 장기요양급여 종류에 대한 내용으로 가장 옳은 것은?

① 가족요양비는 재가급여에 포함된다.
② 요양병원간병비는 시설급여에 포함된다.
③ 단기보호는 시설급여에 포함된다.
④ 방문간호는 재가급여에 포함된다.

ANSWER 19.④

19 ① 가족요양비는 제24조(가족요양비)에 따라 지급하는 가족장기요양급여로 특별현금급여에 해당한다〈노인장기요양보험법 제23조(장기요양급여의 종류) 제1항 3호 가목〉.
② 요양병원간병비는 제26조(요양병원간병비)에 따라 지급하는 요양병원장기요양급여로 특별현금급여에 해당한다〈노인장기요양보험법 제23조(장기요양급여의 종류) 제1항 3호 다목〉.
③ 단기보호는 수급자를 보건복지부령으로 정하는 범위 안에서 일정 기간 동안 장기요양기관에 보호하여 신체활동 지원 및 심신기능의 유지·향상을 위한 교육·훈련 등을 제공하는 장기요양급여에 해당한다〈노인장기요양보험법 제23조(장기요양급여의 종류) 제1항 1호 마목〉.

※ 장기요양급여의 종류

구분		내용
재가급여	방문요양	장기요양요원이 수급자의 가정 등을 방문하여 신체활동 및 가사활동 등을 지원하는 장기요양급여
	방문목욕	장기요양요원이 목욕설비를 갖춘 장비를 이용하여 수급자의 가정 등을 방문하여 목욕을 제공하는 장기요양급여
	방문간호	장기요양요원인 간호사 등이 의사, 한의사 또는 치과의사의 지시서에 따라 수급자의 가정 등을 방문하여 간호, 진료의 보조, 요양에 관한 상담 또는 구강위생 등을 제공하는 장기요양급여
	주·야간보호	수급자를 하루 중 일정한 시간 동안 장기요양기관에 보호하여 신체활동 지원 및 심신기능의 유지·향상을 위한 교육·훈련 등을 제공하는 장기요양급여
	단기보호	수급자를 보건복지부령으로 정하는 범위 안에서 일정 기간 동안 장기요양기관에 보호하여 신체활동 지원 및 심신기능의 유지·향상을 위한 교육·훈련 등을 제공하는 장기요양급여
	기타재가급여	수급자의 일상생활·신체활동 지원 및 인지기능의 유지·향상에 필요한 용구를 제공하거나 가정을 방문하여 재활에 관한 지원 등을 제공하는 장기요양급여로서 대통령령으로 정하는 것
시설급여		장기요양기관에 장기간 입소한 수급자에게 신체활동 지원 및 심신기능의 유지·향상을 위한 교육·훈련 등을 제공하는 장기요양급여
특별현금급여		가족요양비, 특례요양비, 요양병원간병비

20 우리나라 사회보험 종류별 보장내용으로 가장 옳은 것은?

① 의료를 보장하는 사회보험은 국민연금과 산재보험이다.
② 소득을 보장하는 사회보험은 건강보험과 고용보험이다.
③ 의료와 소득을 모두 보장하는 사회보험은 산재보험이다.
④ 의료와 소득을 모두 보장하는 사회보험은 고용보험이다.

ANSWER 20.③

20 ③④ 의료와 소득을 모두 보장하는 사회보험은 산재보험으로, 1964년에 시행되었다.
① 의료를 보장하는 사회보험은 건강보험, 산재보험이다.
② 소득을 보장하는 사회보험은 산재보험, 상병수당, 고용보험, 연금보험이다.
※ 4대 사회보험제도 주요 특성

구분	국민연금	건강보험	고용보험	산재보험
시행 연도	1988년	1977년 (노인장기요양보험 2008. 7. 1. 실시)	1995년	1964년
기본 성격	소득보장, 장기보험	의료보장, 단기보험	실업고용, 중기보험	산재보상, 단기보험
급여 방식	현금급여, 소득비례	현물급여, 균등급여	현금급여, 소득비례	현물-균등급여, 현금-소득비례
재정 및 관리	수정적립방식, 전체일괄관리	부과방식, 이원화(직장, 지역)관리	수정적립방식	순부과방식
관리 단위	개인별 관리	사업장·세대별 관리	사업	사업장
보험료 관장	보건복지부장관	보건복지부장관	고용노동부장관	고용노동부장관
자격관리 방식	직장·지역 통합관리	직장·지역통합관리	사업별관리, 가입자관리	사업별관리, 가입자관리
보험료 부과 단위	사업장, 지역(개인별)	사업장, 지역(세대별)	사업	사업

공중보건 | 2024. 6. 22. 제1회 지방직 시행

1 다음 설명에 해당하는 표본추출 방법은?

> 모집단에 대한 사전지식이 있을 때 모집단을 우선 몇 개의 동질적 소집단으로 분류한 다음 각 소집단으로부터 대상자를 무작위로 추출한다.

① 단순무작위추출법(simple random sampling)
② 계통추출법(systematic sampling)
③ 층화무작위추출법(stratified random sampling)
④ 집락추출법(cluster sampling)

2 알마아타 선언에서 제시한 일차보건의료의 필수내용이 아닌 것은?

① 예방접종
② 안전한 식수의 공급
③ 치료기술의 개발
④ 모자보건사업

ANSWER 20.③

1 ③ **층화무작위추출법**: 모집단을 몇 개의 동질적인 소집단(층)으로 분류한 다음 각 소집단에서 무작위로 표본을 추출하는 것이다. 소집단의 특성을 반영하여 정확한 결과를 얻을 수 있다.
① **단순무작위추출법**: 집단의 모든 구성원이 동일한 확률로 선택될 수 있도록 무작위로 표본을 추출하는 방법이다.
② **계통추출법**: 모집단의 구성원들을 일정한 간격으로 선택하는 방법이다.
④ **집락추출법**: 모집단을 이질적인 소집단(집락)으로 나누고, 이 중 몇 개의 집락을 무작위로 선택하고 선택된 집락 내에서 모든 구성원 또는 일부를 표본으로 추출하는 방법이다.

2 ③ 치료기술을 개발하는 것은 첨단 의료기술로 일차보건의료에 해당되는 내용이 아니다.
※ **알마아타 선언** … 1978년에 세계보건기구(WHO)와 유엔아동기금(UNICEF)이 공동으로 채택한 선언이다. 모든 사람이 일차보건의료에 접근하는 것이 목표이다. 일차보건의료의 필수내용은 예방접종, 안전한 식수의 공급, 모자보건사업, 기본적인 위생시설 제공, 질병 예방 및 관리, 필수 의약품 제공 등이 있다.

3 민간보험과 구별되는 우리나라 국민건강보험의 특징은?

① 임의 가입
② 균등한 급여수준
③ 보험료의 정액제
④ 자유경쟁의 원리 적용

4 세계보건기구(WHO)에 대한 설명으로 옳지 않은 것은?

① 1948년에 발족하였다.
② 5개의 지역사무소를 두고 있다.
③ 우리나라는 서태평양 지역사무소 소속이다.
④ 우리나라는 65번째로 가입하였다.

5 특정 지역에서 단기간 내에 빠른 속도로 전파되는 감염병의 역학적 유형은?

① 세계성(pandemic)
② 산발성(sporadic)
③ 토착성(endemic)
④ 유행성(epidemic)

ANSWER 3.② 4.② 5.④

3 ① 국민건강보험은 강제적으로 가입하는 방식이다.
③ 소득에 비례하여 보험료를 부과하는 정률제를 채택하고 있다.
④ 정부가 운영하는 단일 보험자로 자유경쟁의 원리를 적용하지 않는다.
※ 국민건강의 주요 특징 … 강제가입, 균등한 급여 수준, 보험료의 정률제, 비경쟁 원리

4 WHO는 6개의 지역사무소를 운영하고 있다. 지역사무소는 아프리카, 아메리카, 동남아시아, 유럽, 중동, 서태평양 지역에 위치한다.

5 ④ 유행성 : 특정 지역에서 단기간 내에 빠른 속도로 전파되어 많은 사람들이 동시에 감염되는 감염병으로 독감 유행이 대표적이다.
① 세계성 : 세계적 범위로 확산되어 여러 나라와 대륙에 걸쳐 영향을 미치는 감염병으로 COVID-19 팬데믹이 있다.
② 산발성 : 감염병이 특정 지역에서 불규칙하게, 드물게 발생하는 것으로 단일 사건의 식중독 발생 등을 의미한다.
③ 토착성 : 특정 지역이나 인구에서 지속적으로 존재하며 발생하는 감염병으로 말라리아가 일부 열대 지역에서 토착병으로 존재하는 것이다.

6 「검역법」상 '검역감염병'에 해당하는 것은?

① 콜레라
② 후천성면역결핍증(AIDS)
③ 말라리아
④ 결핵

7 다음에서 설명하는 식중독의 원인균은?

- 어패류 섭취에 의해 많이 발생한다.
- 70℃에서 15분간 조리하면 식중독을 예방할 수 있다.

① 클로스트리디움 퍼프린젠스(Clostridium perfringens)
② 캠필로박터(Campylobacter jejuni)
③ 장염비브리오(Vibrio parahaemolyticus)
④ 바실러스 세레우스(Bacillus cereus)

8 불쾌지수 측정에 필요한 온열요소만을 모두 고르면?

㉠ 기온	㉡ 기습
㉢ 기류	㉣ 복사열

① ㉠, ㉡
② ㉠, ㉢
③ ㉡, ㉣
④ ㉢, ㉣

ANSWER 6.① 7.③ 8.①

6 「검역법」제2조(정의)에 의해 검역감염병은 콜레라, 페스트, 황열, 중증 급성호흡기 증후군(SARS), 동물인플루엔자 인체감염증, 신종인플루엔자, 중동 호흡기 증후군(MERS), 에볼라바이러스병이 해당한다.

7 ③ 장염비브리오: 주로 어패류(생선, 조개류 등)를 섭취함으로써 발생하는 식중독의 원인균이다. 70℃에서 15분간 조리하면 사멸하여 식중독을 예방할 수 있다.
① 클로스트리디움 퍼프린젠스: 주로 육류, 가금류 및 가공식품에서 발생한다.
② 캠필로박터: 주로 가금류, 오염된 물 및 비살균 우유에서 발생한다.
④ 바실러스 세레우스: 주로 쌀, 파스타 및 여러 식품에서 발생하며, 토양이나 먼지에 널리 분포하는 세균이다.

8 불쾌지수(Discomfort Index) … 사람의 체감 온도를 나타내는 지표이다. 사람의 열적 쾌적감에 큰 영향을 주고 불쾌지수를 측정하는 데 필수적인 요소인 기온과 기습(습도)을 바탕으로 계산된다.

9 다음 특징을 모두 가지는 공기의 조성 성분은?

> • 공기의 78%를 차지한다.
> • 이상기압일 때 발생하는 잠함병의 원인이 된다.
> • 호흡할 때 단순히 기도를 출입할 뿐 생리적으로 불활성인 기체이다.

① 산소 ② 질소
③ 이산화탄소 ④ 일산화탄소

10 식품의 보존방법 중 물리적 방법은?

① 방사선 처리법 ② 염장법
③ 보존료 첨가법 ④ 산 저장법

11 보건지표와 그 산출에 필요한 정보가 옳게 짝지어지지 않은 것은?

① 조출생률 – 당해 연도 출생아 수, 당해 연도 15 ~ 49세까지의 여자 수
② 영아사망률 – 당해 연도 1세 미만 사망아 수, 당해 연도 출생아 수
③ 비례사망지수 – 당해 연도 50세 이상 사망자 수, 당해 연도 사망자 수
④ α-index – 당해 연도 영아 사망자 수, 당해 연도 신생아 사망자 수

ANSWER 9.② 10.① 11.①

9 ① 산소 : 공기의 약 21%를 차지하며, 생명체의 호흡과 생리적 과정에 필수적인 역할을 한다.
③ 이산화탄소 : 공기의 소량을 차지하며, 호흡과정에서 중요한 역할을 하지만 공기의 78%를 차지하지 않는다.
④ 일산화탄소 : 매우 소량 존재하며, 독성이 있어 호흡 시 체내 산소 운반을 방해한다.

10 ① 방사선 처리법 : 물리적 방법이다. 방사선을 이용하여 식품의 미생물을 사멸하거나 억제하여 보존성을 높이는 방법이다.
② 염장법 : 화학적 방법으로 소금을 이용하여 식품의 수분 활동을 낮추어 미생물의 성장을 억제하는 방법이다.
③ 보존료 첨가법 : 화학적 방법으로 보존료를 첨가하여 미생물의 성장을 억제하는 방법이다.
④ 산 저장법 : 화학적 방법으로 산을 이용하여 pH를 낮추어 미생물의 성장을 억제하는 방법이다.

11 출생률은 당해 연도 출생아 수를 총인구로 나누어 나오는 것으로 당해 연도 15 ~ 49세까지의 여자 수는 필요하지 않다.

12 「감염병의 예방 및 관리에 관한 법률」상 감염병병원체 확인기관이 아닌 것은?

① 보건소
② 보건지소
③ 보건환경연구원
④ 질병관리청

13 「의료법 시행규칙」상 '진료기록부 등'을 보존기간이 긴 것부터 순서대로 바르게 나열한 것은?

① 수술기록, 처방전, 환자 명부
② 환자 명부, 처방전, 검사내용 및 검사소견기록
③ 진료기록부, 조산기록부, 처방전
④ 처방전, 진료기록부, 환자 명부

ANSWER 12.② 13.③

12 「감염병의 예방 및 관리에 관한 법률」제16조의2(감염병병원체 확인기관)에 의하면 실험실 검사 등을 통하여 감염병병원체를 확인할 수 있는 확인기관은 질병관리청, 질병대응센터, 「보건환경연구원법」제2조에 따른 보건환경연구원, 「지역보건법」제10조에 따른 보건소, 「의료법」제3조에 따른 의료기관 중 진단검사의학과 전문의가 상근(常勤)하는 기관, 「고등교육법」제4조에 따라 설립된 의과대학 중 진단검사의학과가 개설된 의과대학, 「결핵예방법」제21조에 따라 설립된 대한결핵협회(결핵환자의 병원체를 확인하는 경우만 해당한다), 「민법」제32조에 따라 한센병환자 등의 치료·재활을 지원할 목적으로 설립된 기관(한센병환자의 병원체를 확인하는 경우만 해당한다), 인체에서 채취한 검사물에 대한 검사를 국가, 지방자치단체, 의료기관 등으로부터 위탁받아 처리하는 기관 중 진단검사의학과 전문의가 상근하는 기관이 있다.

13 진료기록부(10년), 조산기록부(5년), 처방전(2년)
※ 진료기록부 등의 보존 … 의료인이나 의료기관 개설자는 법 제22조제2항에 따른 진료기록부등을 다음 각 호에 정하는 기간 동안 보존하여야 한다〈의료법 시행규칙 제15조〉.
  ㉠ 환자 명부 : 5년
  ㉡ 진료기록부 : 10년
  ㉢ 처방전 : 2년
  ㉣ 수술기록 : 10년
  ㉤ 검사내용 및 검사소견기록 : 5년
  ㉥ 방사선 사진(영상물을 포함한다) 및 그 소견서 : 5년
  ㉦ 간호기록부 : 5년
  ㉧ 조산기록부 : 5년
  ㉨ 진단서 등의 부본(진단서·사망진단서 및 시체검안서 등을 따로 구분하여 보존할 것) : 3년

14 질병통계에 사용되는 역학지표에 대한 설명으로 옳은 것은?

① 2차 발병률은 질병의 중증도를 나타낸다.
② 발생률은 어떤 시점에 특정 질병에 이환되어 있는 환자 수이다.
③ 유행기간이 매우 짧을 때에는 유병률과 발생률이 같아진다.
④ 유병률은 일정한 기간에 한 인구 집단 내에서 새로 발생한 환자 수이다.

15 산업재해보상보험에 대한 설명으로 옳은 것은?

① 상시 근로자 1인 미만인 사업장은 제외된다.
② 사업주가 보험료 전액을 부담하는 것을 원칙으로 한다.
③ 사업주의 자유의사에 따라 가입을 선택할 수 있다.
④ 근로자가 통상적인 경로와 방법으로 출퇴근 중 발생하는 사고는 업무상 재해가 아니다.

16 「정신건강증진 및 정신질환자 복지서비스 지원에 관한 법률」상 정신건강전문요원에 해당하지 않는 것은?

① 정신건강임상심리사
② 정신건강사회복지사
③ 정신건강작업치료사
④ 정신건강보건교육사

ANSWER 14.③ 15.② 16.④

14 ③ 유행기간이 매우 짧아지면 질병이 빨리 발생하고 회복되기 때문에 발생률과 유병률이 유사해질 수 있다.
① 2차 발병률은 감염된 사람과 접촉하여 감염된 사람의 비율을 나타내는 지표로, 질병의 중증도가 아니라 전파력을 나타낸다.
② 발생률은 일정 기간 동안 새로 발생한 질병의 환자 수로 특정 시점의 환자 수는 유병률이다.
④ 유병률은 특정 시점에서 인구 집단 내에 존재하는 총 환자 수로, 새로 발생한 환자 수는 발생률이다.

15 ② 산업재해보상보험의 보험료는 사업주가 전액 부담하는 것이 원칙으로 근로자는 보험료를 부담하지 않는다.
① 상시 근로자 1인 이상인 사업장은 산업재해보상보험 적용 대상이지만, 1인 미만인 사업장도 적용받을 수 있습니다. 다만, 적용 예외 사업장이 있다.
③ 산업재해보상보험은 법에 의해 의무적으로 가입해야 하는 보험으로, 사업주의 자유의사로 가입을 선택할 수 없다.
④ 근로자가 통상적인 경로와 방법으로 출퇴근 중 발생하는 사고는 업무상 재해로 인정된다.

16 「정신건강증진 및 정신질환자 복지서비스 지원에 관한 법률」 제17조(정신건강전문요원의 자격 등)에 따라 정신건강임상심리사, 정신건강간호사, 정신건강사회복지사 및 정신건강작업치료사로 구분한다.

17 다음 빈칸에 들어갈 값은?

> 「산업재해보상보험법」상 장해보상일시금은 '장해등급표'에 따라 ☐ 개 등급으로 나누어 지급한다.

① 5   ② 7
③ 10   ④ 14

18 다음 사례에서 신종감염병 C에 대한 여자의 2021년 치명률(%)은?

> 2021년 인구수가 100,000명(남자 60,000명, 여자 40,000명)인 지역의 사망자 수는 1,000명(남자 750명, 여자 250명)이다. 이때 유행한 신종감염병 C의 확진자 수는 총 300명(남자 200명, 여자 100명)이며, 그중 2021년도 사망자는 25명(남자 15명, 여자 10명)이다.

① 4   ② 10
③ 15   ④ 40

ANSWER 17.④ 18.②

17 「산업재해보상보험법 시행령」[별표6] 장해등급의 기준에 따라서 등급은 14개의 등급으로 나뉜다.

18 치명률(Case Fatality Rate, CFR)은 특정 질병으로 인해 사망한 사람의 수를 해당 질병에 걸린 총 확진자 수로 나누어 백분율로 나태낸 것이다.

$$치명률(\%) = \left(\frac{여자\ 사망자의\ 수}{여자\ 확진자의\ 수}\right) \times 100 = \left(\frac{10}{100}\right) \times 100 = 10(\%)$$

2021년 신종감염병 C에 대한 여자의 치명률은 10%이다.

19 신증후군출혈열에 대한 설명으로 옳지 않은 것은?

① 등줄쥐가 매개체이다.
② 10~12월에 가장 많이 발생한다.
③ 병원체가 리케차이다.
④ 임상양상 중 이뇨기가 있다.

20 국민건강보험법령상 요양급여 대상에 해당하는 것은?

① 안경, 콘텍트렌즈 등을 대체하기 위한 시력교정술
② 멀미 예방, 금연 등을 위한 진료
③ 장애인 진단서 등 각종 증명서 발급을 목적으로 하는 진료
④ 파상풍 혈청주사 등 치료목적으로 사용하는 예방주사

ANSWER 19.③ 20.④

19 ③ 신증후군출혈열의 병원체는 리케차가 아니라 한타바이러스(Hantavirus)이다. 리케차는 발진티푸스와 같은 다른 질병의 병원체이다.
① 신증후군출혈열은 등줄쥐와 같은 설치류가 매개체로서 바이러스를 전파한다.
② 신증후군출혈열은 주로 가을철(10~12월)에 많이 발생한다.
④ 신증후군출혈열의 임상양상에는 발열기, 저혈압기, 핍뇨기, 이뇨기, 회복기의 다섯 단계가 있다.

20 ①②③ 미용 목적이나 생활 편의 수술, 예방을 목적으로 하는 진료, 증명서 발급을 위한 진료는 요양급여 대상이 아니다.
※ 요양급여 … 가입자와 피부양자의 질병, 부상, 출산 등에 대하여 진찰·검사, 약제(藥劑)·치료재료의 지급 처치·수술 및 그 밖의 치료, 예방·재활, 입원, 간호, 이송(移送)의 요양급여를 실시한다〈국민건강보험법 제41조〉.
※ 비급여대상 … 업무 또는 일상생활에 지장이 없는 경우에 실시 또는 사용되는 행위·약제 및 치료재료, 신체의 필수 기능개선 목적이 아닌 경우에 실시 또는 사용되는 행위·약제 및 치료재료, 예방진료로서 질병·부상의 진료를 직접목적으로 하지 아니하는 경우에 실시 또는 사용되는 행위·약제 및 치료재료, 보험급여 시책상 요양급여로 인정하기 어려운 경우 및 그 밖에 건강보험급여원리에 부합하지 아니하는 경우로서 다음 각목에서 정하는 비용·행위·약제 및 치료재료, 건강보험제도의 여건상 요양급여로 인정하기 어려운 경우, 약사법령에 따라 허가를 받거나 신고한 범위를 벗어나 약제를 처방·투여하려는 자가 보건복지부장관이 정하여 고시하는 절차에 따라 의학적 근거 등을 입증하여 비급여로 사용할 수 있는 경우 등이 있다〈국민건강보험 요양급여의 기준에 관한 규칙 [별표 2]〉.

공중보건 | 2024. 6. 22. 제2회 서울특별시 시행

1 초등학생들의 신체발달 상황을 파악하기 위하여 체중을 조사한 결과 평균이 μ이고 분산이 σ^2인 정규분포(noimal distribution)를 따른다고 한다. 이러한 분포를 평균이 0이고 분산이 1인 분포로 변환하고자 할 때 체중 x값의 표준화에 필요한 z값(z-score)의 산출식으로 옳은 것은?

① $(\chi - \mu)/\sigma$
② $(\chi - \mu)/\sigma^2$
③ $(\chi - \sigma)/\mu$
④ $(\chi - \sigma^2)/\mu$

2 방어회와 오징어회를 먹은 후 심한 복통과 오한, 구토 증상이 나타났을 경우 감염된 기생충으로 옳은 것은?

① 선모충
② 무구조충
③ 아니사키스
④ 요코가와흡충

ANSWER 1.① 2.③

1 주어진 체중 x는 평균이 μ이고 분산이 σ^2인 정규분포를 따른다. 이 값을 평균이 0이고 분산이 1인 표준 정규분포로 변환하기 위해서 $(\chi - \mu)/\sigma$을 표준화에 필요한 산출식으로 사용해야 한다.

2 ③ 아니사키스: 생선과 오징어와 같은 해산물에 기생하는 기생충에 해당한다. 감염된 해산물을 섭취했을 때 인간에게 아니사키스증(Anisakiasis)을 유발한다. 아니사키스증(Anisakiasis)의 주요 증상으로는 심한 복통, 오한, 구토 등이 있다.
① 선모충: 주로 덜 익힌 돼지고기나 야생 동물을 섭취했을 때 감염된다.
② 무구조충: 소고기를 통해 감염된다.
④ 요코가와흡충: 민물고기를 통해 감염된다.

3 생태학적 모형에 따른 보건사업 단계 중 개인 간 수준의 전략 유형에 해당하는 것은?

① 청소년 성교육
② 집단규범 변경과 사회적 지지그룹 구성
③ 보건소와 어린이집연합회가 공동으로 '건강한 어린이집인증제' 실시
④ 실내와 공공장소에서의 금연 정책

4 전향적 코호트 연구와 비교하였을 때, 환자-대조군 연구에 대한 설명으로 가장 옳은 것은?

① 질병발생률이 낮은 희귀질환은 부적절하다.
② 상대위험도 및 귀속위험도를 구할 수 있다.
③ 환자의 기억력이 정확하지 않으면 착오가 생길 수 있다.
④ 많은 연구대상자가 필요하며, 대상자가 도중에 탈락할 수 있다.

5 현재의 공기 1m³에 포화될 수 있는 수증기 량과 그중에 함유되어 있는 수증기량과의 차이는?

① 절대습도
② 포화습도
③ 상대습도
④ 포차

ANSWER 3.② 4.③ 5.④

3 생태학적 모형은 건강에 영향을 미치는 다양한 수준의 요인들을 고려하여, 개인/개인 간/조직/지역사회/공공정책으로 전략 유형을 나누어 접근한다. '집단규범 변경과 사회적 지지그룹 구성'은 개인 간 수준의 전략유형에 해당한다.

4 ① 환자-대조군 연구는 희귀질환을 연구하는 데 적합하다. 희귀질환은 전향적 코호트 연구는 많은 인구를 오랜 기간 추적해야 하기 때문에 비효율적이다.
② 환자-대조군 연구에서 오즈비(odds ratio)를 구한다. 상대위험도(relative risk)와 귀속위험도(attributable risk)는 코호트 연구에서 주로 사용된다.
④ 환자-대조군 연구는 전향적 코호트 연구보다 적은 수의 연구대상자가 필요하다. 환자-대조군 연구는 이미 질병이 발생한 환자와 대조군을 비교하는 방식이므로 도중에 탈락하는 문제가 적은 편이다.

5 ① 절대습도 : 공기 중에 포함된 수증기의 실제 질량이다.
② 포화습도 : 특정 온도에서 공기가 포화 상태일 때 포함할 수 있는 최대 수증기량이다.
③ 상대습도 : 현재 공기 중의 수증기량을 같은 온도에서의 포화 수증기량과 비교한 백분율이다.

6 모자보건법령상 산후조리업에 종사하는 사람이 받아야 하는 예방접종에 해당하는 것은?

① 장티푸스
② 결핵
③ 한센병
④ 인플루엔자

7 하인리히(Heinrich)의 재해 구성비율 1:29:300의 법칙에서 29가 의미하는 것으로 옳은 것은?

① 330회 사고 가운데 경상해사고 29회
② 330회 사고 가운데 중상해사고 29회
③ 300회 사고 가운데 경상해사고 29회
④ 300회 사고 가운데 무상해사고 29회

8 〈보기〉의 공중보건 역사상 발생했던 사건들을 시간 순서대로 바르게 나열한 것은?

―――――〈보기〉―――――
㉠ 제너에 의해 우두접종법이 발견되었다.
㉡ 라마치니가 '노동자의 질병'을 발간하였다.
㉢ 영국의 채드윅은 '열병보고서'를 정부에 제출하였다.
㉣ 페스트 예방대책으로 라구사에서 40일 간의 격리기간을 두었다.

① ㉡ - ㉣ - ㉠ - ㉢
② ㉣ - ㉠ - ㉡ - ㉢
③ ㉣ - ㉠ - ㉢ - ㉡
④ ㉣ - ㉡ - ㉠ - ㉢

―――――――――――――――――――――――――――――

ANSWER 6.④ 7.① 8.④

6 「모자보건법 시행령」제16조(건강진단 및 예방접종 등) 제4항에 따라서 인플루엔자 예방접종(연 1회 실시), 백일해(百日咳) 예방접종(산후조리원에 근무하기 2주 전까지 실시) 예방접종을 실시한다.

7 하인리히의 법칙에 따르면, 330회의 사고가 발생할 때 그 중 1회는 중상해를 동반한 '중대사고'이고, 29회는 '경상해사고'이고, 300회는 '무상해사고'이다.

8 ㉣ 라구사(현 크로아티아의 두브로브니크)에서 페스트 확산을 막기 위해 40일 간의 격리인 검역(quarantine)을 시행한 것은 1377년이다.
㉡ 이탈리아의 의사 베르나르디노 라마치니가 산업의학의 기초를 다진 '노동자의 질병'을 발간한 것은 1700년이다.
㉠ 에드워드 제너가 천연두를 예방하기 위해 우두접종법을 발견한 것은 1796년이다.
㉢ 에드윈 채드윅이 영국 정부에 '열병보고서'를 제출한 것은 1842년이다.

9 뢰머(Roemer)의 보건의료체계 분류 중 〈보기〉가 설명하는 유형으로 가장 옳은 것은?

― 〈보기〉 ―

사회보험이나 조세로 보건의료서비스를 제공한다. 의사들은 개원할 수 있고 진료비는 제3자 지불기구로부터 지급받는다. 의료공급이 민간 중심으로 되어 있지만, 사회보험을 통해 의료제공자에 대한 정부의 개입이 비교적 강한 편이다. 사회보험이 중심이지만 민간의료보험이 보완적으로 발달해 있고, 의료의 질은 높은 편이지만 국민의료비의 증가 추이가 높은 편이다. 정부 세출에서 보건의료비가 차지하는 비중이 크다는 것이 큰 특징이다.

① 보편적 포괄형 ② 복지지향형
③ 사회주의형   ④ 자유기업형

10 〈보기〉의 측정값에 대한 산술평균, 중위수, 최빈수로 옳은 것은?

― 〈보기〉 ―

1, 6, 7, 10, 4, 2, 3, 15, 4, 8

	산술평균	중위수	최빈수
①	4	4	1
②	5	5	1
③	6	5	4
④	6	6	4

ANSWER 9.② 10.③

9 〈보기〉의 유형은 복지지향형 보건의료체계에 해당한다. 복지지향형은 의료서비스가 사회보험이나 조세를 통해 제공되며, 의료제공자는 민간 중심으로 구성되어 있으나 정부의 개입이 비교적 강하게 나타나는 구조이다. 대표적인 국가로는 독일, 프랑스 등이 있다.

10 ⊙ 산술평균 : 산술평균은 모든 값을 더한 후 값의 개수로 나누는 것으로 $\frac{1+6+7+10+4+2+3+15+4+8}{10} = \frac{60}{40} = 6$이다.

⊙ 중위수 : 중위수는 데이터를 크기 순서대로 나열했을 때 가운데 위치한 값이다. 주어진 값을 크기 순서대로 나열하면 1, 2, 3, 4, 4, 6, 7, 8, 10, 15이고 데이터의 개수가 짝수(10개)이다. 가운데 두 값은 4와 6이므로, 중위수는 $\frac{4+6}{2} = 5$에 해당한다.

⊙ 최빈수 : 가장 자주 나타나는 값이다. 〈보기〉의 측정값에서 4가 두 번 나타나기 때문에 4가 최빈수에 해당한다.

11 가시광선의 작용으로 가장 옳은 것은?

① 혈압 강하작용을 한다.
② 명암 및 색채의 구별을 가능하게 한다.
③ 피부결핵이나 피부병을 치료한다.
④ 체온을 상승시켜 혈관확장을 일으킨다.

12 「국민건강증진법」에 근거한 제5차 국민건강증진종합계획 (HP2030)의 비전에 해당하는 것은?

① 온 국민이 함께하는 건강세상
② 75세의 건강장수 실현이 가능한 사회
③ 모든 사람이 평생건강을 누리는 사회
④ 온 국민이 함께 만들고 누리는 건강세상

13 노인보건사업을 수행할 때 고려해야 하는 접근원칙에 대한 설명으로 가장 옳지 않은 것은?

① 질병 중심의 접근
② 사람 중심의 접근
③ 포괄적, 통합적 접근
④ 지역사회기반 서비스 접근

ANSWER 11.② 12.③ 13.①

11 ② 가시광선은 인간의 눈에 보이는 빛의 범위에 속하는 전자기파이다. 명암과 색채를 인식하는 역할을 한다. 시각을 통해 물체의 형태와 색상을 구별하는 데 중요한 역할을 한다.
① 광선 요법과 관련이 있지만 가시광선의 작용으로 적절하지 않다.
③ 자외선(UV) 치료와 관련이 있다.
④ 적외선(IR) 복사와 관련이 있다.

12 제5차 국민건강증진종합계획의 비전은 '모든 사람이 평생건강을 누리는 사회'에 해당한다.
※ 제5차 국민건강증진종합계획 목표
㉠ (모든 사람) 성, 계층·지역 간 건강형평성을 확보, 적용 대상을 모든 사람으로 확대한다.
㉡ (평생 건강을 누리는 사회) 출생부터 노년까지 전 생애주기에 걸친 건강권 보장, 정부를 포함한 사회 전체를 포괄한다.

13 ① 질병 중심의 접근은 특정 질병이나 상태에 초점을 맞추는 방식에 해당한다. 노인보건사업에서는 노인의 전반적인 건강과 웰빙을 고려하는 포괄적이고 사람 중심의 접근이 중요하다.

14 기초대사량에 대한 설명으로 가장 옳은 것은?

① 최소한의 생명을 유지하고 신체활동을 위해 필요한 에너지 대사량이다.
② 체지방과 근육량이 많을수록, 체표면적이 작을수록 기초대사량이 높아진다.
③ 아침 식사 후 8~10시간이 지나고 정신적으로 안정된 상태에서 측정한다.
④ 체중 60kg인 성인 남자의 1일 기초대사량은 약 1,400kcal이다.

15 「학교보건법」에서 지정하고 있는 내용으로 옳지 않은 것은?

① 교육환경보호구역의 설정
② 대기오염대응매뉴얼의 작성
③ 학생건강증진 기본계획의 수립
④ 감염된 것으로 의심되는 교직원에 대한 등교 중지

16 특정 지역사회 안에서 어떤 보건문제가 발생할 확률이 50%라고 할 때 오즈(odds) 값으로 옳은 것은?

① 0
② 0.5
③ 1
④ 2

ANSWER 14.④ 15.① 16.③

14 ④ 기초대사량은 생명을 유지하는 데 필요한 최소한의 에너지 대사량이다. 개인의 체중, 체조성, 나이, 성별 등에 따라 기초대사량은 다르다.
　① 기초대사량은 최소한의 생명을 유지하기 위해 필요한 에너지 대사량이다. 신체활동을 위한 에너지는 포함되지 않는다.
　② 근육량이 많을수록 기초대사량이 높아지지만, 체지방이 많다고 기초대사량이 높아지지 않는다. 체표면적이 클수록 기초대사량이 높다.
　③ 기초대사량은 아침 식사 전, 12시간 금식 상태에서, 편안하게 누워있는 상태에서 측정한다.

15 ②「학교보건법」제5조(대기오염대응매뉴얼의 작성 등)
　③「학교보건법」제7조의2(학생건강증진 시행계획의 수립·시행 등)
　④「학교보건법」제8조(등교 중지) 제3항

16 오즈(odds)는 특정 사건이 발생할 확률을 발생하지 않을 확률로 나눈 값이다.
　발생할 확률 P가 50%면 발생하지 않을 확률도 50%에 해당한다.
　오즈는 발생할 확률을 발생하지 않을 확률로 나눈 값이므로 오즈 값은 $\frac{50\%}{50\%} = 1$이다.

17 의료비 상승의 억제효과가 큰 진료비 지불방식부터 순서대로 바르게 나열한 것은?

① 인두제 > 행위별수가제 > 포괄수가제
② 인두제 > 포괄수가제 > 행위별수가제
③ 포괄수가제 > 인두제 > 행위별수가제
④ 포괄수가제 > 행위별수가제 > 인두제

18 표준예방접종일정표에 따라 생후 6개월에 3차 예방접종이 진행되는 감염병으로 가장 옳은 것은?

① 수두, 디프테리아
② 폐 렴구균감염증, b형 헤모필루스인플루엔자
③ A형간염, B형간염
④ 일본뇌염, 로타바이러스 감염증

ANSWER 17.② 18.②

17
- 인두제 : 의사에게 환자 1인당 일정 금액을 지급하는 방식이다. 의사에게 더 많은 환자를 보는 것보다 효율적인 진료를 제공하도록 인센티브를 주므로 의료비 상승 억제 효과가 가장 크다.
- 포괄수가제 : 특정 질병군에 대해 정해진 금액을 지급하는 방식이다. 환자가 어떤 치료를 받든 동일한 금액이 지급되므로 과잉 진료를 억제하는 효과가 있다.
- 행위별수가제 : 제공된 서비스의 종류와 양에 따라 지불하는 방식이다. 더 많은 서비스를 제공할수록 더 많은 보수를 받기 때문에 의료비가 상승할 가능성이 가장 크다.

18 6개월에 3차 예방접종이 진행되는 감염병으로는 HepB(B형간염), DTaP(디프테리아·파상풍·백일해), Hb(b형 헤모필루스인플루엔자), PCV(폐렴구균 단백결합), RV(로타바이러스 감염증)가 있다.

19 9~11월 주수기에 주로 농부에게서 발병하며, 들쥐의 배설물을 매개로 감염되는 급성 발열성 질환으로 가장 옳은 것은?

① 말라리아
② 일본뇌염
③ 쯔쯔가무시병
④ 렙토스피라증

20 산소중독증의 증상에 해당하지 않는 것은?

① 폐부종
② 이통(耳痛)
③ 감각둔화
④ 충혈

ANSWER 19.④ 20.③

19 ④ 렙토스피라증 : 렙토스피라증(Leptospirosis)은 렙토스피라(Leptospira) 속의 세균에 의해 발생하는 질환이다. 감염된 동물의 소변이나 오염된 물과의 접촉을 통해 전파된다. 쥐와 같은 설치류의 배설물이 주요 매개체이다. 습하고 따뜻한 환경에서 발병하고 농부나 야외 작업을 하는 사람들에게서 주로 발생한다.
①② 모기에 의해 전파된다.
③ 쯔쯔가무시병 : 털진드기 유충에 의해 전파되고, 가을철에 주로 발생한다.

20 산소중독증의 대표적인 증상은 신경계 경련, 호흡계 손상 등이 있다. 폐부종, 이통, 충혈 등이 일반적인 증상으로 나타난다.

공중보건 | 2025. 6. 21. 제1회 지방직 시행

1 다음에서 설명하는 질병은?

> 제3급 감염병으로 주로 중국얼룩날개모기가 매개하며, 경기도 및 강원도의 휴전선 접경지역에서 많이 발생한다.

① 황열
② 백일해
③ 일본뇌염
④ 말라리아

2 인체에 감마글로불린(γ-globulin)이나 항독소(anti-toxin) 등을 직접 주입하여 얻는 면역은?

① 인공수동면역
② 자연수동면역
③ 인공능동면역
④ 자연능동면역

ANSWER 1.④ 2.①

1 ④ 말라리아는 모기 매개 감염병의 대표적인 질환으로 국내에서는 제3급 감염병으로 지정되어 관리되고 있다.
2 ① 회복기 혈청, 면역 혈청, 감마 글로불린, 항독소 등의 항체를 사람 또는 동물에게서 얻어 주사하는 것이다.
  ② 태아가 모체의 태반을 통해 이미 형성된 항체를 받는 것이다.
  ③ 인공적(주사)으로 항원을 투여해 항체를 형성하는 것이다.
  ④ 감염병(항원)에 전염되어 면역(항체)를 형성하는 것이다.

3 병원체가 바이러스인 질병은?

① 결핵
② 폴리오
③ 콜레라
④ 장티푸스

4 코호트 연구에서 산출되는 통계량이 아닌 것은?

① 비교위험도
② 질병발생률
③ 기여위험도
④ 비례사망지수

5 유해물질과 중독 증상으로 바르게 연결되지 않은 것은?

① 납 – 진폐증
② 수은 – 근육경련
③ 카드뮴 – 단백뇨
④ 크롬 – 비중격천공

ANSWER 3.② 4.④ 5.①

3 ② 폴리오는 바이러스성 질병으로, 폴리오바이러스에 감염되어 발생한다. 이 바이러스는 급성기 환자의 인후 분비물과 분변을 통해 배설되며, 주로 분변 오염을 통해 전파된다. 폴리오 바이러스는 신경계를 감염시켜 마비 증상을 유발할 수 있다.
① 결핵은 주로 호흡기 비말을 통해 공기로 전파된다.
③ 콜레라는 오염된 물이나 음식을 섭취하여 발생한다.
④ 살모넬라균에 의해 발생하는 전신 감염이다.

4 ④ 코호트 연구에서 주로 사용되는 통계량은 질병 발생률과 상대 위험도, 그리고 기여 위험도이다.

5 ① 납 중독 증상은 노출 정도와 기간에 따라 다양하게 나타나며, 초기에는 식욕 부진, 변비, 복부 팽만감 등이 나타날 수 있다. 심해지면 급성 복통, 권태감, 불면증, 두통, 근육통, 관절통, 빈혈, 신경계 이상 등을 유발할 수 있다. 진폐증은 석탄가루가 수년에 걸쳐 폐 조직에 쌓이면서 서서히 반흔이 생기고, 이로 인해 호흡 곤란이 생기는 심각한 질환이다.

6 국민건강보험의 보험급여 중 현물급여에 해당하는 것은?

① 요양비
② 건강검진
③ 장애인보장구 급여
④ 본인부담상한액 초과금

7 다음에서 설명하는 예방단계는?

> 질병을 조기 발견하여 조기 치료함으로써 그 질병을 치유하거나 경과를 늦춘다.

① 일차예방
② 이차예방
③ 삼차예방
④ 사차예방

8 용존산소량(DO)에 대한 설명으로 옳지 않은 것은?

① 수질오염의 한 지표가 될 수 있다.
② 수온이 높을수록, 기압이 높을수록 증가한다.
③ 용존산소량이 적은 것은 오염도가 높음을 의미한다.
④ 생물화학적 산소요구량(BOD)이 많으면 용존산소량은 적다.

ANSWER 6.② 7.② 8.②

6 ② 현물급여는 가입자와 피부양자에게 요양기관을 통해 직접 의료 서비스를 제공하는 것을 의미한다. 요양급여와 건강검진이 대표적인 현물급여에 해당하며, 환자가 직접적인 비용 부담을 줄이면서 필요한 의료 서비스를 받을 수 있도록 하는 것이 특징이다.

7 예방단계
㉠ 일차 예방(Primary Prevention) : 질병 발생을 사전에 차단하는 단계이다. 건강한 생활 습관을 유지하고, 위험 요인을 제거하며, 예방 접종 등을 통해 질병에 걸리지 않도록 예방하는 것을 의미한다.
㉡ 이차 예방(Secondary Prevention) : 질병이 이미 발생했지만 조기에 발견하여 치료하고 악화를 방지하는 단계이다. 조기 검진, 증상 완화 치료 등을 통해 질병의 진행을 늦추고 합병증 발생을 예방한다.
㉢ 삼차 예방(Tertiary Prevention) : 질병이 만성화되었거나 심각한 상태에 이르렀을 때, 합병증이나 후유증을 최소화하고 기능 회복 및 재활을 통해 삶의 질을 높이는 단계이다.

8 ② 용존 산소량은 수온이 낮을수록, 기압이 높을수록 증가한다.

9 의료급여에 대한 설명으로 옳은 것은?

① 의료급여기금은 전액 국고보조금으로 구성된다.
② 의료급여 수급권자의 진료체계는 1차, 2차, 3차 의료급여기관으로 구분되어 있다.
③ 의료급여 수급권자의 자격선정과 관리는 거주지를 관할하는 보건소장이 수행한다.
④ 2종 수급권자는 근로능력이 없는 자만으로 구성된 세대의 구성원, 이재민, 북한이탈주민 등이다.

10 다음에서 설명하는 것은?

- 이것에 영향을 미치는 인자는 고습, 체취 등의 냄새, CO_2 등이다.
- 많은 사람이 밀폐된 공간에 있을 때 공기의 물리·화학적 조건이 문제가 되어 불쾌감, 두통, 현기증, 구토 등을 초래한다.

① 군집독 ② 잠함병
③ 산소중독 ④ 새집증후군

ANSWER 9.② 10.①

9 ① 의료급여기금은 국고보조금 외에도 지방자치단체의 출연금, 대불금 상환금, 부당이득금, 과징금, 그리고 기금의 결산상 잉여금 등으로 조성된다.
③ 의료급여 수급권자의 자격선정과 관리는 보건복지부장관이 수행한다.
④ 의료급여 대상자

1종 수급권자	2종 수급권자
국민기초생활보장수급자 : 근로무능력 가구, 희귀난치성질환 중증질환(암환자, 중증화상환자만 해당) 등록자, 시설수급자 행려환자 타법적용자 : 이재민, 의상자 및 의사자의 유족, 입양아동(18세 미만), 국가유공자, 국가무형문화재보유자, 북한이탈주민, 5 18 민주화운동 관련자, 노숙인	국민기초생활보장대상자 중 1종 수급 대상이 아닌 가구 타법수급 대상자 중 1종 수급 대상이 아닌 가구 또는 가구원

10 ② 압력 변화에 의해 발생하는 질병으로, 잠수 작업 중 기압이 갑자기 낮아지면서 혈액 내 녹아 있던 기체(주로 질소)가 기포를 형성하여 혈관을 막거나 조직 손상을 유발하는 질환이다.
③ 고농도 산소를 장시간 흡입하여 발생하는 독성 현상으로 흡 곤란, 흉통, 근육 경련, 시력 저하, 발작 등의 증상을 유발할 수 있다.
④ 주로 건축 자재나 가구 등에서 나오는 유해 물질, 특히 휘발성 유기 화합물(VOCs)이 원인으로 작용하며, 이로 인해 눈 따가움, 목 아픔, 두통, 피부 질환 등 다양한 증상이 나타난다.

11 「식품위생법」상 다음 설명에 해당하는 것은?

> 식품의 원료관리 및 제조·가공·조리·소분·유통의 모든 과정에서 위해한 물질이 식품에 섞이거나 식품이 오염되는 것을 방지하기 위하여 각 과정의 위해요소를 확인·평가하여 중점적으로 관리하는 기준

① 식품회수기준
② 식품위생등급기준
③ 식품이력추적관리기준
④ 식품안전관리인증기준

12 작업장에서 1일 4시간 동안 노출될 수 있는 소음(충격소음 제외)의 최대 허용기준은?

① 85 dB(A)
② 90 dB(A)
③ 95 dB(A)
④ 100 dB(A)

13 「보건복지부와 그 소속기관 직제」상 보건복지부장관 소속의 책임운영기관은?

① 국민건강보험공단
② 한국공공조직은행
③ 국립정신건강센터
④ 국가생명윤리정책원

ANSWER 11.④ 12.③ 13.③

11 ④ 식품안전관리인증기준이란 식품의 원료관리 및 제조·가공·조리·소분·유통의 모든 과정에서 위해한 물질이 식품에 섞이거나 식품이 오염되는 것을 방지하기 위하여 각 과정의 위해요소를 확인·평가하여 중점적으로 관리하는 기준이다.

12 ③ 작업장에서 1일 4시간 동안 노출될 수 있는 소음(충격 소음 제외)의 최대 허용기준은 95dB이다.

13 ③ 보건복지부장관 소속의 책임운영기관으로는 국립정신건강센터·국립나주병원·국립부곡병원·국립춘천병원·국립공주병원 및 국립재활원이 있다.

14 노인장기요양보험에 대한 설명으로 옳은 것은?

① 요양병원간병비는 특별현금급여에 해당한다.
② 장기요양보험 수급자는 건강보험 가입자와 동일하다.
③ 단기보호 급여를 받을 수 있는 기간은 월 최대 20일이다.
④ 재가급여 시 본인부담금은 해당 장기요양급여비용의 100분의 20이다.

15 「제5차 국민건강증진종합계획(HP 2030)」의 6개 분과에 해당하지 않는 것은?

① 건강생활 실천
② 정신건강 관리
③ 안전환경 보건
④ 건강친화적 환경 구축

16 감염재생산수(reproduction number, R)가 1일 때(R = 1), 감염병의 유행 양상은?

① 감염병이 유행한다.
② 감염병이 소멸된다.
③ 감염병이 풍토병이 된다.
④ 감염병이 팬데믹이 된다.

ANSWER 14.① 15.③ 16.③

14 ② 장기요양보험 수급자는 65세 이상 노인 또는 65세 미만이라도 노인성 질병으로 인해 장기요양이 필요한 사람이다.
③ 단기보호 급여를 받을 수 있는 기간은 월 최대 9일이다.
④ 재가급여 시 본인부담금은 해당 장기요양급여비용의 100분의 15이다.

15 제5차 국민건강증진종합계획(HP 2030)
㉠ 건강생활실천
㉡ 정신건강 관리
㉢ 비감염성 질환 예방관리
㉣ 감염 및 기후변화성 질환 예방관리
㉤ 인구집단별 건강관리
㉥ 건강친화적 환경 구축

16 ③ 감염재생산지수는 한 명의 감염병 환자가 평균 감염기간 동안 감염시키는 평균 환자 수로 R값이 1 초과이면 유행 지속, 1 미만이면 발생 감소, 1이면 풍토병을 의미한다.

17 암관리법령상 암검진사업 대상 암의 종류별 검진주기와 연령 기준 등으로 옳은 것은?

① 간암 – 1년, 40세 이상의 남·여
② 유방암 – 1년, 40세 이상의 여성
③ 대장암 – 2년, 50세 이상의 남·여
④ 폐암 – 2년, 54세 이상 74세 이하의 남·여 중 폐암 발생 고위험군

18 「산업안전보건법 시행규칙」상 다음 설명에 해당하는 것은?

> 사업주는 상시 사용하는 근로자 중 공장 또는 공사현장과 같은 구역에 있지 않은 사무실에서 사무업무에 종사하는 근로자(판매업무 등에 직접 종사하는 근로자는 제외)에 대해서는 2년에 1회 이상, 그 밖의 근로자에 대해서는 1년에 1회 이상 실시해야 한다.

① 특수건강진단
② 수시건강진단
③ 일반건강진단
④ 임시건강진단

ANSWER 17.④ 18.③

17 암의 종류별 검진주기와 연령 기준

암의 종류	검진주기	연령 기준 등
위암	2년	40세 이상의 남·여
간암	6개월	40세 이상의 남·여 중 간암 발생 고위험군
대장암	1년	50세 이상의 남·여
유방암	2년	40세 이상의 여성
자궁경부암	2년	20세 이상의 여성
폐암	2년	54세 이상 74세 이하의 남·여 중 폐암 발생 고위험군

18 사업주는 상시 사용하는 근로자 중 사무직에 종사하는 근로자(공장 또는 공사현장과 같은 구역에 있지 않은 사무실에서 서무·인사·경리·판매·설계 등의 사무업무에 종사하는 근로자를 말하며, 판매업무 등에 직접 종사하는 근로자는 제외한다)에 대해서는 2년에 1회 이상, 그 밖의 근로자에 대해서는 1년에 1회 이상 일반건강진단을 실시해야 한다.

19 다음의 경우에 해당하는 국제암연구소(IARC)의 발암물질 분류 기준은?

> 인체 발암성에 대한 증거가 일부 존재하며 실험동물에서의 발암성 증거가 충분한 경우

① Group 1
② Group 2A
③ Group 2B
④ Group 3

20 세계보건기구(WHO)의 제9차 상하이 건강증진국제회의(2016년)의 주제는?

① 건강한 공공정책 수립
② 건강지향적 환경 조성
③ 지속가능발전목표(SDGs)에서의 건강증진
④ 수행역량 격차 해소를 통한 건강증진과 개발

ANSWER 19.② 20.③

19 IARC 발암물질 분류 기준
　㉠ 1군(Group 1) : 확실히 사람에게 암을 일으키는 것으로 확인된 물질(Carcinogenic to humans).
　㉡ 2A군(Group 2A) : 사람에게 암을 일으키는 개연성이 있는 물질(Probably carcinogenic to humans).
　㉢ 2B군(Group 2B) : 사람에게 암을 일으키는 가능성이 있는 물질(Possibly carcinogenic to humans).
　㉣ 3군(Group 3) : 사람에게 암을 일으키는 것이 분류되지 않은 물질(Not classifiable as to its carcinogenicity to humans).

20 2016년 회의는 UN의 2030 의제인 지속가능발전목표(SDGs)와 건강 증진의 연관성을 강조했으며, 건강이 지속가능한 사회 발전에 필수적이라는 점을 인식하고, 건강을 위한 정치적 노력을 촉구했다.

공중보건 | 2025. 6. 21. 제1회 서울특별시 시행

1 우리나라 제5차 국민건강증진종합계획 2030(HP2030)에 대한 설명으로 가장 옳지 않은 것은?

① 비전은 모든 사람이 평생 건강을 누리는 사회이다.
② 건강수명 연장의 목표는 2018년 기준 70.4세인 건강수명을 2030년까지 75.4세로 연장하는 것이다.
③ 건강형평성 제고의 목표는 소득 수준 상위 20%와 하위 20%의 건강수명 격차를 2030년까지 7.6세 이하로 낮추는 것이다.
④ 암, 심뇌혈관질환, 비만, 손상은 비감염성질환 예방관리 사업분야에 해당된다.

2 리벨과 클라크(Leavell & Clark)의 질병의 자연사 5단계에 따른 예방대책의 예시로 가장 옳지 않은 것은?

① 비병원성기 : 신체활동 증진을 위한 걷기 운동 프로그램 실시
② 초기병원성기 : 영유아를 대상으로 필수예방접종 시행
③ 불현성감염기 : 국가암검진사업으로 자궁경부암검진 시행
④ 발현성질환기 : 거동이 불편한 뇌병변환자를 대상으로 방문재활서비스 제공

ANSWER 1.② 2.④

1 ② 건강수명 연장의 목표는 2018년 기준 70.4세인 건강수명을 2030년까지 73.3세로 연장하는 것이다.

2 발현성 질환기 예방 대책
㉠ 조기 진단 및 치료: 증상이 나타났을 때 신속하게 진단하고 적절한 치료를 시작하는 것이 중요합니다. 이를 통해 질병의 진행을 늦추고 합병증을 예방할 수 있다.
㉡ 합병증 예방: 발현성질환기에는 합병증 발생 위험이 높으므로, 합병증 발생을 예방하기 위한 관리 및 치료가 필요하다.
㉢ 질병의 확산 방지: 감염성 질환의 경우, 다른 사람에게 질병이 확산되는 것을 막기 위한 조치가 필요하다. 격리, 위생 관리 등이 이에 해당된다.
㉣ 환자 관리 및 교육: 환자와 가족에게 질병에 대한 정보를 제공하고, 자가 관리 및 예방 방법에 대한 교육을 실시하여 질병의 재발을 방지하고 건강을 회복하도록 돕는다.

3 국제기구의 역할이 잘못 짝지어진 것은?

① UNICEF : 아동의 보건 및 복지 향상을 위한 원조
② UNEP : 임신의 자유와 출산의 안전 등 인구 및 가족계획
③ ILO : 노동조건 개선 및 지위 향상
④ FAO : 영양기준 및 생활향상

4 다음의 상황에서 홍역의 이차발병률(secondary attack rate)을 계산하는 식으로 가장 옳은 것은?

> 전체 학생 수가 50명인 A초등학교에 홍역이 발생하였다. 역학조사 결과 1명의 발단환자로부터 다른 학생들이 감염된 것으로 추정된다. 최대 잠복기간 동안 5명의 환자가 새로 발생하였다. A초등학교 학생 중 20명은 예전에 예방접종을 받았고, 15명은 이전에 홍역에 걸린 경험이 있었다. 불현성감염 및 재감염은 없고, 예방접종은 100% 효과가 있다고 가정한다.

① $\dfrac{1+5}{50-15} \times 100$

② $\dfrac{5}{50-1-20} \times 100$

③ $\dfrac{5}{50-20-15} \times 100$

④ $\dfrac{5}{50-1-20-15} \times 100$

ANSWER 3.② 4.④

3 ② 유엔환경계획(UNEP)은 국제 사회의 환경 문제 해결을 위해 노력하는 유엔 산하 기구로, 환경 문제에 대한 조정, 평가, 정책 지원, 역량 강화 등이며, 전 세계 환경 현황 감시 및 평가, 환경 관련 정보 제공 및 교육 프로그램 운영 등을 수행한다.

4 이차발병률=(홍역에 노출된 사람 중 홍역에 감염된 사람 수 / 홍역에 노출된 총 사람 수)×100

5 역학에서 인과성을 판정하기 위해 제시된 힐의 기준(Hill's guidelines)이 아닌 것은?

① 시간적 선후관계(Temporality)
② 용량-반응 관계(Dose-response relationship)
③ 기존 지식과 일치(Coherence of the evidence)
④ 연관성의 범용성(Genericity of association)

6 황색포도상구균 식중독에 대한 설명으로 가장 옳지 않은 것은?

① 황색포도상구균 식중독은 열에 취약하기 때문에 60°C에서 10분가량 음식을 익히거나 데워먹으면 안전하다.
② 황색포도상구균이 생성하는 장독소(enterotoxin)가 원인인 독소형 식중독이다.
③ 조리종사자의 화농성 병변을 통해 식품 오염이 가능하다.
④ 잠복기는 평균 3시간 정도로 짧은 편이다.

ANSWER 5.④ 6.①

5 원인적 인과성 판단을 위한 힐의 기준

판단 기준	개념
Strength(강도)	해당 요인에 대한 노출과 질병 사이의 연관성이 강할수록 인과관계일 가능성이 높다
Consistency(일관성)	여러 다른 상황에서도 해당 요인과 질병이 관련하여 반복적으로 나타나고, 항상 그 질병과 연관성이 있는 것으로 나타난다.
Specificity(특이성)	해당 요인이 오직 특정 질병하고만 연관성을 나타내거나, 그 질병이 오직 해당 요인하고만 연관성을 나타내는 것을 말한다.
Temporality(시간적 선후관계)	해당 요인의 노출이 반드시 질병이 나타나기 전 선행되어야 하며, 노출기간도 적절해야 한다.
Biological gradient(양적인 관계)	해당 요인에 대한 노출량이 증가하면 질병 위험이 높아진다.
Plausibility(생물학적 정도)	요인과 질병 간의 연관을 설명하는 기전이 생물학적으로 설명 가능하다.
Coherence(기존 지식과의 일치성)	요인과 질병 간의 연관성이 기존 지식과 일치하며 관찰 결과가 논리적으로 합당하다.
Experiment(실험적 입증)	요인과 질병 간의 연관이 실험적으로 입증되어야 한다.
Analogy(유사성)	요인과 질병 간의 연관성이 기존에 알려져 있는 다른 요인과 질병과의 연관성과 유사하다.

6 ① 황색포도상구균은 비교적 열에 강한 세균으로 80°C에서 30분 이상 가열하면 사멸되지만 포도상구균에 의해 생산된 독소는 100°C에서 30분간 가열해도 파괴되지 않는다. 음식을 조리한 사람의 손이나 코 점막, 상처 부위에 있던 포도상구균에 의해 음식물이 오염되면, 높은 기온과 습도에서 증식하여 식중독을 일으킨다.

7 A고등학교에서 발생한 장병원성 대장균 감염증에 대한 역학조사를 실시하였다. 의심되는 원인은 학생들의 소고기 비빔밥 섭취였으며, 조사결과는 다음과 같다. 교차비(Odds ratio)를 구하는 계산식은?

(단위 : 명)

소고기 비빔밥 섭취 여부	장병원성 대장균 감염증		계
	발생	미발생	
예	40	160	200
아니오	2	12	14
계	42	172	214

① $\dfrac{40 \times 12}{2 \times 160}$ ② $\dfrac{160 \times 2}{40 \times 12}$

③ $\dfrac{40 \times 160}{2 \times 12}$ ④ $\dfrac{40 \times 2}{160 \times 12}$

8 대기오염물질에 대한 설명으로 가장 옳은 것은?

① 아황산가스는 실내공기 오염의 지표로 이용된다.
② 이산화탄소는 오존층 파괴의 원인물질이다.
③ 염화불화탄소는 군집독을 일으킨다.
④ 질소산화물은 산성비의 발생원이 된다.

ANSWER 7.① 8.④

7
$$\text{교차비(OR)} = \frac{\text{질환이 있을 때 위험인자 유/무의 비율}}{\text{질환이 없을 때 위험인자 유/무의 비율}} = \frac{a/c}{b/c} = \frac{a \times d}{c \times d}$$

8 ① 아황산가스는 대기오염의 지표로 이용된다.
② 오존층 파괴의 원인물질은 프레온가스다.
③ 염화불화탄소는 오존층 파괴 물질이다.

9 간접표준화를 이용하여 A지역과 B지역의 사망률을 비교하고자 한다. A지역의 실제 사망자수는 20명, B지역의 실제 사망자수는 25명이다. 표준인구의 연령별사망률과 두 지역의 인구수 및 기대사망자수가 다음과 같을 때, 가장 옳은 것은?

연령	표준인구의 연령별사망률(1,000명당)	A지역		B지역	
		인구수(명)	기대 사망자수(명) (1,000명당)	인구수(명)	기대 사망자수(명) (1,000명당)
0~24세	20	100	2	200	4
25~49세	10	200	2	300	3
50~64세	20	300	6	300	6
65세 이상	35	400	14	200	7
계		1,000	24	1,000	20

① A지역의 1,000명당 보통사망률 계산식은 $\frac{24}{1,000} \times 1,000$ 이다.

② B지역의 표준화사망비 계산식은 $\frac{20}{25}$ 이다.

③ 간접표준화 결과 A지역의 사망률이 B지역의 사망률 보다 낮다.

④ 간접표준사망률은 표준화사망비에 인구수를 곱하여 산출한다.

ANSWER 9.③

9
① A 지역의 1,000명당 보통사망률 계산식은 $\frac{20}{1,000} \times 1,000$ 이다.

② B 지역의 표준화사망비 계산식은 $\frac{25}{25}$ 이다.

④ 간접표준사망률은 표준사망비에 표준인구 전체사망률을 곱하여 산출한다.

10 백일해, 홍역과 같이 수년의 간격으로 집단 발병이 재현되는 기술역학의 시간적 특성으로 가장 옳은 것은?

① 순환변화
② 불규칙변화
③ 추세변화
④ 단기변화

11 「암관리법 시행령」상 55세 여성이 받을 수 있는 암 검진 중 주기가 2년인 것으로 옳지 않은 것은?

① 위암
② 유방암
③ 대장암
④ 자궁경부암

ANSWER 10.① 11.③

10 ① 순환변화는 수년의 단기간을 주기로 발생한다. 예를 들어, 홍역은 2년, 백일해는 2~4년, 유행성 이하선염은 3~4년 주기로 발생한다.
② 불규칙변화는 갑자기 돌발적 유행하는 경우를 의미한다.
③ 추세변화는 수십년에 걸쳐서 발생한다. 장티푸스는 30~40년, 디프테리아는 약 20년, 인플루엔자는 약 30년 주기로 발생한다.
④ 단기변화는 시간별, 날짜별, 주단위로 변화하는 것을 말한다. 급성전염병의 집단 발생을 예로 들 수 있다.

11 암의 종류별 검진주기와 연령 기준 등

암의 종류	검진주기	연령 기준 등
위암	2년	40세 이상의 남·여
간암	6개월	40세 이상의 남·여 중 간암 발생 고위험군
대장암	1년	50세 이상의 남·여
유방암	2년	40세 이상의 여성
자궁경부암	2년	20세 이상의 여성
폐암	2년	54세 이상 74세 이하의 남·여 중 폐암 발생 고위험군

12 「환경정책기본법 시행령」상 대기 환경기준에 대한 설명으로 가장 옳지 않은 것은?

① 이산화질소는 연간 평균치, 24시간 평균치, 1시간 평균치 기준이 설정되어 있다.

② 납의 연간 평균치 기준은 $5\mu g/m^3$ 이하로 설정되어 있다.

③ 일산화탄소는 8시간 평균치, 1시간 평균치 기준이 설정되어 있다.

④ 벤젠의 연간 평균치 기준은 $5\mu g/m^3$ 이하로 설정되어 있다.

13 한국인 영양소 섭취기준 중 충분섭취량에 대한 설명으로 가장 옳은 것은?

① 인체에 유해한 영향이 나타나지 않는 최대 영양소 섭취수준이다.

② 영양소의 필요량을 추정하기 위한 과학적 근거가 부족할 경우에 설정한다.

③ 평균필요량에 표준편차의 2배를 더하여 산출한다.

④ 건강한 사람들의 일일 영양소 필요량의 중앙값으로부터 산출한다.

ANSWER 12.② 13.②

12 대기의 환경기준

항목	기준
아황산가스(SO_2)	• 연간 평균치 0.02ppm 이하 • 24시간 평균치 0.05ppm 이하 • 1시간 평균치 0.15ppm 이하
일산화탄소(CO)	• 8시간 평균치 9ppm 이하 • 1시간 평균치 25ppm 이하
이산화질소(NO_2)	• 연간 평균치 0.03ppm 이하 • 24시간 평균치 0.06ppm 이하 • 1시간 평균치 0.10ppm 이하
미세먼지(PM-10)	• 연간 평균치 $50\mu g/m^3$ 이하 • 24시간 평균치 $100\mu g/m^3$ 이하
초미세먼지(PM-2.5)	• 연간 평균치 $15\mu g/m^3$ 이하 • 24시간 평균치 $35\mu g/m^3$ 이하
오존(O_3)	• 8시간 평균치 0.06ppm 이하 • 1시간 평균치 0.1ppm 이하
납(Pb)	연간 평균치 $0.5\mu g/m^3$ 이하
벤젠	연간 평균치 $5\mu g/m^3$ 이하

13 ① 특정 영양소의 결핍을 예방하고 건강을 유지하는 데 필요한 양을 의미한다.
③ 권장섭취량은 평균필요량에 표준편차의 2배를 더하여 산출한다.
④ 평균필요량은 대상 집단을 구성하는 건강한 사람들의 절반에 해당하는 사람들의 일일 필요량을 충족시키는 값으로 대상 집단의 필요량 분포치 중앙값으로부터 산출한 수치이다.

14 다음 지역의 인구통계지표가 바르게 계산된 것은?(단, 소수점 둘째 자리에서 반올림한다.)

구분	인구 수(만명)
0~15세 미만	30
15세 이상~65세 미만	60
65세 이상	10
총 인구 수	100

① 노령화지수 : 16.7%
② 노년부양비 : 10.0%
③ 총부양비 : 66.7%
④ 유년부양비 : 30.0%

15 생명표에 대한 설명으로 가장 옳지 않은 것은?

① 현재의 사망수준이 그대로 지속된다고 가정한다.
② X세의 생존율은 X세의 사람이 1년간 생존할 수 있는 확률이다.
③ X세의 기대여명은 X세에 도달한 자가 X세 이후 생존할 수 있는 연수의 평균이다.
④ 기대수명이란 전체 사망자의 사망 시 연령의 평균이다.

ANSWER 14.③ 15.④

14 ① 노령화지수 = (65세 이상 인구 / 0~14세 인구)×100

$\frac{10}{30} \times 100 = 33.3(\%)$

② 노년부양비 = (65세 이상 인구 / 15~64세 인구)×100

$\frac{10}{90} \times 100 = 11.1(\%)$

④ 유년부양비 = (유소년 인구 (0~14세) / 생산가능인구(15~64세))×100

$\frac{30}{60} \times 100 = 50.0(\%)$

15 ④ 기대수명은 특정 연령의 사람이 앞으로 생존할 것으로 기대되는 평균 연수를 의미한다.

16 사망률 관련 지표에 대한 설명으로 가장 옳은 것은?

① 신생아 사망은 모자보건, 환경위생 및 영양수준 등에 아주 민감하기 때문에, 신생아사망률은 한 국가의 건강수준을 나타내는 가장 대표적인 지표로 사용된다.
② 비례사망지수가 낮을수록 그 지역의 보건수준이 높은 것을 뜻한다.
③ 비례사망지수란 특정 연도 65세 이상의 사망자 수를 당해연도의 총 사망자수로 나눈 수를 천분율로 나타낸 것이다.
④ α-index가 1에 가까우면 그 지역의 보건수준이 높은 것을 뜻한다.

17 인구동향조사의 지표인 합계출산율에 대한 설명으로 가장 옳은 것은?

① 특정 1년간의 총 출생아 수를 해당 연도의 가임기(15~49세) 여성의 중앙인구로 나눈 수
② 특정 1년간의 총 출생아 수를 해당 연도의 중앙인구로 나눈 수
③ 한 여성이 가임기간(15~49세) 동안 낳을 것으로 예상되는 평균 출생아 수
④ 한 여성이 특정 1년간 낳을 것으로 예상되는 평균 출생아 수

18 노인장기요양보험에 대한 설명으로 가장 옳지 않은 것은?

① 경제능력이 없는 노인들의 의료문제를 지원하기 위해 국가가 보장하는 공공부조제도이다.
② 심신기능 상태를 고려한 요양 필요도에 따라 등급 판정을 받은 자에게 서비스를 제공한다.
③ 65세 미만으로 노인성 질병이 없는 일반적인 장애인은 제외된다.
④ 장기요양급여에는 재가급여, 시설급여, 특별현금급여가 있다.

ANSWER 16.④ 17.③ 18.①

15 ① 영아사망률은 영아의 기간은 성인에 비해 환경악화에 예민한 영향을 받는 기간이므로 보건상태를 평가하는 지표로 중시된다.
② 일반적으로 PMI가 높을수록 고령자 사망 비중이 높아, 영유아나 중장년의 조기사망이 적다는 뜻이므로, 보건수준이 높다고 본다.
③ 특정 연령 이상 사망자 수의 전체 사망자 수에 대한 비율을 나타내는 보건 지표이다. 일반적으로 50세 이상 사망자 수를 전체 사망자 수로 나누어 100을 곱한 값으로 계산된다.

17 ① 일반출산율 ② 조출생률

18 ① 고령이나 노인성질병 등으로 인하여 6개월 이상 동안 혼자서 일상생활을 수행하기 어려운 노인 등에게 신체활동 또는 가사 지원 등의 장기요양급여를 사회적 연대원리에 의해 제공하는 사회보험 제도이다.

19 마약류 관리에 관한 법령상 마약에 속하지 않는 것은?

① 모르핀(Morphine)
② 암페타민(Amphetamine)
③ 코데인(Codeine)
④ 아세토르핀(Acetorphine)

20 보건의료서비스의 사회경제적 특성에 대한 설명으로 가장 옳지 않은 것은?

① 환자와 의료서비스 제공자 간 정보의 비대칭성이 존재한다.
② 질병의 특성상 불확실성이 높아 보험시장이 발전한다.
③ 외부효과(external effect)가 작동하지 않는다.
④ 의료공급이 독점성을 가지고 있다.

ANSWER 19.② 20.③

19 마약의 종류
　㉠ 양귀비 : 양귀비과(科)의 파파베르 솜니페룸 엘(Papaver somniferum L.), 파파베르 세티게룸 디시(Papaver setigerum DC.) 또는 파파베르 브락테아툼(Papaver bracteatum)
　㉡ 아편 : 양귀비의 액즙(液汁)이 응결(凝結)된 것과 이를 가공한 것. 다만, 의약품으로 가공한 것은 제외한다.
　㉢ 코카 잎[엽] : 코카 관목[灌木] : 에리드록시론속(屬)의 모든 식물을 말한다]의 잎. 다만, 엑고닌·코카인 및 엑고닌 알칼로이드 성분이 모두 제거된 잎은 제외한다.
　㉣ 양귀비, 아편 또는 코카 잎에서 추출되는 모든 알카로이드 및 그와 동일한 화학적 합성품으로서 대통령령으로 정하는 것
　㉤ 규정된 것 외에 그와 동일하게 남용되거나 해독(害毒) 작용을 일으킬 우려가 있는 화학적 합성품으로서 대통령령으로 정하는 것 : 아세토르핀(Acetorphine), 벤질모르핀(Benzylmorphine), 코카인(Cocaine), 코독심(Codoxime), 데소모르핀(Desomorphine), 디히드로모르핀(Dihydromorphine), 엑고닌(Ecgonine) 및 그 유도체(다만, 별도로 규정한 엑고닌 유도체는 제외), 에토르핀(Etorphine), 헤로인(Heroin), 히드로코돈(Hydrocodone), 히드로모르피놀(Hydromorphinol), 히드로모르폰(Hydromorphone), 메틸데소르핀(Methyldesorphine), 메틸디히드로모르핀(Methyldihydromorphine), 메토폰(Metopon), 모르핀(Morphine), 모르핀-엔-옥사이드(Morphine-N-Oxide), 미로핀(Myrophine), 니코디코딘(Nicodicodine), 니코모르핀(Nicomorphine), 노르모르핀(Normorphine), 옥시코돈(Oxycodone), 옥시모르폰(Oxymorphone), 테바콘(Thebacon), 테바인(Thebaine), 아세틸디히드로코데인(Acetyldihydrocodeine), 코데인(Codeine), 디히드로코데인(Dihydrocodeine), 에틸모르핀(Ethylmorphine), 니코코딘(Nicocodine), 노르코데인(Norcodeine), 폴코딘(Pholcodine), 엔-옥사이드 또는 4급 암모늄 구조를 가지는 모르핀 유도체(다만, 별도로 규정한 것은 제외), 디히드로에토르핀(Dihydroetorphine), 오리파빈(Oripavine)
　㉥ ㉠부터 ㉤까지에 열거된 것을 함유하는 혼합물질 또는 혼합제제. 다만, 다른 약물이나 물질과 혼합되어 ㉠부터 ㉤까지에 열거된 것으로 다시 제조하거나 제제(製劑)할 수 없고, 그것에 의하여 신체적 또는 정신적 의존성을 일으키지 아니하는 것으로서 총리령으로 정하는 것(이하 "한외마약"(限外麻藥)이라 한다)은 제외한다.

20 ③ 보건의료서비스에도 외부효과가 작동한다. 외부효과는 한 사람의 행위가 다른 사람에게 일방적으로 이익을 주거나 손해를 끼치는 경우를 말한다. 보건의료 분야에서 외부효과가 나타나는 사례는 흔하지 않으나, 일단 발생하면 큰 영향을 미치는 전염병이 대표적이다. 외부 효과가 존재하는 경우에 이를 시장에 맡겨두면 외부효과가 제대로 제거되지 않으므로 전염병 관리는 정부가 강제로 개입하여 해결해야 한다.

> 기준 법령

- 의료법[시행 2025. 12. 21.] [법률 제20593호, 2024. 12. 20., 일부개정]
- 의료법 시행령[시행 2025. 6. 21.] [대통령령 제35573호, 2025. 6. 2., 일부개정]
- 의료법 시행규칙[시행 2025. 3. 11.] [보건복지부령 제1096호, 2025. 3. 11., 타법개정]
- 마약류 관리에 관한 법률[시행 2025. 10. 2.] [법률 제20878호, 2025. 4. 1., 일부개정]
- 마약류 관리에 관한 법률 시행령[시행 2025. 2. 7.] [대통령령 제35252호, 2025. 2. 6., 일부개정]
- 마약류 관리에 관한 법률 시행규칙[시행 2025. 2. 7.] [총리령 제2011호, 2025. 2. 6., 일부개정]
- 환자안전법[시행 2021. 1. 30.] [법률 제16893호, 2020. 1. 29., 일부개정]
- 환자안전법 시행령[시행 2022. 12. 20.] [대통령령 제33112호, 2022. 12. 20., 타법개정]
- 환자안전법 시행규칙[시행 2024. 11. 7.] [보건복지부령 제1068호, 2024. 11. 7., 타법개정]
- 한국간호사 윤리강령[2023. 2. 28.]
- 지역보건법[시행 2025. 3. 21.] [법률 제20449호, 2024. 9. 20., 타법개정]
- 지역보건법 시행령[시행 2024. 7. 3.] [대통령령 제34643호, 2024. 7. 2., 일부개정]
- 지역보건법 시행규칙[시행 2025. 3. 21.] [보건복지부령 제1103호, 2025. 3. 21., 일부개정]
- 후천성면역결핍증 예방법[시행 2020. 9. 12.] [법률 제17472호, 2020. 8. 11., 타법개정]
- 재난 및 안전관리 기본법[시행 2025. 11. 28.] [법률 제20961호, 2025. 5. 27., 일부개정]
- 재난 및 안전관리 기본법 시행령[시행 2025. 3. 20.] [대통령령 제35394호, 2025. 3. 19., 일부개정]
- 재난 및 안전관리 기본법 시행규칙[시행 2025. 3. 20.] [행정안전부령 제553호, 2025. 3. 19., 일부개정]
- 농어촌 등 보건의료를 위한 특별조치법[시행 2025. 3. 21.] [법률 제20449호, 2024. 9. 20., 타법개정]
- 농어촌 등 보건의료를 위한 특별조치법 시행령[시행 2022. 12. 20.] [대통령령 제33112호, 2022. 12. 20., 타법개정]
- 농어촌 등 보건의료를 위한 특별조치법 시행규칙[시행 2025. 3. 21.] [보건복지부령 제1099호, 2025. 3. 13., 일부개정]
- 감염병의 예방 및 관리에 관한 법률[시행 2025. 10. 2.] [법률 제20873호, 2025. 4. 1., 일부개정]
- 감염병의 예방 및 관리에 관한 법률 시행령[시행 2025. 7. 31.] [대통령령 제35574호, 2025. 6. 2., 일부개정]
- 감염병의 예방 및 관리에 관한 법률 시행규칙[시행 2025. 7. 31.] [보건복지부령 제1114호, 2025. 6. 2., 일부개정]
- 먹는물관리법[시행 2025. 2. 21.] [법률 제20332호, 2024. 2. 20., 일부개정]
- 먹는물관리법 시행령[시행 2025. 2. 21.] [대통령령 제35272호, 2025. 2. 18., 일부개정]
- 먹는물관리법 시행규칙[시행 2025. 2. 21.] [환경부령 제1159호, 2025. 2. 21., 일부개정]
- 먹는물 수질기준 및 검사 등에 관한 규칙[시행 2023. 11. 17.] [환경부령 제1061호, 2023. 11. 17., 타법개정]
- 산업재해보상보험법[시행 2025. 1. 1.] [법률 제20523호, 2024. 10. 22., 일부개정]
- 학교보건법[시행 2025. 9. 19.] [법률 제20789호, 2025. 3. 18., 일부개정]
- 학교보건법 시행령[시행 2023. 2. 14.] [대통령령 제33246호, 2023. 2. 14., 일부개정]
- 학교보건법 시행규칙[시행 2022. 6. 29.] [교육부령 제270호, 2022. 6. 29., 일부개정]
- 학교건강검사규칙[시행 2025. 3. 10.] [교육부령 제354호, 2025. 3. 10., 일부개정]
- 농어촌 등 보건의료를 위한 특별조치법[시행 2025. 3. 21.] [법률 제20449호, 2024. 9. 20., 타법개정]
- 농어촌 등 보건의료를 위한 특별조치법 시행령[시행 2022. 12. 20.] [대통령령 제33112호, 2022. 12. 20., 타법개정]
- 농어촌 등 보건의료를 위한 특별조치법 시행규칙[시행 2025. 3. 21.] [보건복지부령 제1099호, 2025. 3. 13., 일부개정]
- 국민기초생활 보장법[시행 2025. 3. 21.] [법률 제20446호, 2024. 9. 20., 일부개정]
- 국민기초생활 보장법 시행령[시행 2023. 11. 16.] [대통령령 제33858호, 2023. 11. 16., 타법개정]
- 국민기초생활 보장법 시행규칙[시행 2025. 3. 21.] [보건복지부령 제1089호, 2025. 2. 17., 일부개정]
- 환경정책기본법[시행 2025. 1. 1.] [법률 제20626호, 2024. 12. 31., 타법개정]
- 환경정책기본법 시행령[시행 2023. 7. 4.] [대통령령 제33591호, 2023. 6. 27., 일부개정]
- 환경정책기본법 시행규칙[시행 2021. 7. 6.] [환경부령 제927호, 2021. 7. 6., 일부개정]

기준 법령

- 감염병의 예방 및 관리에 관한 법률(약칭 : 감염병예방법)[시행 2025. 10. 2.] [법률 제20873호, 2025. 4. 1., 일부개정]
- 감염병의 예방 및 관리에 관한 법률 시행령(약칭: 감염병예방법 시행령)[시행 2024. 9. 15.] [대통령령 제34883호, 2024. 9. 10., 일부개정]
- 검역법[시행 2024. 5. 21.] [법률 제20323호, 2024. 2. 20., 일부개정]
- 검역법 시행규칙[시행 2024. 7. 25.] [보건복지부령 제1037호, 2024. 7. 25., 일부개정]
- 교육환경 보호에 관한 법률(약칭 : 교육환경법)[시행 2024. 10. 22.] [법률 제20467호, 2024. 10. 22., 일부개정]
- 국민건강보험법[시행 2025. 4. 23.] [법률 제20505호, 2024. 10. 22., 일부개정]
- 국민건강보험 요양급여의 기준에 관한 규칙(약칭 : 건강보험요양급여규칙)[시행 2025. 3. 11.] [보건복지부령 제1096호, 2025. 3. 11., 타법개정]
- 국민건강증진법[시행 2026. 1. 1.] [법률 제20813호, 2025. 3. 18., 일부개정]
- 국민건강증진법 시행령[시행 2024. 11. 26.] [대통령령 제35019호, 2024. 11. 26., 타법개정]
- 근로기준법[시행 2025. 10. 23.] [법률 제20520호, 2024. 10. 22., 일부개정]
- 근로기준법 시행령[시행 2025. 10. 23.] [대통령령 제35436호, 2025. 4. 8., 일부개정]
- 노인복지법[시행 2026. 1. 1.] [법률 제20585호, 2024. 12. 20., 일부개정]
- 노인장기요양보험법[시행 2025. 6. 21.] [법률 제20587호, 2024. 12. 20., 일부개정]
- 노인장기요양보험법 시행령[시행 2025. 2. 7.] [대통령령 제35043호, 2024. 12. 3., 일부개정]
- 농어촌 등 보건의료를 위한 특별조치법(약칭 : 농어촌의료법)[시행 2025. 3. 21.] [법률 제20449호, 2024. 9. 20., 타법개정]
- 농어촌 등 보건의료를 위한 특별조치법 시행규칙(약칭 : 농어촌의료법 시행규칙)[시행 2025. 3. 21.] [보건복지부령 제1099호, 2025. 3. 13., 일부개정]
- 대기환경보전법[시행 2025. 3. 25.] [법률 제20852호, 2025. 3. 25., 일부개정]
- 먹는물 수질기준 및 검사 등에 관한 규칙(약칭 : 먹는물검사규칙)[시행 2023. 11. 17.] [환경부령 제1061호, 2023. 11. 17., 타법개정]
- 모자보건법[시행 2025. 4. 1.] [법률 제20879호, 2025. 4. 1., 일부개정]
- 모자보건법 시행규칙[시행 2025. 1. 24.] [보건복지부령 제1085호, 2025. 1. 14., 일부개정]
- 보건의료인력지원법[시행 2025. 6. 21.] [법률 제20445호, 2024. 9. 20., 타법개정]
- 보건의료인력지원법 시행령[시행 2023. 12. 14.] [대통령령 제33947호, 2023. 12. 12., 일부개정]
- 사회보장기본법[시행 2025. 6. 21.] [법률 제20591호, 2024. 12. 20., 일부개정]
- 산업안전보건법[시행 2025. 7. 22.] [법률 제20677호, 2025. 1. 21., 타법개정]
- 산업안전보건법 시행규칙[시행 2025. 4. 29.] [고용노동부령 제440호, 2025. 4. 29., 일부개정]
- 산업재해보상보험법(약칭: 산재보험법)[시행 2025. 1. 1.] [법률 제20523호, 2024. 10. 22., 일부개정]
- 산업재해보상보험법 시행령[시행 2025. 1. 1.] [대통령령 제35160호, 2024. 12. 31., 일부개정]
- 식품위생법 시행규칙[시행 2025. 1. 10.] [총리령 제2008호, 2025. 1. 10., 일부개정]
- 실내공기질 관리법 시행규칙(약칭: 실내공기질법 시행규칙)[시행 2026. 1. 1.] [환경부령 제1138호, 2024. 12. 23., 일부개정]
- 암관리법 시행령[시행 2024. 7. 30.] [대통령령 제34785호, 2024. 7. 30., 타법개정]
- 응급의료에 관한 법률(약칭: 응급의료법)[시행 2025. 8. 17.] [법률 제19654호, 2023. 8. 16., 일부개정]
- 의료급여법 시행령[시행 2024. 10. 2.] [대통령령 제34928호, 2024. 10. 2., 일부개정]
- 의료기사 등에 관한 법률(약칭 : 의료기사법)[시행 2024. 11. 1.] [법률 제19817호, 2023. 10. 31., 일부개정]
- 의료법[시행 2025. 12. 21.] [법률 제20593호, 2024. 12. 20., 일부개정]
- 의료법 시행규칙[시행 2025. 3. 11.] [보건복지부령 제1096호, 2025. 3. 11., 타법개정]

기준 법령

- 정신건강증진 및 정신질환자 복지서비스 지원에 관한 법률(약칭 : 정신건강복지법)[시행 2026. 1. 3.] [법률 제19902호, 2024. 1. 2., 일부개정]
- 지역보건법[시행 2025. 6. 21.] [법률 제20445호, 2024. 9. 20., 타법개정]
- 지역보건법 시행령[시행 2024. 7. 3.] [대통령령 제34643호, 2024. 7. 2., 일부개정]
- 학교보건법[시행 2025. 9. 19.] [법률 제20789호, 2025. 3. 18., 일부개정]
- 학교보건법 시행령[시행 2023. 2. 14.] [대통령령 제33246호, 2023. 2. 14., 일부개정]
- 환경정책기본법 시행령[시행 2023. 7. 4.] [대통령령 제33591호, 2023. 6. 27., 일부개정]

자격증

한번에 따기 위한 서원각 교재

한 권에 준비하기 시리즈 / 기출문제 정복하기 시리즈를 통해 자격증 준비하자!